O CÉU E O INFERNO

O CÉU E O INFERNO

OU A JUSTIÇA DIVINA SEGUNDO O ESPIRITISMO

Exame comparado das doutrinas sobre a passagem da vida corporal à vida espiritual, sobre as penalidades e recompensas futuras, sobre os anjos e demônios, sobre as penas etc., seguido de numerosos exemplos acerca da situação real da alma durante e depois da morte.

por

Allan Kardec

Tradução de Manuel Quintão

EDUCANDÁRIO SOCIAL LAR DE FREI LUIZ
2015

Título do original francês:
Le Ciel et l'enfer
ou
La Justice divine selon le spiritisme
Tradução Manuel Quintão

Texto revisado conforme o Novo Acordo Ortográfico.

Kardec, Allan., 1804-1869
    O céu e o inferno / Allan Kardec;
    Tradução de Manuel Quintão
    Educandário Social Lar de Frei Luiz – Rio de Janeiro, 2015.

436p. / 16x23cm

ISBN 978-85-64703-29-2

Título do original francês: Le Ciel et l'enfer ou La Justice divine
    selon le spiritisme
1. Espiritismo.
I. Educandário Social Lar de Frei Luiz.
II. Título.

CDD 133.9

Editoração: Contraste Editora
Capa e diagramação: Contraste Editora
Revisão final: Contraste Editora

Educandário Social Lar de FREI LUIZ
Estrada da Boiúna, 1.367 – Taquara – Jacarepaguá
Rio de Janeiro, RJ – CEP 22723-021
http://www.lardefreiluiz.org.br/
Telefone: (21) 3539-9550
CNPJ 33.760.398/0001-13
Insc. Est. 82.141.960

"A Caridade tudo crê, tudo espera, tudo sofre e tudo suporta."
São Paulo aos Coríntios, 13:7

ATIVIDADES DO GRUPO DE FREI LUIZ

Obra filantrópica fundada em 29 de junho de 1964 cujo objetivo é a assistência, educação e atendimento médico-ambulatorial. Integra a Instituição um Ambulatório Médico com serviços de Clínica Médica, Ginecologia e Obstetrícia, Pediatria e Psiquiatria. Todos os serviços são integralmente gratuitos. As equipes médica e odontológica são exclusivamente constituídas pelos irmãos dedicados ao Frei Luiz.

OS LIVROS E O EQUILÍBRIO DO SER

Todos possuímos uma grande responsabilidade na harmonia de nosso Planeta. É nossa missão ajudar na irradiação dos pensamentos salutares em direção aos nossos semelhantes. Pensamentos bons, fraternos, de união; jamais calcados no ego! Com os pensamentos, ajudamos na cura de nossa alma, restabelecemos nossa estrutura orgânica e auxiliamos a regeneração da Terra.

E bons livros são notáveis, potentes e abençoados "professores", auxiliando-nos divinamente na educação e no equilíbrio de nossos pensamentos e ações. Nosso Grupo de Frei Luiz vem trabalhando, com zelo, dedicação, comprometimento e carinho, no intuito de levar a você, querido (a) leitor(a), boas e esclarecedoras informações por meio desses livros que ora propomos.

Há uma riqueza mental ao nosso dispor e tesouros maravilhosos armazenados em nosso coração. Aguardam apenas o despertar, para que, então, movimentemos mãos operosas e uma presença confortadora em benefício de nossos irmãos, de nossos companheiros de jornada. A boa literatura fortalece e norteia nossos pensamentos, edificando e abrindo novos horizontes.

Que, pouco a pouco, tornemo-nos livres da velha sombra que nos acompanha há milênios: a ignorância. O florescer dos bons pensamentos e sentimentos é o maior dos medicamentos a criar equilíbrio, transformar e apurar energias, preservar e gerar a saúde física, mental e astral.

Grupo de Frei Luiz

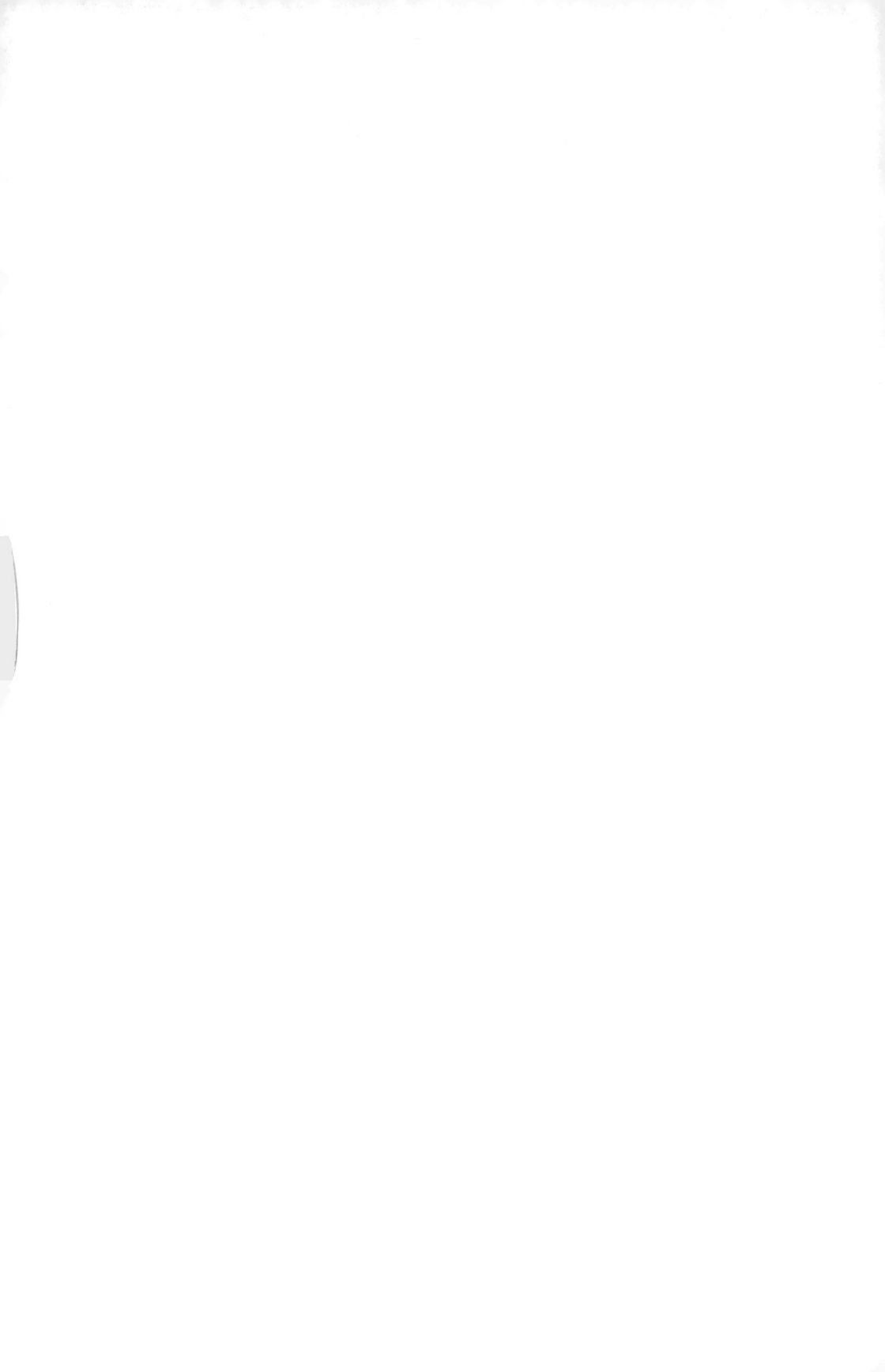

PUBLICAÇÕES DO EDUCANDÁRIO SOCIAL LAR DE FREI LUIZ

OS SEGREDOS DO VÉU DE ÍSIS

"Todos os Segredos do Véu de Ísis foram revelados com a Doutrina Espírita codificada por Allan Kardec, que abriu a arca dos tesouros imortais ao público do mundo inteiro (...)."

Djalma Santos da Silva

SEGREDOS DA ALMA

"É apenas um pequeno esforço, um simples voo do meu pensamento contínuo, exteriorizado pelo meu espírito, ávido por conhecer e compartilhar, atendendo à maravilhosa assertiva de Jesus: Vós sois o sal da terra, mas, se o sal for insosso, não poderá salgar. A nossa intenção não é apresentar inovações, nem curiosidades, mas dissertar sobre assuntos já conhecidos, de modo simples e direto, tendo Kardec como líder doutrinário indiscutível."

Djalma Santos da Silva

COMO JESUS SE TORNOU DEUS

Jesus é o Guia e Modelo do nosso planeta. Aquele que nos amou e nos ama a tal ponto que deixou as esferas mais altas onde habitava para viver conosco e dar a sua vida em sublime sacrifício por todos nós. Jesus, o Messias de Deus, o Servidor do Pai, o Nosso irmão maior, mas que não é Deus, e isto não o diminui, ao contrário, exalta-o e deixa claro para nós que tudo aquilo que Ele realizou nós também poderemos realizar, bastando desenvolver os nossos talentos e colocá-los a serviço de nosso próximo. Com amor e devoção.

José Carlos Leal

MEMÓRIAS DE UM PRESIDENTE DE TRABALHOS

Trabalho voltado para a prática de sessões espíritas, principalmente sobre técnicas de materialização e efeitos físicos. Verdadeiro manual e roteiro seguro para os que se propõem ao conhecimento e ao exercício, límpido e correto, do trabalho espírita.

Luiz da Rocha Lima

FREI LUIZ – O OPERÁRIO DO BRASIL

Estudo biográfico da entidade tutelar, cujo nome é dado ao Educandário Social e à Instituição Espírita. Os relatos estendem-se a manifestações suas após desencarnado – espírito atuante.

Luiz da Rocha Lima

MEDICINA DOS ESPÍRITOS

Obra calcada na prática da Medicina (diagnóstica e terapêutica) desenvolvida pelos Espíritos. É valioso livro de consulta e roteiro seguro para médicos e demais interessados, na etiopatogenia espiritual das mais variadas doenças: orgânicas, funcionais e psicossomáticas.

Luiz da Rocha Lima

O GRANDE INVESTIDOR

Livro revelador dos rendimentos e recompensas tributadas aos que praticam a caridade. A obra mostra-nos ser a caridade o maior e mais eficiente de todos os investimentos de que o homem possa lançar e socorrer-se. Livro que, certamente, marcará e modificará a vida de muitos de seus leitores, inseguros e intranquilos com seus dias do amanhã.

Luiz da Rocha Lima

LUIZINHO – O POETA DE DEUS

Coletânea de poesias e de mensagens psicografadas (mecanicamente), compiladas (clarividentemente) e verbalizadas (clariaudientemente) pelo médium Eduardo Fructuoso. Os comentários são de Luiz da Rocha Lima.

Luiz da Rocha Lima

MENSAGENS DOS ESPÍRITOS PELO TELEFONE

Transcrição de diálogos mantidos com os Espíritos ao se utilizar recurso inédito – o telefone – como meio de comunicação. Trabalho vanguardista. Essa obra abre, pois, novo horizonte na era da comunicação entre o mundo dos homens e o mundo dos espíritos.

Luiz da Rocha Lima

FORÇAS DO ESPÍRITO

Relato empolgante da poderosa e benéfica influência dos Espíritos de Luz, ao criarem, junto a grupo de irmãos dedicados, obra beneficente e filantrópica. É um livro que testemunha o poder da fé quando associada à perseverança, à caridade e ao amor.

Luiz da Rocha Lima

MEDIUNIDADE COM CRISTO

Estudo teórico e prático acerca do preparo e da educação mediúnica. Trabalho-guia para o médium iniciante.

Luiz da Rocha Lima

EVIDÊNCIAS DE UM VIDENTE

Eduardo Fructuoso é fiel e dedicado médium do Grupo de Frei Luiz e possui uma longa trajetória de esforços, perseverança e constância na vivência da Doutrina Espírita. Chegou ao Grupo em 7 de novembro de 1967. Por meio da mediunidade, da clarividência e da psicografia, ele se coloca à inteira disposição da Espiritualidade Maior para o trabalho na caridade. O médium, ao longo desses muitos anos, tem recebido várias mensagens, dentre as quais estão as enviadas por Luizinho, em forma de belas poesias, apresentadas nesse livro. Eis aqui uma obra que nos proporciona uma leitura edificante. Trata-se de um presente para fortalecer a nossa vida e nossas reflexões diárias, com mensagens de amor, humildade, perdão e caridade.

A FACE OCULTA DA MEDICINA

Dr. Paulo Cesar Fructuoso, médico cirurgião e médium, nas últimas três décadas foi testemunha ocular dos fenômenos hiperfísicos ocorridos na Casa Espírita Lar de Frei Luiz. O leitor terá a oportunidade de viajar em uma ciência muito mais vasta, que inclui em seus postulados conceitos de uma Medicina invisível, mas com resultados visíveis, o que certamente mudará paradigmas a respeito da ideia materialista da ciência médica... Quando isso acontecer, a ciência terá tido a comprovação de que toda enfermidade é herança de erros passados e, aí, mudará o foco para a cura do doente – o espírito.

Sumário

PRIMEIRA PARTE
Doutrina

Capítulo I – O porvir e o nada 19

Capítulo II – Temor da morte 29
Causas do temor da morte: 19; Por que os espíritas não temem a morte: 23.

Capítulo III – O céu 37

Capítulo IV – O inferno 49
Intuição das penas futuras: 37; O inferno cristão imitado do inferno pagão: 38; Os limbos: 40; Quadro do inferno pagão: 41; Esboço do inferno cristão: 48.

Capítulo V – O purgatório 69

Capítulo VI – Doutrina das penas eternas 77
Origem da doutrina das penas eternas: 63; Argumentos a favor das penas eternas: 68; Impossibilidade material das penas eternas: 72; A doutrina das penas eternas fez sua época: 74; Ezequiel contra a eternidade das penas e o pecado original: 76.

Capítulo VII – As penas futuras segundo o Espiritismo 95
A carne é fraca: 79; Princípios da Doutrina Espírita sobre as penas futuras: 82; Código penal da vida futura: 82.

Capítulo VIII – Os anjos 109
Os anjos segundo a Igreja: 93; Refutação: 97; Os anjos segundo o Espiritismo: 102.

Capítulo IX – Os demônios 121
Origem da crença nos demônios: 105; Os demônios segundo a Igreja: 108; Os demônios segundo o Espiritismo: 118.

Capítulo X – Intervenção dos demônios
nas modernas manifestações 139

Capítulo XI – Da proibição de evocar os mortos 157

SEGUNDA PARTE
Exemplos

Capítulo I – O passamento 171

Capítulo II – Espíritos felizes 179
Sanson: 159; Jobard: 168; Samuel Philippe: 173; Van Durst: 177; Sixdeniers: 178; O doutor Demeure: 181; A viúva Foulon, nascida Wollis: 186; Um médico russo: 193; Bernardin: 197; A condessa Paula: 198; Jean Reynaud: 201; Antoine Costeau: 205; A Srta. Emma: 208; O doutor Vignal: 209; Victor Lebufle: 212; A Sra. Anaïs Gourdon: 214; Maurice Gontran: 215.

Capítulo III – Espíritos em condições medianas 241
Joseph Bré: 219; Sra. Hélène Michel: 220; O marquês de Saint-Paul: 222; Sr. Cardon, médico: 224; Eric Stanislas: 228; Sra. Anna Belleville: 229.

Capítulo IV – Espíritos sofredores 259
O castigo: 235; Novel: 237; Auguste Michel: 238; Exprobrações de um boêmio: 240; Lisbeth: 241; Príncipe Ouran: 244; Pascal Lavic: 247; Ferdinand Bertin: 248; François Riquier: 252; Claire: 253.

Capítulo V – Suicidas 287
O suicida da Samaritana: 263; O pai e o conscrito: 265; François-Simon Louvet: 268; Mãe e filho: 269; Duplo suicídio, por amor e por dever: 272; Luís e a pespontadeira de botinas: 275; Um ateu: 278; Félicien: 284; Antoine Bell: 288.

Capítulo VI – Criminosos arrependidos 317
Verger: 293; Lemaire: 296; Benoist: 299; O Espírito de Castelnaudary: 302; Jacques Latour: 308.

Capítulo VII – Espíritos endurecidos 347
Lapommeray: 321; Angèle, nulidade sobre a Terra: 326; Um Espírito aborrecido: 329; A rainha de Oude: 331; Xumène: 334.

Capítulo VIII – Expiações terrestres **365**

Marcel, o menino do no 4: 337; Szymel Slizgol: 340; Julienne-Marie, a mendiga: 345; Max, o mendigo: 349; História de um criado: 352; Antonio B...: 354; Letil: 357; Um sábio ambicioso: 359; Charles de Saint-G..., idiota: 361; Adélaïde-Marguerite Gosse: 366; Clara Rivier: 367; Françoise Vernhes: 370; Anna Bitter: 372; Joseph Maître, o cego: 375.

Nota Explicativa **409**

Índice Geral **417**

Parte Primeira

Doutrina

Capítulo I
**O porvir
e o nada**

Capítulo II
**Temor
da morte**

Capítulo III
O céu

Capítulo IV
O inferno

Capítulo V
O purgatório

Capítulo VI
**Doutrina das
penas eternas**

Capítulo VII
**As penas
futuras segundo
o Espiritismo**

Capítulo VIII
Os anjos

Capítulo IX
Os demônios

Capítulo X
**Intervenção
dos demônios
nas modernas
manifestações**

Capítulo XI
**Da proibição de
evocar os mortos**

Capítulo 1

O porvir e o nada

1. Vivemos, pensamos e operamos — eis o que é positivo; e que morremos, não é menos certo. Mas, deixando a Terra, para onde vamos? Que seremos após a morte? Estaremos melhor ou pior? Existiremos ou não? *Ser ou não ser*, tal a alternativa. Para sempre ou para nunca mais; ou tudo ou nada: Viveremos eternamente ou tudo se aniquilará de vez? É uma tese, essa, que se impõe.

Todo homem experimenta a necessidade de viver, de gozar, de amar e ser feliz. Dizei ao moribundo que ele viverá ainda; que a sua hora é retardada; dizei-lhe sobretudo que será mais feliz do que porventura o tenha sido, e o seu coração rejubilará.

De que serviriam, então, essas aspirações de felicidade, se um leve sopro pudesse dissipá-las?

Haverá algo de mais desesperador do que esse pensamento da destruição absoluta? Afeições caras, inteligência, progresso, saber laboriosamente adquiridos, tudo despedaçado, tudo perdido! De nada nos serviria, portanto, qualquer esforço na repressão das paixões, de fadiga para nos ilustrarmos, de devotamento à causa do progresso, desde que de tudo isso nada aproveitássemos, predominando o pensamento de que amanhã mesmo, talvez, de nada nos serviria tudo isso. Se assim fora, a sorte do homem seria cem vezes pior que a do bruto, porque este vive inteiramente do presente na satisfação dos seus apetites materiais, sem aspiração para o futuro.

Diz-nos uma secreta intuição, porém, que isso não é possível.

2. Pela crença em o nada, o homem concentra todos os seus pensamentos, forçosamente, na vida presente.

Logicamente não se explicaria a preocupação de um futuro que se não espera.

Esta preocupação exclusiva do presente conduz o homem a pensar em si, de preferência a tudo: é, pois, o mais poderoso estímulo ao egoísmo, e o incrédulo é consequente quando chega à seguinte conclusão: Gozemos enquanto aqui estamos; gozemos o mais possível, pois que conosco tudo se acaba; gozemos depressa, porque não sabemos por quanto tempo existiremos.

Ainda consequente é esta outra conclusão, aliás mais grave para a sociedade: Gozemos apesar de tudo, gozemos de qualquer modo, cada qual por si; a felicidade neste mundo é do mais astuto.

E se o respeito humano contém a alguns seres, que freio haverá para os que nada temem?

Acreditam estes últimos que as leis humanas não atingem senão os ineptos e assim empregam todo o seu engenho no melhor meio de a elas se esquivarem.

Se há doutrina *insensata* e *antissocial*, é, seguramente, o *niilismo* que rompe os verdadeiros laços de solidariedade e fraternidade, em que se fundam as relações sociais.

3. Suponhamos que, por uma circunstância qualquer, todo um povo adquire a certeza de que em oito dias, num mês, ou num ano será aniquilado; que nem um só indivíduo lhe sobreviverá, como de sua existência não sobreviverá nem um só traço: Que fará esse povo condenado, aguardando o extermínio?

Trabalhará pela causa do seu progresso, da sua instrução? Entregar-se-á ao trabalho para viver? Respeitará os direitos, os bens, a vida do seu semelhante? Submeter-se-á a qualquer lei ou autoridade por mais legítima que seja, mesmo a paterna?

Haverá para ele, nessa emergência, qualquer dever? Certo que não.

Pois bem! O que se não dá coletivamente, a doutrina do niilismo realiza todos os dias isoladamente, individualmente.

E se as consequências não são desastrosas tanto quanto poderiam ser, é, em primeiro lugar, porque na maioria dos incrédulos há mais jactância que verdadeira incredulidade, mais dúvida que convicção — possuindo eles mais medo do nada do que pretendem aparentar — o qualificativo de espíritos fortes lisonjeia-lhes a vaidade e o amor-próprio; em segundo lugar, porque os incrédulos absolutos se contam por ínfima minoria, e sofrem, malgrado eles, a ascendência da opinião contrária e são mantidos por uma força material.

Se um dia, porém, a incredulidade absoluta chegar a ser o pensamento da maioria, aí então a sociedade se dissolverá.

Eis ao que tende a propagação da doutrina niilista.[1]

---

[1] Nota de Allan Kardec: Um moço de 18 anos, afetado de uma enfermidade do coração, foi declarado incurável. A Ciência havia dito: "Pode morrer dentro de oito dias ou de dois anos, mas não irá além." Sabendo-o, o moço para logo abandonou os estudos e entregou-se a excessos de todo o gênero.

Quando se lhe ponderava o perigo de uma vida desregrada, respondia: "Que me importa, se não tenho mais de dois anos de vida? De que me serviria fatigar o espírito? Gozo o pouco que me

Fossem, porém, quais fossem as suas consequências, uma vez que se impusesse como verdadeira, seria preciso aceitá-la, e nem sistemas contrários, nem a ideia dos males resultantes poderiam obstar-lhe a existência. Forçoso é dizer que, a despeito dos melhores esforços da Religião, o ceticismo, a dúvida, a indiferença ganham terreno dia a dia.

Se a Religião se mostra impotente para sustar a incredulidade, é que lhe falta alguma coisa na luta. Se por outro lado a Religião se condenasse à imobilidade, estaria, em dado tempo, dissolvida.

O que lhe falta neste século de positivismo, em que se procura compreender antes de crer, é, sem dúvida, a sanção de suas doutrinas por fatos positivos, assim como a concordância das mesmas com os dados positivos da Ciência. Dizendo ela ser branco o que os fatos dizem ser negro, é preciso optar entre a evidência e a fé cega.

4. É nestas circunstâncias que o Espiritismo vem opor um dique à difusão da incredulidade, não somente pelo raciocínio, não somente pela perspectiva dos perigos que ela acarreta, mas pelos fatos materiais, tornando visíveis e tangíveis a alma e a vida futura.

Todos somos livres na escolha das nossas crenças; podemos crer em alguma coisa ou em nada crer, mas aqueles que procuram fazer prevalecer no espírito das massas, da juventude principalmente, a negação do futuro, apoiando-se na autoridade do seu saber e no ascendente da sua posição, semeiam na sociedade germens de perturbação e dissolução, incorrendo em grande responsabilidade.

5. Há uma doutrina que se defende da pecha de materialista porque admite a existência de um princípio inteligente fora da matéria: é a da *absorção no Todo Universal*.

Segundo esta doutrina, cada indivíduo assimila ao nascer uma parcela desse princípio, que constitui sua alma, e dá-lhe vida, inteligência e sentimento.

---

resta e quero divertir-me até o fim." — Eis a consequência lógica do niilismo.

Se este moço fora espírita, teria dito: "A morte só destruirá o corpo, que deixarei como fato usado, mas o meu Espírito viverá. Serei na vida futura aquilo que eu próprio houver feito de mim nesta vida; do que nela puder adquirir em qualidades morais e intelectuais nada perderei, porque será outro tanto de ganho para o meu adiantamento; toda a imperfeição de que me livrar será um passo a mais para a felicidade. A minha felicidade ou infelicidade depende da utilidade ou inutilidade da presente existência. É portanto de meu interesse aproveitar o pouco tempo que me resta, e evitar tudo o que possa diminuir-me as forças."

Qual destas doutrinas é preferível?

Pela morte, esta alma volta ao foco comum e perde-se no infinito, qual gota d'água no oceano.

Incontestavelmente esta doutrina é um passo adiantado sobre o puro materialismo, visto como admite alguma coisa, quando este nada admite. As consequências, porém, são exatamente as mesmas.

Ser o homem imerso em o nada ou no reservatório comum, é para ele a mesma coisa; aniquilado ou perdendo a sua individualidade, é como se não existisse; as relações sociais nem por isso deixam de romper-se, e para sempre.

O que lhe é essencial é a conservação do seu *eu*; sem este, que lhe importa ou não subsistir?

O futuro afigura-se-lhe sempre nulo, e a vida presente é a única coisa que o interessa e preocupa.

Sob o ponto de vista das consequências morais, esta doutrina é, pois, tão insensata, tão desesperadora, tão subversiva como o materialismo propriamente dito.

6. Pode-se, além disso, fazer esta objeção: todas as gotas d'água tomadas ao oceano se assemelham e possuem idênticas propriedades como partes de um mesmo todo; por que, pois, as almas tomadas ao grande oceano da inteligência universal tão pouco se assemelham? Por que o gênio e a estupidez, as mais sublimes virtudes e os vícios mais ignóbeis? Por que a bondade, a doçura, a mansuetude ao lado da maldade, da crueldade, da barbaria? Como podem ser tão diferentes entre si as partes de um mesmo todo homogêneo? Dir-se-á que é a educação que a modifica? Neste caso donde vêm as qualidades inatas, as inteligências precoces, os bons e maus instintos independentes de toda a educação e tantas vezes em desarmonia com o meio no qual se desenvolvem?

Não resta dúvida de que a educação modifica as qualidades intelectuais e morais da alma, mas aqui ocorre uma outra dificuldade: Quem dá a esta a educação para fazê-la progredir? Outras almas que por sua origem comum não devem ser mais adiantadas. Além disso, reentrando a alma no Todo Universal donde saiu, e havendo progredido durante a vida, leva-lhe um elemento mais perfeito. Daí se infere que esse Todo se encontraria, pela continuação, profundamente modificado e melhorado. Assim, como se explica saírem incessantemente desse Todo almas ignorantes e perversas?

7. Nesta doutrina, a fonte universal de inteligência que abastece as almas humanas é independente da Divindade; não é precisamente o *panteísmo*.

O *panteísmo* propriamente dito considera o princípio universal de vida e de inteligência como constituindo a Divindade. Deus é concomitantemente Espírito e matéria; todos os seres, todos os corpos da natureza compõem a Divindade, da qual são as moléculas e os elementos constitutivos; Deus é o conjunto de todas as inteligências reunidas; cada indivíduo, sendo uma parte do todo, é Deus ele próprio; nenhum ser superior e independente rege o conjunto; o universo é uma imensa república sem chefe, ou antes, onde cada qual é chefe com poder absoluto.

8. A este sistema podem opor-se inumeráveis objeções, das quais são estas as principais: não se podendo conceber divindade sem infinita perfeição, pergunta-se como um todo perfeito pode ser formado de partes tão imperfeitas, tendo necessidade de progredir? Devendo cada parte ser submetida à lei do progresso, força é convir que o próprio Deus deve progredir; e se Ele progride constantemente, deveria ter sido, na origem dos tempos, muito imperfeito.

E como pôde um ser imperfeito, formado de ideias tão divergentes, conceber leis tão harmônicas, tão admiráveis de unidade, de sabedoria e previdência quais as que regem o universo? Se todas as almas são porções da Divindade, todos concorreram para as Leis da natureza; como sucede, pois, que elas murmurem sem cessar contra essas leis que são obra sua? *Uma teoria não pode ser aceita como verdadeira senão com a condição de satisfazer a razão e dar conta de todos os fatos que abrange; se um só fato lhe trouxer um desmentido, é que não contém a verdade absoluta.*

9. Sob o ponto de vista moral, as consequências são igualmente ilógicas. Em primeiro lugar é para as almas, tal como no sistema precedente, a absorção num todo e a perda da individualidade. Dado que se admita, consoante a opinião de alguns panteístas, que as almas conservem essa individualidade, Deus deixaria de ter vontade única para ser um composto de miríades de vontades divergentes.

Além disso, sendo cada alma parte integrante da Divindade, deixa de ser dominada por um poder superior; não incorre em responsabilidade por seus atos bons ou maus; soberana, não tendo interesse algum na prática do bem, ela pode praticar o mal impunemente.

10. Ademais, estes sistemas não satisfazem nem a razão nem a aspiração humanas; deles decorrem dificuldades insuperáveis, pois são im-

potentes para resolver todas as questões de fato que suscitam. *O homem tem, pois, três alternativas: o nada, a absorção ou a individualidade da alma antes e depois da morte.*

É para esta última crença que a lógica nos impele irresistivelmente, crença que tem formado a base de todas as religiões desde que o mundo existe.

E se a lógica nos conduz à individualidade da alma, também nos aponta esta outra consequência: a sorte de cada alma deve depender das suas qualidades pessoais, pois seria irracional admitir que a alma atrasada do selvagem, como a do homem perverso, estivesse no nível da do sábio, do homem de bem. Segundo os princípios de justiça, as almas devem ter a responsabilidade dos seus atos, mas para haver essa responsabilidade, preciso é que elas sejam livres na escolha do bem e do mal; sem o livre-arbítrio há fatalidade, e com a fatalidade não coexistiria a responsabilidade.

11. Todas as religiões admitiram igualmente o princípio da felicidade ou infelicidade da alma após a morte, ou, por outra, as penas e gozos futuros, que se resumem na doutrina do Céu e do inferno encontrada em toda parte.

No que elas diferem essencialmente, é quanto à natureza dessas penas e gozos, *principalmente* sobre as condições determinantes de umas e de outras.

Daí os pontos de fé contraditórios dando origem a cultos diferentes, e os deveres impostos por estes, consecutivamente, para honrar a Deus e alcançar por esse meio o Céu, evitando o inferno.

12. Todas as religiões houveram de ser em sua origem relativas ao grau de adiantamento moral e intelectual dos homens: estes, assaz materializados para compreenderem o mérito das coisas puramente espirituais, fizeram consistir a maior parte dos deveres religiosos no cumprimento de fórmulas exteriores.

Por muito tempo essas fórmulas lhes satisfizeram a razão; porém, mais tarde, porque se fizesse a luz em seu espírito, sentindo o vácuo dessas fórmulas, uma vez que a Religião não o preenchia, abandonaram-na e tornaram-se filósofos.

13. *Se a Religião, apropriada em começo aos conhecimentos limitados do homem, tivesse acompanhado sempre o movimento progressivo do espírito humano, não haveria incrédulos, porque está na própria natureza do ho-*

mem a necessidade de crer, e ele crerá desde que se lhe dê o pábulo espiritual de harmonia com as suas necessidades intelectuais.

O homem quer saber donde veio e para onde vai. Mostrando-se-lhe um fim que não corresponde às suas aspirações nem à ideia que ele faz de Deus, tampouco aos dados positivos que lhe fornece a Ciência; impondo-se-lhe, ademais, para atingir o seu desiderato, condições cuja utilidade sua razão contesta, ele tudo rejeita; o materialismo e o panteísmo parecem-lhe mais racionais, porque com eles ao menos se raciocina e se discute, falsamente embora. E há razão, porque antes raciocinar em falso do que não raciocinar absolutamente.

Apresente-se-lhe, porém, um futuro condicionalmente lógico, digno em tudo da grandeza, da justiça e da infinita bondade de Deus, e ele repudiará o materialismo e o panteísmo, cujo vácuo sente em seu foro íntimo, e que aceitará à falta de melhor crença.

O Espiritismo dá coisa melhor; eis por que é acolhido pressurosamente por todos os atormentados da dúvida, os que não encontram nem nas crenças nem nas filosofias vulgares o que procuram. O Espiritismo tem por si a lógica do raciocínio e a sanção dos fatos, e é por isso que inutilmente o têm combatido.

14. Instintivamente tem o homem a crença no futuro, mas não possuindo até agora nenhuma base certa para defini-lo, a sua imaginação fantasiou os sistemas que originaram a diversidade de crenças. A Doutrina Espírita sobre o futuro — não sendo uma obra de imaginação mais ou menos arquitetada engenhosamente, porém o resultado da observação de fatos materiais que se desdobram hoje à nossa vista — congraçará, como já está acontecendo, as opiniões divergentes ou flutuantes e trará gradualmente, pela força das coisas, a unidade de crenças sobre esse ponto, não já baseada em simples hipótese, mas na certeza. *A unificação feita relativamente à sorte futura das almas será o primeiro ponto de contato dos diversos cultos, um passo imenso para a tolerância religiosa em primeiro lugar e, mais tarde, para a completa fusão.*

Capítulo 2

Temor da morte

- Causas do temor da morte
- Por que os espíritas não temem a morte

Causas do temor da morte

1. O homem, seja qual for a escala de sua posição social, desde selvagem tem o sentimento inato do futuro; diz-lhe a intuição que a morte não é a última fase da existência e que aqueles cuja perda lamentamos não estão irremissivelmente perdidos.

A crença da imortalidade é intuitiva e muito mais generalizada do que a do nada. Entretanto, a maior parte dos que nela creem apresentam-se nos possuídos de grande amor às coisas terrenas e temerosos da morte!

Por quê?

2. Este temor é um efeito da sabedoria da Providência e uma consequência do instinto de conservação comum a todos os viventes. Ele é necessário enquanto não se está suficientemente esclarecido sobre as condições da vida futura, como contrapeso à tendência que, sem esse freio, nos levaria a deixar prematuramente a vida e a negligenciar o trabalho terreno que deve servir ao nosso próprio adiantamento.

Assim é que, nos povos primitivos, o futuro é uma vaga intuição, mais tarde tornada simples esperança e, finalmente, uma certeza apenas atenuada por secreto apego à vida corporal.

3. À proporção que o homem compreende melhor a vida futura, o temor da morte diminui; uma vez esclarecida a sua missão terrena, aguarda-lhe o fim calmo, resignado e serenamente. A certeza da vida futura dá-lhe outro curso às ideias, outro fito ao trabalho; antes dela nada que se não prenda ao presente; depois dela tudo pelo futuro sem desprezo do presente, porque sabe que aquele depende da boa ou da má direção deste.

A certeza de reencontrar seus amigos depois da morte, de reatar as relações que tivera na Terra, *de não perder um só fruto do seu trabalho*, de engrandecer-se incessantemente em inteligência, perfeição, dá-lhe paciência para esperar e coragem para suportar as fadigas transitórias da vida terrestre. A solidariedade entre vivos e mortos faz-lhe compreender a que deve existir na Terra, onde a fraternidade e a caridade têm desde então um fim e uma razão de ser, no presente como no futuro.

4. Para libertar-se do temor da morte é mister poder encará-la sob o seu verdadeiro ponto de vista, isto é, ter penetrado pelo pensamento no mundo espiritual, fazendo dele uma ideia tão exata quanto possível, o que denota da parte do Espírito encarnado um tal ou qual desenvolvimento e aptidão para desprender-se da matéria.

No Espírito atrasado a vida material prevalece sobre a espiritual. Apegando-se às aparências, o homem não distingue a vida além do corpo, esteja embora na alma a vida real; aniquilado aquele, tudo se lhe afigura perdido, desesperador.

Se, ao contrário, concentrarmos o pensamento, não no corpo, mas na alma, fonte da vida, ser real a tudo sobrevivente, lastimaremos menos a perda do corpo, antes fonte de misérias e dores. Para isso, porém, necessita o Espírito de uma força só adquirível na madureza.

O temor da morte decorre, portanto, da noção insuficiente da vida futura, embora denote também a necessidade de viver e o receio da destruição total; igualmente o estimula secreto anseio pela sobrevivência da alma, velado ainda pela incerteza.

Esse temor decresce, à proporção que a certeza aumenta, e desaparece quando esta é completa.

Eis aí o lado providencial da questão. Ao homem não suficientemente esclarecido, cuja razão mal pudesse suportar a perspectiva muito positiva e sedutora de um futuro melhor, prudente seria não o deslumbrar com tal ideia, desde que por ela pudesse negligenciar o presente, necessário ao seu adiantamento material e intelectual.

5. Este estado de coisas é entretido e prolongado por causas puramente humanas, que o progresso fará desaparecer. A primeira é a feição com que se insinua a vida futura, feição que poderia contentar as inteligências pouco desenvolvidas, mas que não conseguiria satisfazer a razão esclarecida dos pensadores refletidos. Assim, dizem estes: "Desde que nos apresentam como verdades absolutas princípios contestados pela lógica e pelos dados positivos da Ciência, é que eles não são verdades." Daí, a incredulidade de uns e a crença dúbia de um grande número.

A vida futura é-lhes uma ideia vaga, antes uma probabilidade do que certeza absoluta; acreditam, desejariam que assim fosse, mas apesar disso exclamam: "Se todavia assim não for! O presente é positivo, ocupemo-nos dele primeiro, que o futuro por sua vez virá."

E depois, acrescentam, definitivamente o que é a alma? Um ponto, um átomo, uma faísca, uma chama? Como se sente, vê ou percebe? É que a alma não lhes parece uma realidade efetiva, mas uma abstração.

Os entes que lhes são caros, reduzidos ao estado de átomos no seu modo de pensar, estão perdidos, e não têm mais a seus olhos as qualidades pelas quais se lhes fizeram amados; não podem compreender o amor de uma faísca nem o que a ela possamos ter. Quanto a si mesmos, ficam mediocremente satisfeitos com a perspectiva de se transformarem em mônadas. Justifica-se assim a preferência ao positivismo da vida terrestre, que algo possui de mais substancial.

É considerável o número dos dominados por este pensamento.

6. Outra causa de apego às coisas terrenas, mesmo nos que mais firmemente creem na vida futura, é a impressão do ensino que relativamente a ela se lhes há dado desde a infância. Convenhamos que o quadro pela Religião esboçado, sobre o assunto, é nada sedutor e ainda menos consolatório.

De um lado, contorções de condenados a expiarem em torturas e chamas eternas os erros de uma vida efêmera e passageira. Os séculos sucedem-se aos séculos e não há para tais desgraçados sequer o lenitivo de uma esperança e, o que mais atroz é, não lhes aproveita o arrependimento. De outro lado, as almas combalidas e aflitas do purgatório aguardam a sua libertação por meio da boa vontade dos vivos que orarão ou farão orar por elas, sem nada fazerem de esforço próprio para progredirem.

Estas duas categorias compõem a maioria imensa da população de além-túmulo. Acima delas, paira a limitada classe dos eleitos, gozando, por toda a eternidade, da beatitude contemplativa. Esta inutilidade eterna, preferível sem dúvida ao nada, não deixa de ser de uma fastidiosa monotonia. É por isso que se vê, nas figuras que retratam os bem-aventurados, figuras angélicas em que mais transparece o tédio que a verdadeira felicidade.

Este estado não satisfaz nem as aspirações nem a instintiva ideia de progresso, única que se afigura compatível com a felicidade absoluta. Custa crer que, só por haver recebido o batismo, o selvagem ignorante — de senso moral obtuso —, esteja no mesmo nível do homem que atingiu, após longos anos de trabalho, o mais alto grau de ciência e moralidade práticas. Menos concebível ainda é que a criança falecida em tenra idade, antes de ter consciência de seus atos, goze dos mesmos privilégios somente por força de uma cerimônia na qual a sua vontade não teve parte alguma. Estes raciocínios não deixam de preocupar os mais fervorosos crentes, por pouco que meditem.

7. Não dependendo a felicidade futura do trabalho progressivo na Terra, a facilidade com que se acredita adquirir essa felicidade, por meio de algumas práticas exteriores, e a possibilidade até de a comprar a dinheiro, sem regeneração de caráter e costumes, dão aos gozos do mundo o melhor valor.

Mais de um crente considera, em seu foro íntimo, que assegurado o seu futuro pelo preenchimento de certas fórmulas ou por dádivas póstumas, que de nada o privam, seria supérfluo impor-se sacrifícios ou quaisquer incômodos por outrem, uma vez que se consegue a salvação trabalhando cada qual por si.

Seguramente, nem todos pensam assim, havendo mesmo muitas e honrosas exceções; mas não se poderia contestar que assim pensa o maior número, sobretudo das massas pouco esclarecidas, e que a ideia que fazem das condições de felicidade no outro mundo não entretenha o apego aos bens deste, acoroçoando o egoísmo.

8. Acrescentemos ainda a circunstância de tudo nas usanças concorrer para lamentar a perda da vida terrestre e temer a passagem da Terra ao Céu. A morte é rodeada de cerimônias lúgubres, mais próprias a infundirem terror do que a provocarem a esperança. Se descrevem a morte, é sempre com aspecto repelente e nunca como sono de transição; todos os seus emblemas lembram a destruição do corpo, mostrando-o hediondo e descarnado; nenhum simboliza a alma desembaraçando-se radiosa dos grilhões terrestres. A partida para esse mundo mais feliz só se faz acompanhar do lamento dos sobreviventes, como se imensa desgraça atingira os que partem; dizem-lhes eternos adeuses como se jamais devessem revê-los. Lastima-se por eles a perda dos gozos mundanos, como se não fossem encontrar maiores gozos no além-túmulo. Que desgraça, dizem, morrer tão jovem, rico e feliz, tendo a perspectiva de um futuro brilhante! A ideia de um futuro melhor apenas toca de leve o pensamento, porque não tem nele raízes. Tudo concorre, assim, para inspirar o terror da morte, em vez de infundir esperança.

Sem dúvida que muito tempo será preciso para o homem se desfazer desses preconceitos, o que não quer dizer que isto não suceda, à medida que a sua fé se for firmando, a ponto de conceber uma ideia mais sensata da vida espiritual.

9.   Ademais, a crença vulgar coloca as almas em regiões apenas acessíveis ao pensamento, onde se tornam de alguma sorte estranhas aos vivos; a própria Igreja põe entre umas e outras uma barreira insuperável, declarando rotas todas as relações e impossível qualquer comunicação. Se as almas estão no inferno, perdida é toda a esperança de as rever, a menos que lá se vá ter também; se estão entre os eleitos, vivem completamente absortas em contemplativa beatitude. Tudo isso interpõe entre mortos e vivos uma distância tal que faz supor eterna a separação, e é por isso que muitos preferem ter junto de si, embora sofram, os entes caros, antes que vê-los partir, ainda mesmo que para o Céu.

E a alma que estiver no Céu será realmente feliz vendo, por exemplo, arder eternamente *seu filho, seu pai, sua mãe ou seus amigos?*

Por que os espíritas não temem a morte

10.   A Doutrina Espírita transforma completamente a perspectiva do futuro. A vida futura deixa de ser uma hipótese para ser realidade. O estado das almas depois da morte não é mais um sistema, porém o resultado da observação. Ergueu-se o véu; o mundo espiritual aparece-nos na plenitude de sua realidade prática; não foram os homens que o descobriram pelo esforço de uma concepção engenhosa, são os próprios habitantes desse mundo que nos vêm descrever a sua situação; aí os vemos em todos os graus da escala espiritual, em todas as fases da felicidade e da desgraça, assistindo, enfim, a todas as peripécias da vida de além-túmulo. Eis aí por que os espíritas encaram a morte calmamente e se revestem de serenidade nos seus últimos momentos sobre a Terra. Já não é só a esperança, mas a certeza que os conforta; sabem que a vida futura é a continuação da vida terrena em melhores condições e aguardam-na com a mesma confiança com que aguardariam o despontar do Sol após uma noite de tempestade. Os motivos dessa confiança decorrem, outrossim, dos fatos testemunhados e da concordância desses fatos com a lógica, com a justiça e bondade de Deus, correspondendo às íntimas aspirações da humanidade.

Para os espíritas, a alma não é uma abstração; ela tem um corpo etéreo que a define ao pensamento, o que muito é para fixar as ideias sobre a sua individualidade, aptidões e percepções. A lembrança dos que nos são caros repousa sobre alguma coisa de real. Não se nos apresentam mais como chamas fugitivas que nada falam ao pensamento, porém sob uma forma concreta que antes no-los mostra como seres viventes. Além disso, em vez de perdidos nas profundezas do Espaço, estão ao redor de nós; o mundo corporal e o mundo espiritual identificam-se em perpétuas relações, assistindo-se mutuamente.

Não mais permissível sendo a dúvida sobre o futuro, desaparece o temor da morte; encara-se a sua aproximação a sangue-frio, como quem aguarda a libertação pela porta da vida, e não do nada.

Capítulo 3

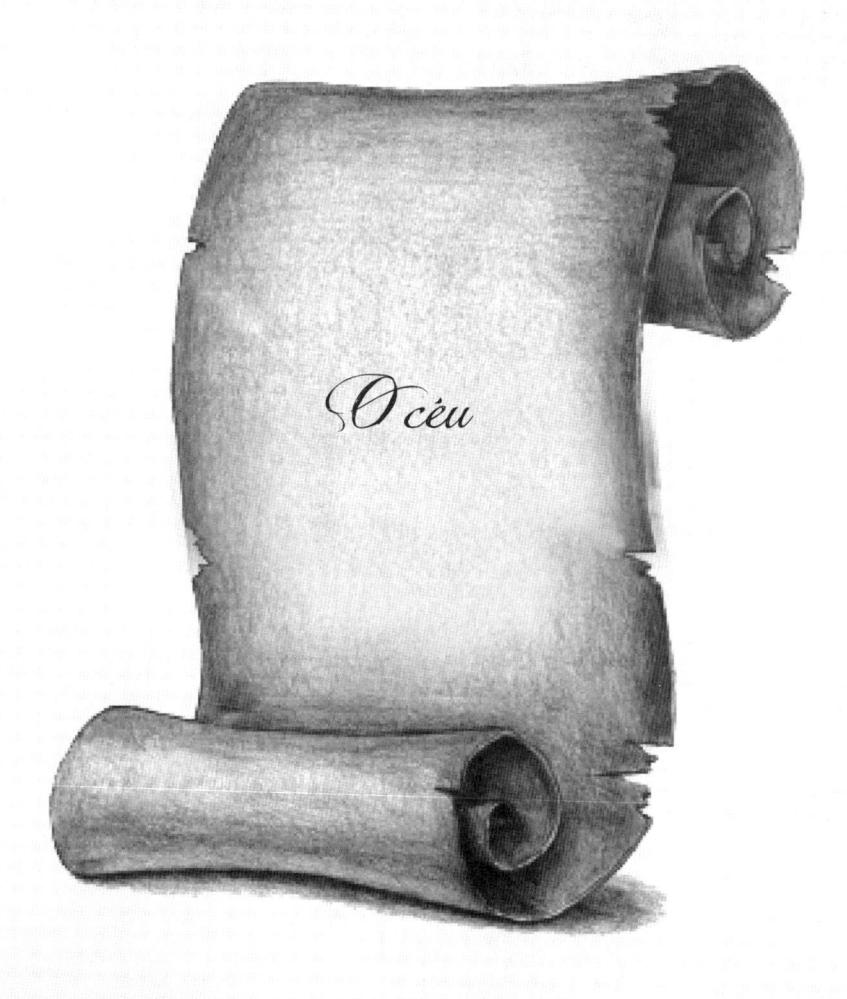

O céu

1. Em geral, a palavra *céu* designa o espaço indefinido que circunda a Terra, e mais particularmente a parte que está acima do nosso horizonte. Vem do latim *cœlum*, formada do grego *coïlos*, côncavo, porque o céu parece uma imensa concavidade.

Os antigos acreditavam na existência de muitos céus superpostos, de matéria sólida e transparente, formando esferas concêntricas e tendo a Terra por centro.

Girando essas esferas em torno da Terra, arrastavam consigo os astros que se achavam em seu circuito.

Essa ideia, provinda da deficiência de conhecimentos astronômicos, foi a de todas as teogonias, que fizeram dos céus, assim escalados, os diversos degraus da bem-aventurança: o último deles era abrigo da suprema felicidade.

Segundo a opinião mais comum, havia sete céus e daí a expressão — *estar no sétimo céu* — para exprimir perfeita felicidade. Os muçulmanos admitem nove céus,[2] em cada um dos quais se aumenta a felicidade dos crentes.

O astrônomo Ptolomeu[3] contava onze e denominava ao último Empíreo[4] por causa da luz brilhante que nele reina.

É este ainda hoje o nome poético dado ao lugar da glória eterna. A teologia cristã reconhece três céus: o primeiro é o da região do ar e das nuvens; o segundo, o espaço em que giram os astros, e o terceiro, para além deste, é a morada do Altíssimo, a habitação dos que o contemplam face a face. É conforme a esta crença que se diz que Paulo foi alçado ao terceiro céu.

2. As diferentes doutrinas relativamente ao Paraíso repousam todas no duplo erro de considerar a Terra centro do universo, e limitada a região dos astros.

É além desse limite imaginário que todas têm colocado a residência afortunada e a morada do Todo-Poderoso.

Singular anomalia que coloca o Autor de todas as coisas, Aquele que as governa a todas, nos confins da Criação, em vez de no centro, donde o seu pensamento poderia, irradiante, abranger tudo!

---

[2] N.E.: Foi realizada pesquisa no *Alcorão*, livro considerado sagrado pelos muçulmanos, e em várias suratas (capítulos) foi constatada a crença em sete céus, e não em nove como o descrito acima.

[3] Nota de Allan Kardec: Ptolomeu viveu em Alexandria, Egito, no segundo século da Era Cristã.

[4] Nota de Allan Kardec: Do grego, *pur* ou *pyr*, fogo.

3. A Ciência, com a lógica inexorável da observação e dos fatos, levou o seu archote às profundezas do Espaço e mostrou a nulidade de todas essas teorias.

A Terra não é mais o eixo do universo, porém um dos menores astros que rolam na imensidade; o próprio Sol mais não é do que o centro de um turbilhão planetário; as estrelas são outros tantos e inumeráveis sóis, em torno dos quais circulam mundos sem conta, separados por distâncias apenas acessíveis ao pensamento, embora se nos afigure tocarem-se. Neste conjunto grandioso, regido por leis eternas — reveladoras da sabedoria e onipotência do Criador —, a Terra não é mais que um ponto imperceptível e um dos planetas menos favorecidos quanto à habitabilidade. E, assim sendo, é lícito perguntar por que Deus faria da Terra a única sede da vida e nela degredaria as suas criaturas prediletas? Ao contrário, tudo anuncia a vida por toda parte e a humanidade é infinita como o universo.

Revelando-nos a Ciência mundos semelhantes ao nosso, Deus não podia tê-los criado sem intuito, antes deve tê-los povoado de seres capazes de os governar.

4. As ideias do homem estão na razão do que ele sabe; como todas as descobertas importantes, a da constituição dos mundos deveria imprimir-lhes outro curso; sob a influência desses conhecimentos novos, as crenças se modificaram; o Céu foi deslocado e a região estelar, sendo ilimitada, não mais lhe pode servir. Onde está ele, pois? E ante esta questão emudecem todas as religiões.

O Espiritismo vem resolvê-las demonstrando o verdadeiro destino do homem. Tomando-se por base a natureza deste último e os atributos divinos, chega-se a uma conclusão; isto quer dizer que partindo do conhecido atinge-se o desconhecido por uma dedução lógica, sem falar das observações diretas que o Espiritismo faculta.

5. O homem compõe-se de corpo e Espírito: o Espírito é o ser principal, racional, inteligente; o corpo é o invólucro material que reveste o Espírito temporariamente, para preenchimento da sua missão na Terra e execução do trabalho necessário ao seu adiantamento. O corpo, usado, destrói-se e o Espírito sobrevive à sua destruição. Privado do Espírito, o corpo é apenas matéria inerte, qual instrumento privado da mola real de função; sem o corpo, o Espírito é tudo; a vida, a inteligência. Ao deixar o corpo, torna ao mundo espiritual, onde paira, para depois reencarnar.

Existem, portanto, dois mundos: o *corporal*, composto de Espíritos encarnados; e o *espiritual*, formado dos Espíritos desencarnados. Os seres do mundo corporal, devido mesmo à materialidade do seu envoltório, estão ligados à Terra ou a qualquer globo; o mundo espiritual ostenta-se por toda parte, em redor de nós como no Espaço, sem limite algum designado. Em razão mesmo da natureza fluídica do seu envoltório, os seres que o compõem, em lugar de se arrastarem penosamente sobre o solo, transpõem as distâncias com a rapidez do pensamento.

A morte do corpo não é mais que a ruptura dos laços que os retinham cativos.

6. Os Espíritos são criados simples e ignorantes, mas dotados de aptidão para tudo conhecerem e para progredirem, em virtude do seu livre-arbítrio. Pelo progresso adquirem novos conhecimentos, novas faculdades, novas percepções e, conseguintemente, novos gozos desconhecidos dos Espíritos inferiores; eles veem, ouvem, sentem e compreendem o que os Espíritos atrasados não podem ver, sentir, ouvir ou compreender.

A felicidade está na razão direta do progresso realizado, de sorte que, de dois Espíritos, um pode não ser tão feliz quanto outro, unicamente por não possuir o mesmo adiantamento intelectual e moral, sem que por isso precisem estar, cada qual, em lugar distinto. Ainda que juntos, pode um estar em trevas, enquanto tudo resplandece para o outro, tal como um cego e um vidente que se dão as mãos: este percebe a luz da qual aquele não recebe a mínima impressão.

Sendo a felicidade dos Espíritos inerente às suas qualidades, haurem-na eles em toda parte em que se encontram, seja à superfície da Terra, no meio dos encarnados, ou no Espaço.

Uma comparação vulgar fará compreender melhor esta situação. Se se encontrarem em um concerto dois homens, um, bom músico, de ouvido educado, e outro, desconhecedor da música, de sentido auditivo pouco delicado, o primeiro experimentará sensação de felicidade, enquanto o segundo permanecerá insensível, porque um compreende e percebe o que nenhuma impressão produz no outro. Assim sucede quanto a todos os gozos dos Espíritos, que estão na razão da sua sensibilidade.

O mundo espiritual tem esplendores por toda parte, harmonias e sensações que os Espíritos inferiores, submetidos à influência da matéria, não entreveem sequer, e que somente são acessíveis aos Espíritos purificados.

7. O progresso nos Espíritos é o fruto do próprio trabalho; mas, como são livres, trabalham no seu adiantamento com maior ou menor atividade, com mais ou menos negligência, segundo sua vontade, acelerando ou retardando o progresso e, por conseguinte, a própria felicidade.

Enquanto uns avançam rapidamente, entorpecem-se outros, quais poltrões nas fileiras inferiores. São eles, pois, os próprios autores da sua situação, feliz ou desgraçada, conforme esta frase do Cristo: "A cada um segundo as suas obras." (Romanos, 2:6.)

Todo Espírito que se atrasa não pode queixar-se senão de si mesmo, assim como o que se adianta tem o mérito exclusivo do seu esforço, dando por isso maior apreço à felicidade conquistada.

A suprema felicidade só é compartilhada pelos Espíritos perfeitos, ou, por outra, pelos puros Espíritos, que não a conseguem senão depois de haverem progredido em inteligência e moralidade.

O progresso intelectual e o progresso moral raramente marcham juntos, mas o que o Espírito não consegue em dado tempo, alcança em outro, de modo que os dois progressos acabam por atingir o mesmo nível.

Eis por que se veem muitas vezes homens inteligentes e instruídos pouco adiantados moralmente, e vice-versa.

8. A encarnação é necessária ao duplo progresso moral e intelectual do Espírito: ao progresso intelectual pela atividade obrigatória do trabalho; ao progresso moral pela necessidade recíproca dos homens entre si. *A vida social é a pedra de toque das boas ou más qualidades.*

A bondade, a maldade, a doçura, a violência, a benevolência, a caridade, o egoísmo, a avareza, o orgulho, a humildade, a sinceridade, a franqueza, a lealdade, a má-fé, a hipocrisia, em uma palavra, tudo o que constitui o homem de bem ou o perverso tem por móvel, por alvo e por estímulo as relações do homem com os seus semelhantes.

Para o homem que vivesse isolado não haveria vícios nem virtudes; preservando-se do mal pelo isolamento, o bem de si mesmo se anularia.

9. Uma só existência corporal é manifestamente insuficiente para o Espírito adquirir todo o bem que lhe falta e eliminar o mal que lhe sobra.

Como poderia o selvagem, por exemplo, em uma só encarnação nivelar-se moral e intelectualmente ao mais adiantado europeu? É materialmente impossível. Deve ele, pois, ficar eternamente na ignorância e barbaria, privado dos gozos que só o desenvolvimento das faculdades pode proporcionar-lhe?

O simples bom senso repele tal suposição, que seria não somente a negação da justiça e bondade divinas, mas das próprias leis evolutivas e progressivas da natureza. Mas Deus, que é soberanamente justo e bom, concede ao Espírito tantas encarnações quantas as necessárias para atingir seu objetivo — a perfeição.

Para cada nova existência entra o Espírito com o cabedal adquirido nas anteriores em aptidões, conhecimentos intuitivos, inteligência e moralidade. Cada existência é assim um passo avante no caminho do progresso.[5]

A encarnação é inerente à inferioridade dos Espíritos, deixando de ser necessária desde que estes, transpondo-lhe os limites, ficam aptos para progredir no estado espiritual, ou nas existências corporais de mundos superiores, que nada têm da materialidade terrestre. Da parte destes a encarnação é voluntária, tendo por fim exercer sobre os encarnados uma ação mais direta e tendente ao cumprimento da missão que lhes compete junto dos mesmos. Desse modo aceitam abnegadamente as vicissitudes e sofrimentos da encarnação.

10. No intervalo das existências corporais o Espírito torna a entrar no mundo espiritual, onde é feliz ou desgraçado segundo o bem ou o mal que fez.

Uma vez que o estado espiritual é o estado definitivo do Espírito e o corpo espiritual não morre, deve ser esse também o seu estado normal.

O estado corporal é transitório e passageiro. É no estado espiritual sobretudo que o Espírito colhe os frutos do progresso realizado pelo trabalho da encarnação; é também nesse estado que se prepara para novas lutas e toma as resoluções que há de pôr em prática na sua volta à humanidade.

O Espírito progride igualmente na erraticidade, adquirindo conhecimentos especiais que não poderia obter na Terra, e modificando as suas ideias. O estado corporal e o espiritual constituem a fonte de dois gêneros de progresso, pelos quais o Espírito tem de passar alternadamente, nas existências peculiares a cada um dos dois mundos.

11. A reencarnação pode dar-se na Terra ou em outros mundos. Há entre os mundos alguns mais adiantados onde a existência se exerce em condições menos penosas que na Terra, física e moralmente, mas onde também só são admitidos Espíritos chegados a um grau de perfeição relativo ao estado desses mundos.

---

[5] Nota de Allan Kardec: Vede 1ª Parte, cap. I, item 3, nota 1.

A vida nos mundos superiores já é uma recompensa, visto nos acharmos isentos, aí, dos males e vicissitudes terrenos. Os corpos menos materiais, quase fluídicos, não sujeitos aí às moléstias, às enfermidades, tampouco têm as mesmas necessidades. Excluídos os Espíritos maus, gozam os homens de plena paz, sem outra preocupação além da do adiantamento pelo trabalho intelectual.

Reina lá a verdadeira fraternidade, porque não há egoísmo; a verdadeira igualdade, porque não há orgulho, e a verdadeira liberdade por não haver desordens a reprimir, nem ambiciosos que procurem oprimir o fraco.

Comparados à Terra, esses mundos são verdadeiros paraísos, quais pousos ao longo do caminho do progresso conducente ao estado definitivo. Sendo a Terra um mundo inferior destinado à purificação dos Espíritos imperfeitos, está nisso a razão do mal que aí predomina, até que praza a Deus fazer dela morada de Espíritos mais adiantados. Assim é que o Espírito, progredindo gradualmente à medida que se desenvolve, chega ao apogeu da felicidade; porém, antes de ter atingido a culminância da perfeição, goza de uma felicidade relativa ao seu progresso. A criança também frui os prazeres da infância, mais tarde os da mocidade, e finalmente os mais sólidos, da madureza.

12. A felicidade dos Espíritos bem-aventurados não consiste na ociosidade contemplativa, que seria, como temos dito muitas vezes, uma eterna e fastidiosa inutilidade.

A vida espiritual em todos os seus graus é, ao contrário, uma constante atividade, mas atividade isenta de fadigas.

A suprema felicidade consiste no gozo de todos os esplendores da Criação, que nenhuma linguagem humana jamais poderia descrever, que a imaginação mais fecunda não poderia conceber. Consiste também na penetração de todas as coisas, na ausência de sofrimentos físicos e morais, numa satisfação íntima, numa serenidade da alma imperturbável, no amor que envolve todos os seres, e portanto na ausência de atrito proveniente do contato com os maus, e, acima de tudo, na contemplação de Deus e na compreensão dos seus mistérios revelados aos mais dignos. A felicidade também existe nas tarefas cujo encargo nos faz felizes. Os puros Espíritos são os messias ou mensageiros de Deus pela transmissão e execução das suas vontades. Preenchem as grandes missões, presidem à formação dos mundos e à harmonia geral do universo, tarefa gloriosa a que se não chega senão pela perfeição. Os da ordem mais elevada são os únicos a possuírem os segredos de Deus, inspirando-se no seu pensamento, de que são diretos representantes.

13. As atribuições dos Espíritos são proporcionadas ao seu progresso, às luzes que possuem, às suas capacidades, experiência e grau de confiança inspirada ao Senhor soberano.

Nem favores, nem privilégios que não sejam o prêmio ao mérito; tudo é medido e pesado na balança da estrita justiça.

As missões mais importantes são confiadas somente àqueles que Deus julga capazes de as cumprir e incapazes de desfalecimento ou comprometimento. E enquanto que os mais dignos compõem o supremo conselho, sob as vistas de Deus, a chefes superiores é cometida a direção de turbilhões planetários, e a outros conferida a de mundos especiais. Vêm, depois, pela ordem de adiantamento e subordinação hierárquica, as atribuições mais restritas dos prepostos ao progresso dos povos, à proteção das famílias e indivíduos, ao impulso de cada ramo de progresso, às diversas operações da natureza até os mais ínfimos pormenores da Criação. Neste vasto e harmônico conjunto há ocupações para todas as capacidades, aptidões e esforços; ocupações aceitas com júbilo, solicitadas com ardor, por serem um meio de adiantamento para os Espíritos que ao progresso aspiram.

14. Ao lado das grandes missões confiadas aos Espíritos superiores, há outras de importância relativa em todos os graus, concedidas a Espíritos de todas as categorias, podendo afirmar-se que cada encarnado tem a sua, isto é, deveres a preencher a bem dos seus semelhantes, desde o chefe de família, a quem incumbe o progresso dos filhos, até o homem de gênio que lança às sociedades novos germens de progresso. É nessas missões secundárias que se verificam desfalecimentos, prevaricações e renúncias que prejudicam o indivíduo sem afetar o todo.

15. Todas as inteligências concorrem, pois, para a obra geral, qualquer que seja o grau atingido, e cada uma na medida das suas forças, seja no estado de encarnação ou no de espírito. Por toda parte a atividade, desde a base ao ápice da escala, instruindo-se, coadjuvando-se em mútuo apoio, dando-se as mãos para alcançarem o zênite.

Assim se estabelece a solidariedade entre o mundo espiritual e o corporal, ou, em outros termos, entre os homens e os Espíritos, entre os Espíritos libertos e os cativos. Assim se perpetuam e consolidam, pela purificação e continuidade de relações, as verdadeiras simpatias e nobres afeições.

Por toda parte, a vida e o movimento: nenhum canto do infinito despovoado, nenhuma região que não seja incessantemente percorrida por legiões inumeráveis de Espíritos radiantes, invisíveis aos sentidos grosseiros dos encarnados, mas cuja vista deslumbra de alegria e admiração as almas libertas da matéria. Por toda parte, enfim, há uma felicidade relativa a todos os progressos, a todos os deveres cumpridos, trazendo cada um consigo os elementos de sua felicidade, decorrente da categoria em que se coloca pelo seu adiantamento.

Das qualidades do indivíduo depende-lhe a felicidade, e não do estado material do meio em que se encontra, podendo a felicidade, portanto, existir em qualquer parte onde haja Espíritos capazes de a gozar. Nenhum lugar lhe é circunscrito e assinalado no universo.

Onde quer que se encontrem, os Espíritos podem contemplar a majestade divina, porque Deus está em toda parte.

16. Entretanto, a felicidade não é pessoal: se a possuíssemos somente em nós mesmos, sem poder reparti-la com outrem, ela seria tristemente egoísta. Também a encontramos na comunhão de ideias que une os seres simpáticos. Os Espíritos felizes, atraindo-se pela similitude de ideias, gostos e sentimentos, formam vastos agrupamentos ou famílias homogêneas, no seio das quais cada individualidade irradia as qualidades próprias e satura-se dos eflúvios serenos e benéficos emanados do conjunto.

Os membros deste, ora se dispersam para se darem à sua missão, ora se reúnem em dado ponto do Espaço a fim de se prestarem contas do trabalho realizado, ora se congregam em torno dum Espírito mais elevado para receberem instruções e conselhos.

17. Posto que os Espíritos estejam por toda parte, os mundos são de preferência os seus centros de atração, em virtude da analogia existente entre eles e os que os habitam. Em torno dos mundos adiantados abundam Espíritos superiores, como em torno dos atrasados pululam Espíritos inferiores. Cada globo tem, de alguma sorte, sua população própria de Espíritos encarnados e desencarnados, alimentada em sua maioria pela encarnação e desencarnação dos mesmos. Esta população é mais estável nos mundos inferiores, pelo apego dos Espíritos à matéria, e mais flutuante nos superiores.

Destes últimos, porém, verdadeiros focos de luz e felicidade, Espíritos se destacam para mundos inferiores a fim de neles semearem os germens do progresso, levar-lhes consolação e esperança, levantar os ânimos abatidos pelas provações da vida. Por vezes também se encarnam para cumprir com mais eficácia a sua missão.

18.   Nessa imensidade ilimitada, onde está o Céu? Em toda parte. Nenhum contorno lhe traça limites. Os mundos adiantados são as últimas estações do seu caminho, que as virtudes franqueiam e os vícios interditam. Ante este quadro grandioso que povoa o universo, que dá a todas as coisas da Criação um fim e uma razão de ser, quanto é pequena e mesquinha a doutrina que circunscreve a humanidade a um ponto imperceptível do Espaço, que no-la mostra começando em dado instante para acabar igualmente com o mundo que a contém, não abrangendo mais que um minuto na eternidade!

Como é triste, fria, glacial essa doutrina quando nos mostra o resto do universo, durante e depois da humanidade terrestre, sem vida, nem movimento, qual vastíssimo deserto imerso em profundo silêncio! Como é desesperadora a perspectiva dos eleitos votados à contemplação perpétua, enquanto a maioria das criaturas padece tormentos sem-fim! Como lacera os corações sensíveis a ideia dessa barreira entre mortos e vivos! As almas ditosas, dizem, só pensam na sua felicidade, como as desgraçadas, nas suas dores. Admira que o egoísmo reine sobre a Terra quando no-lo mostram no Céu?

Oh! Quão mesquinha se nos afigura essa ideia da grandeza, do poder e da bondade de Deus! Quanto é sublime a ideia que dele fazemos pelo Espiritismo! Quanto a sua doutrina engrandece as ideias e amplia o pensamento! Mas quem diz que ela é verdadeira? A razão primeiro, a revelação depois, e, finalmente, a sua concordância com os progressos da Ciência. Entre duas doutrinas, das quais uma amesquinha e a outra exalta os atributos de Deus; das quais uma só está em desacordo e a outra em harmonia com o progresso; das quais uma se deixa ficar na retaguarda enquanto a outra caminha, o bom senso diz de que lado está a verdade. Que, confrontando-as, consulte cada qual a consciência, e uma voz íntima lhe falará por ela. Pois bem, essas aspirações íntimas são a voz de Deus, que não pode enganar os homens.

19.   Dir-se-á, por que Deus não lhes revelou de princípio toda a verdade? Pela mesma razão por que se não ensina à infância o que se ensina aos de idade madura.

A revelação limitada foi suficiente a certo período da humanidade, e Deus a proporciona gradativamente ao progresso e às forças do Espírito.

Os que recebem hoje uma revelação mais completa são *os mesmos Espíritos* que tiveram dela uma partícula em outros tempos e que de então por diante se engrandeceram em inteligência.

Antes de a Ciência ter revelado aos homens as forças vivas da natureza, a constituição dos astros, o verdadeiro papel da Terra e sua formação, poderiam eles compreender a imensidade do Espaço e a pluralidade dos mundos? Antes de a Geologia comprovar a formação da Terra, poderiam os homens tirar-lhe o inferno das entranhas e compreender o sentido alegórico dos seis dias da Criação? Antes de a Astronomia descobrir as leis que regem o universo, poderiam compreender que não há alto nem baixo no Espaço, que o Céu não está acima das nuvens nem limitado pelas estrelas? Poderiam identificar-se com a vida espiritual antes dos progressos da ciência psicológica? Conceber depois da morte uma vida feliz ou desgraçada, a não ser em lugar circunscrito e sob uma forma material? Não; compreendendo mais pelos sentidos que pelo pensamento, o universo era muito vasto para a sua concepção; era preciso restringi-lo ao seu ponto de vista para alargá-lo mais tarde. Uma revelação parcial tinha sua utilidade, e, embora sábia até então, não satisfaria hoje. O absurdo provém dos que pretendem poder governar os homens de pensamento, sem se darem conta do progresso das ideias, quais se fossem crianças. (Vede *O evangelho segundo o espiritismo*, cap. III.)

Capítulo 4

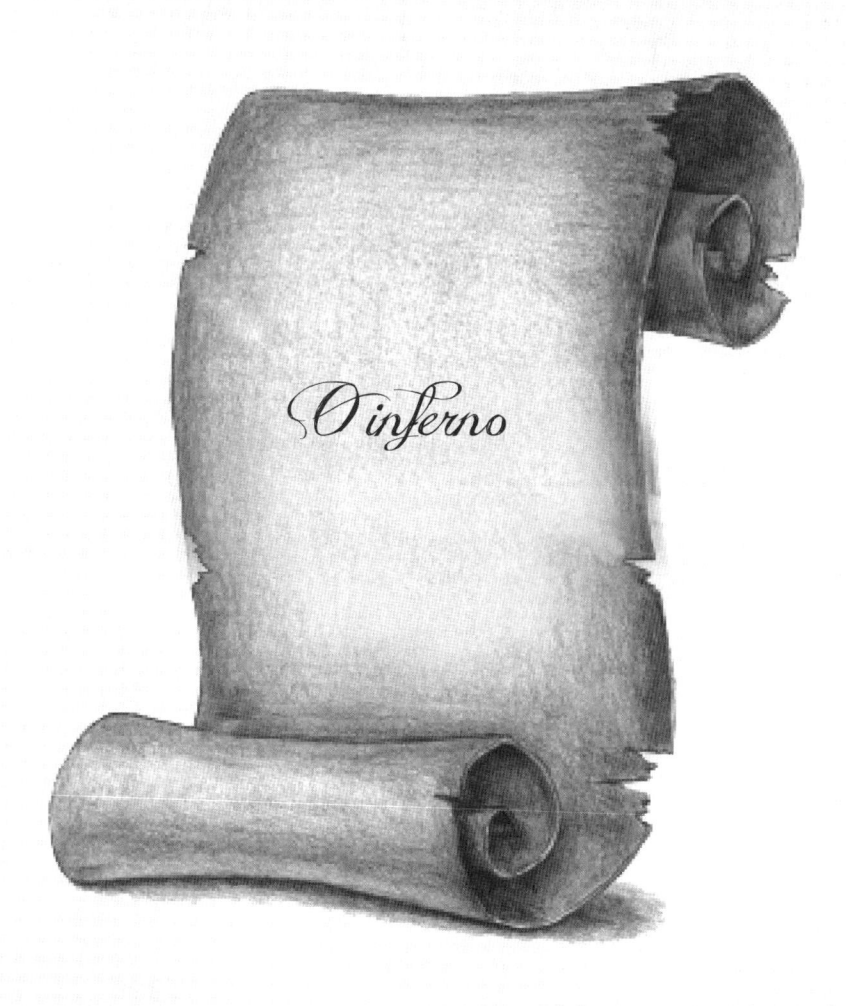

O inferno

- Intuição das penas futuras
- O inferno cristão imitado do inferno pagão
- Os limbos
- Quadro do inferno pagão
- Esboço do inferno cristão

Intuição das penas futuras

1. Desde todas as épocas o homem acreditou, por intuição, que a vida futura seria feliz ou infeliz, conforme o bem ou o mal praticado neste mundo. A ideia que ele faz, porém, dessa vida, está em relação com o seu desenvolvimento, senso moral e noções mais ou menos justas do bem e do mal.

As penas e recompensas são o reflexo dos instintos predominantes. Os povos guerreiros fazem consistir a suprema felicidade nas honras conferidas à bravura; os caçadores, na abundância da caça; os sensuais, nas delícias da voluptuosidade. Dominado pela matéria, o homem não pode compreender senão imperfeitamente a espiritualidade, imaginando para as penas e gozos futuros um quadro mais material que espiritual; afigura-se-lhe que deve comer e beber no outro mundo, porém, melhor que na Terra.[6]

Mais tarde já se encontra nas crenças sobre a vida futura um misto de espiritualismo e materialismo: a beatitude contemplativa concorrendo com o inferno das torturas físicas.

2. Não podendo compreender senão o que vê, o homem primitivo naturalmente moldou o seu futuro pelo presente; para compreender outros tipos, além dos que tinha à vista, ser-lhe-ia preciso um desenvolvimento intelectual que só o tempo deveria completar. Também o quadro por ele ideado sobre as penas futuras não é senão o reflexo dos males da humanidade, em mais vasta proporção, reunindo-lhe todas as torturas, suplícios e aflições que achou na Terra. Nos climas abrasadores imaginou um inferno de fogo, e nas regiões boreais um inferno de gelo. Não estando ainda desenvolvido o sentido que mais tarde o levaria a compreender o mundo espiritual, não podia conceber senão penas materiais; e assim, com pequenas diferenças de forma, os infernos de todas as religiões se assemelham.

---

[6] Nota de Allan Kardec: Um pequeno saboiano, a quem o seu cura fazia a descrição da vida futura, perguntou-lhe se todo mundo lá comia pão branco, como em Paris.

O inferno cristão imitado do inferno pagão

3. O inferno pagão, descrito e dramatizado pelos poetas, foi o modelo mais grandioso do gênero, e perpetuou-se no seio dos cristãos, onde, por sua vez, houve poetas e cantores. Comparando-os, encontram-se neles — salvo os nomes e variantes de detalhe — numerosas analogias; ambos têm o fogo material por base de tormentos, como símbolo dos sofrimentos mais atrozes. Mas coisa singular! Os cristãos exageraram em muitos pontos o inferno dos pagãos. Se estes tinham o tonel das Danaides,[7] a roda de Íxion,[8] o rochedo de Sísifo,[9] eram estes suplícios individuais; os cristãos, ao contrário, têm para todos, sem distinção, as caldeiras ferventes cujos tampos os anjos levantam para ver as contorções dos supliciados;[10] e Deus, sem piedade, ouve-lhes os gemidos por toda a eternidade. Jamais os pagãos descreveram os habitantes dos Campos Elíseos deleitando a vista nos suplícios do Tártaro.[11]

4. Os cristãos têm, como os pagãos, o seu rei dos infernos — Satã — com a diferença, porém, de que Plutão se limitava a governar o sombrio império, que lhe coubera em partilha, sem ser mau; retinha em seus domínios os que haviam praticado o mal, porque essa era a sua missão, mas não induzia os homens ao pecado para desfrutar, tripudiar dos seus sofrimentos. Satã, no entanto, recruta vítimas por toda parte e regozija-se ao atormentá-las com uma legião de demônios armados de forcados a revolvê-las no fogo.

Já se tem discutido seriamente sobre a natureza desse fogo que queima, mas não consome as vítimas. Tem-se mesmo perguntado se seria um fogo de betume.[12]

---

[7] N.E.: As cinquenta filhas de Dânaos, Rei de Argos, que, com exceção de uma, mataram seus maridos na noite de núpcias, e foram condenadas a encher eternamente, no inferno, um tonel sem fundo.

[8] N.E.: Por caluniar Zeus, Íxion foi fulminado por um raio e lançado no Tártaro, onde foi preso a uma roda em chamas e condenado a nela girar pela eternidade.

[9] N.E.: Por assaltar os viajantes, Zeus condenou Sísifo ao Tártaro, e deu-lhe como castigo eterno a obrigação de empurrar uma pedra até o lugar mais alto da montanha, de onde ela sempre rola de volta.

[10] Nota de Allan Kardec: Sermão pregado em Montpellier em 1860.

[11] Nota de Allan Kardec: "Os bem-aventurados, sem deixarem o lugar que ocupam, poderão afastar-se de certo modo em razão do seu dom de inteligência e da vista distinta, a fim de considerarem as torturas dos condenados, e, vendo-os, não somente serão *insensíveis à dor*, mas até ficarão *repletos de alegria* e renderão graças a Deus por sua própria felicidade, assistindo à inefável calamidade dos ímpios." (São Tomás de Aquino.)

[12] Nota de Allan Kardec: Sermão pregado em Paris em 1861.

O inferno cristão nada cede, pois, ao inferno pagão.

5. As mesmas considerações que, entre os antigos, tinham feito localizar o reino da felicidade, fizeram circunscrever igualmente o lugar dos suplícios. Tendo-se colocado o primeiro nas regiões superiores, era natural reservar ao segundo os lugares inferiores, isto é, o centro da Terra, para onde se acreditava servirem de entradas certas cavidades sombrias, de aspecto terrível. Os cristãos também colocaram aí, por muito tempo, a habitação dos condenados.

A este respeito, frisemos ainda outra analogia:

O inferno dos pagãos continha de um lado os Campos Elíseos e do outro o Tártaro; o Olimpo, morada dos deuses e dos homens divinizados, ficava nas regiões superiores. Segundo *a letra* do Evangelho, Jesus desceu aos infernos, isto é, *aos lugares baixos* para deles tirar as almas dos justos que lhe aguardavam a vinda.

Os infernos não eram, portanto, um lugar unicamente de suplício: estavam, tal como para os pagãos, *nos lugares baixos*.

A morada dos anjos, assim como o Olimpo, era nos lugares elevados. Colocaram-na para além do céu estelar, que se reputava limitado.

6. Esta mistura de ideias cristãs e pagãs nada tem de surpreendente. Jesus não podia de um só golpe destruir inveteradas crenças, faltando aos homens conhecimentos necessários para conceber a infinidade do Espaço e o número infinito dos mundos; a Terra para eles era o centro do universo; não lhe conheciam a forma nem a estrutura internas; tudo se limitava ao seu ponto de vista: as noções do futuro não podiam ir além dos seus conhecimentos. Jesus encontrava-se, pois, na impossibilidade de os iniciar no verdadeiro estado das coisas, mas não querendo, por outro lado, com sua autoridade, sancionar preconceitos, absteve-se de os retificar, deixando ao tempo essa missão. Ele limitou-se a falar vagamente da vida bem-aventurada, dos castigos reservados aos culpados, sem referir-se jamais nos seus ensinos a castigos e suplícios corporais, que constituíram para os cristãos um artigo de fé. Eis aí como as ideias do inferno pagão se perpetuaram até os nossos dias. E foi preciso a difusão das modernas luzes, o desenvolvimento geral da inteligência humana para se lhe fazer justiça. Como, porém, nada de positivo houvesse substituído as ideias recebidas, ao longo período de uma crença cega sucedeu, transitoriamente, o período de incredulidade a que vem pôr termo a Nova Revelação. Era preciso demolir para reconstruir, visto

como é mais fácil insinuar ideias justas aos que em nada creem, sentindo que algo lhes falta, do que fazê-lo aos que possuem uma ideia robusta, ainda que absurda.

7. Localizados o Céu e o inferno, as seitas cristãs foram levadas a não admitir para as almas senão duas situações extremas: a felicidade perfeita e o sofrimento absoluto. O purgatório é apenas uma posição intermediária e passageira, ao sair da qual as almas passam, sem transição, à mansão dos justos.

Outra não pode ser a hipótese, dada a crença na sorte definitiva da alma após a morte. Se não há mais de duas habitações, a dos eleitos e a dos condenados, não se podem admitir muitos graus em cada uma sem admitir a possibilidade de os franquear e, conseguintemente, o progresso. Ora, se há progresso, não há sorte definitiva, e se há sorte definitiva, não há progresso. Jesus resolveu a questão quando disse: "Há muitas moradas na casa de meu Pai."[13] (João, 14:2.)

Os limbos

8. É verdade que a Igreja admite uma posição especial em casos particulares.

As crianças falecidas em tenra idade, sem fazer mal algum, não podem ser condenadas ao fogo eterno, mas também, não tendo feito bem, não lhes assiste direito à felicidade suprema. Ficam nos *limbos*, diz-nos a Igreja, nessa situação jamais definida, na qual, se não sofrem, também não gozam da bem-aventurança. Esta, sendo tal sorte irrevogavelmente fixada, fica-lhes defesa para sempre. Tal privação importa, assim, *um suplício eterno* e tanto mais *imerecido*, quanto é certo não ter dependido dessas almas que as coisas assim sucedessem. O mesmo se dá quanto ao selvagem que, não tendo recebido a graça do batismo e as luzes da Religião, peca por ignorância, entregue aos instintos naturais. Certo, este não tem a responsabilidade e o mérito cabíveis ao que procede com conhecimento de causa. A simples lógica repele uma tal doutrina em nome da Justiça de Deus, que se contém integralmente nestas palavras do Cristo: "A cada um, segundo as suas obras." Obras, sim, boas ou más, porém praticadas voluntária e livremente, únicas que comportam responsabilidade. Neste caso não podem estar a criança, o selvagem e tampouco aquele que não foi esclarecido.

---

[13] Nota de Allan Kardec: Cap. III de *O evangelho segundo o espiritismo*.

Quadro do inferno pagão

9.   O conhecimento do inferno pagão nos é fornecido quase exclusivamente pela narrativa dos poetas. Homero e Virgílio dele deram a mais completa descrição, devendo, contudo, levar-se em conta as necessidades poéticas impostas à forma. A descrição de Fénelon, no *Aventuras de Telêmaco*, posto que haurida na mesma fonte quanto às crenças fundamentais, tem a simplicidade mais concisa da prosa.

Descrevendo o aspecto lúgubre dos lugares, preocupa-se, principalmente, em realçar o gênero de sofrimento dos culpados, estendendo-se sobre a sorte dos maus reis com vista à instrução do seu régio discípulo. Por muito popular que seja esta obra, nem todos têm presente à memória a sua descrição, ou não meditaram sobre ela de modo a estabelecer comparação, e assim acreditamos de utilidade reproduzir os tópicos que mais diretamente interessam ao nosso assunto, isto é, os que se referem especialmente às penas individuais.

10.   "Ao entrar, Telêmaco[14] ouve gemidos de uma sombra inconsolável: — Qual é — pergunta-lhe — a vossa desgraça? Quem fostes na Terra? — Nabofarzan — responde a sombra —, rei da soberba Babilônia. Ao ouvir meu nome tremiam todos os povos do Oriente; fazia-me adorar pelos babilônios num templo todo de mármore, representado por uma estátua de ouro, a cujos pés se queimavam noite e dia os preciosos perfumes da Etiópia; jamais alguém ousou contradizer-me sem de pronto ser punido; inventavam-se dia a dia prazeres novos para tornar-me a vida mais e mais deliciosa.

"Moço e robusto, quantos, infelizmente! Quantos prazeres me restavam ainda por usufruir no trono! Mas certa mulher, que eu amava e que me não correspondia, fez-me sentir claramente que eu não era um deus: envenenou-me, e... nada mais sou. As minhas cinzas foram ontem encerradas com pompa em urna de ouro: choraram, arrancaram cabelos, pretenderam fingidamente atirar-se às chamas da minha fogueira, a fim de morrerem comigo, vão ainda gemer junto do túmulo das minhas cinzas, mas ninguém me deplora; a minha memória horroriza a própria família, enquanto aqui embaixo sofro já horríveis suplícios."

Telêmaco, compungido ante esse espetáculo, diz-lhe: — Éreis vós verdadeiramente feliz durante o vosso reinado? Sentíeis porventura essa paz suave sem a qual o coração se conserva opresso e abatido em meio

---
[14] N.E.: Personagem da *Odisseia*, filho de Odisseus e Penélope.

das delícias? — Não — respondeu o babilônio —, não sei mesmo o que quereis dizer. Os sábios exaltam essa paz como bem único; quanto à raiva, nunca a senti, meu coração agitava-se continuamente por novos desejos de temor e de esperança. Procurava aturdir-me com o abalo das próprias paixões, tendo o cuidado de entreter essa embriaguez para torná-la permanente, contínua; o menor intervalo de razão, de calma, ser-me-ia muito amargo. Eis a paz que fruí; qualquer outra parece-me antes uma fábula, um sonho. São esses os bens que choro.

Assim falando, o babilônio chorava qual homem pusilânime, enervado pelas prosperidades, desabituado de suportar resignadamente uma desgraça. Havia junto dele alguns escravos mortos em homenagem honrosa aos seus funerais. Mercúrio[15] os entregara a Caronte[16] com o seu rei, outorgando-lhes poder absoluto sobre esse rei, a quem tinham servido na Terra. *Essas sombras de escravos não temiam a sombra de Nabofarzan, que retinham encadeada, infligindo-lhe as mais cruéis afrontas.* Dizia-lhe uma: — Não éramos nós homens iguais a ti? Insensato que eras, julgavas-te um deus, a ponto de esqueceres a tua origem comum a todos os homens.

Outra, para insultá-lo, dizia: — Tinhas razão em não querer que por homem te houvessem, porque na verdade eras um monstro desumano.

Ainda outra: — Então?! Onde estão agora os teus aduladores? Nada mais tens a dar, desgraçado! Nem mesmo o mal podes fazer mais; eis-te reduzido a escravo dos teus escravos. A justiça dos deuses tarda, mas não falha.

A estas frases duras Nabofarzan se rojava por terra, arrancando os cabelos em acesso de raiva e desespero, mas Caronte instigava os escravos: — Arrastem-no pela corrente, levantem-no contra a vontade. *Não possa ele consolar-se escondendo a sua vergonha: preciso é que todas as sombras do Estige[17] a testemunhem* como justificativa aos deuses, que por tanto tempo toleraram o reinado terreno deste ímpio.

E ele avista logo, bem perto de si, o negro Tártaro evolando escuro e espesso fumo, cujo cheiro mefítico daria a morte se se espalhasse pela morada dos vivos. Esse fumo envolvia um rio de fogo, um turbilhão de

---

[15] N.E.: Deus romano do comércio e dos viajantes.

[16] N.E.: Barqueiro dos infernos que, mediante pagamento, transportava os mortos na travessia das águas infernais.

[17] N.E.: Na mitologia grega, o maior dos rios do inferno.

chamas, cujo ruído, semelhante às torrentes mais caudalosas quando se despenham de altos rochedos em profundos abismos, concorria para que nada se ouvisse nesses lugares tenebrosos. Telêmaco, secretamente animado por Minerva, entra sem medo nesse báratro. Viu primeiramente um grande número de homens que tinham vivido nas mais humildes condições, punidos por haverem procurado riquezas por meio de fraudes, traições e crueldade. Aí notou muitos ímpios hipócritas que, simulando amar a Religião, dela se tinham servido como de um belo pretexto para satisfazerem ambições e zombarem dos crédulos: os que haviam abusado até da própria Virtude, o maior dom dos deuses, eram punidos como os mais celerados de todos os homens. Os filhos que haviam degolado seus pais; as esposas que mancharam as mãos no sangue dos maridos; os traidores que venderam a pátria, violando todos os juramentos, sofriam, apesar de tudo, penas menores que aqueles hipócritas.

Os três juízes infernais assim o queriam, por esta razão: os hipócritas não se contentam com ser maus como os demais ímpios, porém, querem passar por bons e concorrem por sua falsa virtude para a descrença e corrupção da verdade. Os deuses, por eles zombados e desprezados perante os homens, empregam com prazer todo o seu poderio para se vingarem de tais insultos.

Perto destes, outros homens aparecem, que vulgarmente se julgam isentos de culpa, mas que os deuses perseguem desapiedadamente: são os ingratos, os mentirosos, os aduladores que louvaram o vício, os críticos perversos que procuraram enodoar a mais pura virtude; enfim aqueles que, julgando temerariamente das coisas, sem as conhecer a fundo, prejudicaram por isso a reputação dos inocentes.

Telêmaco, vendo os três juízes sentados a condenarem um homem, ousou perguntar-lhes quais os seus crimes. O condenado, tomando a palavra, de pronto exclamava: — Nunca fiz mal algum; todo o meu prazer era praticar o bem: fui sempre generoso, justo, liberal e compassivo; que se pode, pois, exprobrar-me?

Minos então lhe disse: — Nenhuma acusação se te faz quanto aos homens, porém a estes menos não devias que aos deuses? Que justiça, pois, é essa de que te vanglorias? Para com os homens, que nada são, não faltaste jamais a qualquer dever; foste virtuoso, é certo, mas só atribuíste essa virtude a ti próprio, esquecendo os deuses que ta deram, tudo porque querias gozar do fruto da tua virtude encerrado em ti mesmo: *foste a tua divindade*. Mas os deuses, que tudo fizeram, e o fizeram para si, não podem renunciar aos seus direitos; e, pois que quiseste pertencer-te e não a eles, entregar-te-ão a ti mesmo, esquecidos de ti como deles te esqueceste. *Procura agora, se podes, o consolo em teu próprio coração.* Eis-te agora para sempre separado dos homens, aos quais querias agradar; eis-te só contigo, tu que eras o teu ídolo: fica sabendo que não há verdadeira virtude sem respeito e amor aos deuses, a quem tudo é devido. A tua falsa virtude, que por muitos anos deslumbrou os ingênuos, vai ser confundida. Não julgando os homens o vício e a virtude senão pelo que lhes agrada ou os incomoda, são cegos quanto ao bem e quanto ao mal. Aqui, uma luz divina derroga seus julgamentos artificiais, condenando muita vez o que eles admiram, e outras vezes justificando o que condenam.

A estas palavras, o filósofo, como que ferido por um raio, mal podia suster-se. O deleite que tivera outrora em rever a sua moderação, a coragem, as inclinações generosas, transformavam-se em desespero. A visão do próprio coração inimigo dos deuses, promove-lhe suplícios; vê, e não pode deixar de se ver; vê a vaidade dos preconceitos humanos, aos quais buscava lisonjear em todas as suas ações. Opera-se uma revolução radical em todo o seu íntimo, como se lhe revolvessem todas as entranhas; reconhece-se outro; não encontra apoio no coração; a consciência, cujo testemunho tão agradável lhe fora, revolta-se contra ele, incriminando-lhe amargamente o desvario, a ilusão de todas as suas virtudes, que não tiveram por princípio e por fim o culto da divindade, e ei-lo perturbado, consternado, preso da vergonha, do remorso, do desespero. *As Fúrias*[18] *não o atormentam, bastando-lhes o terem-na entregado a si próprio*, para que expie pelo coração a vingança dos deuses desprezados.

Procurando a treva não pode encontrá-la, porquanto inoportuna luz o segue por toda parte; de todos os lados os raios penetrantes da verdade vingam a verdade que ele desdenhou seguir. Tudo que amava se lhe torna odioso como fonte dos seus males infindáveis. Murmura consigo: Ó insensato! Não conheci, pois, nem os deuses, nem os homens, nem a mim mesmo, porque jamais amei o verdadeiro e único bem; todos os meus passos foram tresloucados; a minha sabedoria não passava de loucura; a minha virtude mais não era que o orgulho impiedoso e cego: eu era enfim o meu ídolo!

---

[18] N.E.: Três deusas gregas da vingança: Alecto, Tisífone e Megera.

Finalmente reconheceu Telêmaco os reis condenados por abuso de poder. De um lado, vingadora Fúria *apresentava-lhes um espelho a refletir a monstruosidade dos seus vícios*: aí viam, sem poder desviar os olhos, a vaidade grosseira e ávida de ridículos louvores; a crueldade para com aqueles a quem deveriam ter feito felizes; o temor da verdade, a insensibilidade para com as virtudes, a predileção pelos cobardes e aduladores, a falta de aplicação, a inércia, a indolência; a desconfiança ilimitada; o fausto e a magnificência excessivos calcados sobre a ruína dos povos; a ambição de glórias vãs à custa do sangue dos concidadãos; a fereza, enfim, que procura a cada dia novas delícias nas lágrimas e no desespero de tantos infelizes. Esses reis reviam-se constantemente nesse espelho, achando-se mais monstruosos e horrendos que a própria Quimera[19] vencida por Belerofonte,[20] que a Hidra de Lerna[21] abatida por Hércules[22] e que Cérbero[23] vomitando por suas três goelas um sangue negro e venenoso, capaz de empestar toda a raça de mortais que vivem sobre a Terra.

De outro lado, outra Fúria lhes repetia injuriosamente todos os louvores que os lisonjeiros lhes dispensavam em vida e mostrava-lhes ainda outro espelho em que se viam tais como a lisonja os pintara. *Da antítese dos dois quadros brotava o suplício do amor-próprio.* Era para notar que os piores dentre esses reis, foram os que tiveram maiores e mais fulgentes louvores durante a vida, por isso que os maus são mais temidos que os bons e exigem impudicamente as vis adulações dos poetas e oradores do seu tempo.

Na profundeza dessas trevas, onde só insultos e escárnios padecem, ouvem-se-lhes os gemidos agoniados. Nada os cerca que os não repila, contradiga e confunda em contraste ao que supunham na vida, zombando dos homens, convictos de que tudo era feito para servi-los. No Tártaro, entregues a todos os caprichos de certos escravos, estes lhes fazem provar por sua vez a mais cruel servidão; humilhados dolorosamente, não lhes resta esperança alguma de modificar ou abrandar o cativeiro. Qual

---

[19] N.E.: Na mitologia grega, monstro fabuloso representado com cabeça de leão, dorso de cabra e cauda de serpente ou dragão.

[20] N.E.: Herói mitológico, filho de Posêidon. Montou Pégaso, o cavalo alado, e matou a Quimera.

[21] N.E.: Na mitologia grega, serpente monstruosa com sete cabeças que renasciam tão logo eram cortadas.

[22] N.E.: Herói romano; deus protetor da agricultura, do comércio e dos exércitos.

[23] N.E.: Cão tricéfalo, guardião dos infernos.

bigorna sob as marteladas dos Ciclopes,[24] quando Vulcano[25] os acoroçoa nas fornalhas incandescentes do Monte Etna, assim permanecem, mercê das pancadas desses escravos transformados em verdugos.

Aí viu Telêmaco pálidos semblantes, hediondos e consternados. Negra tristeza essa que consome estes criminosos, horrorizados de si próprios, sem poderem dela despojar-se como da própria natureza; *não têm outro castigo às suas faltas que não as mesmas faltas; veem-nas incessantemente na plenitude da sua enormidade, apresentando-se-lhes sob a forma de espectros horríveis que os perseguem.* Procurando eximir-se a essa perseguição, buscam morte mais potente do que a que os separou do corpo. Desesperados, invocam uma morte capaz de extinguir-lhes a consciência: pedem aos abismos que os absorvam, a fim de se furtarem aos raios vingadores da verdade que os atormenta, mas continuam votados à vingança que sobre eles destila gota a gota e que jamais estancará. *A verdade que temem ver constitui-se em suplício*; veem-na, contudo, e só têm olhos para vê-la erguer-se contra eles, ferindo-os, despedaçando-os, arrancando-os de si mesmos, como o raio, sem nada destruir-lhes exteriormente, a penetrar-lhes o âmago das entranhas.

Entre os seres que lhe eriçavam os cabelos, viu Telêmaco vários e antigos Reis da Lídia punidos por haverem preferido ao trabalho as delícias de uma vida inativa, quando aquele deve ser o consolo dos povos e, como tal, inseparável da realeza.

Estes reis lastimavam-se reciprocamente a cegueira. Dizia um a outro, que fora seu filho: — Não vos tinha eu recomendado tantas vezes durante a vida e ainda antes da morte que reparásseis os males ocorridos por negligência minha? — Ah! Desgraçado pai! — Dizia o filho — fostes vós que me perdestes! Foi o vosso exemplo que me inspirou o fausto, o orgulho, a voluptuosidade e a crueldade para com os homens! Vendo-vos governar com tanta incúria, cercado de aduladores infames, habituei-me a prezar a lisonja e os prazeres.

Acreditei que os homens eram para os reis o que os cavalos e outros animais de carga são para aqueles, isto é, animais que só se consideram enquanto proporcionam serviços e comodidades.

"Acreditei-o, e fostes vós que mo fizestes crer... sofrendo agora tantos males por vos haver imitado." A estas recriminações aliavam as

---

[24] N.E.: Na mitologia grega, gigantes ferreiros e construtores, com apenas um olho no meio da testa.
[25] N.E.: Deus romano do fogo e da metalurgia.

mais acerbas blasfêmias, como que possuídos de raiva bastante para se despedaçarem mutuamente. Quais notívagos mochos, em torno desses reis corvejavam as suspeitas cruéis, os vãos receios e desconfianças que vingam os povos da dureza de seus reis, a ganância insaciável das riquezas, a falsa glória sempre tirânica e a moleza displicente que duplica os sofrimentos sem a compensação de sólidos prazeres. Viam-se muitos desses reis severamente punidos, não por males que tivessem feito, mas *por terem negligenciado o bem que poderiam e deveriam fazer*. Todos os crimes dos povos, provenientes da desídia na observância das leis eram imputados aos reis, que não devem reinar senão para que as leis exerçam seu ministério. Imputavam-se-lhes também todas as desordens decorrentes do fausto, do luxo e dos demais excessos que impelem os homens à violência, instigando-os à aquisição de bens com o desprezo das leis. Sobretudo recaía o rigor sobre os reis que, em vez de serem bons e vigilantes pastores dos povos, só cuidavam de devastar o rebanho, quais lobos devoradores.

O que mais consternou Telêmaco, porém, foi ver nesse abismo de trevas e males um grande número de reis que, tendo passado na Terra pelos melhores, condenaram-se às penas do Tártaro por se terem deixado guiar por homens ardilosos e maus. *Tal punição correspondia aos males que tinham deixado praticar em nome da sua autoridade.* Ademais, a maior parte desses reis não foram nem bons nem maus, tal a sua fraqueza; não os atemorizava a ignorância da verdade, e assim como nunca experimentaram o prazer da virtude, jamais poderiam fazê-lo consistir na prática do bem.

Esboço do inferno cristão

11. A opinião dos teólogos sobre o inferno resume-se nas seguintes citações.[26] Esta descrição, sendo tomada dos autores sagrados e da vida dos santos, pode tanto melhor ser considerada como expressão da fé ortodoxa na matéria, quanto é ela reproduzida a cada instante, com pequenas variantes, nos sermões do púlpito evangélico e nas instruções pastorais.

12. "Os demônios são puros Espíritos, e os condenados, presentemente no inferno, podem ser considerados puros Espíritos, uma vez que só a alma aí desce, e os restos entregues à terra se transformam em

---
[26] Nota de Allan Kardec: Estas citações são tiradas da obra *O inferno*, de Augusto Callet.

ervas, em plantas, em minerais e líquidos, sofrendo inconscientemente as metamorfoses constantes da matéria. Os condenados, porém, como os santos, devem ressuscitar no dia do juízo final, retomando, para não mais deixá-los, os mesmos corpos carnais que os revestiam na vida. Os eleitos ressuscitarão, contudo, em corpos purificados e resplendentes, e os condenados em corpos maculados e desfigurados pelo pecado. Isso os distinguirá, não havendo mais no inferno puros Espíritos, porém homens como nós. Conseguintemente, o inferno é um lugar físico, geográfico, material, uma vez que tem de ser povoado por criaturas terrestres, dotadas de pés, mãos, boca, língua, dentes, ouvidos, olhos semelhantes aos nossos, sangue nas veias e nervos sensíveis.

Onde estará esse inferno? Alguns doutores o têm colocado nas entranhas mesmas do nosso globo; outros não sabemos em que planeta, sem que o problema se haja resolvido por qualquer concílio. Estamos, pois, quanto a este ponto, reduzidos a conjecturas; a única coisa afirmada é que esse inferno, onde quer que exista, é um mundo composto de elementos materiais, conquanto sem Sol, sem estrelas, sem Lua, mais triste e inóspito, mais desprovido de todo gérmen e das aparências benéficas que porventura se encontram ainda nas regiões mais áridas deste mundo em que pecamos.

Os teólogos mais circunspectos não se atrevem, à semelhança dos egípcios, dos hindus e dos gregos, a descrever os horrores dessa morada, limitando-se a no-la mostrar como premissas no pouco que dela fala a escritura, o lago de fogo e enxofre do *Apocalipse* e os vermes de *Isaías*,[27] esses vermes que formigam eternamente sobre os cadáveres do Tofel,[28] e os demônios atormentando os homens que eles levaram à perdição, e os homens a chorarem, rangendo os dentes, segundo a expressão dos evangelistas.[29]

Santo Agostinho não concorda que esses sofrimentos físicos sejam apenas reflexos de sofrimentos morais e vê, num verdadeiro lago de enxofre, vermes e verdadeiras serpentes saciando-se nos corpos, casando suas picadas às do fogo. Ele pretende mais, segundo um versículo de *Marcos*, que esse fogo estranho, posto que material como o nosso e

---

[27] N.E.: "Já foi derrubada na sepultura a tua soberba com o som das tuas violas; os vermes debaixo de ti se estenderão, e os bichos te cobrirão." (Isaías, 14:11.)

[28] N.E.: Tofel/Tophel, do hebraico mentiroso, falacioso. Alusão ao demônio Mefistófeles ou ao personagem Mefistófeles da obra *Fausto* de Goethe.

[29] N.E.: Mateus, 8:12; 13:42; 13:50; 22:13; 24:51; 25:30 e Lucas, 13:28.

atuando sobre corpos materiais, os conservará como o sal conserva o corpo das vítimas. Os condenados, vítimas sempre sacrificadas e sempre vivas, sentirão a tortura desse fogo que queima sem destruir, *penetrando-lhes a pele*; serão dele embebidos e saturados em todos os seus membros, na medula dos ossos, na pupila dos olhos, nas mais recônditas e sensíveis fibras do seu ser. A cratera de um vulcão, se aí pudessem submergir, ser-lhes-ia lugar de refrigério e repouso.

Assim falam com toda a segurança os teólogos mais tímidos, discretos e comedidos; não negam que haja no inferno outros suplícios corporais, mas dizem que para afirmá-lo lhes falta suficiente conhecimento, pelo menos tão positivo como o que lhes foi dado sobre o suplício horrível do fogo e dos vermes. Há, contudo, teólogos mais ousados ou mais esclarecidos que dão do inferno descrições mais minuciosas, variadas e completas. E conquanto se não saiba em que lugar do Espaço está situado esse inferno, há santos que o viram. Eles não foram lá ter com a lira na mão, como Orfeu; de espada em punho, como Ulisses, mas transportados em espírito.

Desse número é Santa Teresa. Dir-se-ia, pela narrativa da santa, que há uma cidade no inferno:

Ela aí viu, pelo menos, uma espécie de viela comprida e estreita como essas que abundam em velhas cidades, e percorreu-a horrorizada, caminhando sobre lodoso e fétido terreno, no qual pululavam monstruosos reptis. Foi, porém, detida em sua marcha por uma muralha que interceptava a viela, em cuja muralha havia um nicho onde se abrigou, aliás sem poder explicar a ocorrência. "Era, diz ela, o lugar que lhe destinavam se abusasse, em vida, das graças concedidas por Deus em sua cela de Ávila."

Apesar da facilidade maravilhosa que tivera em penetrar esse nicho, não podia sentar-se, ou deitar-se, nem manter-se de pé. Tampouco podia sair. Essas paredes horríveis, abaixando-se sobre ela, envolviam-na, apertavam-na como se fossem animadas de movimento próprio. Parecia-lhe que a afogavam, estrangulando-a, ao mesmo tempo que a esfolavam e retalhavam em pedaços. Ao sentir queimar-se, experimentou, igualmente, toda a sorte de angústias.

Sem esperança de socorro, tudo era trevas em torno de si, posto que através dessas trevas percebesse, não sem pavor, a hedionda viela em que se achava, com a sua imunda vizinhança. Este espetáculo era-lhe tão intolerável quanto os apertos mesmos da prisão.[30]

Esse não era, sem dúvida, mais que um pequeno recanto do inferno. Outros viajantes espirituais foram mais favorecidos, pois viram grandes cidades no inferno, quais enormes braseiros: Babilônia e Nínive, a própria Roma, com seus palácios e templos abrasados, acorrentados todos os habitantes.

Traficantes em seus balcões, sacerdotes reunidos a cortesãos em salas de festim, chumbados às cadeiras ululantes, levando aos lábios rubras taças chamejantes. Criados genuflexos em ferventes cloacas, braços distendidos, e príncipes de cujas mãos escorria em lava devoradora o ouro derretido. Outros viram no inferno planícies sem-fim, cultivadas por camponeses famintos, que, nada colhendo desses campos fumegantes, dessas sementes estéreis, se entredevoravam, dispersando-se em seguida, tão numerosos como dantes, magros, vorazes e em bando, indo procurar ao longe, em vão, terras mais felizes. Outras colônias errantes de condenados os substituíam imediatamente. Ainda outros relatam que viram no inferno montanhas inçadas de precipícios, florestas gemebundas, poços secos, fontes alimentadas de lágrimas, ribeiros de sangue, turbilhões de neve em desertos de gelo, barcas tripuladas por desesperados, singrando mares sem praia. Viram, em uma palavra, tudo o que viam os pagãos: um lúgubre revérbero da Terra com os respectivos sofrimentos naturais eternizados, e até calabouços, patíbulos e instrumentos de tortura forjados por nossas próprias mãos.

Há, com efeito, demônios que, para melhor atormentarem os homens em seus corpos, tomam corpos. Uns têm asas de morcegos, cornos, couraças de escama, patas armadas de garras, dentes agudos, apresentando-se-nos armados de espadas, tenazes, pinças, serras, grelhas, foles, tudo ardente, não exercendo outro ofício por toda a eternidade, em relação à carne humana, que não o de carniceiros e cozinheiros; outros, transformados em leões ou víboras enormes, arrastam suas presas para cavernas solitárias; estes se transformam em corvos para arrancar os olhos a certos culpados, e aqueles em dragões volantes, prontos a se lançarem sobre o dorso das vítimas, arrebatando-as assustadiças, ensanguentadas, aos gritos, através de espaços tenebrosos, para arremessá-las alfim em tanques de enxofre. Aqui, nuvens de gafanhotos, de escor-

---

[30] Nota de Allan Kardec: Nesta visão se reconhecem todos os caracteres dos pesadelos, sendo provável que fosse deste gênero de fenômenos o acontecido a Santa Teresa.

piões gigantescos, cuja vista produz náuseas e calafrios, e o contato, convulsões; além, monstros policéfalos, escancarando goelas vorazes, a sacudirem sobre as disformes cabeças as suas crinas de áspides, a triturarem condenados com sangrentas mandíbulas para vomitá-los mastigados, porém vivos, porque são imortais.

Estes demônios de formas sensíveis, que lembram tão visivelmente os deuses do Amenti[31] e do Tártaro, bem como os ídolos adorados pelos fenícios, moabitas e outros gentios vizinhos da Judeia, esses demônios não obram ao acaso, tendo cada um a sua função. O mal que praticam no inferno está em relação ao mal que inspiraram e fizeram cometer na Terra.[32] Os condenados são punidos em todos os seus órgãos e sentidos, porque também a Deus ofenderam por todos os órgãos e sentidos. Os delinquentes de gula são castigados pelos demônios da glutonaria, os preguiçosos pelos da preguiça, os luxuriosos pelos da devassidão, e assim por diante, numa variedade tão grande como a dos pecados. Terão frio, queimando-se, e calor, enregelados, ávidos igualmente de movimento e de repouso; sedentos e famintos; mil vezes mais fatigados que escravo ao fim do dia, mais doentes que os moribundos, mais alquebrados e chaguentos que os mártires, e isso para sempre.

Demônio algum se furta, nem se furtará jamais ao desempenho sinistro da sua tarefa, perfeitamente disciplinados e fiéis, quanto à execução das *vingativas ordens que receberam*. Aliás, sem isso que seria o inferno? Repousariam os pacientes se os algozes altercassem ou se enfadassem. Mas nada de repouso nem disputas para quaisquer deles, pois apesar de maus e inumeráveis que são, estendendo-se de um a outro extremo do abismo, nunca se viu sobre a Terra súditos mais dóceis a seus príncipes, exércitos mais obedientes aos chefes ou comunidades monásticas mais humildes e submissas aos seus superiores.[33]

---

[31] N.E.: Segundo os egípcios, é o templo em que as almas dos mortos são reunidas para serem julgadas por Osíris (deus que garante a vida no Além).

[32] Nota de Allan Kardec: Singular punição, na verdade, esta de poder continuar em maior escala a prática de mal menor feito na Terra. Mais racional seria o sofrerem os próprios malfeitores as consequências desse mal, em lugar de se darem ao prazer de proporcioná-lo a outrem.

[33] Nota de Allan Kardec: Esses mesmos demônios rebeldes a Deus quanto ao bem, são de uma docilidade exemplar quanto à prática do mal. Nenhum se esquiva ou afrouxa durante a eternidade. Que singular metamorfose em quem fora criado puro e perfeito como os anjos! Não é de pasmar vê-los dar exemplos de harmonia, de concórdia inalterável quando os homens sequer não sabem viver em paz na Terra, antes se laceram mutuamente? Vendo-se o requinte dos castigos reservados aos condenados e comparando sua situação à dos demônios, é caso de perguntar quais os mais dignos de lástima — se as vítimas ou os algozes.

Quase nada se conhece da ralé demoníaca, desses vis Espíritos que compõem as legiões de vampiros, sapos, escorpiões, corvos, hidras, salamandras e outros animais sem-nome; conhecem-se, porém, os nomes de muitos dos príncipes que comandam tais legiões, entre os quais Belfegor, o demônio da luxúria; Abadon ou Apolion, do homicídio; Belzebu, dos desejos impuros, ou senhor das moscas que engendram a corrupção; Mamon, da avareza; Moloc, Belial, Baalgad, Astarot e muitos outros, sem falar do seu chefe supremo, o sombrio arcanjo que no Céu se chamava Lúcifer e no inferno se chama Satanás."

Eis aí resumida a ideia que nos dão do inferno, sob o ponto de vista da sua natureza física e também das penas físicas que aí sofrem. Compulsai os escritos dos padres e dos antigos doutores; interrogai as pias legendas; observai as esculturas e painéis das nossas igrejas; atentai no que dizem dos púlpitos e sabereis ainda mais.

13. O autor acompanha esse quadro das seguintes reflexões, cujo alcance procuraremos cada qual compreender:

"A ressurreição dos corpos é um milagre, mas Deus faz ainda um segundo milagre, dando a esses corpos mortais — já uma vez usados pelas passageiras provas da vida, já uma vez aniquilados — a virtude de subsistirem sem se dissolverem numa fornalha, onde se volatilizariam os próprios metais. Que se diga que a alma é o seu próprio algoz, que Deus não a persegue e apenas a abandona no estado infeliz por ela escolhido (conquanto esse abandono eterno de um ser desgraçado e sofredor pareça incompatível com a Bondade divina), vá; mas o que se diz da alma e das penas espirituais, não se pode de modo algum dizer dos corpos e das respectivas penas, para perpetuação das quais já não basta que Deus se conserve impassível, mas, ao contrário, que intervenha e atue, sem o que sucumbiriam os corpos.

Os teólogos supõem, portanto, que Deus opera, efetivamente, após a ressurreição dos corpos, esse segundo milagre de que falamos. Que em primeiro lugar tira dos sepulcros que os devoravam os nossos corpos de barro; retira-os tais como aí baixaram com suas enfermidades originais e degradações sucessivas da idade; restitui-nos a esse estado, decrépitos, friorentos, gotosos, cheios de necessidades, sensíveis a uma picada de abelha, assinalados dos estragos da vida e da morte, e está feito o primeiro milagre; depois, a esses corpos raquíticos, prontos a voltarem ao pó donde saíram, outorga propriedades que nunca tiveram — a imortalidade, esse dom que, em sua cólera (dizei antes em sua misericórdia), retirara a Adão ao sair do Éden — e eis completo o segundo milagre. Adão, quando imortal, era invulnerável, e deixando de ser invulnerável tornou-se mortal; a morte seguia de perto a dor. A ressurreição não nos restabelece, pois, nem nas condições físicas do homem inocente, nem nas do culpado, sendo antes uma ressurreição das nossas misérias somente, mas com um acréscimo de misérias novas, infinitamente mais horríveis.

É, de alguma sorte, uma verdadeira criação, e a mais maliciosa que a imaginação tenha, porventura, ousado conceber. Deus muda de parecer, e, para ajuntar aos tormentos espirituais dos pecadores tormentos carnais que possam durar eternamente, transforma de súbito, por efeito do seu poder, as leis e propriedades por Ele mesmo estabelecidas de princípio aos compostos materiais, ressuscita carnes enfermas e corrompidas e, reunindo por um nó indestrutível esses elementos que tendem por si mesmos a separar-se, mantém e perpetua, contra a ordem natural, essa podridão viva, lançando-a ao fogo, não para purificá-la, mas para conservá-la tal qual é, sensível, sofredora, ardente, horrível e como a quer — imortal. Por este milagre se arvora Deus num dos algozes infernais, pois se os condenados só a si podem atribuir seus males espirituais, em compensação só a Deus poderão imputar os outros.

Era pouco aparentemente o abandono, depois da morte, à tristeza, ao arrependimento, às angústias de uma alma que sente perdido o bem supremo. Segundo os teólogos, Deus irá buscá-las nessa noite, ao fundo desse abismo, chamando-as momentaneamente à vida, não para as consolar, mas para as revestir de um corpo horrendo, chamejante, imperecível, mais empestado que a túnica de Dejanira,[34] abandonando-as então para sempre.

Ainda assim Ele não as abandonará para sempre, em absoluto, visto como Céu e Terra não subsistem senão por ato permanente da sua vontade sempre ativa. Deus terá, portanto, sem cessar, esses condenados à mão, para impedir que o fogo se extinga em seus corpos, consumindo-os, e querendo que contribuam perpetuamente por seus perenes suplícios para edificação dos escolhidos."

---

[34] N.E.: Na mitologia grega, esposa de Héracles (Hércules), que, abandonada por ele, provocou-lhe a morte, enviando-lhe uma túnica envenenada.

14. Dissemos, e com razão, que o inferno dos cristãos excedera o dos pagãos. Efetivamente, no Tártaro veem-se culpados torturados pelo remorso, ante suas vítimas e seus crimes, acabrunhados por aqueles que espezinharam na vida terrestre; vemo-los fugirem à luz que os penetra, procurando em vão esconderem-se aos olhares que os perseguem; aí o orgulho é abatido e humilhado, trazendo todos o estigma do seu passado, punidos pelas próprias faltas, a ponto tal que, para alguns, basta entregá-los a si mesmos sem ser preciso aumentar-lhes os castigos. Contudo, são *sombras*, isto é, *almas com corpos fluídicos, imagens da sua vida terrestre*; lá não se vê os homens retomarem o corpo carnal para sofrer materialmente, com fogo a penetrar-lhes a pele, saturando-os até a medula dos ossos. Tampouco se vê o requinte das torturas que constituem o fundo do inferno cristão. Juízes inflexíveis, porém justos, proferem a sentença proporcional ao delito, ao passo que no império de Satã são todos confundidos nas mesmas torturas, com a materialidade por base, e banida toda e qualquer equidade.

Incontestavelmente, há hoje, no seio da Igreja mesma, muitos homens sensatos que não admitem essas coisas à risca, vendo nelas antes simples alegorias cujo sentido convém interpretar. Estas opiniões, no entanto, são individuais e não fazem lei, continuando a crença no inferno material, com suas consequências, a constituir um artigo de fé.

15. Poderíamos perguntar como há homens que têm conseguido ver essas coisas em êxtase, se elas de fato não existem. Não cabe aqui explicar a origem das imagens fantásticas, tantas vezes reproduzidas com visos de realidade. Diremos apenas ser preciso considerar, em princípio, que o êxtase é a mais incerta de todas as revelações,[35] porquanto o estado de sobre-excitação nem sempre importa um desprendimento de alma tão completo que se imponha à crença absoluta, denotando muitas vezes o reflexo de preocupações da véspera. As ideias com que o Espírito se nutre e das quais o cérebro, ou antes o invólucro perispiritual correspondente a este, conserva a forma ou a estampa, se reproduzem amplificadas como em uma miragem, sob formas vaporosas que se cruzam, se confundem e compõem um todo extravagante. Os extáticos de todos os cultos sempre viram coisas em

---

[35] Nota de Allan Kardec: *O livro dos espíritos*, questões 443 e 444.

relação com a fé de que se presumem penetrados, não sendo, pois, extraordinário que Santa Teresa e outros, tal qual ela saturados de ideias infernais pelas descrições, verbais ou escritas, hajam tido visões, que não são, propriamente falando, mais que reproduções por efeito de um pesadelo. Um pagão fanático teria antes visto o Tártaro e as Fúrias, ou Júpiter, no Olimpo, empunhando o raio.

Capítulo 5

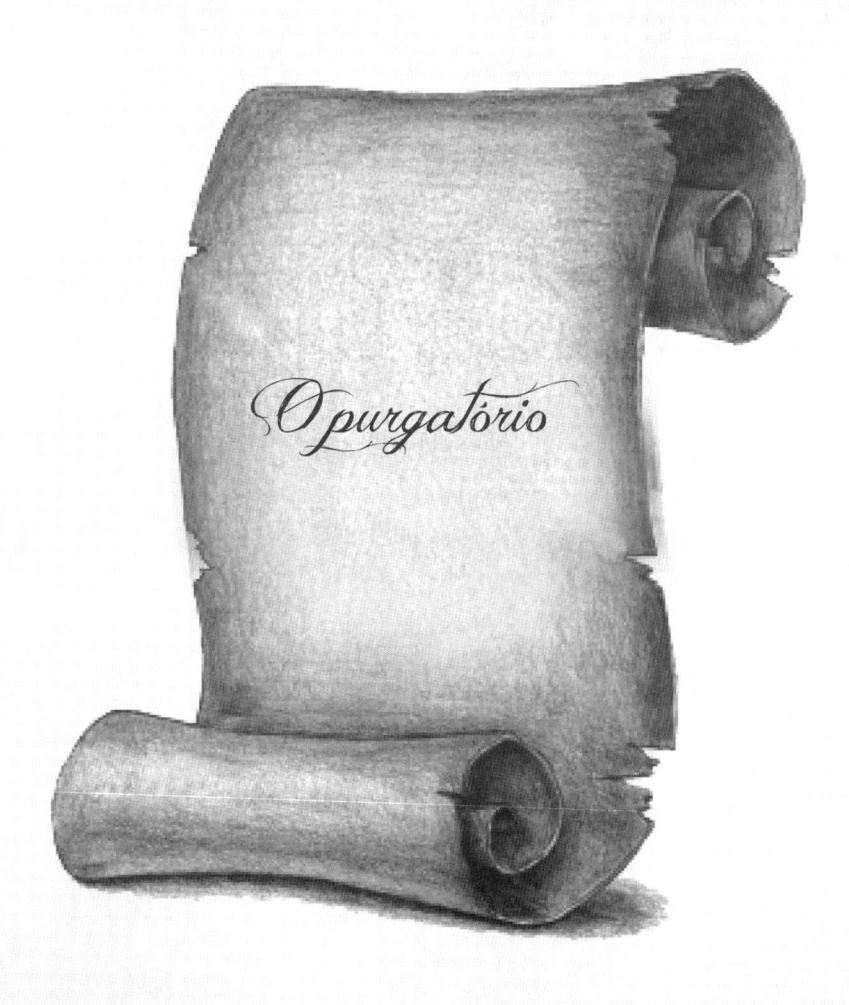

O purgatório

1. O Evangelho não faz menção alguma do purgatório, que só foi admitido pela Igreja no ano de 593. É incontestavelmente um dogma mais racional e mais conforme com a Justiça de Deus que o inferno, porque estabelece penas menos rigorosas e resgatáveis para as faltas de gravidade mediana.

O princípio do purgatório funda-se na equidade, pois é a detenção temporária a concorrer com a perpétua condenação. Que julgar de um país que só tivesse a pena de morte para todos os delitos?

Sem o purgatório, só há para as almas duas alternativas extremas: a suprema felicidade ou o eterno suplício. E nessa hipótese, que seria das almas somente culpadas de ligeiras faltas? Ou compartilhariam da felicidade dos eleitos, ainda quando imperfeitas, ou sofreriam o castigo dos maiores criminosos, ainda quando não houvessem feito muito mal, o que não seria nem justo, nem racional.

2. Necessariamente, porém, a noção do purgatório deveria ser incompleta, porque apenas conhecendo a penalidade do fogo fizeram dele uma atenuante do inferno, visto que as almas aí também ardem, embora em fogo mais brando. Sendo o dogma das penas eternas incompatível com o progresso, as almas do purgatório não se livram dele por efeito do seu adiantamento, mas em virtude das preces que se dizem ou que se mandam dizer em sua intenção. E se foi bom o primeiro pensamento, outro tanto não acontece quanto às consequências dele decorrentes, pelos abusos que originaram. As preces pagas transformaram o purgatório em mina mais rendosa que o inferno.[36]

3. Jamais foram determinados e definidos claramente o lugar do purgatório e a natureza das penas aí sofridas. À Nova Revelação estava reservado o preenchimento dessa lacuna, explicando-nos a causa das terrenas misérias da vida, das quais só a pluralidade de existências poderia mostrar-nos a justiça.

Essas misérias decorrem necessariamente das imperfeições da alma, pois se esta fosse perfeita não cometeria faltas nem teria de sofrer-lhe as consequências. O homem que na Terra fosse em absoluto sóbrio e moderado, por exemplo, não padeceria enfermidades oriundas de excessos.

O mais das vezes ele é desgraçado por sua própria culpa, porém, se é imperfeito, é porque já o era antes de vir à Terra, expiando não

---

[36] Nota de Allan Kardec: O purgatório originou o comércio escandaloso das indulgências, por intermédio das quais se vende a entrada no Céu. Este abuso foi a causa primária da Reforma, levando Lutero a rejeitar o purgatório.

somente faltas atuais, mas faltas anteriores não resgatadas. Repara em uma vida de provações o que a outrem fez sofrer em anterior existência. As vicissitudes que experimenta são, por sua vez, uma correção temporária e uma advertência quanto às imperfeições que lhe cumpre eliminar de si, a fim de evitar males e progredir para o bem. São para a alma lições da experiência, rudes às vezes, mas tanto mais proveitosas para o futuro, quanto profundas as impressões que deixam. Essas vicissitudes ocasionam incessantes lutas que lhe desenvolvem as forças e as faculdades intelectivas e morais. Por essas lutas a alma se retempera no bem, triunfando sempre que tiver denodo para mantê-las até o fim.

O prêmio da vitória está na vida espiritual, onde a alma entra radiante e triunfadora como soldado que se destaca da refrega para receber a palma gloriosa.

4. Em cada existência, uma ocasião se depara à alma para dar um passo avante; de sua vontade depende a maior ou menor extensão desse passo: franquear muitos degraus ou ficar no mesmo ponto. Neste último caso, e porque cedo ou tarde se impõe sempre o pagamento de suas dívidas, terá de recomeçar nova existência em condições ainda mais penosas, porque a uma nódoa não apagada ajunta outra nódoa.

É, pois, nas sucessivas encarnações que a alma se despoja das suas imperfeições, que se *purga*, em uma palavra, até que esteja bastante pura para deixar os mundos de expiação pelos mundos felizes, e, mais tarde estes para gozar da suprema felicidade.

O *purgatório* não é, portanto, uma ideia vaga e incerta; é antes uma realidade material que vemos, tocamos e sentimos. Ele existe nos mundos de expiação como a Terra, onde os homens expiam o passado e o presente, em proveito do futuro. Contrariamente, porém, à ideia que dele se faz, depende de cada um prolongar ou abreviar a sua permanência, segundo o grau de adiantamento e pureza atingido pelo próprio esforço sobre si mesmo. O livramento se dá, não por conclusão de tempo nem por alheios méritos, mas pelo próprio mérito de cada um, consoante estas palavras do Cristo: "A cada um segundo as suas obras", palavras que resumem integralmente a Justiça de Deus.

5. Aquele, pois, que sofre nesta vida pode dizer-se que é porque não se purificou suficientemente em sua existência anterior, devendo, se o não fizer nesta, sofrer ainda na seguinte. Isto é ao mesmo tempo equitativo e lógico. Sendo o sofrimento inerente à imperfeição, tanto mais tempo se sofre quanto mais imperfeito se for, da mesma forma por que

tanto mais tempo persistirá uma enfermidade quanto maior a demora em tratá-la. Assim é que, enquanto o homem for orgulhoso, sofrerá as consequências do orgulho; enquanto egoísta, as do egoísmo.

6. Devido às suas imperfeições, o Espírito culpado sofre primeiro na vida espiritual, sendo-lhe depois facultada a vida corporal como meio de reparação. É por isso que ele se acha nessa nova existência, quer com as pessoas a quem ofendeu, quer em meios análogos àqueles em que praticou o mal, quer ainda em situações opostas à sua vida precedente, como, por exemplo, na miséria, se foi mau rico, ou humilhado, se orgulhoso.

A expiação no mundo dos Espíritos e na Terra não constitui duplo castigo para o Espírito, porém um complemento, um desdobramento do trabalho efetivo a facilitar o progresso. Do Espírito depende aproveitá-lo. E não lhe será preferível voltar à Terra, com probabilidades de alcançar o Céu, a ser condenado sem remissão, deixando-a definitivamente? A concessão dessa liberdade é uma prova da sabedoria, da bondade e da Justiça de Deus, que quer que *o homem tudo deva aos seus esforços e seja o obreiro do seu futuro*; que, infeliz por mais ou menos tempo, não se queixe senão de si mesmo, pois que a rota do progresso lhe está sempre franca.

7. Considerando-se quão grande é o sofrimento de certos Espíritos culpados no mundo invisível, quanto é terrível a situação de outros, tanto mais penosa pela impotência de preverem o termo desses sofrimentos, poder-se-ia dizer que se acham no *inferno*, se tal vocábulo não implicasse a ideia de um castigo eterno e material.

Mercê, porém, da revelação dos Espíritos e dos exemplos que nos oferecem, sabemos que *o prazo da expiação está subordinado ao melhoramento do culpado*.

8. O Espiritismo não nega, pois, antes confirma, a penalidade futura. O que ele destrói é o inferno localizado com suas fornalhas e penas irremissíveis. Não nega, outrossim, o purgatório, pois prova que nele nos achamos, e definindo-o precisamente, e explicando a causa das misérias terrestres, conduz à crença aqueles mesmos que o negam. Repele as preces pelos mortos? Ao contrário, visto que os Espíritos sofredores as solicitam; eleva-as a um dever de caridade e demonstra a sua eficácia para os *conduzir ao bem* e, por esse meio, abreviar-lhes os tormentos.[37] Falando à inteligência, tem levado a fé a muito incrédulo, incutindo

---

[37] Nota de Allan Kardec: Vede *O evangelho segundo o espiritismo*, cap. XXVII, item Ação da prece.

a prece no ânimo dos que a escarneciam. O que o Espiritismo afirma é que o valor da prece está no pensamento, e não nas palavras, que as melhores preces são as do coração, e não dos lábios, e, finalmente, as que cada qual murmura de si mesmo, e não as que se mandam dizer por dinheiro. Quem, pois, ousaria censurá-lo?

9. Seja qual for a duração do castigo, na vida espiritual ou na Terra, onde quer que se verifique, tem sempre um termo, próximo ou remoto. Na realidade não há para o Espírito mais que duas alternativas, a saber: *punição temporária e proporcional à culpa, e recompensa graduada segundo o mérito*. Repele o Espiritismo a terceira alternativa, da eterna condenação. O inferno reduz-se à figura simbólica dos maiores sofrimentos cujo termo é desconhecido. O purgatório, sim, é a realidade.

A palavra *purgatório* sugere a ideia de um lugar circunscrito: eis por que mais naturalmente se aplica à Terra do que ao Espaço infinito onde erram os Espíritos sofredores, e tanto mais quanto a natureza da expiação terrena tem os caracteres da verdadeira expiação.

Melhorados os homens, não fornecerão ao mundo invisível senão bons Espíritos; e estes, encarnando-se, por sua vez só fornecerão à humanidade corporal elementos aperfeiçoados. A Terra deixará, então, de ser um mundo expiatório e os homens não sofrerão mais as misérias decorrentes das suas imperfeições.

Aliás, por esta transformação, que neste momento se opera, a Terra se elevará na hierarquia dos mundos.[38]

10. Por que não teria o Cristo falado do purgatório? É que, não existindo a ideia, não havia palavra que a representasse.

O Cristo serviu-se da palavra *inferno*, a única usada, como termo genérico, para designar as penas futuras, sem distinção. Colocasse Ele, ao lado da palavra *inferno*, uma equivalente a *purgatório* e não poderia precisar-lhe o verdadeiro sentido sem ferir uma questão reservada ao futuro; teria, enfim, de consagrar a existência de dois lugares especiais de castigo. O inferno em sua concepção genérica, revelando a ideia de punição, encerrava, implicitamente, a do *purgatório*, que não é senão um modo de penalidade.

Reservado ao futuro o esclarecimento sobre a natureza das penas, competia-lhe igualmente reduzir o inferno ao seu justo valor. Uma vez que a Igreja, após seis séculos, houve por bem suprir o silêncio de Jesus

---

[38] Nota de Allan Kardec: Idem, cap. III, item Progressão dos mundos.

quanto ao purgatório, decretando-lhe a existência, é porque ela julgou que Ele não havia dito tudo. E por que não havia de dar-se sobre outros pontos o que com este se deu?

Capítulo 6

Doutrina das penas eternas

- Origem da doutrina das penas eternas
- Argumentos a favor das penas eternas
- Impossibilidade material das penas eternas
- A doutrina das penas eternas fez sua época
- Ezequiel contra a eternidade das penas e o pecado original

Origem da doutrina das penas eternas

1. A crença na eternidade das penas perde terreno dia a dia, de modo que, sem ser profeta, pode prever-se-lhe o fim próximo.

Tais e de tal ordem poderosos e peremptórios têm sido os argumentos a ela opostos, que nos parece quase supérfluo ocuparmo-nos de tal doutrina de ora em diante, deixando que por si mesma se extinga.

Não se pode contestar, porém, que, apesar de caduca, ainda constitui o baluarte dos adversários das ideias novas, o ponto que defendem com mais obstinação, convictos aliás da vulnerabilidade que ela apresenta, e não menos convictos das consequências dessa queda.

Por este lado, a questão merece sério exame.

2. A doutrina das penas eternas teve sua razão de ser, como a do inferno material, enquanto o temor podia constituir um freio para os homens pouco adiantados intelectual e moralmente.

Na impossibilidade de apreenderem as nuances tantas vezes delicadas do bem e do mal, bem como o valor relativo das atenuantes e agravantes, os homens não se impressionariam, então, a não ser pouco ou mesmo nada com a ideia das penas morais.

Tampouco compreenderiam a temporalidade dessas penas e a justiça decorrente das suas gradações e proporções.

3. Quanto mais próximo do estado primitivo, mais material é o homem.

O senso moral é o que de mais tardio nele se desenvolve, razão pela qual também não pode fazer de Deus, dos seus atributos e da vida futura, senão uma ideia muito imperfeita e vaga.

Assimilando-o à sua própria natureza, Deus não passa para ele de um soberano absoluto, tanto mais terrível quanto invisível, como um rei despótico que, fechado no seu palácio, jamais se mostrasse aos súditos. Deus só é então poderoso pela força material, porque eles não compreendem o poder espiritual. Só o concebem armado com o raio, ou no meio de relâmpagos e tempestades, semeando de passagem a destruição, a ruína, semelhantemente aos guerreiros invencíveis.

Um Deus de mansuetude e cordura não seria um Deus, porém um ser fraco e sem meios de se fazer obedecer. A vingança implacável, os castigos terríveis, eternos, nada tinham de incompatíveis com a ideia que se fazia de Deus, não lhes repugnavam à razão. Implacável também ele, homem, nos seus ressentimentos, cruel para os inimigos e inexorável para os vencidos, Deus, que lhe era superior, deveria ser ainda mais terrível.

Para tais homens eram precisas crenças religiosas assimiladas à sua natureza rústica. Uma religião toda espiritual, toda amor e caridade não podia aliar-se à brutalidade dos costumes e das paixões.

Não censuremos, pois, a Moisés sua legislação draconiana, apenas bastante para conter o povo indócil, nem o haver feito de Deus um Deus vingativo. A época assim o exigia, essa época em que a doutrina de Jesus não encontraria eco e até se anularia.

4. À medida que o Espírito se desenvolvia, o véu material ia-se-lhe dissipando pouco a pouco, e os homens habilitavam-se a compreender as coisas espirituais. Mas isso não aconteceu senão lenta e gradualmente. Por ocasião de sua vinda, já Jesus pôde proclamar um Deus clemente, falando do seu reino, não deste mundo, e acrescentando: «Amai-vos uns aos outros e fazei bem aos que vos odeiam" (Lucas, 6:27), ao passo que os antigos diziam: "olho por olho, dente por dente".

Ora, quais eram os homens que viviam no tempo de Jesus?

Seriam almas novamente criadas e encarnadas? Mas se assim fosse, Deus teria criado para o tempo de Jesus almas mais adiantadas que para o tempo de Moisés? E daí o que teria decorrido para estas últimas? Consumir-se-iam por toda a eternidade no embrutecimento? O mais comezinho bom senso repele essa suposição. Não; essas almas eram as mesmas que viviam sob o império das leis mosaicas e que tinham adquirido, em várias existências, o desenvolvimento suficiente à compreensão de uma doutrina mais elevada, assim como hoje mais adiantadas se encontram para receber um ensino ainda mais completo.

5. O Cristo não pôde, no entanto, revelar aos seus contemporâneos todos os mistérios do futuro. Ele próprio o disse: *Muitas outras coisas vos diria se estivésseis em estado de as compreender, e eis por que vos falo em parábolas.* Sobretudo no que diz respeito à moral, isto é, aos deveres do homem, foi o Cristo muito explícito porque, tocando na corda sensível da vida material, sabia fazer-se compreender; quanto a outros pontos, limitou-se a semear sob a forma alegórica os germens que deveriam ser desenvolvidos mais tarde.

A doutrina das penas e recompensas futuras pertence a esta última ordem de ideias. Sobretudo, em relação às penas, Ele não poderia romper bruscamente com as ideias preconcebidas. Vindo traçar aos homens novos deveres, substituir o ódio e a vingança pelo amor do próximo e pela caridade, o egoísmo pela abnegação, era já muito; além disso, não podia racionalmente enfraquecer o temor do castigo reservado aos prevaricadores, sem enfraquecer ao mesmo tempo a ideia do dever.

Se o Cristo prometia o reino dos Céus aos bons, esse reino estaria interdito aos maus, e para onde iriam eles? Ademais, seria necessária a inversão da natureza para que inteligências ainda muito rudimentares pudessem ser impressionadas de feição a identificarem-se com a vida espiritual, levando-se em conta a circunstância de Jesus se dirigir ao povo, à parte menos esclarecida da sociedade, que não podia prescindir de imagens de alguma sorte palpáveis, e não de ideias sutis.

Eis a razão por que Jesus não entrou em minúcias supérfluas a este respeito; nessa época não era preciso mais do que opor uma punição à recompensa.

6. Se Jesus ameaçou os culpados com o fogo eterno, também os ameaçou de serem lançados na *Geena*. Ora, que vem a ser a *Geena*? Nada mais nada menos que um lugar nos arredores de Jerusalém, um monturo onde se despejavam as imundícies da cidade.

Dever-se-ia interpretar isso também ao pé da letra? Entretanto era uma dessas figuras enérgicas de que Ele se servia para impressionar as massas. O mesmo se dá com o fogo eterno. E se tal não fora o seu pensar, Jesus estaria em contradição, exaltando a clemência e misericórdia de Deus, pois clemência e inexorabilidade são sentimentos antagônicos, que se anulam. Desconhecer-se-ia, pois, o sentido das palavras de Jesus, atribuindo-lhes a sanção do dogma das penas eternas, quando todo o seu ensino proclamou a mansidão do Criador.

No *Pai-nosso* Jesus nos ensina a dizer: "Perdoai-nos, Senhor, as nossas faltas, assim como nós perdoamos aos nossos devedores" (Lucas, 11:4; Mateus, 6:12). Pois se o culpado não devesse esperar algum perdão, inútil seria pedi-lo.

Esse perdão é, porém, incondicional? É uma remissão pura e simples da pena em que se incorre? Não; a medida desse perdão subordina-se ao modo pelo qual se haja perdoado, o que equivale dizer que não seremos perdoados desde que não perdoemos. Deus, fazendo do esquecimento das ofensas uma condição absoluta, não podia exigir do homem fraco o que Ele, onipotente, não fizesse.

O *Pai-nosso* é um protesto cotidiano contra a eterna vingança de Deus.

7. Para homens que só possuíam da espiritualidade da alma uma ideia confusa, o fogo material nada tinha de improcedente, mesmo porque já participava da crença pagã, quase universalmente propagada. Igualmente a eternidade das penas nada tinha que pudesse repugnar a homens desde muitos séculos submetidos à legislação do terrível Jeová. No pensamento de Jesus o fogo eterno não podia passar, portanto, de simples figura, pouco lhe importando fosse essa figura interpretada à letra, desde que ela servisse de freio às paixões humanas. Sabia Ele ademais que o tempo e o progresso se incumbiriam de explicar o sentido alegórico, mesmo porque, segundo a sua predição, o *Espírito de Verdade* viria esclarecer aos homens todas as coisas. O caráter essencial das penas irrevogáveis é a *ineficácia do arrependimento*, e Jesus nunca disse que o arrependimento não mereceria a graça do Pai.

Ao contrário, sempre que se lhe deparou ensejo, Ele falou de um Deus clemente, misericordioso, solícito em receber o filho pródigo que voltasse ao lar paterno; inflexível, sim, para o pecador obstinado, porém, pronto sempre a trocar o castigo pelo perdão do culpado sinceramente arrependido. Este não é, por certo, o traço de um Deus sem piedade. Também convém assinalar que Jesus nunca pronunciou contra quem quer que fosse, mesmo contra os maiores culpados, a condenação irremissível.

8. Todas as religiões primitivas, revestindo o caráter dos povos, tiveram deuses guerreiros que combatiam à frente dos exércitos.

O Jeová dos hebreus facultava-lhes mil modos de exterminar os inimigos; recompensava-os com a vitória ou punia-nos com a derrota. Tal ideia a respeito de Deus levava a honrá-lo ou apaziguá-lo com sangue de animais ou de homens, e daí os sacrifícios sangrentos que representavam papel tão saliente em todas as religiões da Antiguidade. Os judeus tinham abolido os sacrifícios humanos; os cristãos, apesar dos ensinamentos do Cristo, por muito tempo julgaram honrar o Criador votando, aos milhares, às chamas e às torturas, os que denominavam hereges, o que constituía sob outra forma verdadeiros sacrifícios humanos, pois que os promoviam para *a maior glória de Deus*, e com acompanhamento de cerimônias religiosas. Hoje, ainda invocam o *Deus dos exércitos* antes do combate, glorificam-no após a vitória, e quantas vezes por causas as mais injustas e anticristãs.

9. Quão tardo é o homem em desfazer-se dos seus hábitos, prejuízos e primitivas ideias! Quarenta séculos nos separam de Moisés, e a nossa geração cristã ainda vê traços de antigos usos bárbaros, senão consagrados, ao menos aprovados pela Religião atual! Foi preciso a poderosa opinião dos *não-ortodoxos* para acabar com as fogueiras e fazer compreender a verdadeira grandeza de Deus. À falta de fogueiras, porém, prevalecem ainda as perseguições materiais e morais, tão radicada está no homem a ideia da crueldade divina. Nutrido por sentimentos inculcados desde a infância, poderá o homem estranhar que o Deus que lhe apresentam, lisonjeado por atos bárbaros, condene a eternas torturas e veja sem piedade o sofrimento dos culpados? Sim, são filósofos, ímpios como querem alguns, que se hão escandalizado vendo o nome de Deus profanado por atos indignos dele. São eles que o mostram aos homens na plenitude da sua grandeza, despojando-o de paixões e baixezas atribuídas por uma crença menos esclarecida.

Neste ponto a Religião tem ganho em dignidade o que tem perdido em prestígio exterior, porque se homens há devotados à forma, maior é o número dos sinceramente religiosos pelo sentimento, pelo coração.

Ao lado destes, porém, quantos não têm sido levados, sem mais reflexão, a negarem toda a Providência! O modo por que a Religião tem estacionado, em antagonismo com os progressos da razão humana, sem saber conciliá-los com as crenças, degenerou em deísmo para uns, em ceticismo absoluto para outros, sem esquecermos o panteísmo, isto é, o homem fazendo-se deus ele próprio, à falta de um mais perfeito.

Argumentos a favor das penas eternas

10. Voltemos ao dogma das penas eternas. Eis o principal argumento invocado em seu favor: "É doutrina sancionada entre os homens que a gravidade da ofensa é proporcionada à qualidade do ofendido. O crime de lesa-majestade, por exemplo, o atentado à pessoa de um soberano, sendo considerado mais grave do que o fora em relação a qualquer súdito, é, por isso mesmo, mais severamente punido. E sendo Deus muito mais que um soberano, pois é Infinito, deve ser infinita a ofensa a Ele, como infinito o respectivo castigo, isto é, eterno."

Refutação: Toda refutação é um raciocínio que deve ter seu ponto de partida, uma base sobre a qual se apoie, premissas, enfim. Tomemos essas premissas aos próprios atributos de Deus: — *único, eterno, imutável, imaterial, onipotente, soberanamente justo e bom, infinito em todas as perfeições.*

É impossível conceber Deus de outra maneira, visto como, sem a infinita perfeição, poder-se-ia conceber outro ser que lhe fosse superior. Para que seja único acima de todos os seres, faz-se mister que ninguém possa excedê-lo ou sequer igualá-lo em qualquer coisa. Logo, é necessário que seja de todo infinito.

E porque são infinitos, os atributos divinos não sofrem aumento nem diminuição, sem o que não seriam infinitos e Deus perfeito tampouco. Se se tirasse a menor parcela de um só dos seus atributos, não haveria mais Deus, por isso que poderia coexistir um ser mais p erfeito.

O infinito de uma qualidade exclui a possibilidade da existência de outra qualidade contrária que pudesse diminuí-la ou anulá-la. Um ser *infinitamente bom* não pode ter a menor parcela de maldade, nem o *ser infinitamente* mau pode ter a menor parcela de bondade. Assim também um objeto não seria de um negro absoluto com a mais leve nuança de branco, e vice-versa. Estabelecido este ponto de partida, oporemos aos argumentos supra os seguintes:

11.   Só um ser infinito pode fazer algo de infinito. O homem, finito nas virtudes, nos conhecimentos, no poderio, nas aptidões e na existência terrestre, não pode produzir senão coisas limitadas.

Se o homem pudesse ser infinito no mal que faz, sê-lo-ia igualmente no bem, igualando-se, então, a Deus. Se o homem, porém, fosse infinito no bem não praticaria o mal, pois o bem absoluto é a exclusão de todo o mal.

Admitindo-se que uma ofensa temporária à Divindade pudesse ser infinita, Deus, vingando-se por um castigo *infinito*, seria logo infinitamente *vingativo*; e sendo Deus infinitamente vingativo não pode ser infinitamente bom e misericordioso, visto como um destes atributos exclui o outro. Se não for infinitamente bom não é perfeito; e não sendo perfeito deixa de ser Deus.

Se Deus é inexorável para o culpado que se arrepende, não é misericordioso; e se não é misericordioso, deixa de ser infinitamente bom. E por que daria Deus aos homens uma lei de perdão, se Ele próprio não perdoasse? Resultaria daí que o homem que perdoa aos seus inimigos e lhes retribui o mal com o bem, seria melhor que Deus, surdo ao arrependimento dos que o ofendem, negando-lhes por *todo o sempre* o mais ligeiro carinho.

Achando-se em toda parte e tudo vendo, Deus deve ver também as torturas dos condenados; e se Ele se conserva insensível aos gemidos por toda a eternidade, será eternamente impiedoso; ora, sem piedade, não há bondade infinita.

12. A isto se responde que o pecador arrependido, antes da morte, tem a misericórdia de Deus, e que mesmo o maior culpado pode receber essa graça. Quanto a isto não há dúvida, e compreende-se que Deus só perdoe ao arrependido, mantendo-se inflexível para com os obstinados; mas se Ele é todo misericordioso para a alma arrependida antes da morte, por que deixará de o ser para quem se arrepende depois dela? Por que a eficácia do arrependimento só durante a vida, um breve instante, e não na eternidade que não tem fim? Circunscritas *a um dado tempo*, a bondade e Misericórdia divinas teriam limites, e Deus não seria infinitamente bom.

13. Deus é soberanamente justo. A soberana justiça não é inexorável absolutamente, nem leva a complacência ao ponto de deixar impunes todas as faltas; ao contrário, pondera rigorosamente o bem e o mal, recompensando um e punindo outro equitativa e proporcionalmente, sem se enganar jamais na aplicação.

Se por uma falta passageira, resultante sempre da natureza imperfeita do homem e muitas vezes do meio em que vive, a alma pode ser castigada eternamente, sem esperança de clemência ou de perdão, não há proporção entre a falta e o castigo — não há justiça. Reconciliando-se com Deus, arrependendo-se, e pedindo para reparar o mal praticado, o culpado deve subsistir para o bem, para os bons sentimentos. Se, porém, o castigo é irrevogável, esta subsistência para o bem não frutifica, e um bem não considerado significa injustiça. Entre os homens, o condenado que se corrige tem por comutada e às vezes mesmo perdoada a sua pena; e, assim, haveria mais equidade na justiça humana que na divina.

Se a pena é irrevogável, inútil será o arrependimento, e o culpado, nada tendo a esperar de sua correção, persiste no mal, de modo que Deus não só o condena a sofrer perpetuamente, mas ainda a permanecer no mal por toda a eternidade. Nisso não há nem bondade nem justiça.

14. Sendo em tudo infinito, Deus deve abranger o passado e o futuro; deve saber, ao criar uma alma, se ela virá a falir, assaz gravemente, para ser eternamente condenada. Se o não souber, a sua sabedoria deixará de ser infinita, e Ele deixará de ser Deus. Sabendo-o, cria voluntariamente uma alma desde logo votada ao eterno suplício, e, nesse caso, deixa de ser bom.

Uma vez que Deus pode conferir a graça ao pecador arrependido, *tirando-o do inferno*, deixam de existir penas eternas, e o juízo dos homens está revogado.

15. Conseguintemente, a doutrina das penas eternas absolutas conduz à negação, ou, pelo menos, ao enfraquecimento de alguns atributos de Deus, sendo incompatível com a perfeição absoluta, donde resulta este dilema: Ou Deus é perfeito e não há penas eternas, ou há penas eternas e Deus não é perfeito.

16. Também se invoca a favor do dogma da eternidade das penas o seguinte argumento:

"A recompensa conferida aos bons, sendo eterna, deve ter por corolário a eterna punição. Justo é proporcionar a punição à recompensa." Refutação: Deus criou as almas para fazê-las felizes ou desgraçadas?

Evidentemente a felicidade da criatura deve ser o fito do Criador, ou Ele não seria bom. Ela atinge a felicidade pelo próprio mérito, que, adquirido, não mais o perde. O contrário seria a sua degeneração. A felicidade eterna é, pois, a consequência da sua imortalidade.

Antes, porém, de chegar à perfeição, tem lutas a sustentar, combates a travar com as más paixões. Não tendo sido criada perfeita, mas *suscetível de o ser*, a fim de que tenha o mérito de suas obras, a alma pode cair em faltas, que são consequentes à sua natural fraqueza. E se por esta fraqueza fora eternamente punida, era caso de perguntar por que não a criou Deus mais forte?

A punição é antes uma advertência do mal já praticado, devendo ter por fim reconduzi-la ao bom caminho. Se a pena fosse irremissível, o desejo de melhorar seria supérfluo; nem o fim da criação seria alcançado, porquanto haveria seres predestinados à felicidade ou à desgraça. Se uma alma se arrepende, pode regenerar-se, e podendo regenerar-se pode aspirar à felicidade.

E Deus seria justo se lhe recusasse os respectivos meios?

Sendo o bem o fim supremo da Criação, a felicidade, que é o seu prêmio, deve ser eterna; e o castigo, como meio de alcançá-la, temporário. A noção mais comezinha da justiça humana prescreve que se não pode castigar perpetuamente quem se mostra desejoso de praticar o bem.

17.   Um último argumento a favor das penas eternas é este:

"O temor das penas eternas é um freio; anulado este, o homem, por nada temer, entregar-se-ia a todos os excessos."

Refutação: Esse raciocínio procederia se a temporalidade das penas importasse, de fato, na supressão de toda sanção penal.

A felicidade ou infelicidade futura é consequência rigorosa da Justiça de Deus, pois a identidade de condições para o bom e para o mau seria a negação dessa justiça.

E não sendo eterno, nem por isso o castigo deixa de ser temeroso, e tanto maior será o temor quanto maior a convicção.

Esta, por sua vez, tanto mais profunda será, quanto mais racional a procedência do castigo. Uma penalidade, em que se não crê, não pode ser um freio, e a eternidade das penas está nesse caso.

A crença nessa penalidade, já o afirmamos, teve a sua utilidade, a sua razão de ser em dada época; hoje, não somente deixa de impressionar os ânimos, mas até produz descrentes.

Antes de a preconizar como necessidade, fora mister demonstrar a sua realidade. Seria preciso, além disso, inferir a sua eficácia relativamente aos que a preconizam e se esforçam por demonstrá-la.

E, desgraçadamente, entre esses, muitos provam pelos atos que nada temem das penas eternas.

Assim, impotente para reprimir os próprios profitentes, que império poderá exercer sobre os descrentes e refratários?

Impossibilidade material das penas eternas

18.   Até aqui, só temos combatido o dogma das penas eternas com o raciocínio. Demonstremo-lo agora em contradição com os fatos positivos que observamos, provando-lhe a impossibilidade.

Por este dogma a sorte das almas, irrevogavelmente fixada depois da morte, é, como tal, um travão definitivo aplicado ao progresso.

Ora, a alma progride ou não? Eis a questão: Se progride, a eternidade das penas é impossível.

E poder-se-á duvidar desse progresso, vendo a variedade enorme de aptidões morais e intelectuais existentes sobre a Terra, desde o selvagem ao homem civilizado, aferindo a diferença apresentada por um povo de um a outro século? Se se admite não ser das mesmas almas, é força admitir que Deus criou almas em todos os graus de adiantamento, segundo os tempos e lugares, favorecendo umas e destinando outras à perpétua inferioridade — o que seria incompatível com a justiça, que, aliás, deve ser igual para todas as criaturas.

19. É incontestável que a alma atrasada moral e intelectualmente, como a dos povos bárbaros, não pode ter os mesmos elementos de felicidade, as mesmas aptidões para gozar dos esplendores do Infinito, como a alma cujas faculdades estão largamente desenvolvidas. Se, portanto, estas almas não progredirem, não podem em condições mais favoráveis gozar na eternidade senão de uma felicidade, por assim dizer, negativa.

Para estar de acordo com a rigorosa justiça, chegaremos, pois, à conclusão de que as almas mais adiantadas são as atrasadas de outro tempo, com progressos posteriormente realizados. Aqui, então, atingimos a questão magna da *pluralidade das existências* como meio único e racional de resolver a dificuldade. Façamos abstração, porém, dessa questão e consideremos a alma sob o ponto de vista de uma única existência.

20. Figuremos um rapaz de 20 anos, desses que comumente se encontram, ignorante, viciado por índole, cético, negando-se a sua alma e a Deus, entregue à desordem e cometendo toda sorte de malvadeza. Esse rapaz encontra-se, depois, num meio favorável, melhor; trabalha, instrui-se, corrige-se gradualmente e acaba por tornar-se crente e piedoso. Eis aí um exemplo palpável do progresso da alma durante a vida, exemplo que se reproduz todos os dias. Esse homem morre em avançada idade, como um santo, e naturalmente certa se lhe torna a salvação; mas qual seria a sua sorte se um acidente lhe pusesse termo à existência, trinta ou quarenta anos mais cedo? Ele estava nas condições exigidas para ser condenado, e, se o fosse, todo o progresso se lhe tornaria impossível.

E assim, segundo a doutrina das penas eternas, teremos um homem salvo somente pela circunstância de viver mais tempo, circunstância, aliás, fragilíssima, uma vez que um acidente qualquer poderia tê-la anulado fortuitamente. Desde que sua alma pôde progredir em um tempo dado, por que razão não mais poderia progredir depois da morte, se uma causa alheia à sua vontade a tivesse impedido de fazê-lo durante a vida? Por que lhe recusaria Deus os meios de regenerar-se na outra vida, concedendo-lhos nesta? Neste caso, o arrependimento veio, posto que tardio, mas se desde o momento da morte se impusesse irrevogável condenação, esse arrependimento seria infrutífero por todo o sempre, como destruídas seriam as aptidões dessa alma para o progresso, para o bem.

21. O dogma da eternidade absoluta das penas é, portanto, incompatível com o progresso das almas, ao qual opõe uma barreira insuperável. Esses dois princípios destroem-se, e a condição indeclinável da existência de um é o aniquilamento do outro. Qual dos dois existe de fato? A lei do progresso é evidente: não é uma teoria, é um fato corroborado pela experiência: é uma Lei da natureza, divina, imprescritível. E, pois, que esta lei existe inconciliável com a outra, é porque a outra não existe. Se o dogma das penas eternas existisse verdadeiramente, Santo Agostinho, Paulo e tantos outros jamais teriam visto o Céu, caso morressem antes de realizar o progresso que lhes trouxe a conversão.

A esta última asserção respondem que a conversão dessas santas personagens não é um resultado do progresso da alma, porém, da graça que lhes foi concedida e de que foram tocadas.

Porém, isto é simples jogo de palavras. Se esses santos praticaram o mal e depois o bem, é que melhoraram; logo, progrediram. E por que lhes teria Deus concedido como especial favor a graça de se corrigirem? Sim, por que a eles, e não a outros? Sempre, sempre a doutrina dos privilégios, incompatível com a Justiça de Deus e com seu igual amor por todas as criaturas.

Segundo a Doutrina Espírita, de acordo mesmo com as palavras do Evangelho, com a lógica e com a mais rigorosa justiça, o homem só merece por suas obras, durante esta vida e depois da morte, nada devendo ao favoritismo: Deus o recompensa pelos esforços e pune pela negligência, isto por tanto tempo quanto nela persistir.

A doutrina das penas eternas fez sua época

22. A crença na eternidade das penas prevaleceu salutarmente enquanto os homens não tiveram ao seu alcance a compreensão do poder moral. É o que sucede com as crianças durante certo tempo contidas pela ameaça de seres quiméricos com os quais são intimidadas; chegadas ao período do raciocínio, repelem por si mesmas essas quimeras da infância, tornando-se absurdo o querer governá-las por tais meios. Se os que as dirigem pretendessem incutir-lhes ainda a veracidade de tais fábulas, certo decairiam da sua confiança. É isso que se dá hoje com a humanidade, saindo da infância e abandonando, por assim dizer, os cueiros. O

homem não é mais passivo instrumento vergado à força material, nem o ente crédulo de outrora que tudo aceitava de olhos fechados.

23. A crença é um ato de entendimento que, por isso mesmo, não pode ser imposta. Se, durante certo período da humanidade, o dogma da eternidade das penas se manteve inofensivo e benéfico mesmo, chegou o momento de tornar-se perigoso. Imposto como verdade absoluta, quando a razão o repele, ou o homem quer acreditar e procura uma crença mais racional, afastando-se dos que o professam, ou, então, descrê absolutamente de tudo. Quem quer que estude o assunto, calmamente, verá que, em nossos dias, o dogma da eternidade das penas tem feito mais ateus e materialistas do que todos os filósofos.

As ideias seguem um curso incessantemente progressivo, e absurdo é querer governar os homens desviando-os desse curso; pretender contê-los, retroceder ou simplesmente parar enquanto o curso avança, é condenar e perder os homens. Seguir ou deixar de seguir essa evolução é uma questão de vida ou de morte para as religiões como para os governos.

Este fatalismo é um bem ou um mal? Para os que vivem do passado, vendo-o aniquilar-se, será um mal, mas para os que vivem pelo futuro é uma lei do progresso, de Deus em suma.

E contra uma Lei de Deus é inútil toda revolta, impossível a luta. Para que, pois, sustentar a todo o transe uma crença que se dissolve em desuso, fazendo mais danos que benefícios à Religião? Ah! Contrista dizê-lo, mas uma questão material domina aqui a questão religiosa.

Esta crença tem sido grandemente explorada pela ideia de que com dinheiro se abrem as portas do Céu, livrando das do inferno. As quantias por estes meios arrecadadas, outrora e ainda hoje, são incalculáveis, e verdadeiramente fabuloso o imposto prévio pago ao temor da eternidade. E sendo facultativo tal imposto, a renda é sempre proporcional à crença; extinta esta, improdutivo será aquele.

De bom grado cede a criança o bolo a quem lhe promete afugentar o lobisomem, mas se a criança já não acreditar em lobisomens, guardará o bolo.

24. A Nova Revelação, dando noções mais sensatas da vida futura e provando que podemos, cada um de nós, promover a felicidade pelas próprias obras, deve encontrar tremenda oposição, tanto mais viva por estancar uma das mais rendosas fontes de receita. E assim tem sido, sempre que uma nova descoberta ou invento abala costumes inveterados e preestabelecidos.

Quem vive de antigos e custosos costumes sempre os defendem, alegando a superioridade e excelência deles, e assim desabonam as novidades, por melhores que sejam.

Acreditar-se-ia, por exemplo, que a imprensa, apesar dos benefícios prestados à sociedade, tenha sido aclamada pela classe dos copistas?

Não, certamente eles deveriam profligá-la. O mesmo se tem dado em relação a maquinismos, caminho de ferro e centenárias de outras descobertas e aplicações.

Aos olhos dos incrédulos o dogma da eternidade das penas afigura-se futilidade da qual se riem; para o filósofo esse dogma tem uma gravidade social pelos abusos que acoroçoa, ao passo que o homem verdadeiramente religioso tem a dignidade da Religião interessada na destruição dos abusos que tal dogma origina, e da sua causa, enfim.

Ezequiel contra a eternidade das penas e o pecado original

25. A quem pretenda encontrar na *Bíblia* a justificação da eternidade das penas, pode-se opor os textos contrários que a tal respeito não comportam ambiguidades. As seguintes palavras de Ezequiel são a mais explícita negação, não somente das penas irremissíveis, mas da responsabilidade que o pecado do pai do gênero humano acarretasse à sua raça:

1. O Senhor novamente me falou e disse: — 2. Donde vem o uso desta parábola entre vós e consagrada proverbialmente em Israel: Os pais, dizeis, comeram uvas verdes, e os dentes dos filhos ficaram estragados? — 3. Por mim juro, disse o Senhor Deus, que essa parábola não passará mais entre vós, como provérbio em Israel: — 4. Pois todas as almas me pertencem; a do filho está comigo como a do pai; a alma que tiver pecado morrerá ela própria.

5. Se um homem for justo, se proceder segundo a equidade e a justiça; — 7. Se não magoar nem oprimir ninguém; se entregar ao seu devedor o penhor que este lhe houver dado; se não tomar nada do bem de outrem por violência; se dá o seu pão a quem tem fome; se veste os que estão nus; — 8. Se não se presta à usura e não percebe mais do que tem dado; se desvia sua mão da iniquidade e promove um juízo conciliatório entre dois que contendem; — 9. Se caminha segundo a pauta dos meus preceitos e observa as minhas ordens para obrar conforme a verdade, esse homem é justo e viverá mui certamente, disse o Senhor Deus.

10. Se esse homem tem um filho que dê em ladrão, e derrame sangue, ou que cometa algumas destas faltas; — 13. Esse filho morrerá mui certamente, pois tem praticado todas essas ações detestáveis, e seu sangue permanecerá sobre a terra.

14. Se esse homem tem um filho que, vendo todos os crimes por seu pai cometidos, se aterrorize e evite imitá-lo; — 17. Este não morrerá por causa da iniquidade de seu pai, mas viverá mui certamente. — 18. Seu pai, que tinha oprimido os outros por calúnias e que tinha praticado ações criminosas no meio do seu povo, morreu por causa da sua própria iniquidade.

19. Se dizes: Por que o filho não tem suportado a iniquidade de seu pai? É porque o filho tem obrado segundo a equidade e a justiça; tem guardado todos os meus preceitos; e porque os tem praticado viverá mui certamente.

20. A alma que tem pecado morrerá ela mesma: *o filho não sofrerá pela iniquidade do pai e o pai não sofrerá pela iniquidade do filho*; a justiça do justo verterá sobre ele mesmo, a impiedade do ímpio verterá sobre ele.

21. Se o ímpio fez penitência de todos os pecados que tem cometido, se observou todos os meus preceitos, se obra segundo a equidade e a justiça, ele viverá certamente e não morrerá. — 22. *Eu não me lembrarei mais de todas as iniquidades que ele tenha cometido; viverá nas obras de justiça que houver praticado.*

23. É que Eu quero a morte do ímpio? — Disse o Senhor Deus —, e não quero antes que se converta e desgarre do mau caminho que trilha? (Ezequiel, 18.)

Dizei-lhes estas palavras: Eu juro por mim mesmo que não quero a morte do ímpio, mas que o ímpio se converta, que abandone o mau caminho e que viva. (Ezequiel, 33:11.)

Capítulo 7

As penas futuras segundo o espiritismo

- A carne é fraca
- Princípios da Doutrina Espírita sobre as penas futuras
- Código penal da vida futura

A carne é fraca[39]

Há tendências viciosas que são evidentemente próprias do Espírito, porque se apegam mais ao moral do que ao físico; outras parecem antes dependentes do organismo, e, por esse motivo, menos responsáveis são julgados os que as possuem: consideram-se como tais as disposições à cólera, à preguiça, à sensualidade etc.

Hoje está plenamente reconhecido pelos filósofos espiritualistas que os órgãos cerebrais correspondentes a diversas aptidões devem o seu desenvolvimento à atividade do Espírito. Assim, esse desenvolvimento é um efeito, e não uma causa. Um homem não é músico porque tenha a *bossa* da música, mas possui essa tendência porque o seu Espírito é musical. Se a atividade do Espírito reage sobre o cérebro, deve também reagir sobre as outras partes do organismo.

O Espírito é, deste modo, o artista do próprio corpo, por ele talhado, por assim dizer, à feição das suas necessidades e à manifestação das suas tendências.

Desta forma a perfeição corporal das raças adiantadas deixa de ser produto de criações distintas para ser o resultado do trabalho espiritual, que aperfeiçoa o invólucro material à medida que as faculdades aumentam.

Por uma consequência natural deste princípio, as disposições morais do Espírito devem modificar as qualidades do sangue, dar-lhe maior ou menor atividade, provocar uma secreção mais ou menos abundante de bílis ou de quaisquer outros fluidos. É assim, por exemplo, que ao glutão enche-se-lhe a boca de saliva diante dum prato apetitoso.

Certo é que a iguaria não pode excitar o órgão do paladar, uma vez que com ele não tem contato; é, pois, o Espírito, cuja sensibilidade é despertada, que atua sobre aquele órgão pelo pensamento, enquanto outra pessoa permanecerá indiferente à vista do mesmo acepipe. É ainda por este motivo que a pessoa sensível facilmente verte lágrimas. Não é, porém, a abundância destas que dá sensibilidade ao Espírito, mas precisamente a sensibilidade deste que provoca a secreção abundante

---

[39] N.E.: Ver *Nota Explicativa*, p. 379.

das lágrimas. Sob o império da sensibilidade, o organismo condiciona-se[40] à disposição normal do Espírito, do mesmo modo por que se condiciona à disposição do Espírito glutão.

Seguindo esta ordem de ideias, compreende-se que um Espírito irascível deve encaminhar-se para estimular um temperamento bilioso, do que resulta não ser um homem colérico por bilioso, mas bilioso por colérico. O mesmo se dá em relação a todas as outras disposições instintivas: um Espírito indolente e fraco deixará o organismo em estado de atonia relativo ao seu caráter, ao passo que, ativo e enérgico, dará ao sangue como aos nervos qualidades perfeitamente opostas. A ação do Espírito sobre o físico é tão evidente que não raro vemos graves desordens orgânicas sobrevirem a violentas comoções morais.

A expressão vulgar: *A emoção transtornou-lhe o sangue* não é tão destituída de sentido quanto se poderia supor. Ora, que poderia transtornar o sangue senão as disposições morais do Espírito?

Pode admitir-se por conseguinte, ao menos em parte, que o temperamento é determinado pela natureza do Espírito, que é causa, e não efeito.

E nós dizemos em parte, porque há casos em que o físico influi evidentemente sobre o moral, tais como quando um estado mórbido ou anormal é determinado por causa externa, acidental, independente do Espírito, como sejam a temperatura, o clima, os defeitos físicos congênitos, uma doença passageira etc.

O moral do Espírito pode, nesses casos, ser afetado em suas manifestações pelo estado patológico, sem que a sua natureza intrínseca seja modificada. Escusar-se de seus erros por fraqueza da carne não passa de sofisma para escapar a responsabilidades.

A carne só é fraca porque o Espírito é fraco, o que inverte a questão, deixando àquele a responsabilidade de todos os seus atos. A carne, destituída de pensamento e vontade, não pode prevalecer jamais sobre o Espírito, que é o ser *pensante e de vontade própria*.

O Espírito é quem dá à carne as qualidades correspondentes ao seu instinto, tal como o artista que imprime à obra material o cunho do seu gênio. Liberto dos instintos da bestialidade, o Espírito elabora um corpo que não é mais um tirano de sua aspiração, para espiritualidade do seu ser, e é quando o homem passa a comer para viver e não mais vive para comer.

---

[40] N.E. (1973): O autor escreveu *s'est approprié* (p. 93, 4ª edição, Paris, 1869), à falta, na época, de verbo mais específico à perfeita tradução da ideia.

A responsabilidade moral dos atos da vida fica, portanto, intacta, mas a razão nos diz que as consequências dessa responsabilidade devem ser proporcionais ao desenvolvimento intelectual do Espírito. Assim, quanto mais esclarecido for este, menos desculpável se torna, uma vez que com a inteligência e o senso moral nascem as noções do bem e do mal, do justo e do injusto.

Esta lei explica o insucesso da Medicina em certos casos. Desde que o temperamento é um efeito, e não uma causa, todo o esforço para modificá-lo se nulifica ante as disposições morais do Espírito, opondo-lhe uma resistência inconsciente que neutraliza a ação terapêutica. Por conseguinte, sobre a causa primordial é que se deve atuar.

Daí, se puderdes, coragem ao poltrão, e vereis para logo cessados os efeitos fisiológicos do medo. Isto prova ainda uma vez a necessidade, para a arte de curar, de levar em conta a influência espiritual sobre os organismos.(*Revista espírita*, março de 1869.)

Princípios da Doutrina Espírita sobre as penas futuras

A Doutrina Espírita, no que respeita às penas futuras, não se baseia numa teoria preconcebida; não é um sistema substituindo outro sistema: em tudo ela se apoia nas observações, e são estas que lhe dão plena autoridade. Ninguém jamais imaginou que as almas, depois da morte, se encontrariam em tais ou quais condições; são elas, essas mesmas almas, partidas da Terra, que nos vêm hoje iniciar nos mistérios da vida futura, descrever-nos sua situação feliz ou desgraçada, as impressões, a transformação pela morte do corpo, completando, em uma palavra, os ensinamentos do Cristo sobre este ponto.

Preciso é afirmar que se não trata neste caso das revelações de um só Espírito, o qual poderia ver as coisas do seu ponto de vista, sob um só aspecto, ainda dominado por terrenos prejuízos. Tampouco se trata de uma revelação feita exclusivamente a um indivíduo que pudesse deixar-se levar pelas aparências, ou de uma *visão extática* suscetível de ilusões, e não passando muitas vezes de reflexo de uma imaginação exaltada.[41]

Trata-se, sim, de inúmeros exemplos fornecidos por Espíritos de todas as categorias, desde os mais elevados aos mais inferiores da escala, por intermédio de outros tantos auxiliares (médiuns) disseminados pelo mundo, de sorte que a revelação deixa de ser privilégio de *alguém*,

---

[41] Nota de Allan Kardec: Vede cap. VI, item 7, e *O livro dos espíritos*, questões 443 e 444.

pois todos podem prová-la, observando-a, sem obrigar-se à crença pela crença de outrem.

Código penal da vida futura

O Espiritismo não vem, pois, com sua autoridade privada, formular um código de fantasia; a sua lei, no que respeita ao futuro da alma, deduzida das observações do fato, pode resumir-se nos seguintes pontos:

1º) A alma ou Espírito sofre na vida espiritual as consequências de todas as imperfeições que não conseguiu corrigir na vida corporal. O seu estado, feliz ou desgraçado, é inerente ao seu grau de pureza ou impureza. 2o) A completa felicidade prende-se à perfeição, isto é, à purificação completa do Espírito. Toda imperfeição é, por sua vez, causa de sofrimento e de privação de gozo, do mesmo modo que toda perfeição adquirida é fonte de gozo e atenuante de sofrimentos.

3º) *Não há uma única imperfeição da alma que não importe funestas e inevitáveis consequências, como não há uma só qualidade boa que não seja fonte de um gozo.*

A soma das penas é, assim, proporcionada à soma das imperfeições, como a dos gozos proporcionada à das qualidades.

A alma que tem dez imperfeições, por exemplo, sofre mais do que a que tem três ou quatro; e quando dessas dez imperfeições não lhe restar mais que metade ou um quarto, menos sofrerá.

De todo extintas, então a alma será perfeitamente feliz. Também na Terra, quem tem muitas moléstias, sofre mais do que quem tenha apenas uma ou nenhuma. Pela mesma razão, a alma que possui dez perfeições tem mais gozos do que outra menos rica de boas qualidades.

4º) Em virtude da lei do progresso que dá a toda alma a possibilidade de adquirir o bem que lhe falta, como de despojar-se do que tem de mau, conforme o esforço e vontade próprios, temos que o futuro é aberto a todas as criaturas. Deus não repudia nenhum de seus filhos, antes recebe-os em seu seio à medida que atingem a perfeição, deixando a cada qual o mérito das suas obras.

5º) Dependente o sofrimento da imperfeição, como o gozo da perfeição, a alma traz consigo o próprio castigo ou prêmio, onde quer que se encontre, sem necessidade de lugar circunscrito.

O inferno está por toda parte em que haja almas sofredoras, e o Céu igualmente onde houver almas felizes.

6º) O bem e o mal que fazemos decorrem das qualidades que possuímos. Não fazer o bem quando podemos é, portanto, o resultado de uma imperfeição. Se toda imperfeição é fonte de sofrimento, o Espírito deve sofrer não somente pelo mal que fez como pelo bem que deixou de fazer na vida terrestre.

7º) O Espírito sofre pelo mal que fez, de maneira que, *sendo a sua atenção constantemente dirigida para as consequências desse mal*, melhor compreende os seus inconvenientes e trata de corrigir-se.

8º) Sendo infinita a Justiça de Deus, o bem e o mal são rigorosamente considerados, não havendo uma só ação, um só pensamento mau que não tenha consequências fatais, como não há uma única ação meritória, um só bom movimento da alma que se perca, *mesmo para os mais perversos, por isso que constituem tais ações um começo de progresso.*

9º) Toda falta cometida, todo mal realizado é uma dívida contraída que deverá ser paga; se o não for em uma existência, sê-lo-á na seguinte ou seguintes, porque todas as existências são solidárias entre si. Aquele que se quita numa existência não terá necessidade de pagar segunda vez.

10º) O Espírito sofre, quer no mundo corporal, quer no espiritual, a consequência das suas imperfeições. As misérias, as vicissitudes padecidas na vida corpórea, são oriundas das nossas imperfeições, são expiações de faltas cometidas na presente ou em precedentes existências.

Pela natureza dos sofrimentos e vicissitudes da vida corpórea, pode julgar-se a natureza das faltas cometidas em anterior existência, e das imperfeições que as originaram.

11º) A expiação varia segundo a natureza e gravidade da falta, podendo, portanto, a mesma falta determinar expiações diversas, conforme as circunstâncias, atenuantes ou agravantes, em que for cometida.

12º) Não há regra absoluta nem uniforme quanto à natureza e duração do castigo; a única lei geral é que toda falta terá punição, e terá recompensa todo ato meritório, *segundo o seu valor*.

13º) A duração do castigo depende da melhoria do Espírito culpado. Nenhuma condenação por tempo determinado lhe é prescrita. O que Deus exige por termo de sofrimentos é um melhoramento sério, efetivo, sincero, de volta ao bem.

Deste modo o Espírito é sempre o árbitro da própria sorte, podendo prolongar os sofrimentos pela pertinácia no mal, ou suavizá-los e anulá-los pela prática do bem.

Uma condenação por tempo predeterminado teria o duplo inconveniente de continuar o martírio do Espírito renegado, ou de libertá-lo do sofrimento quando ainda permanecesse no mal. Ora, Deus, que é justo, só pune o mal *enquanto existe*, e deixa de o punir *quando não existe mais*;[42] por outra, o mal moral, sendo por si mesmo causa de sofrimento, fará este durar enquanto subsistir aquele, ou diminuirá de intensidade à medida que ele decresça.

14º) Dependendo da melhoria do Espírito a duração do castigo, o culpado que jamais melhorasse sofreria sempre, e, para ele, a pena seria eterna.

15º) Uma condição inerente à inferioridade dos Espíritos é não lobrigarem o termo da provação, acreditando-a eterna, como eterno lhes parece deva ser um tal castigo.[43]

16º) O *arrependimento*, conquanto seja o primeiro passo para a regeneração, não basta por si só; são precisas a *expiação* e a *reparação*.

Arrependimento, *expiação* e *reparação* constituem, portanto, as três condições necessárias para apagar os traços de uma falta e suas consequências. O arrependimento suaviza os travos da expiação, abrindo pela esperança o caminho da reabilitação; só a reparação, contudo, pode anular o efeito destruindo-lhe a causa. Do contrário, *o perdão seria uma graça, não uma anulação*.

17º) O arrependimento pode dar-se por toda parte e em qualquer tempo; se for tarde, porém, o culpado sofre por mais tempo.

Até que os últimos vestígios da falta desapareçam, a expiação consiste nos sofrimentos físicos e morais que lhe são consequentes, seja na vida atual, seja na vida espiritual após a morte, ou ainda em nova existência corporal.

A reparação consiste em fazer o bem àqueles a quem se havia feito o mal. Quem não repara os seus erros numa existência, por fraqueza ou má vontade, achar-se-á numa existência ulterior em contato com as mesmas pessoas que de si tiverem queixas, e em condições volun-

---

[42] Nota de Allan Kardec: Vede cap. VI, item 25, citação de Ezequiel.

[43] Nota de Allan Kardec: *Perpétuo* é sinônimo de *eterno*. Diz-se o limite das neves perpétuas; o eterno gelo dos polos; também se diz o secretário perpétuo da Academia, o que não significa que o seja *ad perpetuam*, mas unicamente por tempo *ilimitado*. Eterno e perpétuo se empregam, pois, no sentido de *indeterminado*. Nesta acepção pode dizer-se que as penas são eternas, para exprimir que não têm duração limitada; eternas, portanto, para o Espírito que lhes não vê o termo.

tariamente escolhidas, de modo a demonstrar-lhes reconhecimento e fazer-lhes tanto bem quanto mal lhes tenha feito. Nem todas as faltas acarretam prejuízo direto e efetivo; em tais casos a reparação se opera, fazendo-se o que se deveria fazer e foi descurado; cumprindo os deveres desprezados, as missões não preenchidas; praticando o bem em compensação ao mal praticado, isto é, tornando-se humilde se foi orgulhoso, amável se foi austero, caridoso se foi egoísta, benigno se foi perverso, laborioso se foi ocioso, útil se foi inútil, frugal se foi intemperante, trocando em suma por bons os maus exemplos perpetrados. E desse modo progride o Espírito, aproveitando-se do próprio passado.[44]

18º) Os Espíritos imperfeitos são excluídos dos mundos felizes, cuja harmonia perturbariam. Ficam nos mundos inferiores a expiarem as suas faltas pelas tribulações da vida, e purificando-se das suas imperfeições até que mereçam a encarnação em mundos mais elevados, mais adiantados moral e fisicamente. Se se pode conceber um lugar circunscrito de castigo, tal lugar é, sem dúvida, nesses mundos de expiação, em torno dos quais pululam Espíritos imperfeitos, desencarnados à espera de novas existências que lhes permitam reparar o mal, auxiliando-os no progresso.

19º) Como o Espírito tem sempre o livre-arbítrio, o progresso por vezes se lhe torna lento, e tenaz a sua obstinação no mal. Nesse estado pode persistir anos e séculos, vindo por fim um momento em que a sua contumácia se modifica pelo sofrimento, e, a despeito da sua jactância, reconhece o poder superior que o domina.

Então, desde que se manifestam os primeiros vislumbres de arrependimento, Deus lhe faz entrever a esperança. Nem há Espírito incapaz

---

[44] Nota de Allan Kardec: A necessidade da reparação é um princípio de rigorosa justiça, que se pode considerar verdadeira lei de reabilitação moral dos Espíritos. Entretanto, essa doutrina Religião alguma ainda a proclamou. Algumas pessoas repelem-na porque acham mais cômodo o poder quitarem-se das más ações por um simples arrependimento, que não custa mais que palavras, por meio de algumas fórmulas; contudo, crendo-se, assim, quites, verão mais tarde se isso lhes bastava. Nós poderíamos perguntar se esse princípio não é consagrado pela lei humana, e se a Justiça divina pode ser inferior à dos homens? E mais, se essas leis se dariam por desafrontadas desde que o indivíduo que as transgredisse, por abuso de confiança, se limitasse a dizer que as respeita infinitamente.

Por que hão de vacilar tais pessoas perante uma obrigação que todo homem honesto se impõe como dever, segundo o grau de suas forças?

Quando esta perspectiva de reparação for inculcada na crença das massas, será um outro freio aos seus desmandos, e bem mais poderoso que o inferno e respectivas penas eternas, visto como interessa à vida em sua plena atualidade, podendo o homem compreender a procedência das circunstâncias que a tornam penosa, ou a sua verdadeira situação.

de nunca progredir, votado a eterna inferioridade, o que seria a negação da lei de progresso, que providencialmente rege todas as criaturas.

20º) Quaisquer que sejam a inferioridade e perversidade dos Espíritos, *Deus jamais os abandona*. Todos têm seu anjo da guarda (guia) que por eles vela, espreita-lhe os movimentos da alma, e se esforçam por suscitar-lhes bons pensamentos, desejos de progredir, de reparar em uma nova existência o mal que praticaram. Contudo, essa interferência do guia faz-se quase sempre ocultamente e de modo a não haver pressão, pois que o Espírito deve progredir *por impulso da própria vontade*, nunca por qualquer sujeição.

O bem e o mal são praticados em virtude do livre-arbítrio, e, conseguintemente, sem que o Espírito seja *fatalmente* impelido para um ou outro sentido.

Persistindo no mal, sofrerá as consequências por tanto tempo quanto durar a persistência, do mesmo modo que, dando um passo para o bem, sente imediatamente benéficos efeitos.

> Observação — Erro seria supor que, por efeito da lei de progresso, a certeza de atingir cedo ou tarde a perfeição e a felicidade pode estimular a perseverança no mal, sob a condição do ulterior arrependimento: primeiro porque o Espírito inferior não se apercebe do termo da sua situação; e segundo porque, sendo ele o autor da própria infelicidade, acaba por compreender que de si depende o fazê-la cessar; que por tanto tempo quanto perseverar no mal será infeliz; finalmente, que o sofrimento será intérmino se ele próprio não lhe der fim. Seria, pois, um cálculo negativo, cujas consequências o Espírito seria o primeiro a reconhecer. Com o dogma das penas irremissíveis é que se verifica, precisamente, tal hipótese, visto como é para sempre interdita qualquer ideia de esperança, não tendo pois, por essa razão, o homem interesse em converter-se ao bem, para ele sem proveito.
>
> Diante da nossa lei não procede a objeção sobre a presciência divina, pois Deus criando uma alma sabe, com efeito, se ela em virtude do livre-arbítrio fará dele bom ou mau uso, como sabe que será punida pelo mal que praticar, mas sabe também que tal castigo temporário é o meio de fazê-la compreender o seu erro e de fazê-la entrar no bom caminho, em que a alma chegará cedo ou tarde. Pela doutrina das penas eternas conclui-se que Deus

sabe que essa alma falirá e, portanto, está previamente condenada a torturas infinitas.

21º) A responsabilidade das faltas é toda pessoal, ninguém sofre por erros alheios, salvo se a eles deu origem, quer provocando-os pelo exemplo, quer não os impedindo quando poderia fazê-lo.

Assim, o suicida é sempre punido, mas aquele que por maldade impele outro a cometê-lo, esse sofre ainda maior pena.

22º) Conquanto infinita a diversidade de punições, algumas há inerentes à inferioridade dos Espíritos, e cujas consequências, salvo pormenores, são pouco mais ou menos idênticas.

A punição mais imediata, sobretudo entre os que se acham ligados à vida material em detrimento do progresso espiritual, faz-se sentir pela lentidão do desprendimento da alma; nas angústias que acompanham a morte e o despertar na outra vida, na consequente perturbação que pode dilatar-se por meses e anos.

Naqueles que, ao contrário, têm pura a consciência e na vida material já se acham identificados com a vida espiritual, o trespasse é rápido, sem abalos, quase nula a turbação de um pacífico despertar.

23º) Um fenômeno mui frequente entre os Espíritos de certa inferioridade moral é o acreditarem-se ainda vivos, podendo esta ilusão prolongar-se por muitos anos, durante os quais eles experimentarão todas as necessidades, todos os tormentos e perplexidades da vida.

24º) Para o criminoso, a presença incessante das vítimas e das circunstâncias do crime é um suplício cruel.

25º) Espíritos há mergulhados em densa treva; outros se encontram em absoluto insulamento no Espaço, atormentados pela ignorância da própria posição, como da sorte que os aguarda. Os mais culpados padecem torturas muito mais pungentes por não lhes entreverem um termo.

Alguns são privados de ver os seres queridos, e todos, geralmente, passam com intensidade relativa pelos males, pelas dores e privações que a outrem ocasionaram. Esta situação perdura até que o *arrependimento* e o desejo de *reparação* lhes traga a calma para entrever a possibilidade de, *por eles mesmos*, pôr um termo à sua situação.

26º) Para o orgulhoso relegado às classes inferiores, é suplício ver acima dele colocados, cheios de glória e bem-estar, os que na Terra desprezara. O hipócrita vê desvendados, penetrados e lidos por todo o mundo os seus mais secretos pensamentos, sem que os possa ocultar ou dissimular; o sátiro, na impotência de os saciar, tem na exaltação dos bestiais desejos o mais atroz tormento; vê o avaro o esbanjamento inevitável do seu tesouro, enquanto o egoísta, desamparado de todos, sofre as consequências da sua atitude terrena; nem a sede nem a fome lhe serão mitigadas, nem amigas mãos se lhe estenderão às suas mãos súplices; *e pois que em vida só de si cuidara, ninguém dele se compadecerá na morte.*

27º) O único meio de evitar ou atenuar as consequências futuras de uma falta, está no repará-la, desfazendo-a no presente. Quanto mais nos demorarmos na reparação de uma falta, tanto mais penosas e rigorosas serão, no futuro, as suas consequências.

28º) A situação do Espírito, no mundo espiritual, não é outra senão a por si mesmo preparada na vida corpórea.

Mais tarde, outra encarnação se lhe faculta para novas provas de expiação e reparação, com maior ou menor proveito, dependentes do seu livre-arbítrio; e se ele não se corrige, terá sempre uma missão a recomeçar, sempre e sempre mais acerba, de sorte que pode dizer-se que *aquele que muito sofre na Terra, muito tinha a expiar*; e os que gozam uma felicidade aparente, em que pesem aos seus vícios e inutilidades, pagá-la-ão mui caro em ulterior existência. Nesse sentido foi que Jesus disse: "Bem-aventurados os aflitos, porque serão consolados." (*O evangelho segundo o espiritismo*, Cap. V.)

29º) Certo, a misericórdia de Deus é infinita, mas não é cega. O culpado que ela atinge não fica exonerado, e, enquanto não houver satisfeito à justiça, sofre a consequência dos seus erros. Por infinita misericórdia, devemos ter que Deus não é inexorável, deixando sempre viável o caminho da redenção.

30º) Subordinadas ao arrependimento e reparação dependentes da vontade humana, as penas, por temporárias, constituem concomitantemente castigos e *remédios* auxiliares à cura do mal. Os Espíritos, em prova, não são, pois, quais galés por certo tempo condenados, mas como doentes de hospital sofrendo de moléstias resultantes da própria incúria, a compadecerem-se com meios curativos mais ou menos dolorosos que a moléstia reclama, esperando alta tanto mais pronta quanto mais estritamente observadas as prescrições do solícito médico assistente. Se os doentes, pelo próprio descuido de si mesmos, prolongam a enfermidade, o médico nada tem que ver com isso.

31º) Às penas que o Espírito experimenta na vida espiritual ajuntam-se as da vida corpórea, que são consequentes às imperfeições do homem, às suas paixões, ao mau uso das suas faculdades e à expiação de presentes e passadas faltas. É na vida corpórea que o Espírito repara o mal de anteriores existências, pondo em prática resoluções tomadas na vida espiritual. Assim se explicam as misérias e vicissitudes mundanas que, à primeira vista, parecem não ter razão de ser. Justas são elas, no entanto, como espólio do passado — herança que serve à nossa romagem para a perfectibilidade.[45]

32º) Deus, diz-se, não daria prova maior de amor às suas criaturas, criando-as infalíveis e, por conseguinte, isentas dos vícios inerentes à imperfeição? Para tanto fora preciso que Ele criasse seres perfeitos, nada mais tendo a adquirir, quer em conhecimentos, quer em moralidade. Certo, porém, Deus poderia fazê-lo, e se o não fez é que em sua sabedoria quis que o progresso constituísse lei geral. Os homens são imperfeitos, e, como tais, sujeitos a vicissitudes mais ou menos penosas. E pois que o fato existe, devemos aceitá-lo.

Inferir dele que Deus não é bom nem justo, fora insensata revolta contra a lei.

Injustiça haveria, sim, na criação de seres privilegiados, mais ou menos favorecidos, fruindo gozos que outros porventura não atingem senão pelo trabalho, ou que jamais pudessem atingir. Ao contrário, a Justiça divina patenteia-se na igualdade absoluta que preside à criação dos Espíritos; todos têm o mesmo ponto de partida e nenhum se distingue em sua formação por melhor aquinhoado; nenhum cuja marcha progressiva se facilite por exceção: os que chegam ao fim, têm passado, como quaisquer outros, pelas fases de inferioridade e respectivas provas.

Isto posto, nada mais justo que a liberdade de ação a cada qual concedida. O caminho da felicidade a todos se abre amplo, como a todos as mesmas condições para atingi-la. A lei, gravada em todas as consciências, a todos é ensinada. Deus fez da felicidade *o prêmio do trabalho, e não do favoritismo*, para que cada qual tivesse seu mérito.

Todos somos livres no trabalho do próprio progresso, e o que muito e depressa trabalha, mais cedo recebe a recompensa. O romeiro

---

[45] Nota de Allan Kardec: Vede 1ª Parte, cap. V, *O purgatório*, item 3 e seguintes; e, após, 2ª Parte, cap. VIII, *Expiações terrestres*. Vede, também, *O evangelho segundo o espiritismo*, cap. V, *Bem-aventurados os aflitos*.

que se desgarra, ou em caminho perde tempo, retarda a marcha e não pode queixar-se senão de si mesmo.

O bem como o mal são voluntários e facultativos: livre, o homem não é fatalmente impelido para um nem para outro.

330) Em que pese à diversidade de gêneros e graus de sofrimentos dos Espíritos imperfeitos, o código penal da vida futura pode resumir-se nestes três princípios:

1. O sofrimento é inerente à imperfeição.

2. Toda imperfeição, assim como toda falta dela promanada, traz consigo o próprio castigo nas consequências naturais e inevitáveis: assim, a moléstia pune os excessos e da ociosidade nasce o tédio, sem que haja mister de uma condenação especial para cada falta ou indivíduo.

3. Podendo todo homem libertar-se das imperfeições por efeito da vontade, pode igualmente anular os males consecutivos e assegurar a futura felicidade.

A cada um segundo as suas obras, no Céu como na Terra — tal é a lei da Justiça divina.

Capítulo 8

Os anjos

- Os anjos segundo a Igreja
- Refutação
- Os anjos segundo o Espiritismo

Os anjos segundo a Igreja

1. Todas as religiões têm tido anjos sob vários nomes, isto é, seres superiores à humanidade, intermediários entre Deus e os homens.

Negando toda a existência espiritual fora da vida orgânica, o materialismo naturalmente classificou os anjos entre as ficções e alegorias. A crença nos anjos é parte essencial dos dogmas da Igreja, que assim os define:[46]

2. "Acreditamos firmemente", diz um concílio geral e ecumênico,[47] "que só há um Deus verdadeiro, eterno e infinito, que *no começo dos tempos* tirou *conjuntamente* do nada as duas criaturas — espiritual e corpórea, angélica e mundana — tendo formado depois, como elo entre as duas, a natureza humana, composta de corpo e Espírito.

Tal é, segundo a fé, o plano divino na obra da criação, plano majestoso e completo como convinha à eterna sabedoria. Assim concebido, ele oferece aos nossos pensamentos o ser em todos os seus graus e condições.

Na esfera mais elevada aparecem a existência e a vida puramente espirituais; na última ordem, uma e outra puramente materiais e, intermediariamente, uma união maravilhosa das duas substâncias, uma vida ao mesmo tempo comum ao Espírito inteligente e ao corpo organizado.

Nossa alma é de natureza simples e indivisível, porém limitada em suas faculdades.

A ideia que temos da perfeição faz-nos compreender que pode haver outros seres simples quanto a alma, e superiores por suas qualidades e privilégios.

A alma é grande e nobre, porém, está associada à matéria, servida por órgãos frágeis e limitada no poder e na ação. Por que não haver outras ainda mais nobres, libertas dessa escravidão, dessas peias e dota-

---

[46] Nota de Allan Kardec: Extraímos este resumo da pastoral do monsenhor Gousset, cardeal-arcebispo de Reims, para a quaresma de 1864. Por ele podemos, pois, considerar os anjos, assim como os *demônios*, cujo resumo tiramos da mesma origem e citamos no capítulo seguinte, como última expressão do dogma da Igreja neste sentido.

[47] Nota de Allan Kardec: Concílio de Latrão.

das de uma força e atividade maiores e incomparáveis? Antes que Deus houvesse colocado o homem na Terra, para conhecê-lo, servi-lo, e amá-lo, não teria já chamado outras criaturas, a fim de compor-lhe a corte celeste e adorá-lo no auge da glória? Deus, enfim, recebe das mãos do homem os tributos de honra e homenagem deste universo: é, portanto, de admirar que receba das mãos dos anjos o incenso e as orações do homem? Se, pois, os anjos não existissem, a grande obra do Criador não patentearia o acabamento e a perfeição que lhe são peculiares; este mundo, que atesta a sua onipotência, não fora mais a obra-prima da sabedoria; nesse caso a nossa razão, posto que fraca, poderia conceber um Deus mais completo e consumado.

Em cada página dos sagrados livros, do Velho como do Novo Testamentos, se fez menção dessas inteligências sublimes, já em piedosas invocações, já em referências históricas. A sua intervenção aparece manifestamente na vida dos patriarcas e dos profetas. Serve-se Deus de tal ministério, ora para transmitir a sua vontade, ora para anunciar futuros acontecimentos, e os anjos são também quase sempre órgãos de sua justiça e misericórdia. A sua presença ressalta das circunstâncias que acompanharam o nascimento, a vida e a paixão do Salvador; a sua lembrança é inseparável da dos grandes homens, como dos fatos mais grandiosos da antiguidade religiosa. A crença nos anjos existe no seio mesmo do politeísmo e nas fábulas da mitologia, porque essa crença é tão universal e antiga quanto o mundo. O culto que os pagãos prestavam aos bons e maus gênios não era mais que falsa aplicação da verdade, um resto degenerado do primitivo dogma.

As palavras do santo concílio de Latrão contêm fundamental distinção entre os anjos e os homens: ensinam-nos que os primeiros são puros Espíritos, enquanto os segundos se compõem de um corpo e de uma alma, isto é, que a natureza angélica subsiste por si mesma não só sem mistura como dissociada da matéria, por mais vaporosa e sutil que se suponha, ao passo que a nossa alma, igualmente espiritual, associa-se ao corpo de modo a formar com ele uma só pessoa, *sendo tal e essencialmente o seu destino.*

Enquanto perdura tão íntima ligação de alma e corpo, as duas substâncias têm vida comum e se exercem recíproca influência; daí o não poder a alma libertar-se completamente das imperfeições de tal condição: as ideias chegam-lhe pelos sentidos na comparação dos objetos externos e sempre debaixo de imagens mais ou menos aparentes.

Eis por que a alma não pode contemplar-se a si mesma, nem conceber Deus e os anjos sem atribuir-lhes forma visível e palpável. O mesmo se dá quanto aos anjos, que para se manifestarem aos santos e profetas hão de revestir formas tangíveis e palpáveis. Essas formas, no entanto, não passavam de corpos aéreos que faziam mover-se e identificar-se com eles, ou de atributos simbólicos de acordo com a missão a seu cargo.

Seu ser e movimentos não são localizados nem circunscritos a limitado e fixo ponto do Espaço. Desligados integralmente do corpo, não ocupam qualquer espaço ou vácuo, mas assim como a nossa alma existe integral no corpo e em cada uma de suas partes, assim também os anjos estão, e quase que simultaneamente, em todos os pontos e partes do mundo. Mais rápidos que o pensamento, podem agir em toda parte num dado momento, operando por si mesmos sem outros obstáculos, senão os da vontade do Criador e os da liberdade humana. Enquanto somos condenados a ver pouco a pouco e limitadamente as coisas externas; enquanto as verdades sobrenaturais se nos afiguram enigmas num espelho, na frase de Paulo, eles, os anjos, veem sem esforço o que lhes importa saber, e estão sempre em relação imediata com o objeto de seus pensamentos. *Os seus conhecimentos são resultantes não da indução e do raciocínio*, mas dessa intuição clara e profunda que abrange de uma só vez o gênero e as espécies deles derivadas, os princípios e as consequências que deles decorrem.

A distância das épocas, a diferença de lugares, como a multiplicidade de objetos, confusão alguma podem produzir em seus espíritos.

Infinita, a essência divina é incompreensível; tem mistérios e profundezas que se não podem penetrar, mas em lhes serem defesos os desígnios particulares da Providência, ela lhos desvenda quando em certas circunstâncias são encarregados de os anunciarem aos homens. As comunicações de Deus com os anjos e destes entre si não se fazem como entre nós por meio de sons articulados e de sinais sensíveis. As puras inteligências não têm necessidade nem de olhos para ver, nem de ouvidos para ouvir; tampouco possuem órgão vocal para manifestar seus pensamentos. Este instrumento usual de nossas relações é-lhes desnecessário, pois comunicam seus sentimentos de modo só a eles peculiar, isto é, todo espiritual. Basta-lhes querer para se compreenderem. Unicamente Deus conhece o número dos anjos. Este número não é, sem dúvida, infinito, nem pudera sê-lo; porém, segundo os autores sagrados e os santos doutores, é assaz considerável, verdadeiramente prodigioso.

Se se pode proporcionar o número de habitantes de uma cidade à sua grandeza e extensão, e sendo a Terra apenas um átomo comparada ao firmamento e às imensas regiões do Espaço, força é concluir que o número dos habitantes do ar e do céu é muito superior ao dos homens. E se a majestade dos reis se ostenta pelo brilhantismo e número dos vassalos, dos oficiais e dos súditos, que haverá de mais próprio a dar-nos ideia da majestade do Rei dos reis do que essa multidão inumerável de anjos que povoam céus e Terra, mar e abismos, a dignidade dos que permanecem *continuamente prostrados ou de pé* ante seu trono?

Os padres da Igreja e os teólogos ensinam geralmente que os anjos se dividem em três grandes hierarquias ou principados, e cada hierarquia em três companhias ou coros.

Os da primeira e mais alta hierarquia designam-se conforme as funções que exercem no Céu: Os *Serafins* são assim designados por serem como que abrasados perante Deus pelos ardores da caridade; outros, os *Querubins*, por isso que refletem luminosamente a divina sabedoria; e finalmente *Tronos* os que proclamam a grandeza do Criador, cujo brilho fazem resplandecer.

Os anjos da segunda hierarquia recebem nomes consentâneos com as operações que se lhes atribui no governo geral do universo, e são: as *Dominações*, que determinam aos anjos de classes inferiores suas missões e deveres; as *Virtudes*, que promovem os prodígios reclamados pelos grandes interesses da Igreja e do gênero humano; e as *Potências*, que protegem por sua força e vigilância as leis que regem o mundo físico e moral.

Os da terceira hierarquia têm por missão a direção das sociedades e das pessoas, e são: os *Principados*, encarregados de reinos, províncias e dioceses; os *Arcanjos*, que transmitem as mensagens de alta importância, e os *Anjos da guarda*, que acompanham as criaturas a fim de velarem pela sua segurança e santificação.

Refutação

3. O princípio geral resultante dessa doutrina é que os anjos são seres puramente espirituais, anteriores e superiores à humanidade, *criaturas privilegiadas e votadas à felicidade suprema e eterna desde a sua formação*, dotadas, por sua própria natureza, de todas as virtudes e conhecimentos, nada tendo feito, aliás, para adquiri-los. Estão, por assim

dizer, no primeiro plano da Criação, contrastando com o último onde a vida é puramente material; e, entre os dois, medianamente existe a humanidade, isto é, as almas, seres inferiores aos anjos e ligados a corpos materiais.

De tal sistema decorrem várias dificuldades capitais: Em primeiro lugar, que vida é essa puramente material? Será a da matéria bruta? Mas a matéria bruta é inanimada e não tem vida por si mesma. Acaso referir-se-á aos animais e às plantas?

Neste suposto seria uma quarta ordem na Criação, pois não se pode negar que no animal inteligente algo há de mais que numa planta, e nesta, que numa simples pedra.

Quanto à alma humana, que estabelece a transição, essa fica diretamente unida a um corpo, matéria bruta, aliás; porque sem alma o corpo tem tanta vida como qualquer bloco de terra.

Evidentemente, esta divisão é obscura e não se compadece com a observação; assemelha-se à teoria dos quatro elementos, anulada pelos progressos da Ciência. Admitamos, entretanto, estes três termos: a criatura espiritual, a humana e a corpórea, pois que tal é, dizem, o plano divino, majestoso e completo como convém à eterna Sabedoria. Notemos antes de tudo que não há ligação alguma necessária entre esses três termos, e que são três criações distintas e formadas sucessivamente, ao passo que na natureza tudo se encadeia, mostrando-nos uma lei de unidade admirável, cujos elementos, não passando de transformações entre si, têm, contudo, seus laços de união.

Essa teoria, porém, embora incompleta, é, até certo ponto, verdadeira, quanto à existência dos três termos: faltam-lhe os pontos de contato desses termos, como é fácil demonstrar.

4. Diz a Igreja que esses três pontos culminantes da Criação são necessários à harmonia do conjunto. Desde que lhe falte um só que seja, a obra incompleta não mais se compadece com a Sabedoria eterna. Entretanto, um dos dogmas fundamentais diz que a Terra, os animais, as plantas, o Sol e as estrelas e até a luz foram criados do *nada*, há seis mil anos. Antes dessa época não havia, portanto, criatura humana nem corpórea — o que importa dizer que no decurso da eternidade a obra divina jazia imperfeita. É artigo de fé capital a criação do universo há seis mil anos, tanto que há pouco ainda era a Ciência anatematizada por destruir a cronologia bíblica, provando maior ancianidade da Terra e de seus habitantes.

Apesar disso, o concílio de Latrão, concílio ecumênico que faz lei em matéria ortodoxa, diz: "*Acreditamos firmemente* num Deus único e verdadeiro, eterno e infinito, que no *começo dos tempos* tirou *conjuntamente* do nada as duas criaturas — espiritual e corpórea." Por *começo dos tempos* só podemos inferir a eternidade transcorrida, visto ser o tempo infinito como o Espaço, sem começo nem fim. Esta expressão, começo dos tempos, é antes uma figura, que implica a ideia de uma anterioridade *ilimitada*. O concílio de Latrão acredita, pois, *firmemente*, que as criaturas espirituais como as corpóreas foram simultaneamente formadas e tiradas *em conjunto* do nada, numa época indeterminada, no passado. A que fica reduzido, assim, o texto bíblico que data a Criação de seis mil dos nossos anos? E, ainda que se admita seja tal o começo do universo visível, esse não é seguramente o começo dos tempos. Em qual crer: no concílio ou na *Bíblia*?

5. O concílio formula, além disso, uma estranha proposição: "Nossa alma, diz, igualmente espiritual, é associada ao corpo de maneira a não formar com ele mais que uma pessoa, e *tal é, essencialmente, o seu destino.*" Ora, se o destino *essencial* da alma é estar unida ao corpo, esta união constitui o estado normal, o desígnio, o fim, por isso que é o seu *destino*. Entretanto, a alma é imortal, e o corpo não; a união daquela com este só se realiza uma vez, segundo a Igreja, e ainda que durasse um século, nada seria em relação à eternidade. E sendo apenas de algumas horas para muitos, que utilidade teria para a alma união tão efêmera? Mas que se prolongue essa união tanto quanto se pode prolongar uma existência terrena e, ainda assim, poder-se-á afirmar que *o seu destino é estar essencialmente integrada ao corpo*? Não, essa união mais não é na realidade do que um incidente, um estádio da alma, nunca o seu estado essencial.

Se o destino essencial da alma é estar ligada ao corpo humano; se, por sua natureza e segundo o fim providencial da Criação, essa união é necessária às manifestações das suas faculdades, forçoso é concluir que, *sem corpo, a alma humana é um ser incompleto*. Ora, para que a alma preencha os seus desígnios, deixando um corpo, preciso se faz que tome um outro — o que nos conduz à pluralidade forçada das existências, ou, por outra, à reencarnação, à perpetuidade.

É verdadeiramente estranhável que um concílio, havido por um dos luminares da Igreja, tenha a tal ponto identificado os seres espiritual e material, de modo a não subsistirem por si mesmos, pois que a condição essencial da sua criação é estarem unidos.

6. O quadro hierárquico dos anjos nos mostra que várias ordens têm, nas suas atribuições, o governo físico do mundo e da humanidade, para cujo fim foram criados. Mas, segundo o *Gênesis*, o mundo físico e a humanidade não existem senão há seis mil anos; e o que faziam, pois, tais anjos, anteriormente a essa era, durante a eternidade, quando não existia o objetivo das suas ocupações? E teriam eles sido criados de toda a eternidade? Assim deve ser, uma vez que servem à glorificação do Todo-Poderoso. Mas, criando-os numa época qualquer determinada, Deus ficaria até então, isto é, durante uma eternidade, sem adoradores.

7. Diz ainda o concílio: "*Enquanto* dura esta união tão íntima da alma com o corpo." Há, por conseguinte, um momento em que a união se desfaz? Esta proposição contradita a que sustenta a essencialidade dessa união. E diz mais o concílio: "As ideias lhes chegam pelos sentidos, na comparação dos objetos exteriores." Eis aí uma doutrina filosófica em parte verdadeira, que não em sentido absoluto.

Receber as ideias pelos sentidos é, segundo o eminente teólogo, uma condição inerente à natureza humana; mas ele esquece as ideias inatas, as faculdades por vezes tão transcendentes, a intuição das coisas que a criança traz do berço, não devidas a quaisquer ensinos. Por meio de quais sentidos, jovens pastores, naturais calculistas, admiração dos sábios, adquirem ideias necessárias à resolução quase instantânea dos mais complicados problemas? Outro tanto pode dizer-se de músicos, pintores e filólogos precoces.

"Os conhecimentos dos anjos não resultam da indução e do raciocínio"; têm-nos porque são anjos, sem necessidade de aprendê-los, pois tais foram por Deus criados: quanto à alma, essa deve aprender. Mas se a alma só recebe as ideias por meio dos órgãos corporais, que ideias pode ter a alma de uma criança morta ao fim de alguns dias, se admitirmos com a Igreja que essa alma não renasce?

8. Aqui reponta uma questão vital, qual a de saber-se se a alma pode adquirir conhecimentos após a morte do corpo. Se uma vez liberta do corpo não pode adquirir novos conhecimentos, a alma da criança, do selvagem, do imbecil, do idiota ou do ignorante permanecerá tal qual era no momento da morte, condenada à nulidade por todo o sempre. Mas se, ao contrário, ela adquire novos conhecimentos depois da vida atual, então, é que pode progredir.

Sem progresso ulterior para a alma, chega-se a conclusões absurdas, tanto quanto admitindo-o se conclui pela negação de todos os dogmas fundados sobre o estacionamento, a sorte irrevogável, as penas eternas etc. Progredindo a alma, qual o limite do progresso? Não há razão para não atingir por ele o grau dos anjos ou puros Espíritos. Ora, com tal possibilidade não se justificaria a criação de seres especiais e privilegiados, isentos de qualquer labor, gozando incondicionalmente de eterna felicidade, ao passo que outros seres menos favorecidos só obtêm essa felicidade a troco de longos, de cruéis sofrimentos e rudes provas. Sem dúvida que Deus poderia ter assim determinado, mas, admitindo-lhe o infinito de perfeição sem o qual não fora Deus, força é admitir que coisa alguma criaria inutilmente, desmentindo a sua justiça e bondade soberanas.

9. "E se a majestade dos reis ostenta o seu brilhantismo pelo número dos vassalos, oficiais e súditos, que haverá de mais próprio a dar-nos ideia da majestade do Rei dos reis do que essa inumerável multidão de anjos que povoam *Céu e terra, mar e abismos*, a dignidade dos que permanecem *continuamente prostrados ou de pé* ante seu trono?"

E não será rebaixar a Divindade confrontá-la com o fausto dos soberanos da Terra? Essa ideia, inculcada no espírito das massas ignorantes, falseia a opinião de sua verdadeira grandeza. Sempre Deus reduzido às mesquinhas proporções da humanidade! Atribuir-lhe, como necessidade, milhões de adoradores, *perenemente genuflexos ou de pé diante dele*, é emprestar-lhe vaidade e fraqueza próprias dos orgulhosos déspotas do Oriente! E que é que faz os soberanos verdadeiramente grandes? É o número e brilho dos cortesãos? Não; é a bondade, é a justiça, é o título merecido de pais do seu povo. Perguntareis se haverá algo de mais próprio a dar-nos a ideia da grandeza e majestade de Deus do que a multidão de anjos que lhe compõem a corte... Mas, certamente que há, e essa coisa melhor é apresentar-se Deus às suas criaturas soberanamente bom, justo e misericordioso, que não colérico, invejoso, vingativo, exterminador e parcial, criando para sua própria glória esses seres privilegiados, cumulados de todos os dons e nascidos para a felicidade eterna, enquanto a outros impõe condições penosas na aquisição de bens, punindo erros momentâneos com eternos suplícios...

10. A respeito da união da alma com o corpo, o Espiritismo professa uma doutrina infinitamente mais *espiritualista*, para não dizer *menos materialista*, tendo ademais a seu favor a conformidade com a observação e o destino da alma. Ele ensina-nos que a alma é independente do corpo, não passando este de temporário invólucro: *a espiritualidade*

é-lhe a essência, e a sua vida normal é a vida espiritual. O corpo é apenas instrumento da alma para exercício das suas faculdades nas relações com o mundo material; separada desse corpo, goza dessas faculdades mais livre e altamente.

11.   A união da alma com o corpo, em ser necessária aos seus primeiros progressos, ocorre no período que poderemos classificar como da sua infância e adolescência; atingido, porém, que seja, um certo grau de perfeição e desmaterialização, essa união é prescindível, e o progresso faz-se na sua vida de Espírito. Ademais, por numerosas que sejam as existências corpóreas, elas são limitadas à existência do corpo, e a sua soma total não compreende, em todos os casos, senão uma parte imperceptível da vida espiritual, que é ilimitada.

Os anjos segundo o Espiritismo

12.   Que haja seres dotados de todas as qualidades atribuídas aos anjos, não restam dúvidas. A revelação espírita neste ponto confirma a crença de todos os povos, fazendo-nos conhecer ao mesmo tempo a origem e natureza de tais seres.

As almas ou Espíritos são criados simples e ignorantes, isto é, sem conhecimentos nem consciência do bem e do mal, porém, aptos para adquirir o que lhes falta. O trabalho é o meio de aquisição, e o fim — que é a perfeição — é para todos o mesmo. Conseguem-no mais ou menos prontamente em virtude do livre-arbítrio e na razão direta dos seus esforços; todos têm os mesmos degraus a franquear, o mesmo trabalho a concluir. Deus não aquinhoa melhor a uns do que a outros, porquanto é justo, e, visto serem todos seus filhos, não tem predileções. Ele lhes diz: *Eis a lei que deve constituir a vossa norma de conduta; ela só pode levar-vos ao fim; tudo que lhe for conforme é o bem; tudo que lhe for contrário é o mal. Tendes inteira liberdade de observar ou infringir esta lei, e assim sereis os árbitros da vossa própria sorte.* Conseguintemente, Deus não criou o mal; todas as suas leis são para o bem, e foi o homem que criou esse mal, divorciando-se dessas leis; se ele as observasse escrupulosamente, jamais se desviaria do bom caminho.

13.   Entretanto, a alma, qual criança, é inexperiente nas primeiras fases da existência, e daí o ser falível. Não lhe dá Deus essa experiência, mas dá-lhe meios de adquiri-la. Assim, um passo em falso na senda do mal é um atraso para a alma, que, sofrendo-lhe as consequências, aprende à sua custa o que importa evitar.

Deste modo, pouco a pouco, se desenvolve, aperfeiçoa e adianta na hierarquia espiritual até o estado de *puro Espírito* ou *anjo*. Os anjos são, pois, as almas dos homens chegados ao grau de perfeição que a criatura comporta, fruindo em sua plenitude a prometida felicidade. Antes, porém, de atingir o grau supremo, gozam de felicidade relativa ao seu adiantamento, felicidade que consiste, não na ociosidade, mas nas funções que a Deus apraz confiar-lhes, e por cujo desempenho se sentem ditosas, tendo ainda nele um meio de progresso. (Vede 1ª Parte, cap. III, *O céu*.)

14. A humanidade não se limita à Terra: habita inúmeros mundos, que no Espaço circulam, já habitou os desaparecidos, e habitará os que se formarem. Tendo-a criado de toda a eternidade, Deus jamais cessa de criá-la. Muito antes que a Terra existisse e por mais remota que a suponhamos, outros mundos havia, nos quais Espíritos encarnados percorreram as mesmas fases que ora percorrem os de mais recente formação, atingindo seu fim antes mesmo que houvéramos saído das mãos do Criador.

De toda a eternidade têm havido, pois, puros Espíritos ou anjos, mas, como a sua existência humana se passou num infinito passado, eis que os supomos como se tivessem sido sempre anjos de todos os tempos.

15. Realiza-se assim a grande lei de unidade da Criação; Deus nunca esteve inativo e sempre teve puros Espíritos, experimentados e esclarecidos, para transmissão de suas ordens e direção do universo, desde o governo dos mundos até os mais ínfimos detalhes. Tampouco teve Deus necessidade de criar seres privilegiados, isentos de obrigações; todos, antigos e novos, adquiriram suas posições na luta e por mérito próprio; todos, enfim, são filhos de suas obras.

E, desse modo, completa-se com igualdade a soberana Justiça do Criador.

Capítulo 9

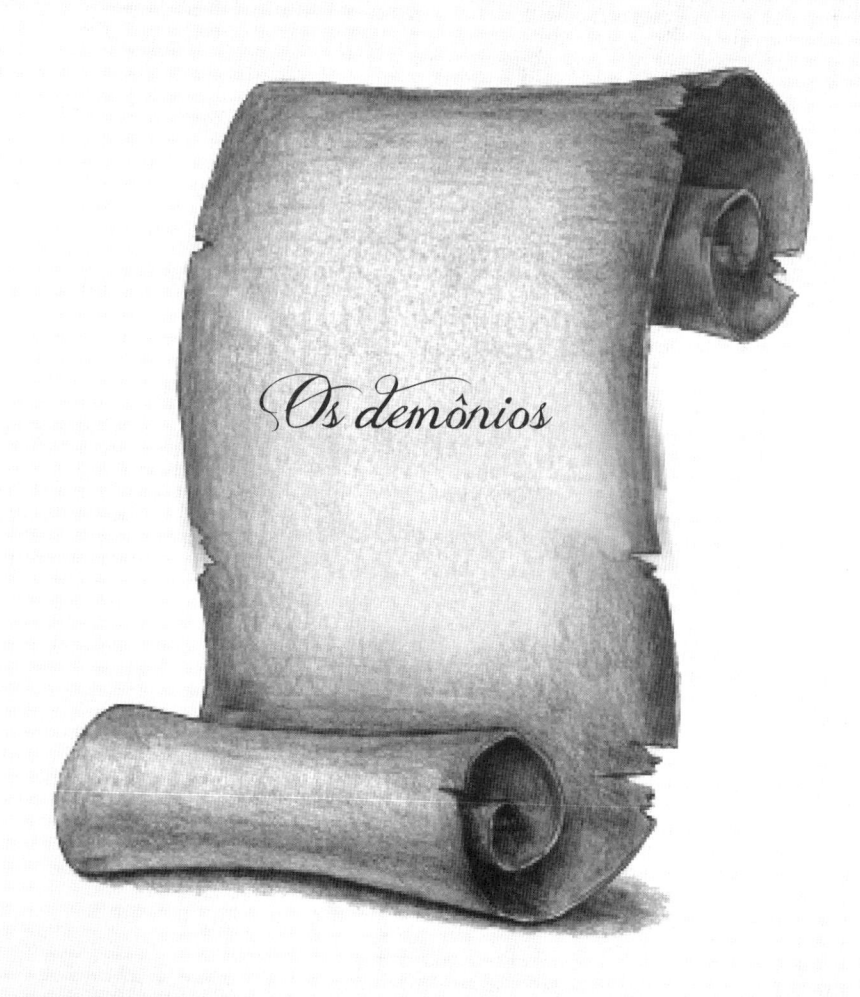

Os demônios

- Origem da crença nos demônios
- Os demônios segundo a Igreja
- Os demônios segundo o Espiritismo

Origem da crença nos demônios

1. Em todos os tempos os demônios representaram papel saliente nas diversas teogonias, e, posto que consideravelmente decaídos no conceito geral, a importância que se lhes atribui, ainda hoje, dá à questão uma tal ou qual gravidade, por tocar o fundo mesmo das crenças religiosas. Eis por que útil se torna examiná-la, com os desenvolvimentos que comporta.

A crença num poder superior é instintiva no homem. Encontramo-la, sob diferentes formas, em todas as idades do mundo. Mas se hoje, dado o grau de cultura atingido, ainda se discute sobre a natureza e atributos desse poder, calcule-se que noções teria o homem a respeito, na infância da humanidade.

2. Como prova da sua inocência, o quadro dos homens primitivos extasiados ante a natureza e admirando nela a bondade do Criador é, sem dúvida, muito poético, mas pouco real. De fato, quanto mais se aproxima do primitivo estado, mais o homem se escraviza ao instinto, como se verifica ainda hoje nos povos bárbaros e selvagens contemporâneos; o que mais o preocupa, ou, antes, o que exclusivamente o preocupa é a satisfação das necessidades materiais, mesmo porque não tem outras.

O único sentido que pode torná-lo acessível aos gozos puramente morais não se desenvolve senão gradual e morosamente; a alma tem também a sua infância, a sua adolescência e virilidade como o corpo humano, mas para compreender o abstrato, quantas evoluções não tem ela de experimentar na humanidade! Por quantas existências não deve ela passar!

Sem nos remontarmos aos tempos primeiros, olhemos em torno a gente do campo e perscrutemos os sentimentos de admiração que nela despertam o esplendor do Sol nascente, do firmamento a estrelada abóbada, o trinado dos pássaros, o murmúrio das ondas claras, o vergel florido dos prados. Para essa gente o Sol nasce por hábito, e uma vez que desprende o necessário calor para sazonar as searas, não tanto que as creste, está realizado tudo o que ela almejava; olha o céu para saber se bom ou mau tempo sobrevirá; que cantem ou não as aves, tanto se lhe dá, desde que não desbastem da seara os grãos; prefere às melodias do rouxinol, o cacarejar da galinhada e o grunhido dos porcos; o que deseja dos regatos cristalinos, ou lodosos, é que não sequem nem inundem; dos prados, que produzam boa erva, com ou sem flores.

Eis aí tudo o que essa gente almeja, ou, o que é mais, tudo o que da natureza apreende, conquanto muito distanciada já dos primitivos homens.

3.   Se nos remontarmos a estes últimos, então, surpreendê-los-emos mais exclusivamente preocupados com a satisfação de necessidades materiais, resumindo o bem e o mal neste mundo somente no que concerne à satisfação ou prejuízo dessas necessidades.

Acreditando num poder extra-humano e porque o prejuízo material é sempre o que mais de perto lhes importa, atribuem-no a esse poder, do qual fazem, aliás, uma ideia muito vaga. E por nada conceberem fora do mundo visível e tangível, tal poder se lhes afigura identificado nos seres e coisas que os prejudicam.

Os animais nocivos não passam para eles de representantes naturais e diretos desse poder. Pela mesma razão, veem nas coisas úteis a personificação do bem: daí, o culto votado a certas plantas e mesmo a objetos inanimados.

Mas o homem é comumente mais sensível ao mal que ao bem; este lhe parece natural, ao passo que aquele mais o afeta. Nem por outra razão se explica, nos cultos primitivos, as cerimônias sempre mais numerosas em honra ao poder maléfico: o temor suplanta o reconhecimento.

Durante muito tempo o homem não compreendeu senão o bem e o mal físicos; os sentimentos morais só mais tarde marcaram o progresso da inteligência humana, fazendo-lhe entrever na espiritualidade um poder extra-humano fora do mundo visível e das coisas materiais. Esta obra foi, seguramente, realizada por inteligências de escol, mas que não puderam exceder certos limites.

4.   Provada e patente a luta entre o bem e o mal, triunfante este muitas vezes sobre aquele, e não se podendo racionalmente admitir que o mal derivasse de um benéfico poder, concluiu-se pela existência de dois poderes rivais no governo do mundo. Daí nasceu a doutrina dos dois princípios, aliás lógica numa época em que o homem se encontrava incapaz de, raciocinando, penetrar a essência do Ser supremo. Como compreenderia, então, que o mal não passa de estado transitório do

qual pode emanar o bem, conduzindo-o à felicidade pelo sofrimento e auxiliando-lhe o progresso? Os limites do seu horizonte moral, nada lhe permitindo ver para além do seu presente, no passado como no futuro, também não lhe permitia compreender que já houvesse progredido, que progrediria ainda individualmente, e muito menos que as vicissitudes da vida resultavam das imperfeições do ser espiritual nele residente, o qual preexiste e sobrevive ao corpo, na dependência de uma série de existências purificadoras até atingir a perfeição.

Para compreender como do mal pode resultar o bem, é preciso considerar não uma, porém, muitas existências; é necessário apreender o conjunto do qual — e só do qual — resultam nítidas as causas e respectivos efeitos.

5. O duplo princípio do bem e do mal foi, durante muitos séculos, e sob vários nomes, a base de todas as crenças religiosas. Vemo-lo assim sintetizado em *Oromaze*[48] e *Arimane*[49] entre os persas, em *Jeová* e *Satã* entre os hebreus. Todavia, como todo soberano deve ter ministros, as religiões geralmente admitiram potências secundárias, ou bons e maus gênios. Os pagãos fizeram deles individualidades com a denominação genérica de *deuses* e deram-lhes atribuições especiais para o bem e para o mal, para os vícios e para as virtudes. Os cristãos e os muçulmanos herdaram dos hebreus os anjos e os demônios.

6. A doutrina dos demônios tem, por conseguinte, origem na antiga crença dos dois princípios. Compete-nos examiná-la aqui tão somente no ponto de vista cristão, para ver se está de acordo com as noções mais exatas que possuímos hoje, dos atributos da Divindade.

Esses atributos são o ponto de partida, a base de todas as doutrinas religiosas; os dogmas, o culto, as cerimônias, os usos e a moral, tudo é relativo à ideia mais ou menos justa, mais ou menos elevada que se forma de Deus, desde o fetichismo até o Cristianismo. Se a essência de Deus continua a ser um mistério para as nossas inteligências, compreendemo-la no entanto melhor que nunca, mercê dos ensinamentos do Cristo. O Cristianismo racionalmente ensina-nos que: *Deus é único, eterno, imutável, imaterial, onipotente, soberanamente justo e bom, infinito em todas as perfeições.*

---

[48] N.E.: Aúra-Masda ou Ormuz, criador e princípio do bem, deus supremo do masdeísmo (religião do Irã antigo, revelada a Zoroastro, que admite dois princípios: um, bom, deus de luz, e o outro, mau, deus das trevas e da morte, que travam combate para o destino da humanidade).

[49] N.E.: Ahriman ou Arimã, princípio do mal, do caos, das trevas no masdeísmo.

Foi por isso que algures dissemos (1ª Parte, Cap. VI, *Doutrina das penas eternas*): "Se se tirasse a menor parcela de um só dos seus atributos, não haveria mais Deus, por isso que poderia coexistir um ser mais perfeito." Estes atributos, na sua plenitude absoluta, são, pois, o critério de todas as religiões, estalão da verdade de cada um dos princípios que ensinam. E para que qualquer desses princípios seja verdadeiro, preciso é que não encerre um atentado às divinas perfeições. Vejamos se assim é, de fato, na doutrina vulgar dos demônios.

Os demônios segundo a Igreja

7. *Satanás*, o chefe ou o rei dos demônios, não é, segundo a Igreja, uma personificação alegórica do mal, mas uma *entidade real*, praticando exclusivamente o mal, enquanto Deus pratica exclusivamente o bem.

Tomemo-lo, pois, tal qual no-lo representam. Satanás existe de toda a eternidade, como Deus, ou ser-lhe-á posterior? Existindo de toda a eternidade é *incriado*, e, por consequência, igual a Deus. Este Deus, por sua vez deixará de ser único, pois haverá um deus do mal. Mas se lhe for posterior? Neste caso passa a ser uma criatura de Deus. Como tal, só praticando o mal por incapaz de fazer o bem e tampouco de arrepender-se, Deus teria criado um ser votado exclusiva e eternamente ao mal. Não sendo o mal obra de Deus, seria contudo de uma das suas criaturas, e nem por isso deixava Deus de ser o autor, deixando igualmente de ser profundamente bom. O mesmo se dá, exatamente, em relação aos seres maus chamados demônios.

8. Tal foi, por muito tempo, a crença neste sentido. Hoje dizem:[50] "Deus, que é a bondade e santidade por excelência, não os havia criado perversos e maus. A mão paternal que se apraz imprimir em todas as suas obras o cunho de infinitas perfeições, cumulara-os de magníficos predicados. Às qualidades eminentíssimas de sua natureza, juntara as liberalidades da sua graça; em tudo os fizera iguais aos Espíritos sublimes de glória e felicidade; subdivididos por todas as suas ordens e adstritos a todas as classes, eles tinham o mesmo fim e idênticos destinos. Foi seu chefe o mais belo dos arcanjos. Eles poderiam até ter alcançado a confirmação de justos para todo o sempre, e serem admitidos ao gozo

---

[50] Nota de Allan Kardec: As citações seguintes são extraídas da pastoral de monsenhor Gousset, cardeal-arcebispo de Reims, pela quaresma de 1865. Atentos ao mérito pessoal e à posição do autor, podemos considerá-las a última expressão da Igreja sobre a doutrina dos demônios.

da bem-aventurança dos Céus. Este último favor, que deverá ser o complemento de todos os outros, constituía o prêmio da sua docilidade, mas dele desmereceram por insensata e audaciosa revolta.

Qual foi o escolho da sua perseverança? Que verdade desconheceram? Que ato de adoração, de fé, recusaram a Deus? *A Igreja e os anais das santas escrituras não no-lo dizem positivamente*, mas *certo parece* que não aquiesceram à mediação do Filho de Deus, nem à exaltação da natureza humana em Jesus Cristo.

O Verbo divino, criador de todas as coisas, é também o mediador e salvador único, na Terra como no Céu. O fim sobrenatural não foi dado aos anjos e aos homens senão na previsão de sua encarnação e méritos, pois não há proporção alguma entre a obra dos Espíritos eminentes e a recompensa, que é o próprio Deus. Nenhuma criatura poderia alcançar tal fim, sem esta maravilhosa e sublime intervenção da caridade. Ora, para preencher a distância infinita que separa a sua essência das suas obras, preciso fora reunisse à sua pessoa os dois extremos, associando à divindade as naturezas ou do anjo, ou do homem: e preferiu então a natureza humana. Esse plano, concebido de toda eternidade, foi manifestado aos anjos muito antes da sua execução: o Homem-Deus foi-lhes mostrado como aquele que deveria confirmá-los na graça e guiá-los à glória, sob a condição de o adorarem durante a missão terrestre, e para todo o sempre no Céu. Revelação inesperada, arrebatadora visão para corações generosos e gratos, mas — mistério profundo — humilhante para espíritos soberbos! Esse fim sobrenatural, essa glória imensa que lhes propunham não seria unicamente a recompensa de seus méritos pessoais. Nunca poderiam atribuir a si próprios os títulos dessa glória! Um mediador entre Deus e eles! Que injúria à sua dignidade! E a preferência espontânea pela natureza humana? Que injustiça! Que afronta aos seus direitos!

E chegarão eles a ver esta humanidade, que lhes é tão inferior, deificada pela união com o Verbo, sentada à mão direita de Deus em trono resplandecente? Consentirão enfim que ela ofereça a Deus, eternamente, a homenagem da sua adoração?

Lúcifer e a terça parte dos anjos sucumbiram a tais pensamentos de inveja e de orgulho. São Miguel e com ele muitos exclamaram: 'Quem é semelhante a Deus? Ele é o dono de seus dons, o soberano Senhor de todas as coisas. Glória a Deus e ao Cordeiro, que tem de ser imolado à salvação do mundo.' O chefe dos rebeldes, porém, esquecido de que a Deus devia a sua nobreza e prerrogativas, raiando pela temeridade, disse: 'Sou eu quem ao Céu subirá; fixarei residência acima dos astros; sentar-me-ei sobre o monte da aliança, nos flancos do *Aquilão*, dominarei as nuvens mais elevadas e serei semelhante ao Altíssimo.' Os que de tais sentimentos partilharam, acolheram essas palavras com murmúrios de aprovação, e partidários houve em todas as hierarquias. A sua multidão, contudo, não os preserva do castigo."

9. Esta doutrina suscita várias objeções:

1a) Se Satã e os demônios eram anjos, eles eram perfeitos; como, sendo perfeitos, puderam falir a ponto de desconhecer a autoridade desse Deus, em cuja presença se encontravam? Ainda se tivessem logrado uma tal eminência gradualmente, depois de haver percorrido a escala da perfeição, poderíamos conceber um triste retrocesso; não, porém, do modo por que no-los apresentam, isto é, perfeitos de origem.

A conclusão é esta: Deus quis criar seres perfeitos, porquanto os favorecera com todos os dons, mas enganou-se: logo, segundo a Igreja, Deus não é infalível![51]

2a) Pois que nem a Igreja e nem os sagrados anais explicam a causa da rebelião dos anjos para com Deus e apenas dão como problemática (*quase certa*) a relutância no reconhecimento da futura missão do Cristo, que valor — perguntamos —, que valor pode ter o quadro tão preciso e detalhado da cena então ocorrente? A que fonte recorreram, para inferir se de fato foram pronunciadas palavras tão claras e até simples colóquios? De duas uma: ou a cena é verdadeira ou não é. No primeiro caso, não havendo dúvida alguma, por que a Igreja não resolve a questão? Se a Igreja e a História se calam, se a coisa apenas *parece* certa, claro, não passa de hipótese, e a cena descritiva é mero fruto da imaginação.[52]

---

[51] Nota de Allan Kardec: Esta doutrina monstruosa é corroborada por Moisés, quando diz (Gênesis, 6:6 e 7): "Ele se arrependeu de haver criado o homem na Terra e, penetrado da mais íntima dor, disse: — Exterminarei a Criação da face da Terra; exterminarei tudo, desde o homem aos animais, desde os que rastejam sobre a terra até os pássaros do céu, porque *me arrependo* de os ter criado." Ora, um Deus que se arrepende do que fez não é perfeito nem infalível; portanto, não é Deus. E são estas as palavras que a Igreja proclama! Tampouco se percebe o que poderia haver de comum entre os animais e a perversidade dos homens, para que merecessem tal extermínio.

[52] Nota de Allan Kardec: Encontra-se em Isaías, 14:11 e seguintes: "Teu orgulho foi precipitado nos infernos; teu corpo morto baqueou por terra; tua cama verterá podridão, e vermes tua vestimenta. Como caíste do Céu, Lúcifer, tu que parecias tão brilhante ao romper do dia? Como

3a) As palavras atribuídas a Lúcifer revelam uma ignorância admirável num arcanjo que, por sua natureza e grau atingido, não deve participar, quanto à organização do universo, dos erros e dos prejuízos que os homens têm professado, até serem pela Ciência esclarecidos. Como poderia, então, dizer que fixaria residência acima dos astros, dominando as mais elevadas nuvens?!

É sempre a velha crença da Terra como centro do universo, do céu como que formado de nuvens estendendo-se às estrelas, e da limitada região destas, que a Astronomia nos mostra disseminadas ao infinito no infinito Espaço! Sabendo-se, como hoje se sabe, que as nuvens não se elevam a mais de duas léguas da superfície terráquea, e falando-se em dominá-las por mais alto, referindo-se a montanhas, preciso fora que a observação partisse da Terra, sendo ela, de fato, a morada dos anjos. Dado, porém, ser esta em região superior, inútil fora alçar-se acima das nuvens. Emprestar aos anjos uma linguagem tisnada de ignorância, é confessar que os homens contemporâneos são mais sábios que os anjos. A Igreja tem caminhado sempre erradamente, não levando em conta os progressos da Ciência.

10. A resposta à primeira objeção acha-se na seguinte passagem: "A escritura e a tradição denominam Céu o lugar no qual se haviam colocado os anjos, no momento da sua criação. Mas esse não era o Céu dos céus, o Céu da visão beatífica, onde Deus se mostra de face aos seus eleitos, que o contemplam claramente e sem esforço, porque aí não há mais possibilidade nem perigo de pecado; a tentação e a dúvida são aí desconhecidas; a justiça, a paz e a alegria reinam imutáveis, a santidade e a glória imperecíveis. Era, portanto, outra região celeste, uma esfera luminosa e afortunada, essa em que permaneciam tão nobres criaturas favorecidas pelas divinas comunicações, que deveriam receber com fé e

---

foste arrojado sobre a Terra, tu que ferias as nações com teus golpes; que dizias *de coração*: Subirei aos Céus, estabelecerei meu trono acima dos astros de Deus, sentar-me-ei acima das nuvens mais altas e serei igual ao *Altíssimo*! E todavia foste precipitado dessa glória no inferno, até o mais fundo dos abismos. Os que te virem, aproximando-se, encarar-te-ão, dizendo: — Será *este o homem* que turbou a Terra, que aterrou seus reinos, que fez do mundo um deserto, que destruiu cidades e reteve acorrentados os que se lhe entregaram prisioneiros?" Estas palavras do profeta não se referem à revolta dos anjos; são, sim, uma alusão ao orgulho e à queda do Rei de Babilônia, que retinha os judeus em cativeiro, como atestam os últimos versículos. O Rei de Babilônia é alegoricamente designado por Lúcifer, mas não se faz aí qualquer menção da cena descrita. Essas palavras são do rei que as tinha *no coração* e se colocava por orgulho acima de Deus, cujo povo escravizara. A profecia da libertação do povo judeu, da ruína de Babilônia e do destroço dos assírios é, ademais, o assunto exclusivo desse capítulo.

humildade até serem admitidas no conhecimento da sua realidade — essência do próprio Deus."

Do que precede se infere que os anjos decaídos pertenciam a uma categoria menos elevada e perfeita, não tendo atingido ainda o lugar supremo em que o erro é impossível. Pois seja, mas, então, há manifesta contradição nesta afirmativa: Deus *em tudo* os tinha criado *semelhantes aos espíritos sublimes* que, subdivididos em todas as ordens e adstritos a todas as classes, tinham o mesmo fim e idênticos destinos, e que seu chefe era o mais belo dos arcanjos. Ora, em tudo semelhantes aos outros, não lhes seriam inferiores em natureza; idênticos em categorias, não podiam permanecer em um lugar especial. Intacta subsiste, portanto, a objeção.

11. E ainda há uma outra que é, certamente, a mais séria e a mais grave. Dizem: "Este plano (a intervenção do Cristo), concebido *desde toda a eternidade*, foi manifestado aos anjos muito antes da sua execução." Deus sabia, portanto, e de toda a eternidade, que os anjos, tanto quanto os homens, teriam necessidade dessa intervenção. Ainda mais: o Deus onisciente sabia que alguns dentre esses anjos viriam a falir, arcando com a eterna condenação e arrastando a igual sorte uma parte da humanidade. E assim, de caso pensado, previamente condenava o gênero humano, a sua própria criação. Deste raciocínio não há fugir, porquanto de outro modo teríamos que admitir a inconsciência divina, apregoando a não presciência de Deus. Para nós é impossível identificar uma tal criação com a soberana bondade. Em ambos os casos vemos a negação de atributos, sem a plenitude absoluta dos quais Deus não seria Deus.

12. Admitindo a falibilidade dos anjos como a dos homens, a punição é consequência, justa e natural, da falta, mas se admitirmos concomitantemente a possibilidade do resgate, a regeneração, a graça, após o arrependimento e a expiação, tudo se esclarece e se conforma com a bondade de Deus. Ele sabia que errariam, que seriam punidos, mas sabia igualmente que tal castigo temporário seria um meio de lhes fazer compreender o erro, revertendo alfim em benefício deles. Eis como se explicam as palavras do profeta Ezequiel: "Deus não quer a morte, porém a salvação do pecador."[53]

A inutilidade do arrependimento e a impossibilidade de regeneração, isso sim, importaria na negação da divina bondade. Admitida

---

[53] Nota de Allan Kardec: Vede 1ª Parte, cap. VI, item 25, citação de Ezequiel.

tal hipótese, poder-se-ia mesmo dizer, rigorosa e exatamente, que *estes anjos, desde a sua criação, visto Deus não poder ignorá-los, foram votados à perpetuidade do mal, e predestinados a demônios para arrastarem os homens ao mal.*

13. Vejamos agora qual a sorte desses tais anjos e o que fazem: "Mal apenas se manifestou a revolta na linguagem dos Espíritos, isto é, no arrojo dos seus pensamentos, foram eles banidos da celestial mansão e precipitados no abismo. Por estas palavras entendemos que foram arremessados a um lugar de suplícios, no qual sofrem a pena de fogo, conforme o texto do Evangelho, que é a palavra do Salvador. 'Ide, malditos, ao fogo eterno preparado pelo demônio e seus anjos.' O apóstolo Pedro expressamente diz: 'que Deus os prendeu às cadeias e torturas infernais, sem que lá estejam, contudo, perpetuamente, visto como só no fim do mundo serão para sempre enclausurados com os réprobos. Presentemente, Deus ainda permite que ocupem lugar nesta criação, à qual pertencem, na ordem de coisas idênticas à sua existência, nas relações enfim que deviam ter com os homens, e das quais fazem o mais pernicioso abuso. Enquanto uns ficam na tenebrosa morada, servindo de instrumento da Justiça divina *contra as almas infelizes que seduziram*, outros, em número infinito, formam legiões e residem nas camadas inferiores da atmosfera, percorrendo todo o globo. Envolvem-se em tudo que aqui se passa, tomando mesmo parte muito ativa nos acontecimentos terrenos'."

Quanto ao que diz respeito às palavras do Cristo sobre o suplício do fogo eterno, já nos explanamos no cap. IV, *O inferno*.

14. Por esta doutrina, apenas uma parte dos demônios está no inferno; a outra vaga em liberdade, envolvendo-se em tudo que aqui se passa, dando-se ao prazer de praticar o mal e isso até o fim do mundo, cuja época indeterminada não chegará tão cedo, provavelmente. Mas por que uma tal distinção? Serão estes menos culpados? Certo que não, a menos que se não revezem, como se pode inferir destas palavras: "Enquanto uns ficam na tenebrosa morada, servindo de instrumento da Justiça divina contra as almas infelizes que seduziram."

Suas ocupações consistem, pois, em martirizar *as almas que seduziram*. Assim, não se encarregam de punir faltas livre e voluntariamente cometidas, porém as que eles próprios provocaram. São ao mesmo tempo a *causa do erro e o instrumento do castigo*; e, coisa singular, que a justiça humana por imperfeita não admitiria — a vítima que sucumbe por fraqueza, em contingências alheias e porventura superiores à sua vontade, é tanto ou mais severamente punida do que o agente provocador que emprega astúcia e artifício, visto como essa vítima, deixando a Terra, vai para o inferno sofrer sem tréguas, nem favor, eternamente, enquanto o causador da sua primeira falta, o agente provocador, goza de uma tal ou qual dilação e liberdade até o fim do mundo.

Como pode a Justiça de Deus ser menos perfeita que a dos homens?

15. Mas ainda não é tudo: "Deus permite que ocupem lugar nesta criação, nas relações que com o homem deviam ter e das quais abusam perniciosamente." Deus podia ignorar, no entanto, o abuso que fariam de uma liberdade por Ele mesmo concedida? Então, por que a concedeu? Mas nesse caso é com conhecimento de causa que Deus abandona suas criaturas à mercê delas mesmas, sabendo, pela sua onisciência, que vão sucumbir, tendo a sorte dos demônios. Não serão elas de si mesmas bastante fracas para falirem, sem a provocação de um inimigo tanto mais perigoso quanto invisível? Ainda se o castigo fora temporário e o culpado pudesse remir-se pela reparação! Mas não: a condenação é irrevogável, eterna! Arrependimento, regeneração, lamentos, tudo supérfluo!

Os demônios não passam portanto de agentes provocadores e de antemão destinados a recrutar almas para o inferno, isto com a permissão de Deus, que antevia, ao criar estas almas, a sorte que as aguardava. Que se diria na Terra de um juiz que recorresse a tal expediente para abarrotar prisões? Estranha ideia que nos dão da Divindade, de um Deus cujos atributos essenciais são: justiça e bondade soberanas! E dizer-se que é em nome de Jesus, daquele que só pregou amor, perdão e caridade, que tais doutrinas são ensinadas! Houve um tempo em que tais anomalias passavam despercebidas, porque não eram compreendidas nem sentidas; o homem, curvado ao jugo do despotismo, submetia-se à fé cega, abdicava da razão. Hoje, porém, que a hora da emancipação soou, esse homem compreende a justiça, e, desejando-a tanto na vida quanto na morte, exclama: — Não é, não pode ser tal, ou Deus não fora Deus!

16. O castigo segue por toda a parte os seres decaídos: o inferno está neles e com eles: nem paz nem repouso, transformadas em amargores as doçuras da esperança, que se lhes torna odiosa. A mão de Deus desferiu-lhes o castigo no ato mesmo de pecarem, e sua vontade galvanizou-se no mal.

Tornados perversos, obstinam-se em o ser e sê-lo-ão para sempre.

São, depois do pecado, o que é o homem depois da morte. *A reabilitação dos que caíram torna-se também impossível*; a sua perda é, desde então, irreparável, mantendo-se eles no seu orgulho perante Deus, no seu ódio contra o Cristo, na sua inveja contra a humanidade.

Não tendo podido apropriar-se da glória celeste pelo desmesurado da sua ambição, esforçam-se por implantar seu império na Terra, banindo dela o reino de Deus. O Verbo encarnado cumpriu, apesar disso, os seus desígnios para salvação e glória da humanidade. Também por isso procuram por todos os meios promover a perda das almas pelo Cristo resgatadas: o artifício e a importunação, a mentira e a sedução, tudo põem em jogo para arrastá-las ao mal e consumar-lhes a perda.

E como são infatigáveis e poderosos, a vida do homem com inimigos tais não pode deixar de ser uma luta sem tréguas, do berço ao túmulo.

Efetivamente esses inimigos são os mesmos que, depois de terem introduzido o mal no mundo, chegaram a cobri-lo com as espessas trevas do erro e do vício; os mesmos que, por longos séculos, se fizeram adorar como deuses e que reinaram em absoluto sobre os povos da Antiguidade; os mesmos, enfim, que ainda hoje exercem tirânica influência nas regiões idólatras, fomentando a desordem e o escândalo até no seio das sociedades cristãs. Para compreender todos os recursos de que dispõem ao serviço da malvadez, basta notar que *nada perderam das prodigiosas faculdades que são o apanágio da natureza angélica*. Certo, o futuro e sobretudo a ordem natural têm mistérios que Deus se reservou e que eles não podem penetrar; mas a sua inteligência é bem superior à nossa, porque percebem de um jacto os efeitos nas causas e vice-versa. Esta percepção permite-lhes predizer acontecimentos futuros que escapam às nossas conjeturas. A distância e variedade dos lugares desaparecem ante a sua agilidade. Mais prontos que o raio, mais rápidos que o pensamento, acham-se quase instantaneamente sobre diversos pontos do globo e podem descrever, a distância, os acontecimentos na mesma hora em que ocorrem.

As leis pelas quais Deus rege o universo não lhes são acessíveis, razão por que não podem derrogá-las, e, por conseguinte, predizer ou operar verdadeiros milagres; possuem, no entanto, a arte de imitar e falsificar, dentro de certos limites, as divinas obras; sabem quais os fenômenos resultantes da combinação dos elementos, predizem com maior ou menor êxito os que sobrevêm naturalmente, assim como os que por si mesmos podem produzir. Daí os numerosos oráculos, os extraordinários vaticínios que sagrados e profanos livros recolheram, baseando e acoroçoando tantas e tantas superstições.

A sua substância simples e imaterial subtrai-os às nossas vistas; permanecem ao nosso lado sem que os vejamos, interessam-nos a alma sem que nos firam o ouvido. Acreditando obedecer aos nossos pensamentos, estamos no entanto, e muitas vezes, debaixo da sua funesta influência. As nossas disposições, ao contrário, são deles conhecidas pelas impressões que delas transparecem em nós, e atacam-nos ordinariamente pelo lado mais fraco. Para nos seduzirem com mais segurança, costumam servir-se de sugestões e engodos conformes com as nossas inclinações. Modificam a ação segundo as circunstâncias e os traços característicos de cada temperamento. Contudo, suas armas favoritas são a hipocrisia e a mentira.

17. Afirmam que o castigo os segue por toda parte; que não sabem o que seja paz nem repouso. Esta asserção de modo algum destrói a observação que fizemos quanto ao privilégio dos que estão fora do inferno, e que reputamos tanto menos justificado por isso que podem fazer, e fazem, maior mal. É de crer que esses demônios extrainfernais não sejam tão felizes como os bons anjos, mas não se deverá ter em conta a sua relativa liberdade? Eles não possuirão a felicidade moral que a virtude defere, mas são incontestavelmente mais felizes que os seus comparsas do inferno em chamas. Depois, para o mau, sempre há um certo gozo na prática do mal, de mais a mais livremente. Perguntai ao criminoso o que prefere: se ficar na prisão, ou percorrer livremente os campos, agindo à vontade? Pois o caso é exatamente o mesmo.

Afirmam, outrossim, que o remorso os persegue sem tréguas nem misericórdia, esquecidos de que o remorso é o precursor imediato do arrependimento, quando não é o próprio arrependimento. "Tornados perversos, *obstinam-se em o ser*, e sê-lo-ão para sempre." Mas desde que se obstinam em ser perversos, é que não têm remorsos; do contrário, ao menor sentimento de pesar, renunciariam ao mal e pediriam perdão. Logo, o remorso não é para eles um castigo.

18. "São, depois do pecado, o que é o homem depois da morte. A reabilitação dos que caíram torna-se, *portanto, impossível*."

Donde provém essa impossibilidade? Não se compreende que ela seja a consequência de sua similitude com o homem depois da morte, proposição que, ademais, é muito ambígua.

Acaso provirá da própria vontade dos demônios? Porventura da vontade divina? No primeiro caso a pertinácia denota uma extrema perversidade, um endurecimento absoluto no mal, e nem mesmo se compreende que seres tão profundamente perversos pudessem jamais ter sido *anjos de virtude*, conservando por tempo *indefinido*, na convivência destes, todos os traços da sua péssima índole e natureza.

No segundo caso, ainda menos se compreende que Deus inflija como castigo a impossibilidade da reparação, após uma primeira falta. O Evangelho nada diz que com isso se pareça.

19. "A sua perda é desde então irreparável, mantendo-se eles no seu orgulho perante Deus." E de que lhes serviria não manterem tal orgulho, uma vez que é inútil todo o arrependimento? O bem só poderia interessá-los se eles tivessem uma esperança de reabilitação, fosse qual fosse o seu preço. Assim não acontece, no entanto, e pois se perseveram no mal é porque lhes trancaram a porta da esperança. Mas por que lhes trancaria Deus essa porta? Para se vingar da ofensa decorrente da sua insubmissão. E, assim, para saciar o seu ressentimento contra alguns culpados, Deus prefere não somente vê-los sofrer, mas agravar o mal com mal maior; induzir à perdição eterna toda a humanidade, quando por um simples ato de clemência podia evitar tão grande desastre, aliás previsto de toda a eternidade!

Trata-se, no caso vertente, de um ato de clemência, de uma graça pura e simples que pudesse transformar-se em estímulo do mal? Não, trata-se de um perdão condicional, subordinado a uma regeneração sincera e completa. Mas, em vez de uma palavra de esperança e misericórdia, é como se Deus dissera: *"Pereça toda a raça humana antes que a minha vingança."* E com semelhante doutrina ainda muita gente se admira de que haja incrédulos e ateus! E é assim que Jesus nos representa seu Pai? Ele que nos deu a lei expressa do esquecimento e do perdão das ofensas, que nos manda pagar o mal com o bem, que prescreve o amor dos nossos inimigos como a primeira das virtudes que nos conduzem ao Céu, quereria desse modo que os homens fossem melhores, mais justos, mais indulgentes que o próprio Deus?

Os demônios segundo o Espiritismo

20. Segundo o Espiritismo, nem anjos nem demônios são entidades distintas, por isso que a criação de seres inteligentes é uma só. Unidos a corpos materiais, esses seres constituem a humanidade que povoa a Terra e as outras esferas habitadas; uma vez libertos do corpo material, constituem o mundo espiritual ou dos Espíritos, que povoam os Espaços. Deus criou-os *perfectíveis* e deu-lhes por escopo a perfeição, com a felicidade que dela decorre. *Não lhes deu*, contudo, *a perfeição*, pois quis que a obtivessem por seu próprio esforço, a fim de que também e realmente lhes pertencesse o mérito. Desde o momento da sua criação que os seres progridem, quer encarnados, quer no estado espiritual. Atingido o apogeu, tornam-se *puros Espíritos* ou *anjos* segundo a expressão vulgar, de sorte que, a partir do embrião do ser inteligente até o anjo, há uma cadeia na qual cada um dos elos assinala um grau de progresso.

Do exposto resulta que há Espíritos em todos os graus de adiantamento, moral e intelectual, conforme a posição em que se acham, na imensa escala do progresso.

Em todos os graus existe, portanto, ignorância e saber, bondade e maldade. Nas classes inferiores destacam-se Espíritos ainda profundamente propensos ao mal e comprazendo-se com o mal. A estes pode-se denominar *demônios*, pois são capazes de todos os malefícios aos ditos atribuídos. O Espiritismo não lhes dá tal nome por se prender ele à ideia de uma criação distinta do gênero humano, como seres de natureza essencialmente perversa, votados ao mal eternamente e incapazes de qualquer progresso para o bem.

21. Segundo a doutrina da Igreja os demônios foram criados bons e tornaram-se maus por sua desobediência: são anjos colocados primitivamente por Deus no ápice da escala, tendo dela decaído. Segundo o Espiritismo os demônios são Espíritos imperfeitos, suscetíveis de regeneração e que, colocados na base da escala, hão de nela graduar-se. Os que por apatia, negligência, obstinação ou má vontade persistem em ficar, por mais tempo, nas classes inferiores, sofrem as consequências dessa atitude, e o hábito do mal dificulta-lhes a regeneração. Chega-lhes, porém, um dia a fadiga dessa vida penosa e das suas respectivas consequências; eles comparam a sua situação à dos bons Espíritos e compreendem que o seu interesse está no bem, procurando então melhorarem-se, mas por ato de espontânea vontade, sem que haja nisso

o mínimo constrangimento. *Submetidos à lei geral do progresso, em virtude da sua aptidão para o mesmo, não progridem, ainda assim, contra a vontade.* Deus fornece-lhes constantemente os meios, porém, com a faculdade de aceitá-los ou recusá-los. Se o progresso fosse obrigatório não haveria mérito, e Deus quer que todos tenhamos o mérito de nossas obras. Ninguém é colocado em primeiro lugar por privilégio, mas o primeiro lugar a todos é franqueado à custa do esforço próprio.

Os anjos mais elevados conquistaram a sua graduação, passando, como os demais, pela rota comum.

22. Chegados a certo grau de pureza, os Espíritos têm missões adequadas ao seu progresso; preenchem assim todas as funções atribuídas aos anjos de diferentes categorias.

E como Deus criou de toda a eternidade, segue-se que de toda a eternidade houve número suficiente para satisfazer às necessidades do governo universal. Deste modo uma só espécie de seres inteligentes, submetida à lei de progresso, satisfaz todos os fins da Criação.

Por fim, a unidade da Criação, aliada à ideia de uma origem comum, tendo o mesmo ponto de partida e trajetória, elevando-se pelo próprio mérito, corresponde melhor à Justiça de Deus do que a criação de espécies diferentes, mais ou menos favorecidas de dotes naturais, que seriam outros tantos privilégios.

23. A doutrina vulgar sobre a natureza dos anjos, dos demônios e das almas, não admitindo a lei do progresso, mas vendo todavia seres de diversos graus, concluiu que seriam produto de outras tantas criações especiais. E assim foi que chegou a fazer de Deus um pai parcial, tudo concedendo a alguns de seus filhos, e a outros impondo o mais rude trabalho. Não admira que por muito tempo os homens achassem justificação para tais preferências, quando eles próprios delas usavam em relação aos filhos, estabelecendo direitos de primogenitura e outros privilégios de nascimento. *Podiam tais homens acreditar que andavam mais errados que Deus?*

Hoje, porém, alargou-se o círculo das ideias: o homem vê mais claro e tem noções mais precisas de justiça; desejando-a para si e nem sempre encontrando-a na Terra, ele quer pelo menos encontrá-la mais perfeita no Céu.

E aqui está por que lhe repugna à razão toda e qualquer doutrina, na qual não resplanda a Justiça divina na plenitude integral da sua pureza.

Capítulo 10

Intervenção dos demônios nas modernas manifestações

1. Os modernos fenômenos do Espiritismo têm atraído a atenção sobre fatos análogos de todos os tempos, e nunca a História foi tão compulsada neste sentido como ultimamente. Pela semelhança dos efeitos, inferiu-se a unidade da causa. Como sempre acontece relativamente a fatos extraordinários que o senso comum desconhece, o vulgo viu nos fenômenos espíritas uma causa sobrenatural, e a superstição completou o erro ajuntando-lhes absurdas crendices. Provêm daí uma multidão de lendas que, pela maior parte, são um amálgama de poucas verdades e muitas mentiras.

2. As doutrinas sobre o demônio, prevalecendo por tanto tempo, haviam de tal maneira exagerado o seu poder, que fizeram, por assim dizer, esquecer Deus; por toda parte surgia o dedo de Satanás, bastando para tanto que o fato observado ultrapassasse os limites do poder humano. Até as coisas melhores, as descobertas mais úteis, sobretudo as que podiam abalar a ignorância e alargar o círculo das ideias — foram tidas muita vez por obras diabólicas. Os fenômenos espíritas de nossos dias, mais generalizados e mais bem observados à luz da razão e com o auxílio da Ciência confirmaram, é certo, a intervenção de inteligências ocultas, porém agindo dentro de leis naturais e revelando por sua ação uma nova força e leis até então desconhecidas.

A questão reduz-se, portanto, a saber de que ordem são essas inteligências.

Enquanto se não possuía do mundo espiritual noções mais que incertas e sistemáticas, a verdade podia ser desviada, mas hoje que observações rigorosas e estudos experimentais esclareceram a natureza, origem e destino dos Espíritos, bem como o seu modo de ação e papel no universo — hoje, dizemos, a questão se resolve por fatos. Sabemos, agora, que essas inteligências ocultas são as almas dos que viveram na Terra. Sabemos também que as diversas categorias de bons e maus Espíritos não são seres de espécies diferentes, porém que apenas representam *graus diversos de adiantamento*. Segundo a posição que ocupam em virtude do desenvolvimento intelectual e moral, os seres que se manifestam apresentam os mais fundos contrastes, sem que por isso possamos supor não tenham saído todos da grande família humana, do mesmo modo que o selvagem, o bárbaro e o homem civilizado.

3. Sobre este ponto, como sobre muitos outros, a Igreja mantém as velhas crenças a respeito dos demônios. Diz ela: "Há princípios que não variam há dezoito séculos, porque são imutáveis." O seu erro é

precisamente esse de não levar em conta o progresso das ideias; é supor Deus insuficientemente sábio para não proporcionar a revelação ao desenvolvimento das inteligências; é, em suma, falar aos contemporâneos a mesma linguagem do passado. Ora, progredindo a humanidade enquanto a Igreja se broquela em velhos erros sistematicamente, tanto em matéria espiritual como na científica, cedo virá a incredulidade, avassalando a própria Igreja.

4. Eis como esta explica a intervenção exclusiva dos demônios nas manifestações espíritas:[54]

"Nas suas intervenções exteriores os demônios procuram dissimular a sua presença, a fim de afastar suspeitas. Sempre astutos e pérfidos, seduzem o homem com ciladas antes de algemá-lo na opressão e no servilismo.

Aqui lhe aguçam a curiosidade com fenômenos e partidas pueris; além, despertam-lhe a admiração e subjugam-no pelo encanto do maravilhoso.

Se o sobrenatural aparece e os desmascara, então, acalmam-se, extinguem quaisquer apreensões, solicitam confiança e provocam familiaridade.

Ora se apresentam como divindades e bons gênios, ora assimilam nomes e mesmo traços de memorados mortos. Com o auxílio de tais fraudes dignas da antiga serpente, falam e são ouvidos; dogmatizam e são acreditados; misturam com suas mentiras algumas verdades e inculcam o erro debaixo de todas as formas. Eis o que significam as pretensas revelações de além-túmulo. E é para um tal resultado que a madeira e a pedra, as florestas e as fontes, o santuário dos ídolos e os pés das mesas e as mãos das crianças se tornam oráculos: é por isso que a pitonisa profetiza em delírio; que o ignorante se torna cientista num sono misterioso. Enganar e perverter, tal é, em toda parte e de todos os tempos, o supremo objetivo dessas manifestações.

Os resultados surpreendentes dessas práticas ou atos ordinariamente fantásticos e ridículos, não podendo provir da sua virtude intrínseca, nem da *ordem estabelecida por Deus*, só podem ser atribuídos ao concurso das potências ocultas. Tais são, notadamente, os fenômenos extraordinários obtidos em nossos dias pelos processos aparentemente inofensivos do magnetismo, como os das mesas falantes. Por meio das operações da moderna magia, vemos reproduzirem-se no presente as

---

[54] Nota de Allan Kardec: As citações deste capítulo são extraídas da mesma pastoral indicada no precedente, e da qual são corolários. É a mesma fonte e, por conseguinte, a mesma autoridade.

evocações, as consultas, as *curas* e sortilégios que ilustraram os templos dos ídolos e os antros das sibilas. Como outrora, interroga-se a madeira e esta responde; manda-se e ela obedece; isto em todas as línguas e sobre todos os assuntos; acha-se a gente em presença de seres invisíveis a usurparem nomes de mortos, e cujas pretensas revelações têm o cunho da contradição e da mentira; formas inconsistentes e leves aparecem rápidas e repentinas, patenteando-se dotadas de força sobre-humana.

Quais são os agentes secretos desses fenômenos, os verdadeiros atores dessas cenas inexplicáveis? Os anjos, esses não aceitariam tais papéis indignos, como também não se prestariam a todos os caprichos da curiosidade.

As almas dos mortos, que Deus proíbe evocar, essas demoram no lugar que lhes designa a sua justiça, e não podem, sem sua permissão, colocar-se às ordens dos vivos. Assim, os seres misteriosos que acodem ao primeiro apelo do *herege*, do *ímpio* ou do *crente* — o que importa dizer da inocência ou do crime — não são nem enviados de Deus, nem apóstolos da verdade e da salvação, porém, fatores do erro e agentes do inferno. Apesar do cuidado com que se ocultam sob os mais veneráveis nomes, eles traem-se pela nulidade das suas doutrinas, pela baixeza dos atos e incoerência das palavras.

Procuram apagar do símbolo religioso os dogmas do pecado original, da ressurreição do corpo, da *eternidade das penas*, como de toda a revelação divina, para subtrair às leis a sua verdadeira sanção e abrir ao vício todas as barreiras. Se as suas sugestões pudessem prevalecer, acabariam por formar uma Religião cômoda para uso do socialismo e de todos a quem importuna a noção do dever e da consciência.

A incredulidade do nosso século facilitou-lhes o caminho. Assim possam as sociedades cristãs, por uma sincera dedicação à fé católica, escapar ao perigo desta nova e terrível invasão!"

5. Toda esta teoria deriva do princípio de que os anjos e os demônios são seres distintos das almas humanas, sendo estas antes o produto de uma criação especial, aliás inferiores aos demônios em inteligência, em conhecimento e em toda espécie de faculdade. E é assim que opina pela exclusiva intervenção dos maus anjos, nas antigas como nas modernas manifestações dos Espíritos.

A possibilidade da comunicação dos mortos é uma questão de fato, é o resultado de observações e experiências que não vêm ao caso discutir aqui. Admitamos, porém, como hipótese, a doutrina citada, e vejamos se ela não se destrói por si mesma com os seus próprios argumentos.

6. Das três categorias de anjos segundo a Igreja, a primeira ocupa-se exclusivamente do Céu; a segunda, do governo do universo, e a terceira, da Terra. É nesta última que se encontram os anjos de guarda encarregados da proteção de cada indivíduo. Somente uma parte dos anjos, desta última categoria, é que compartilhou da revolta e foi transformada em demônios. Ora, desde que Deus lhes permitira com tanta liberdade, já por sugestões ocultas, já por ostensivas manifestações, induzir os homens em erro, e porque esse Deus é soberanamente justo e bom, devia ao menos, para atenuar os males de tão odiosa concessão, permitir também a manifestação dos bons anjos. Ao menos, assim, os homens teriam a liberdade e o recurso da escolha. Dar, porém, aos anjos maus o monopólio da tentação, com poderes amplos de simular o bem para melhor seduzir; e vedando ao mesmo tempo toda e qualquer intervenção dos bons, é atribuir a Deus o intuito inconcebível de agravar a fraqueza, a inexperiência e a boa-fé dos homens.

É mais ainda: é supor da parte de Deus um abuso de confiança, pela fé que nos merece. A razão recusa admitir tanta parcialidade em proveito do mal. Vejamos os fatos.

7. Aos demônios concedem-se faculdades transcendentes: nada perderam da natureza angélica; possuem o saber, a perspicácia, a previdência e a penetração dos anjos, tendo ainda, a mais, astúcia, ardil e artifício, tudo em grau mais elevado. O objetivo que os move é desviar os homens do bem, afastá-los de Deus e arrastá-los ao inferno, do qual são provedores e recrutadores. Assim, compreende-se que se dirijam de preferência aos que estão no bom caminho e nele persistem; compreende-se o emprego das seduções e simulacros do bem para atraí-los e perdê-los, mas o que se não compreende é que se dirijam aos que já lhes pertencem de corpo e alma, procurando reconduzi-los a Deus e ao bem.

Quem mais estará nas garras do demônio do que aquele que de Deus blasfema, atido ao vício e à desordem das paixões? Esse não estará no caminho do inferno? Mas então como compreender que a uma tal presa esse demônio exorte a rogar a Deus, a submeter-se à sua vontade, a renunciar ao mal?

Como se compreende que exalte aos seus olhos a vida deliciosa dos bons Espíritos e lhe pinte a horrorosa posição dos maus? Jamais se viu negociante realçar aos seus fregueses a mercadoria do vizinho em detrimento da sua, aconselhando-os a ir à casa daquele. Nunca se viu um arrebanhador de soldados depreciar a vida militar, decantando o repouso da vida doméstica! Poderá ele dizer aos recrutas que terão vida de trabalhos e privações com dez probabilidades contra uma de morrerem ou, pelo menos, de ficarem sem braços nem pernas? É este, no entanto, o papel *estúpido* do demônio, pois é notório — e é um fato — que as instruções emanadas do mundo invisível têm regenerado incrédulos e ateus, insuflando-lhes na alma fervor e crenças nunca havidos.

Ainda por influência dessas manifestações têm-se visto — e veem-se diariamente — regenerarem-se viciosos contumazes, procurando melhorarem-se a si mesmos. Ora, atribuir ao demônio tão benéfica propaganda e salutar resultado é conferir-lhe diploma de tolo.

E como não se trata de simples suposição, mas de fato experimental contra o qual não há argumento, havemos de concluir, ou que o demônio é um desazado de primeira ordem, ou que não é tão astuto e mau como se pretende, e, conseguintemente, tão temível quanto dizem; ou, então, que todas as manifestações não partem dele.

8. "Eles inculcam o erro sob todas as formas, e é para obter esse resultado que a madeira, a pedra, as florestas, as fontes, os santuários dos ídolos, os pés das mesas e *as mãos dos meninos* se tornam oráculos."

Mas, se assim é, qual o sentido e valor destas palavras do Evangelho: "Eu repartirei meu Espírito por toda a carne, vossos filhos e filhas profetizarão, os jovens terão visões e os velhos terão sonhos. Nesses dias repartirei meu Espírito por todos os meus servidores e servidoras, e eles profetizarão." (Joel, 2:28 e 29; Atos dos Apóstolos, 2:17 e 18.)

Não estará nessas palavras a predição tácita da mediunidade dos nossos dias a todos concedida, mesmo às crianças? E essa faculdade foi anatematizada pelos Apóstolos? Não; eles a apregoam como graça divina, e não como obra do demônio.

Terão os teólogos de hoje mais autoridade que os Apóstolos? Por que não ver antes o dedo de Deus na realização daquelas palavras?

9. "Por meio das operações da *moderna magia* vemos reproduzirem-se no presente as evocações, as consultas, as curas e os sortilégios que ilustraram os templos dos ídolos e os antros das sibilas."

Nós perguntamos: que há de comum entre as operações da magia e as evocações espíritas?

Houve tempo em que tais operações faziam fé e acreditava-se na sua eficácia, mas hoje são simplesmente ridículas. Ninguém as toma a sério, e o Espiritismo condena-as. Na época em que florescera a magia, era imperfeita a noção sobre a natureza dos Espíritos, geralmente havidos por seres dotados de poder sobre-humano.

A troco da própria alma, ninguém os evocava que não fosse para obter favores da sorte e da fortuna, achar tesouros, revelar o futuro ou obter filtros. A magia com seus sinais, fórmulas e práticas cabalísticas era increpada de fornecer segredos para operar prodígios, constranger Espíritos a ficarem às ordens dos homens e satisfazerem-lhes os desejos. Hoje sabemos que os Espíritos são as almas dos mortos e não os evocamos senão para receber conselhos dos bons, moralizar os maus e continuar relações com seres que nos são caros. Eis o que diz o Espiritismo a tal respeito:

10. Não podereis obrigar nunca a presença de um Espírito vosso igual ou superior em moralidade, por vos faltar autoridade sobre ele; mas, do vosso inferior, *e sendo para seu benefício*, consegui-lo-eis, visto como outros Espíritos vos secundam. (*O livro dos médiuns*, 2ª Parte, cap. XXV.)

— A mais essencial de todas as disposições para evocar é o recolhimento, quando desejarmos tratar com Espíritos sérios. Com *a fé e o desejo do bem*, mais aptos nos tornamos para evocar Espíritos superiores. Elevando nossa alma por alguns instantes de concentração no momento de evocá-los, identificamo-nos com os bons Espíritos, predispondo a sua vinda. (*O livro dos médiuns*, 2ª Parte, cap. XXV.)

— Nenhum objeto, medalha ou talismã tem a propriedade de atrair ou repelir Espíritos, pois a matéria ação alguma exerce sobre eles. Nunca um bom Espírito aconselha tais absurdos. A virtude dos talismãs só pode existir na imaginação de pessoas simplórias. (*O livro dos médiuns*, 2ª Parte, cap. XXV.)

— Não há fórmulas sacramentais para evocar Espíritos. Quem quer que pretendesse estabelecer uma fórmula, poderia ser tachado de usar de charlatanismo, visto que para os Espíritos puros a fórmula nada vale. A evocação deve, porém, ser feita sempre em nome de Deus. (*O livro dos médiuns*, 2ª Parte, cap. XVII.)

— Os Espíritos que prefixam entrevistas em lugares lúgubres e a horas indevidas são os que se divertem à custa de quem os ouve. É sempre inútil e muitas vezes perigoso ceder a tais sugestões; inútil, porque nada se ganha além de uma mistificação, e perigoso, não pelo mal que possam fazer os Espíritos, mas pela influência que tais fatos podem exercer sobre cérebros fracos. (*O livro dos médiuns*, 2ª Parte, cap. XXV.)

— Não há dias nem horas mais especialmente propícios às evocações: isso, como tudo que é material, é completamente indiferente aos Espíritos, além de *ser supersticiosa* a crença em tais influências. Os momentos mais favoráveis são aqueles em que o evocador pode abstrair-se melhor das suas preocupações habituais, calmo de corpo e de espírito. (*O livro dos médiuns*, 2ª Parte, cap. XXV.)

— A crítica malévola apraz-se em representar as comunicações espíritas revestidas das práticas ridículas e supersticiosas da magia e da nigromancia. Entretanto, se os que falam do Espiritismo, sem conhecê-lo, procurassem estudá-lo, pouparíam trabalhos de imaginação e alegações que só servem para demonstrar a sua ignorância e má vontade. Para conhecimento das pessoas estranhas à ciência, diremos que não há horas mais propícias, umas que outras, como não há dias nem lugares, para comunicar com os Espíritos. Diremos mais: que não há fórmulas nem palavras sacramentais ou cabalísticas para evocá-los; que não há necessidade alguma de preparo ou iniciação; que é nulo o emprego de quaisquer sinais ou objetos materiais para atraí-los ou repeli-los, bastando para tanto o pensamento; e, finalmente, que os médiuns recebem deles as comunicações sem sair do estado normal, tão simples e naturalmente como se tais comunicações fossem ditadas por uma pessoa vivente. Só o charlatanismo poderia emprestar às comunicações formas excêntricas, enxertando-lhes ridículos acessórios. (*O que é o espiritismo*, cap. II, item 49.)

— O futuro é vedado ao homem por princípio, e só em casos raríssimos e excepcionais é que Deus faculta a sua revelação. Se o homem conhecesse o futuro, por certo que negligenciaria o presente e não agiria com a mesma liberdade. Absorvidos pela ideia da fatalidade de um acontecimento, ou procuramos conjurá-lo ou não nos preocupamos dele. Deus não permitiu que assim fosse, a fim de que cada qual concorresse para a realização dos acontecimentos mesmos, que porventura desejaria evitar. Ele permite, no entanto, a revelação do futuro, quando o conhecimento prévio de uma coisa não estorva, mas facilita a sua realização, induzindo a procedimento diverso do que se teria sem tal circunstância. (*O livro dos espíritos*, parte 3ª, cap. X.)

— Os Espíritos não podem guiar descobertas nem investigações científicas. A Ciência é obra do gênio e só deve ser adquirida pelo trabalho, pois é por este que o homem progride. Que mérito teríamos nós se, para tudo saber, apenas bastasse interrogar os Espíritos? Por esse preço, todo imbecil poderia tornar-se sábio. O mesmo se dá relativamente aos inventos e descobertas da indústria. Chegado que seja o tempo de uma descoberta, os Espíritos encarregados da sua marcha procuram o homem capaz de levá-la a bom termo e inspiram-lhe as ideias necessárias, isto de molde a não lhe tirar o respectivo mérito, que está na elaboração e execução dessas ideias. Assim tem sido com todos os grandes trabalhos da inteligência humana. Os Espíritos deixam cada indivíduo na sua esfera: do homem apenas apto para lavrar a terra não fazem depositários dos segredos de Deus, mas sabem *arrancar da obscuridade* aquele que se mostra capaz de secundar-lhes os desígnios. Não vos deixeis, por conseguinte, dominar pela ambição e pela curiosidade, *em terreno alheio ao do Espiritismo*, que tais fitos não tem, pois com eles só conseguireis as mais ridículas mistificações. (*O livro dos médiuns*, 2ª Parte, cap. XXVI.)

— Os Espíritos não podem concorrer para a descoberta de tesouros ocultos. Os superiores não se ocupam de tais coisas e só os zombeteiros podem entreter-se com elas, já indicando tesouros que o mais das vezes não existem, já apontando sítios diametralmente opostos àqueles em que realmente existem. Esta circunstância tem, contudo, uma utilidade, qual a de mostrar que a verdadeira fortuna reside no trabalho. Quando a Providência tem destinado a alguém quaisquer riquezas ocultas, esse alguém as encontrará naturalmente; do contrário não, nunca. (*O livro dos médiuns*, 2ª Parte, cap. XXVI.)

— Esclarecendo-nos sobre as propriedades dos fluidos — agentes e meios de ação do mundo invisível, constituindo uma das forças e potências da natureza — o Espiritismo nos dá a chave de inúmeros fatos e coisas inexplicados e inexplicáveis de outro modo, fatos e coisas que passaram por prodígios, em outras eras. Do mesmo modo que o magnetismo, ele nos revela uma lei, senão desconhecida, pelo menos incompreendida, ou então, para melhor dizer, efeitos de todos os tempos conhecidos, pois que de todos os tempos se produziram, mas cuja lei se ignorava e de cuja ignorância brotava a superstição. Conhecida essa lei, desaparece o maravilhoso e os fenômenos entram para a ordem das coisas naturais. Eis por que os Espíritos não produzem milagres, fazendo girar as mesas ou escrever os mortos, como milagre não fazem o médico em restituir à vida o moribundo, e o físico provocando a queda do raio. Quem pretendesse *fazer milagres* pelo Espiritismo não passaria de ignorante ou então de mero prestidigitador. (*O livro dos médiuns*, 1ª Parte, cap. II.)

Pessoas há que fazem das evocações uma ideia muito falsa: há mesmo quem acredite que os mortos evocados se apresentam com todo o aparelho lúgubre do túmulo. Tais suposições podem ser atribuídas ao que vemos nos teatros ou lemos nos romances e contos fantásticos, em que os mortos aparecem amortalhados com o chocalhar dos ossos.
O Espiritismo, que nunca fez milagres, também não faz esse, pois que jamais fez reviver um corpo morto. O Espírito, fluídico, inteligente, esse não baixa à campa com o grosseiro invólucro, que lá fica definitivamente. Separa-se dele no momento da morte, e nada mais têm de comum entre si. (*O que é o espiritismo*, Cap. II, item 48.)

11. Ampliamos estas citações para mostrar que os princípios do Espiritismo não têm relação alguma com os da magia. Assim, nem Espíritos às ordens dos homens; nem meios de os constranger; nem sinais ou fórmulas cabalísticas; nem descobertas de tesouros; nem processos para enriquecer, e tampouco milagres ou prodígios, adivinhações e aparições fantásticas: nada, enfim, do que constitui o fim e os elementos essenciais da magia. O Espiritismo não só reprova tais coisas como demonstra a impossibilidade e ineficácia delas. Não há, afirmamo-lo ainda uma vez, analogia alguma entre os processos e fins da magia e os do Espiritismo; só a ignorância e a má-fé poderão confundi-los. Dessa forma, tal erro não pode prevalecer, uma vez que os princípios espíritas não se furtam ao exame, e aí estão formulados inequívoca e claramente para todos.

Quanto às curas, reconhecidas como reais na crença precitada, o exemplo está mal selecionado como meio de evitar relações com os Espíritos. Efetivamente, essas curas são outros tantos benefícios que levam à gratidão e que todos podem experimentar. Pouca gente estará disposta a renunciar a elas, mormente depois de haver esgotado outros recursos antes de recorrer ao diabo. Depois, se o diabo cura, força é confessar que faz uma boa e meritória ação.[55]

---

[55] Nota de Allan Kardec: Querendo persuadir as pessoas curadas pelo Espiritismo que o foram pelo diabo, grande número delas se há separado da Igreja, sem que jamais pensassem fazê-lo.

12. "Quais são os agentes secretos de tais fenômenos, os verdadeiros autores dessas cenas inexplicáveis? Os anjos, esses não aceitariam papéis indignos, como também não se prestariam aos caprichos todos da curiosidade."

O autor quer falar das manifestações físicas dos Espíritos, no número das quais algumas há evidentemente pouco dignas de Espíritos superiores. Nós lhe pediremos, contudo, que substitua o vocábulo *anjo* pelo de *Espíritos puros* ou *Espíritos superiores*, pois que assim teremos exatamente o que diz o Espiritismo. Indignas, porém, dos bons Espíritos, não se pode considerar uma multidão de comunicações dadas pela escrita, pela palavra, pela audição etc., pois que tais comunicações seriam e são dignas dos homens mais eminentes da Terra. O mesmo poderemos dizer quanto às curas, aparições e um sem-número de fatos, que os livros santos citam em profusão como obra de anjos ou de santos. Se, pois, os anjos e os santos produziram outrora fenômenos semelhantes, por que não os produzirão hoje? Por que serem idênticos fatos julgados *bruxaria* nas mãos de uns, enquanto nas mãos de outros se reputam santos milagres?

Sustentar semelhante tese é abdicar toda a lógica.

O autor da Pastoral labora em erro quando afirma que tais fenômenos são inexplicáveis. O que se dá é justamente o contrário, isto é, hoje esses fenômenos são perfeitamente explicados, tanto que se não consideram mais como maravilhosos e sobrenaturais. E mesmo que ainda permanecessem inexplicados, não seria tão lógico atribuí-los ao diabo, quanto era lógico noutros tempos dar a este as honras de todos os fenômenos naturais cuja causa então se desconhecia.

Por papéis indignos devemos entender os que são ridículos e os que estimulam o mal, mas não podemos qualificar dessa forma os dos Espíritos que promovem o bem, encaminhando os homens para Deus e para a virtude.

Ora, o Espiritismo diz *expressamente* que os papéis indignos não cabem aos Espíritos superiores, como se infere dos seguintes preceitos:

13. A categoria do Espírito se reconhece por sua linguagem: os verdadeiramente bons e superiores têm-na sempre digna, nobre, lógica, imune de qualquer contradição; ressumbra sabedoria, modéstia, benevolência e a mais pura moral.

Além disso é concisa, clara, sem redundâncias inúteis. Os Espíritos inferiores, ignorantes ou orgulhosos, é que suprem a vacuidade das ideias com abundância de frases. Todo pensamento implicitamente falso, toda máxima contrária à sã moral, todo conselho ridículo, toda expressão grosseira, trivial ou simplesmente frívola, qualquer sinal de malevolência, de presunção ou de arrogância, são indícios incontestáveis da inferioridade de um Espírito.

— Os Espíritos superiores só se ocupam de comunicações inteligentes, visando instruir-nos.

As manifestações físicas ou puramente materiais competem mais comumente aos Espíritos inferiores, vulgarmente designados por *Espíritos batedores*, pela mesma razão por que entre nós os torneios de força e agilidade são próprios de saltimbancos, e não de sábios. *Absurdo seria supor que um Espírito, por pouco elevado que seja, goste do alarde e do reclamo.* (*O que é o espiritismo*, cap. II, itens 37 a 40 e 60. Vede também *O livro dos espíritos*, parte 2ª, cap. I, itens Diferentes ordens de Espíritos; Escala espírita, e *O livro dos médiuns*, 2ª Parte, cap. XXIV — Identidade dos Espíritos, item Modo de se distinguirem os bons dos maus Espíritos.)

Qual é o homem de boa-fé que pode lobrigar nestes preceitos atribuições incompatíveis com Espíritos elevados? Não, o Espiritismo não confunde os Espíritos, antes, pelo contrário, distingue-os. A Igreja, sim, atribui aos demônios uma inteligência igual à dos anjos, ao passo que o Espiritismo afirma e confirma, baseado na observação dos fatos, que os Espíritos inferiores são mais ou menos ignorantes, tendo muito limitados o seu horizonte moral e perspicácia, de feição a terem das coisas uma ideia muita vez falsa e incompleta, incapazes de resolver certas questões e, conseguintemente, de fazer tudo quanto se atribui aos demônios.

14. "As almas dos mortos, que Deus proíbe evocar, essas demoram no lugar que lhes designa a sua justiça, e não podem, *sem sua permissão*, colocar-se à disposição dos vivos."

O Espiritismo vai além, é mais rigoroso: não admite manifestação de quaisquer Espíritos, bons ou maus, sem a permissão de Deus, ao passo que a Igreja de tal não cogita relativamente aos demônios, os quais, segundo a sua teoria, se dispensam de tal permissão.

O Espiritismo diz mais, que, mediante tal permissão e correspondendo ao apelo dos vivos, os Espíritos *não se põem à disposição destes*.

O Espírito evocado vem voluntariamente, ou é constrangido a manifestar-se?

Obedecendo à vontade de Deus, isto é, à lei que rege o universo, ele julga da utilidade ou inutilidade da sua manifestação, o que constitui uma prerrogativa do seu livre-arbítrio.

O Espírito superior não deixa de vir sempre que é evocado para um fim útil, só se recusando a responder quando em reunião de pessoas pouco sérias que levem a coisa em ar de gracejo. (*O livro dos médiuns*, 2ª Parte, cap. XXV.)

— Pode o Espírito evocado recusar-se a vir pela evocação que lhe fazem? Perfeitamente, visto como tem o seu livre-arbítrio. Podeis acaso acreditar que todos os seres do universo estejam à vossa disposição? E vós mesmos vos julgais obrigados a responder a todos quantos pronunciam o vosso nome? Mas quando digo que o Espírito pode recusar-se, subordino essa negativa *ao pedido do evocador*, por isso que um Espírito inferior pode ser constrangido por um superior a manifestar-se. (*O livro dos médiuns*, 2ª Parte, cap. XXV.)

Tanto os espíritas estão convencidos de que nada podem sobre os Espíritos diretamente, sem a permissão de Deus, que dizem, quando evocam: "Rogamos a Deus todo-poderoso permitir que um bom Espírito se comunique conosco, bem como aos nossos anjos de guarda assistir-nos e afastarem os maus Espíritos." E tratando-se de evocação de um Espírito determinado: "Rogamos a Deus todo-poderoso permitir que tal Espírito se comunique conosco" etc. (*O livro dos médiuns*, 2ª Parte, cap. XVII, item 203.)

15. As acusações formuladas pela Igreja, contra as evocações, não atingem, portanto, o Espiritismo, porém as práticas da magia, com a qual este nada tem de comum. O Espiritismo condena tanto quanto a Igreja as referidas práticas, ao mesmo tempo que não confere aos Espíritos superiores um papel indigno deles, nem algo pergunta ou pretende obter sem a permissão de Deus.

Certo, pode haver quem abuse das evocações, quem delas faça um jogo, quem lhes desnature o caráter providencial em proveito de interesses pessoais, ou ainda quem por ignorância, leviandade, orgulho ou ambição se afaste dos verdadeiros princípios da Doutrina; o verdadeiro Espiritismo, o Espiritismo sério os condena porém, tanto quanto a verdadeira Religião condena os crentes hipócritas e os fanáticos. Portanto, não é lógico nem razoável imputar ao Espiritismo os abusos que ele é o primeiro a condenar, e os erros daqueles que o não compreendem.

Antes de formular qualquer acusação, convém saber se é justa. Assim, diremos: A censura da Igreja recai nos charlatães, nos especuladores, nos praticantes de magia e sortilégio, e com razão. Quando a crítica religiosa ou cética, dissecando abusos, profliga o charlatanismo, não faz mais que realçar a pureza da sã doutrina, auxiliando-a no expurgo de maus elementos e facilitando-nos a tarefa. O erro da crítica está no confundir o bom e o mau, o que muitas vezes sucede pela má-fé de alguns e pela ignorância do maior número. Mas a distinção que uma tal crítica não faz, outros a fazem. Finalmente, a censura aplicada ao mal e à qual todo espírita sincero e reto se associa, essa nem prejudica nem afeta a Doutrina.

16. "Assim, os seres misteriosos que acodem ao primeiro apelo do *herege*, do *ímpio* ou do *crente* — o que importa dizer: da inocência ou do crime — não são nem enviados de Deus, nem apóstolos da verdade e da salvação, mas fatores do erro e agentes do inferno."

Assim, ao herético, ao ímpio, ao criminoso, Deus não permite que os bons Espíritos venham tirá-los do erro para salvá-los da perdição eterna! Não lhe envia senão os subordinados do inferno para enfiá-los mais no lamaçal! Bem mais, não envia à inocência senão seres perversos para perverte-la!

Não se encontra, pois, entre os anjos, entre as criaturas privilegiadas de Deus, um ser bastante compassivo que venha em socorro das almas transviadas! Para que servem, pois, as brilhantes qualidades que exornam tais seres? Acaso e tão somente para seu gozo pessoal? E serão eles realmente bons, quando, extasiados pelas delícias da contemplação, veem tantas almas no caminho do inferno sem que procurem desviá-las? Mas isso é precisamente a imagem do egoísmo desses potentados que, impiedosos na farta opulência, deixam morrer à fome o mendigo que lhes bate à porta!

É mais ainda: É o próprio egoísmo arvorado em virtude e colocado aos pés do Criador!

Mas vós vos admirais que bons Espíritos venham ao herege e ao ímpio, certamente porque vos esquecestes desta parábola do Cristo: "Não é o homem são que precisa de médico." Então não tendes um ponto de vista mais elevado que o dos fariseus daquele tempo? E vós mesmos, vós vos recusareis mostrar o bom caminho ao descrente que vos chamasse? Pois bem: os bons Espíritos fazem o que faríeis; dirigem-se ao ímpio para dar-lhe bons conselhos. Oh! Em lugar de anatematizardes as comunicações de além-túmulo, melhor fora bendissésseis os decretos do Senhor, admirando-lhe a onipotência e bondade infinitas.

17. Dizem que há anjos de guarda, mas quando não podem insinuar-se pela voz misteriosa da consciência ou da inspiração, por que não empregarem meios de ação mais diretos e materiais de modo a sensibilizar os sentidos, uma vez que tais meios existem? Deus oferece para isso esses meios, que pertencem a sua própria obra, desde que tudo provém dele e nada ocorre sem a sua permissão, podemos admitir que Ele faculte tais meios aos maus Espíritos e os recuse aos bons?

Nesse caso é preciso confessar que Deus facilita mais poderes ao demônio para perder os homens, do que aos anjos de guarda para salvá-los! Pois bem! O que os anjos de guarda, segundo a Igreja, não podem fazer, fazem por si os demônios: servindo-se de tais comunicações, ditas infernais, reconduzem a Deus os que o renegavam e ao bem os escravizados do mal. Esses demônios fazem mais: dão-nos o espetáculo de milhões de homens acreditando em Deus por intercessão da sua potência diabólica, ao passo que a Igreja era impotente para convertê-los. Homens que jamais oraram, fazem-no hoje com fervor, graças às instruções desses demônios! Quantos orgulhosos, egoístas e debochados se tornaram humildes, caridosos e recatados?! E tudo por obra do diabo! Ah! Mas se assim for, claro é que a toda essa gente o demônio tem prestado melhor serviço e guarda que os próprios anjos. É necessário, porém, formar uma triste opinião do senso humano dos nossos tempos, para crer que os homens aceitem cegamente tais ideias. *Uma Religião, porém, que faz pedra angular de tal doutrina, uma Religião que se destrói pela base, tirando-se-lhe os seus demônios, o seu inferno, as suas penas eternas e o seu deus impiedoso; uma Religião tal, dizemos, é uma Religião que se suicida.*

18. Dizem que Deus enviou o Cristo, seu filho, para salvar os homens, provando-lhes com isso o seu amor. Como se explica, entretanto, que os deixasse depois em abandono?

Não há dúvida de que Jesus é o mensageiro divino enviado aos homens para ensinar-lhes a verdade, e, por ela, o caminho da salvação, mas contai — e somente após a sua vinda — quantos não puderam ouvir-lhe a palavra da verdade, quantos morreram e morrerão sem conhecê-la, quantos, finalmente, dos que a conhecem, a põem em prática. Então, por que não lhes enviar Deus, sempre solícito na salvação de suas criaturas, outros mensageiros, que, baixando a todas as terras, entre grandes e pequenos, ignorantes e sábios, crédulos e céticos, venham ensinar a verdade aos que a desconhecem, torná-la compreensível aos que não a compreendem, e suprir, enfim, pelo seu ensino *direto e múltiplo*, a insuficiência na propagação do Evangelho, abreviando o evento do reinado divino? Mas eis que chegam esses mensageiros em hostes inumeráveis, abrindo os olhos aos cegos, convertendo os ímpios, curando os enfermos, consolando os aflitos, a exemplo de Jesus! Que fazeis vós, e como os recebeis vós? Ah! Vós os repudiais, repelis o bem que fazem e clamais: são demônios!

Outra não era a linguagem dos fariseus relativamente ao Cristo, que, diziam, fazia o bem por artes do diabo! E o Nazareno respondeu-lhes: "Reconhecei a árvore por seu fruto: a má árvore não pode dar bons frutos."

Para os fariseus eram maus os frutos de Jesus, porque Ele vinha destruir o abuso e proclamar a liberdade que lhes arruinaria a autoridade. Se, em vez disso, Jesus tivesse vindo lisonjear-lhes o orgulho, sancionar os seus erros e sustentar-lhes o poder, então, sim, Ele seria o esperado messias dos judeus. Mas o Cristo era só, pobre e fraco: decretaram-lhe a morte julgando extinguir-lhe a palavra, e a palavra sobreviveu-lhe porque era divina. Importa contudo dizer que essa palavra só lentamente se propagou, e, após dezoito séculos, apenas é conhecida de uma décima parte do gênero humano.[56] Além disso, em que pesem tais razões, numerosos cismas rebentaram já do seio da cristandade. Pois bem: agora, Deus, em sua misericórdia, envia os Espíritos a confirmá-la, a completá-la, a difundi-la por todos e em toda a Terra — a santa palavra de Jesus. E o grande caso é que os Espíritos não estão encarnados num só homem cuja voz fora limitada: eles são inumeráveis, andam por toda parte e não podem ser tolhidos. Também por isso, o seu ensino se amplia com a rapidez do raio; e porque falam ao coração e à razão, são pelos humildes mais compreendidos.

19. Não é indigno de celestes mensageiros — dizeis — o transmitirem suas instruções por meio tão vulgar qual o das mesas? Não será ultrajá-los o supor que se divertem com frivolidades deixando a sua mansão de luz para se porem à disposição do primeiro curioso?

---

[56] N.E.: Estima-se que o Cristianismo atualmente seja a religião com maior número de adeptos (aprox. 2,2 bilhões), seguida pelo Islamismo (aprox. 1,6 bilhão) e Hinduísmo (aprox. 900 milhões). O Espiritismo aparece em 8º lugar, com seus 13 milhões de adeptos.

Jesus também deixou a mansão do Pai para nascer num estábulo. E quem vos disse que o Espiritismo atribui frioleiras aos Espíritos superiores? Não; o Espiritismo afirma positivamente o contrário, isto é, que as coisas vulgares são próprias de Espíritos vulgares. Não obstante, dessas vulgaridades resulta um benefício, qual o de abalar muitas imaginações, provando a existência do mundo espiritual e demonstrando à saciedade que esse mundo não é tal, porém muito diferente do que se julgava. Essas manifestações iniciais eram porventura simples como tudo que começa, mas nem por germinar de minúscula semente a árvore deixa um dia de estender virente e copada a sua ramagem.

Quem acreditaria que da misérrima manjedoura de Belém pudesse sair a palavra que havia de transformar o mundo?

Sim! O Cristo é bem o Messias divino. A sua palavra é bem a palavra da verdade, fundada na qual a Religião se torna inabalável, mas sob condição de praticar os sublimes ensinamentos que ela contém, e não de fazer do Deus justo e bom, que nela reconhecemos, um Deus parcial, vingativo e cruel.

Capítulo 11

Da proibição de envocar os mortos

1.   A Igreja de modo algum nega a realidade das manifestações. Ao contrário, como vimos nas citações precedentes, admite-as totalmente, atribuindo-as à exclusiva intervenção dos demônios. É debalde invocar os Evangelhos como fazem alguns para justificar a sua interdição, visto que os Evangelhos nada dizem a esse respeito. O supremo argumento que prevalece é a proibição de Moisés. A seguir damos os termos nos quais se refere ao assunto a mesma pastoral que citamos nos capítulos precedentes:

"Não é permitido entreter relações com eles (os Espíritos), seja imediatamente, seja por intermédio dos que os evocam e interrogam. A lei mosaica punia com a morte essas práticas detestáveis, usadas entre os gentios. Não procureis os mágicos, diz o *Levítico*, nem procureis saber coisa alguma dos adivinhos, de maneira a vos contaminardes por meio deles." (19:31.) "Morra de morte o homem ou a mulher em quem houver Espírito pitônico; sejam apedrejados e sobre eles recaia seu sangue." (20:27.) "O *Deuteronômio* diz: — Nunca exista entre vós quem consulte adivinhos, quem observe sonhos e agouros, quem use de malefícios, sortilégios, encantamentos, ou consultem os que têm o Espírito pitônico e se dão a práticas de adivinhação interrogando os mortos. O Senhor abomina todas essas coisas e destruirá, na vossa entrada, as nações que cometem tais crimes." (18:10 a 12.)

2.   É útil, para melhor compreensão do verdadeiro sentido das palavras de Moisés, reproduzir por completo o texto um tanto abreviado na citação antecedente. Ei-lo:

"Não vos desvieis do vosso Deus para procurar mágicos; não consulteis os adivinhos, e receai que vos contamineis dirigindo-vos a eles. Eu sou o Senhor vosso Deus." (Levítico, 19:31.) "O homem ou a mulher que tiver Espírito pitônico, ou de adivinho, morra de morte. Serão apedrejados, e o seu sangue recairá sobre eles." (Levítico, 20:27.) "Quando houverdes entrado na terra que o Senhor vosso Deus vos há de dar, guardai-vos; tomai cuidado em não imitar as abominações de tais povos; e entre vós ninguém haja que pretenda *purificar filho ou filha passando-os pelo fogo*; que use de malefícios, sortilégios e encantamentos; que consulte os que têm o Espírito de Píton e se propõem adivinhar, interrogando os mortos para saber a verdade. O Senhor abomina todas essas coisas e exterminará todos esses povos, à vossa entrada, por causa dos crimes que têm cometido." (Deuteronômio, 18:9 a 12.)

3.   Se a lei de Moisés deve ser tão rigorosamente observada neste ponto, força é que o seja igualmente em todos os outros. Por que seria ela boa no tocante às evocações e má em outras de suas partes? É preciso ser consequente. Desde que se reconhece que a lei mosaica não está mais de acordo com a nossa época e costumes em dados casos, a mesma razão procede para a proibição de que tratamos.

Ademais, é preciso expender os motivos que justificavam essa proibição e que hoje se anularam completamente. O legislador hebreu queria que o seu povo abandonasse todos os costumes adquiridos no Egito, onde as evocações estavam em uso e facilitavam abusos, como se infere destas palavras de Isaías: "O Espírito do Egito se aniquilará de si mesmo e eu precipitarei seu conselho; eles consultarão seus ídolos, seus adivinhos, seus pítons e seus mágicos." (19:3.)

Os israelitas não deviam contratar alianças com as nações estrangeiras, e sabido era que naquelas nações que iam combater encontrariam as mesmas práticas. Moisés devia pois, por política, inspirar aos hebreus aversão a todos os costumes que pudessem ter semelhanças e pontos de contato com o inimigo. Para justificar essa aversão, preciso era que apresentasse tais práticas como reprovadas pelo próprio Deus, e daí estas palavras: "O Senhor abomina todas essas coisas e destruirá, *na vossa chegada*, as nações que cometem tais crimes."

4.   A proibição de Moisés era assaz justa, porque a evocação dos mortos não se originava nos sentimentos de respeito, afeição ou piedade para com eles, sendo antes um recurso para adivinhações, tal como nos augúrios e presságios explorados pelo charlatanismo e pela superstição. Essas práticas, ao que parece, também eram objeto de negócio, e Moisés, por mais que fizesse, não conseguiu desentranhá-las dos costumes populares.

As seguintes palavras do profeta justificam o asserto: "Quando vos disserem: — Consultai os mágicos e adivinhos que balbuciam encantamentos, respondei: — *Não consulta cada povo ao seu Deus? E aos mortos se fala do que compete aos vivos?*" (Isaías, 8:19.) "Sou eu quem aponta a falsidade dos prodígios mágicos; quem enlouquece os que se propõem adivinhar, quem transtorna o espírito dos sábios e confunde a sua ciência vã." (44:25.)

"Que esses adivinhos, que estudam o céu, contemplam os astros e contam os meses para fazer predições, dizendo revelar-vos o futuro, venham agora salvar-vos. — Eles tornaram-se como a palha, e o fogo os devorou; não poderão livrar suas almas do fogo ardente; não restarão das chamas que despedirem, nem carvões que possam aquecer, nem fogo ao qual se possam sentar. — Eis ao que ficarão reduzidas todas essas coisas das quais vos tendes ocupado com tanto afinco: os comerciantes que convosco negociavam desde a infância foram-se, cada qual para seu lado, sem que um só deles se encontre que vos tire os vossos males." (47:13 a 15.)

Neste capítulo, Isaías dirige-se aos babilônios sob a figura alegórica *"da virgem filha de Babilônia, filha de caldeus"*. (v. 1.) Diz ele que os adivinhos não impedirão a ruína da monarquia. No seguinte capítulo dirige-se diretamente aos israelitas.

"Vinde aqui vós outros, filhos de uma agoureira, raça dum homem adúltero e de uma mulher prostituída. — De quem rides vós? Contra quem abristes a boca e mostrastes ferinas línguas? Não sois vós filhos perversos de bastarda raça — vós que procurais conforto em vossos deuses debaixo de todas as frontes, *sacrificando-lhes os tenros filhinhos* nas torrentes, sob os rochedos sobranceiros? Depositastes a vossa confiança nas pedras da torrente, espalhastes e bebestes licores em sua honra, oferecestes sacrifícios. Depois disso como não se acender a minha indignação?" (57:3 a 6.)

Estas palavras são inequívocas e provam claramente que nesse tempo as evocações tinham por fim a adivinhação, ao mesmo tempo que constituíam comércio, associadas às práticas da magia e do sortilégio, acompanhadas até de sacrifícios humanos. Moisés tinha razão, portanto, proibindo tais coisas e afirmando que Deus as abominava.

Essas práticas supersticiosas perpetuaram-se até a Idade Média, mas hoje a razão predomina, ao mesmo tempo que o Espiritismo veio mostrar o fim exclusivamente moral, consolador e religioso das relações de além-túmulo.

Uma vez, porém, que os espíritos *não sacrificam criancinhas nem fazem libações para honrar deuses*; uma vez que não interrogam astros, mortos e áugures para adivinhar a verdade sabiamente velada aos homens; uma vez que repudiam qualquer transação com a faculdade de comunicar com os Espíritos; uma vez que os não move a curiosidade nem a cupidez, mas um sentimento de piedade, um desejo de instruir-se e melhorar-se, aliviando as almas sofredoras; uma vez que assim é, porque o é — a proibição de Moisés não lhes pode ser extensiva.

Se os que clamam injustamente contra os espíritas se aprofundassem mais no sentido das palavras bíblicas, reconheceriam que nada existe de análogo, nos princípios do Espiritismo, com o que se passava entre os hebreus. A verdade é que o Espiritismo condena tudo que motivou a interdição de Moisés, mas os seus adversários, no afã de encontrar argumentos com que rebatam as novas ideias, nem se apercebem que tais argumentos são negativos, por serem completamente falsos.

A lei civil contemporânea pune todos os abusos que Moisés tinha em vista reprimir.

Contudo, se ele pronunciou a pena última contra os delinquentes, é porque lhe faleciam meios brandos para governar um povo tão indisciplinado. Esta pena, ademais, era muito prodigalizada na legislação mosaica, pois não havia muito onde escolher nos meios de repressão. Sem prisões nem casas de correção no deserto, Moisés não podia graduar a penalidade como se faz em nossos dias, além de que o seu povo não era de natureza a atemorizar-se com penas puramente disciplinares. Carecem portanto de razão os que se apoiam na severidade do castigo para provar o grau de culpabilidade da evocação dos mortos. Conviria, por consideração à lei de Moisés, manter a pena capital em todos os casos nos quais ele a prescrevia? Por que, então, reviver com tanta insistência este artigo, silenciando ao mesmo tempo o princípio do capítulo que proíbe *aos sacerdotes a posse de bens terrenos e partilhar de qualquer herança, porque o Senhor é a sua própria herança?* (Deuteronômio, 28:1 e 2.)

5.   Há duas partes distintas na lei de Moisés: a Lei de Deus propriamente dita, promulgada sobre o Sinai, e a lei civil ou disciplinar, apropriada aos costumes e caráter do povo. Uma dessas leis é invariável, ao passo que a outra se modifica com o tempo, e a ninguém ocorre que possamos ser governados pelos mesmos meios por que o eram os judeus no deserto e tampouco que os capitulares de Carlos Magno se moldem à França do século XIX. Quem pensaria hoje, por exemplo, em reviver este artigo da lei mosaica: "Se um boi escornar um homem ou mulher, que disso morram, seja o boi apedrejado e ninguém coma de sua carne, mas o dono do boi será julgado inocente?" (Êxodo, 21:28 e seguintes.)

Este artigo, que nos parece tão absurdo, não tinha, no entanto, outro objetivo que o de punir o boi e inocentar o dono, equivalendo simplesmente à confiscação do animal, causa do acidente, para obrigar o proprietário a maior vigilância. A perda do boi era a punição que devia ser bem sensível para um povo de pastores, a ponto de dispensar outra qualquer; entretanto, essa perda a ninguém aproveitava, por ser proibido comer a carne. Outros artigos prescrevem o caso em que o proprietário é responsável.

Tudo tinha sua razão de ser na legislação de Moisés, uma vez que tudo ela previa em detalhes, mas a forma, bem como o fundo, adaptavam-se às circunstâncias ocasionais. Se Moisés voltasse em nossos dias para legislar sobre uma nação civilizada, decerto não lhe daria um código igual ao dos hebreus.

6. A esta objeção opõem a afirmativa de que todas as leis de Moisés foram ditadas em nome de Deus, assim como as do Sinai, mas, julgando-as todas de fonte divina, por que ao decálogo limitam os mandamentos? Qual a razão de ser da diferença? Pois não é certo que se todas essas leis emanam de Deus devem todas ser igualmente obrigatórias? E por que não conservaram a circuncisão, à qual Jesus se submeteu e não aboliu? Ah! Esquecem que, para dar autoridade às suas leis, todos os legisladores antigos lhes atribuíam uma origem divina. Pois bem: Moisés, mais que nenhum outro, tinha necessidade desse recurso, atento o caráter do seu povo; e se, a despeito disso, ele teve dificuldade em se fazer obedecer, que não sucederia se as leis fossem promulgadas em seu próprio nome!

Não veio Jesus modificar a lei mosaica, fazendo da sua lei o código dos cristãos?

Não disse Ele: "Vós sabeis o que foi dito aos antigos, tal e tal coisa, e Eu vos digo tal outra coisa?" Entretanto Jesus não proscreveu, antes sancionou a lei do Sinai, da qual toda a sua doutrina moral é um desdobramento. Ora, Jesus nunca aludiu em parte alguma à proibição de evocar os mortos, quando este era um assunto bastante grave para ser omitido nas suas prédicas, mormente tendo Ele tratado de outros assuntos secundários.

7. Finalmente convém saber se a Igreja coloca a lei mosaica acima da evangélica, ou por outra, se é mais judia que cristã. Convém também notar que, de todas as religiões, precisamente a judia é que faz menos oposição ao Espiritismo, porquanto não invoca a lei de Moisés contrária às relações com os mortos, como fazem as seitas cristãs.

8. Mas temos ainda outra contradição: Se Moisés proibiu evocar os mortos, é que estes podiam vir, pois do contrário inútil fora a proibição. Ora, se os mortos podiam vir naqueles tempos, também o podem hoje; e se são Espíritos de mortos os que vêm, não são exclusivamente demônios.

Ademais, Moisés de modo algum fala nesses últimos.

É duplo, portanto, o motivo pelo qual não se pode aceitar logicamente a autoridade de Moisés na espécie, a saber: primeiro, porque a sua lei não rege o Cristianismo; e, segundo, porque é imprópria aos costumes da nossa época. Suponhamos, então, que essa lei tem a plenitude da autoridade por alguns outorgada, e ainda assim ela não poderá, como vimos, aplicar-se ao Espiritismo. É verdade que a proibição de Moisés abrange a interrogação dos mortos, porém de modo secundário, como acessória às práticas da feitiçaria.

O próprio vocábulo *interrogação*, junto aos de adivinho e agoureiro, prova que entre os hebreus as evocações eram um meio de adivinhar; entretanto, os espíritas só evocam mortos para receber sábios conselhos e obter alívio em favor dos que sofrem, nunca para conseguir revelações ilícitas. Certo, se os hebreus usassem das comunicações como fazem os espíritas, longe de as proibir, Moisés acoroçoá-las-ia, porque o seu povo só teria que lucrar.

9. É certo que alguns críticos jucundos ou mal-intencionados têm descrito as reuniões espíritas como assembleias de nigromantes ou feiticeiros, e os médiuns como astrólogos e ciganos, isto porque talvez quaisquer charlatães tenham afeiçoado tais nomes às suas práticas, que o Espiritismo não pode, aliás, aprovar.

Em compensação, há também muita gente que faz justiça e testemunha o caráter essencialmente moral e grave das reuniões sérias. Além disso, a Doutrina, escrita em livros ao alcance de todo o mundo, protesta bem alto contra os abusos, para que a calúnia recaia sobre quem a merece.

10. A evocação, dizem, é uma falta de consideração para com os mortos, cujas cinzas devem ser respeitadas. Mas quem é que diz tal? São os antagonistas de dois campos opostos, isto é, os incrédulos, *que nas almas não creem*, e os crédulos que pretendem que *só os demônios, e não as almas, podem vir*.

Quando a evocação é feita com recolhimento e religiosamente; quando os Espíritos são chamados, não por curiosidade, mas por um sentimento de afeição e simpatia, com desejo sincero de instrução e progresso, não vemos nada de irreverente em apelar-se para as pessoas *depois de mortas, como se fizera com os vivos*. Há, contudo, uma outra resposta peremptória a essa objeção, e é que os Espíritos se apresentam espontaneamente, sem constrangimento, muitas vezes mesmo sem que sejam chamados. Eles também dão testemunho da satisfação que experimentam por comunicar-se com os homens, e queixam-se às vezes do esquecimento em que os deixam. Se os Espíritos se perturbassem ou se agastassem com os nossos chamados, certo o diriam e não retornariam; porém, nessas evocações, livres como são, se se manifestam, é porque lhes convém.

11.   Ainda uma outra razão é alegada: As almas permanecem na morada que a Justiça divina lhes designa — o que equivale dizer no Céu ou no inferno. Assim, as que estão no inferno, de lá não podem sair, posto que para tanto a mais ampla liberdade seja outorgada aos demônios. As do Céu, inteiramente entregues à sua beatitude, estão muito superiores aos mortais para deles se ocuparem, e são bastante felizes para não voltarem a esta terra de misérias, no interesse de parentes e amigos que aqui deixassem. Então essas almas podem ser comparadas aos nababos que dos pobres desviam a vista com receio de perturbar a digestão?

Mas se assim fora essas almas se mostrariam pouco dignas da suprema bem-aventurança, transformando-se em padrão de egoísmo!

Restam ainda as almas do purgatório, porém, estas, sofredoras como devem ser, antes que doutra coisa, devem cuidar da sua salvação. Deste modo, não podendo nem umas nem outras almas corresponder ao nosso apelo, somente o demônio se apresenta em seu lugar.

Então é o caso de dizer: se as almas não podem vir, não há de que recear pela perturbação do seu repouso.

12.   Mas aqui reponta uma outra dificuldade. Se as almas bem-aventuradas não podem deixar a mansão gloriosa para socorrer os mortais, por que invoca a Igreja a assistência dos santos que devem fruir ainda maior soma de beatitude? Por que aconselha invocá-los em casos de moléstia, de aflição, de flagelos? Por que razão e segundo essa mesma Igreja os santos e a própria Virgem aparecem aos homens e fazem milagres? Estes deixam o Céu para baixar à Terra; entretanto os que estão menos elevados não o podem fazer!

13.   Que os céticos neguem a manifestação das almas, vá, isto que nelas não acreditam, mas o que se torna estranhável *é ver encarniçar-se contra os meios de provar a sua existência, esforçando-se por demonstrar a impossibilidade desses meios,* aqueles mesmos cujas crenças repousam na existência e no futuro das almas! Parece que seria mais natural acolhe-

rem como benefício da Providência os meios de confundir os céticos com provas irrecusáveis, pois que são os negadores da própria religião. Os que têm interesse na existência da alma deploram constantemente a avalancha da incredulidade que invade, dizimando-o, o rebanho de fiéis: entretanto, quando se lhes apresenta o meio mais poderoso de combatê-la, eles recusam-no com tanta ou mais obstinação que os próprios incrédulos. Depois, quando as provas avultam de modo a não deixar dúvidas, eis que procuram como recurso de supremo argumento a interdição do assunto, buscando, para justificá-la, um artigo da lei mosaica do qual ninguém cogitara, emprestando-lhe, à força, um sentido e aplicação inexistentes. E tão felizes se julgam com a descoberta, que não percebem que esse artigo é ainda uma justificativa da Doutrina Espírita.

14. Todas as razões alegadas para condenar as relações com os Espíritos não resistem a um exame sério. Pelo ardor com que se combate nesse sentido é fácil deduzir o grande interesse ligado ao assunto. Daí a insistência. Vendo esta cruzada de todos os cultos contra as manifestações, dir-se-ia que *delas se atemorizam.*

O verdadeiro motivo poderia bem ser o receio de que os Espíritos muito esclarecidos viessem instruir os homens sobre pontos que se pretende obscurecer, dando-lhes conhecimento, ao mesmo tempo, e certeza de um outro mundo, *a par das verdadeiras condições para nele serem felizes ou desgraçados.* A razão deve ser a mesma por que se diz à criança: "Não vá lá, que há lobisomens." Ao homem dizem: "Não chameis os Espíritos: São o diabo." Não importa, porém: impedem os homens de os evocar, mas não poderão impedi-los de vir aos homens *para levantar a lâmpada de sob o alqueire.*

O culto que estiver com a verdade absoluta nada terá que temer da luz, pois a luz faz brilhar a verdade e o demônio nada pode contra esta.

15. Repelir as comunicações de além-túmulo é repudiar o meio mais poderoso de instruir-se, já pela iniciação nos conhecimentos da vida futura, já pelos exemplos que tais comunicações nos fornecem. A experiência nos ensina, além disso, o bem que podemos fazer, desviando do mal os Espíritos imperfeitos, ajudando os que sofrem a desprenderem-se da matéria e a se aperfeiçoarem. Interdizer as comunicações é, portanto, privar as almas sofredoras da assistência que lhes podemos e devemos dispensar.

As seguintes palavras de um Espírito resumem admiravelmente as consequências da evocação, quando praticada com fim caritativo:

"Todo Espírito sofredor e desolado vos contará a causa da sua queda, os desvarios que o perderam. Esperanças, combates e terrores; remorsos, desesperos e dores, tudo vos dirá, mostrando Deus justamente irritado a punir o culpado com toda a severidade. Ao ouvi-lo, dois sentimentos vos acometerão: o da compaixão e o do temor! Compaixão por ele, temor por vós mesmos. E se o seguirdes nos seus queixumes, vereis então que Deus jamais o perde de vista, esperando o pecador arrependido e estendendo-lhe os braços logo que procure regenerar-se. Do culpado vereis, enfim, os progressos benéficos para os quais tereis a felicidade e a glória de contribuir, com a solicitude e o carinho do cirurgião acompanhando a cicatrização da ferida que pensa diariamente." (Bordeaux, 1861.)

Parte Segunda

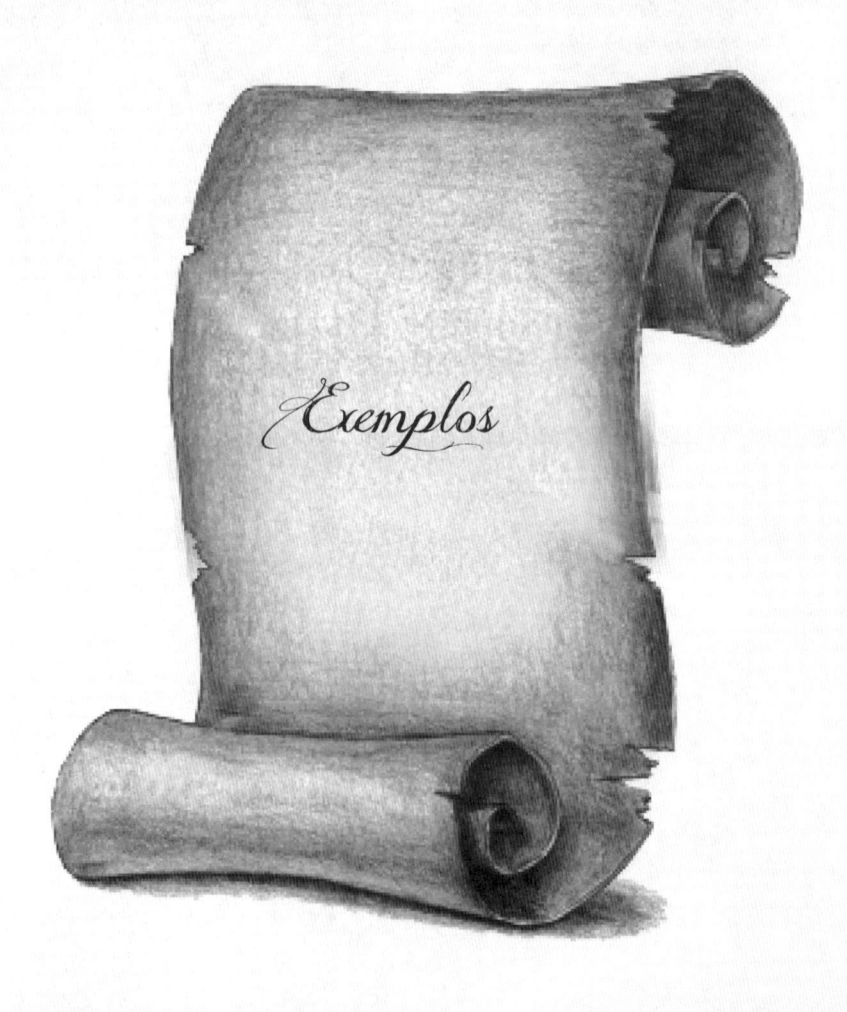

Exemplos

Capítulo I
O passamento

Capítulo II
Espíritos felizes

Capítulo III
Espíritos em condições medianas

Capítulo IV
Espíritos sofredores

Capítulo V
Suicidas

Capítulo VI
Criminosos arrependidos

Capítulo VII
Espíritos endurecidos

Capítulo VIII
Expiações terrestres

Capítulo 1

O passatempo

1. A certeza da vida futura não exclui as apreensões quanto à passagem desta para a outra vida. Há muita gente que teme não a morte, em si, mas o momento da transição. Sofremos ou não nessa passagem? Por isso se inquietam, e com razão, visto que ninguém foge à lei fatal dessa transição. Podemos dispensar-nos de uma viagem neste mundo, menos essa. Ricos e pobres, devem todos fazê-la, e, por dolorosa que seja a franquia, nem posição nem fortuna poderiam suavizá-la.

2. Vendo-se a calma de alguns moribundos e as convulsões terríveis de outros, pode-se previamente julgar que as sensações experimentadas nem sempre são as mesmas. Quem poderá no entanto esclarecer-nos a tal respeito? Quem nos descreverá o fenômeno fisiológico da separação entre a alma e o corpo? Quem nos contará as impressões desse instante supremo quando a Ciência e a Religião se calam? E calam-se porque lhes falta o conhecimento das leis que regem as relações do Espírito e da matéria, parando uma nos umbrais da vida espiritual e a outra nos da vida material. O Espiritismo é o traço de união entre as duas, e só ele pode dizer-nos como se opera a transição, quer pelas noções mais positivas da natureza da alma, quer pela descrição dos que deixaram este mundo. O conhecimento do laço fluídico que une a alma ao corpo é a chave desse e de muitos outros fenômenos.

3. A insensibilidade da matéria inerte é um fato, e só a alma experimenta sensações de dor e de prazer. Durante a vida, toda a desagregação material repercute na alma, que por este motivo recebe uma impressão mais ou menos dolorosa. É a alma, e não o corpo, quem sofre, pois este não é mais que instrumento da dor: aquela é o paciente. Após a morte, separada a alma, o corpo pode ser impunemente mutilado que nada sentirá; aquela, por insulada, nada experimenta da destruição orgânica. A alma tem sensações próprias cuja fonte não reside na matéria tangível. O perispírito é o envoltório da alma e não se separa dela nem antes nem depois da morte. Ele não forma com ela mais que uma só entidade, e nem mesmo se pode conceber uma sem outro. Durante a vida o fluido perispirítico penetra o corpo em todas as suas partes e serve de veículo às sensações físicas da alma, do mesmo modo como esta, por seu intermédio, atua sobre o corpo e dirige-lhe os movimentos.

4. A extinção da vida orgânica acarreta a separação da alma em consequência do rompimento do laço fluídico que a une ao corpo, mas essa separação nunca é brusca.

O fluido perispiritual só pouco a pouco se desprende de todos os órgãos, de sorte que a separação só é completa e absoluta quando não mais reste um átomo do perispírito ligado a uma molécula do corpo. *A sensação dolorosa da alma, por ocasião da morte, está na razão direta da soma dos pontos de contato existentes entre o corpo e o perispírito, e, por conseguinte, também da maior ou menor dificuldade que apresenta o rompimento.* Não é preciso portanto dizer que, conforme as circunstâncias, a morte pode ser mais ou menos penosa. Estas circunstâncias é que nos cumpre examinar.

5. Estabeleçamos em primeiro lugar, e como princípio, os quatro seguintes casos, que podemos reputar situações extremas dentro de cujos limites há uma infinidade de variantes:

1º) Se no momento em que se extingue a vida orgânica o desprendimento do perispírito fosse completo, a alma nada sentiria.

2º) Se nesse momento a coesão dos dois elementos estiver no auge de sua força, produz-se uma espécie de ruptura que reage dolorosamente sobre a alma.

3º) Se a coesão for fraca, a separação torna-se fácil e opera-se sem abalo.

4º) Se após a cessação completa da vida orgânica existirem ainda numerosos pontos de contato entre o corpo e o perispírito, a alma poderá ressentir-se dos efeitos da decomposição do corpo, até que o laço inteiramente se desfaça.

Daí resulta que o sofrimento, que acompanha a morte, está subordinado à força adesiva que une o corpo ao perispírito; que tudo o que puder ajudar na diminuição dessa força, e na rapidez do desprendimento, torna a passagem menos penosa; e, finalmente, que, se o desprendimento se operar sem dificuldade, a alma deixará de experimentar qualquer sentimento desagradável.

6. Na transição da vida corporal para a espiritual, produz-se ainda um outro fenômeno de importância capital — a perturbação. Nesse instante a alma experimenta um torpor que paralisa momentaneamente as suas faculdades, neutralizando, ao menos em parte, as sensações. É como se disséssemos um estado de catalepsia, de modo que a alma quase nunca testemunha conscientemente o derradeiro suspiro. Dizemos *quase nunca*, porque há casos em que a alma pode contemplar conscientemente o desprendimento, como em breve veremos. A perturbação pode, pois, ser considerada o estado normal no instante da morte e perdurável por tempo indeterminado, variando de algumas horas a alguns anos. À proporção que se liberta, a alma encontra-se numa situação comparável à de um homem que desperta de profundo sono; as

ideias são confusas, vagas, incertas; a vista apenas distingue como que através de um nevoeiro, mas pouco a pouco se aclara, desperta-se-lhe a memória e o conhecimento de si mesma. Bem diverso é, contudo, esse despertar; calmo, para uns, acorda-lhes sensações deliciosas; tétrico, aterrador e ansioso, para outros, é qual horrendo pesadelo.

7.   O último alento quase nunca é doloroso, uma vez que ordinariamente ocorre em momento de inconsciência, mas a alma sofre antes dele a desagregação da matéria, nos estertores da agonia, e, depois, as angústias da perturbação. Demo-nos pressa em afirmar que esse estado não é geral, porquanto a intensidade e duração do sofrimento estão na razão direta da afinidade existente entre corpo e perispírito. Assim, quanto maior for essa afinidade, tanto mais penosos e prolongados serão os esforços do espírito para desprender-se. Há pessoas nas quais a coesão é tão fraca que o desprendimento se opera por si mesmo, como que naturalmente; é como se um fruto maduro se desprendesse do seu caule, e é o caso das mortes calmas, de pacífico despertar.

8.   A causa principal da maior ou menor facilidade de desprendimento é o estado moral da alma. A afinidade entre o corpo e o perispírito é proporcional ao apego à matéria, que atinge o seu máximo no homem, cujas preocupações dizem respeito exclusiva e unicamente à vida e gozos materiais. Ao contrário, nas almas puras, que antecipadamente se identificam com a vida espiritual, o apego é quase nulo. E desde que a lentidão e a dificuldade do desprendimento estão na razão do grau de pureza e desmaterialização da alma, de nós somente depende o tornar fácil ou penoso, agradável ou doloroso, esse desprendimento.

Posto isto, quer como teoria, quer como resultado de observações, resta-nos examinar a influência do gênero de morte sobre as sensações da alma nos últimos transes.

9.   Tratando-se de morte natural resultante da extinção das forças vitais por velhice ou doença, o desprendimento opera-se gradualmente; para o homem cuja alma se desmaterializou e cujos pensamentos se destacam das coisas terrenas, o desprendimento quase se completa antes da morte real, isto é, ao passo que o corpo ainda tem vida orgânica, já o Espírito penetra a vida espiritual, apenas ligado por elo tão frágil, que se rompe com a última pancada do coração. Nesta contingência o Espírito pode ter já recuperado a sua lucidez, de molde a tornar-se testemunha consciente da extinção da vida do corpo, considerando-se feliz por tê-lo deixado. Para esse a perturbação é quase nula, ou antes, não passa de ligeiro sono calmo, do qual desperta com indizível impressão de esperança e ventura.

No homem materializado e sensual, que mais viveu do corpo que do Espírito, e para o qual a vida espiritual nada significa, nem sequer lhe toca o pensamento, tudo contribui para *estreitar* os laços materiais, e, quando a morte se aproxima, o desprendimento, conquanto se opere gradualmente também, demanda contínuos esforços. As convulsões da agonia são indícios da luta do Espírito, que às vezes procura romper os elos resistentes, e outras se agarra ao corpo do qual uma força irresistível o arrebata com violência, molécula por molécula.

10. Quanto menos vê o Espírito além da vida corporal, tanto mais se lhe apega, e, assim, sente que ela lhe foge e quer retê-la; em vez de se abandonar ao movimento que o empolga, resiste com todas as forças e pode mesmo prolongar a luta por dias, semanas e meses inteiros.

Certo, nesse momento o Espírito não possui toda a lucidez, visto como a perturbação de muito se antecipou à morte, mas nem por isso sofre menos, e o vácuo em que se acha, e a incerteza do que lhe sucederá, agravam-lhe as angústias. Dá-se por fim a morte, e nem por isso está tudo terminado; a perturbação continua, ele sente que vive, mas não define se material, se espiritualmente, luta, e luta ainda, até que as últimas ligações do perispírito se tenham de todo rompido. A morte pôs termo à moléstia efetiva, porém, não lhe sustou as consequências, e, enquanto existirem pontos de contato do perispírito com o corpo, o Espírito ressente-se e sofre com as suas impressões.

11. Quão diversa é a situação do Espírito desmaterializado, mesmo nas enfermidades mais cruéis! Sendo frágeis os laços fluídicos que o prendem ao corpo, rompem-se suavemente; depois, a confiança do futuro entrevisto em pensamento ou na realidade, como sucede algumas vezes, fá-lo encarar a morte qual redenção e as suas consequências como prova, advindo-lhe daí uma calma resignada, que lhe ameniza o sofrimento.

Após a morte, rotos os laços, nem uma só reação dolorosa que o afete; o despertar é lépido, desembaraçado; por sensações únicas: o alívio, a alegria!

12. Na morte violenta as sensações não são precisamente as mesmas. Nenhuma desagregação parcial pôde iniciar previamente a separação do perispírito; a vida orgânica em plena exuberância de força é subitamente aniquilada. Nestas condições, o desprendimento só começa depois da morte e não pode completar-se rapidamente. O Espírito, colhido de improviso, fica como que aturdido e sente, e pensa, e acredita-se vivo, prolongando-se esta ilusão até que compreenda o seu estado.

Este estado intermediário entre a vida corporal e a espiritual é dos mais interessantes para ser estudado, porque apresenta o espetáculo singular de um Espírito que julga material o seu corpo fluídico, experimentando ao mesmo tempo todas as sensações da vida orgânica. Há, além disso, dentro desse caso, uma série infinita de modalidades que variam segundo os conhecimentos e progressos morais do Espírito. Para aqueles cuja alma está purificada, a situação pouco dura, porque já possuem em si como que um desprendimento antecipado, cujo termo a morte mais súbita não faz senão apressar. Outros há, para os quais a situação se prolonga por anos inteiros. É uma situação essa muito frequente até nos casos de morte comum, que, nada tendo de penosa para Espíritos adiantados, se torna horrível para os atrasados. No suicida, principalmente, excede a toda expectativa. Preso ao corpo por todas as suas fibras, o perispírito faz repercutir na alma todas as sensações daquele, com sofrimentos cruciantes.

13. O estado do Espírito por ocasião da morte pode ser assim resumido: Tanto maior é o sofrimento, quanto mais lento for o desprendimento do perispírito; a presteza deste desprendimento está na razão direta do adiantamento moral do Espírito; para o Espírito desmaterializado, de consciência pura, a morte é qual um sono breve, isento de agonia, e cujo despertar é suavíssimo.

14. Para que cada qual trabalhe na sua purificação, reprima as más tendências e domine as paixões, *preciso se faz que abdique das vantagens imediatas em prol do futuro*, visto como, para identificar-se com a vida espiritual, encaminhando para ela todas as aspirações e preferindo-a à vida terrena, não basta crer, mas compreender. Devemos considerar essa vida debaixo de um ponto de vista que satisfaça ao mesmo tempo à razão, à lógica, ao bom senso e ao conceito em que temos a grandeza, a bondade e a Justiça de Deus. Considerado deste ponto de vista, o Espiritismo, pela fé inabalável que proporciona, é, de quantas doutrinas filosóficas que conhecemos, a que exerce mais poderosa influência.

O espírita *sério* não se limita a crer *porque compreende*, e compreende porque raciocina; a vida futura é uma realidade que se desenrola incessantemente a seus olhos; uma realidade que ele toca e vê, por assim dizer, a cada passo e de modo que a dúvida não pode empolgá-lo, ou ter guarida em sua alma. A vida corporal, tão limitada, amesquinha-se diante da vida espiritual, da verdadeira vida. Que lhe importam os incidentes da jornada se ele compreende a causa e utilidade das vicissitudes humanas, quando suportadas com resignação? A alma eleva-se lhe nas relações com o mundo visível; os laços fluídicos que o ligam à matéria enfraquecem-se, operando-se por antecipação um desprendimento parcial que facilita a passagem para a outra vida. A perturbação consequente à transição pouco perdura, porque, uma vez franqueado o passo, para logo se reconhece, nada estranhando, antes compreendendo, a sua nova situação.

15. Com certeza não é só o Espiritismo que nos assegura tão auspicioso resultado, nem ele tem a pretensão de ser o meio exclusivo, a garantia única de salvação para as almas. Força é confessar, porém, que pelos conhecimentos que fornece, pelos sentimentos que inspira, como pelas disposições em que coloca o Espírito, fazendo-lhe compreender a necessidade de melhorar-se, facilita enormemente a salvação. Ele dá a mais, e a cada um, os meios de facilitar o desprendimento *doutros Espíritos* ao deixarem o invólucro material, abreviando-lhes a perturbação pela evocação e pela prece. Pela prece sincera, que é uma magnetização espiritual, provoca-se a desagregação mais rápida do fluido perispiritual; pela evocação conduzida com sabedoria e prudência, com palavras de benevolência e conforto, combate-se o entorpecimento do Espírito, ajudando-o a reconhecer-se mais cedo, e, se é sofredor, incute-se-lhe o arrependimento — único meio de abreviar seus sofrimentos.[57]

---

[57] Nota de Allan Kardec: Os exemplos que vamos transcrever mostram-nos os Espíritos nas diferentes fases de felicidade e infelicidade da vida espiritual. Não fomos procurá-los nas personagens mais ou menos ilustres da Antiguidade, cuja situação pudera ter mudado consideravelmente depois da existência que lhes conhecemos, e que por isto não ofereceriam provas suficientes de autenticidade. Ao contrário, tomamos esses exemplos nas circunstâncias mais ordinárias da vida contemporânea, uma vez que assim pode cada qual encontrar mais similitudes e tirar, pela comparação, as mais proveitosas instruções. Quanto mais próxima de nós está a existência terrestre dos Espíritos — quer pela posição social, quer por laços de parentesco ou de meras relações — tanto mais nos interessamos por eles, tornando-se fácil averiguar-lhes a identidade. As posições vulgares são as mais comuns, as de maior número, podendo cada qual aplicá-las em si, de modo a tornarem-se úteis, ao passo que as posições excepcionais comovem menos, porque saem da esfera dos nossos hábitos. Não foram, pois, as sumidades que procuramos, e se nesses exemplos se encontram quaisquer personagens conhecidas, de obscuras se compõe o maior número. Acresce que nomes retumbantes nada adiantariam à instrução que visamos, podendo ainda ferir suscetibilidades. E nós não nos dirigimos nem aos curiosos, nem aos amadores de escândalos, mas tão somente aos que pretendem instruir-se. Esses exemplos poderiam ser multiplicados infinitamente, porém, forçados a limitar-lhes o número, fizemos escolha dos que pudessem melhor esclarecer o mundo espiritual e o seu estado, já pela situação dos Espíritos, já pelas explicações que estavam no caso de fornecer. A maior parte destes exemplos está inédita, e apenas alguns, poucos, foram já publicados na Revista espírita. Destes, suprimimos supérfluas minúcias, conservando apenas o essencial ao fim que nos propusemos, ajustando-lhes as instruções complementares a que poderão dar lugar ulteriormente.

Capítulo 2

Espíritos Felizes

- Sanson
- Jobard
- Samuel Philippe
- Van Durst
- Sixdeniers
- O doutor Demeure
- A Viúva Foulon, nascida Wollis
- Um médico russo
- Bernardin
- A condessa Paula
- Jean Reynaud
- Antoine Costeau
- A Srta. Emma
- O doutor Vignal
- Victor Lebufle
- A Sra. Anaïs Gourdon
- Maurice Gontran

Sanson

Este antigo membro da Sociedade Espírita de Paris faleceu a 21 de abril de 1862, depois de um ano de atrozes padecimentos. Prevendo a morte, dirigira ao presidente da Sociedade uma carta com o tópico seguinte:

"Podendo dar-se o caso de ser surpreendido pela separação entre minha alma e meu corpo, ocorre-me reiterar-vos um pedido que vos fiz há cerca de um ano, qual o de evocar o meu Espírito o mais breve possível, a fim de, como membro assaz inútil da nossa Sociedade, poder eu prestar-lhe para alguma coisa depois de morto, esclarecendo fase por fase as circunstâncias decorrentes do que o vulgo chama *morte*, e que, para nós outros — os espíritas — não passa de uma transformação, segundo os desígnios insondáveis de Deus, mas sempre útil ao fim que Ele se propõe. Além deste pedido — que é uma autorização para me honrardes com essa autópsia espiritual, talvez improfícua em razão do meu quase nulo adiantamento, e que a vossa sabedoria não consentirá ir além de um certo número de ensaios — ouso pedir pessoalmente a vós como a todos os colegas que supliquem ao Todo-Poderoso a assistência de bons Espíritos, e a São Luís, nosso presidente espiritual, em particular, que me guie na escolha e na época de uma nova encarnação, ideia que de há muito me preocupa.

Arreceio-me de confiar demais nas minhas forças espirituais, rogando a Deus, muito cedo e presunçosamente, um estado corporal no qual eu não possa justificar a divina bondade, de modo a prejudicar o meu próprio adiantamento e prolongar a estação na Terra ou em outra qualquer parte, desde que naufrague."

Para satisfazer-lhe o desejo, evocando-o o mais breve possível após o seu falecimento, dirigimo-nos com alguns membros da Sociedade à câmara mortuária, onde, em presença do seu corpo, se passou o seguinte colóquio, precedendo uma hora o respectivo enterro. Era duplo o nosso fim: íamos cumprir uma vontade última e íamos observar, ainda uma vez, a situação de uma alma em momento tão imediato à morte, tratando-se, ademais, de um homem eminentemente esclarecido, inteligente e profundamente convicto das verdades espíritas. Íamos enfim colher nas suas primeiras impressões a prova de quanto, sobre o estado do Espírito, pode influir a compenetração dessas verdades. E não nos iludimos na expectativa, porquanto o Sr. Sanson descreveu, plenamente lúcido, o instante da transição, vendo-se morrer e renascer, o que é uma circunstância pouco comum e só devida à elevação do seu Espírito.

I

(Câmara mortuária, 23 de abril de 1862.)

1. Evocação.

— R. Atendo ao vosso chamado para cumprir a minha promessa.

2. Meu caro Sr. Sanson, cumprindo um dever, com satisfação vos evocamos o mais cedo possível depois da vossa morte, como era do vosso desejo.

— R. É uma graça especial que Deus me concede para que possa manifestar-me; agradeço a vossa boa vontade, porém, sou tão fraco que *tremo*.

3. Fostes tão sofredor que podemos, penso eu, perguntar como vos achais agora... Sentis ainda as vossas dores? Comparando a situação de hoje com a de dois dias atrás, que sensações experimentais?

— R. A minha situação é bem-ditosa; acho-me regenerado, renovado, como se diz entre vós, nada mais sentindo das antigas dores. A passagem da vida terrena para a dos Espíritos deixou-me de começo num estado incompreensível, porque ficamos algumas vezes muitos dias privados de lucidez. Eu havia feito no entanto um pedido a Deus para permitir-me falar aos que estimo, e Deus ouviu-me.

4. Ao fim de que tempo recobrastes a lucidez das ideias?

— R. Ao fim de oito horas. Deus, repito, deu-me uma prova de sua bondade, maior que o meu merecimento, e eu não sei como agradecer-lhe.

5. Estais bem certo de não pertencerdes mais ao nosso mundo? No caso afirmativo, como comprová-lo?

— R. Oh! Certamente não sou mais desse mundo, porém, estarei sempre ao vosso lado para vos proteger e sustentar, a fim de pregardes a caridade e a abnegação, que foram os guias da minha vida. Depois, ensinarei a verdadeira fé, a fé espírita, que deve elevar a crença do bom e do justo; estou forte, robusto, em uma palavra — transformado. Em mim não reconhecereis mais o velho enfermo que tudo devia esquecer, fugindo de todo prazer e alegria. Eu sou Espírito e a minha pátria é o Espaço, o meu futuro é Deus, que reina na imensidade. Desejara poder falar a meus filhos, ensinar-lhes aquilo mesmo que sempre desdenharam acreditar.

6. Que efeito vos causa o vosso corpo aqui ao lado?

— R. Meu corpo! Pobre, mísero despojo... volve ao pó, enquanto eu guardo a lembrança de todos que me estimaram. Vejo essa pobre carne decomposta, morada que foi do meu Espírito, provação de tantos anos! Obrigado, mísero corpo, pois que purificaste o meu Espírito! O meu sofrimento, dez vezes bendito, deu-me um lugar bem meritório, por isso que tão depressa posso comunicar-me convosco...

7. Conservastes as ideias até o último instante?

— R. Sim. O meu Espírito conservou as suas faculdades, e quando eu já não mais via, pressentia. Toda a minha existência se desdobrou na memória e o meu último pensamento, a última prece, foi para que pudesse comunicar-me convosco, como o faço agora; em seguida pedi a Deus que vos protegesse, para que o sonho da minha vida se completasse.

8. Tivestes consciência do momento em que o corpo exalou o derradeiro suspiro? Que se passou convosco nesse momento? Que sensação experimentastes?

— R. Parte-se a vida e a vista, ou antes, a vista do Espírito se extingue; encontra-se o vácuo, o ignoto, e arrastada por não sei que poder, encontra-se a gente num mundo de alegria e grandeza! Eu não sentia, nada compreendia e, no entanto, uma felicidade inefável me extasiava de gozo, livre do peso das dores.

9. Tendes ciência... do que pretendo ler sobre a vossa campa?

Apenas pronunciadas as primeiras palavras sobre o assunto, o Espírito respondeu sem que eu terminasse. Também respondeu, sem interrogação alguma, a certa controvérsia suscitada entre os assistentes, sobre se seria oportuno ler esta comunicação no cemitério, achando-se presentes pessoas que poderiam não compartilhar das nossas opiniões.

— R. Ah! Sei, meu amigo, e sei, por que tanto vos via ontem como hoje... que grande é a minha alegria! Obrigado! Obrigado! Falai... falai para que me compreendam e vos estimem; nada tendes que temer, pois que se respeita a morte... falai, pois, para que os incrédulos tenham fé. Adeus; falai; coragem, confiança, e oxalá meus filhos possam converter-se a uma crença sacrossanta.

J. Sanson

Durante a cerimônia do cemitério, ele ditou as palavras seguintes: "Não vos atemorize a morte, meus amigos: ela é um estágio da vida, se bem souberdes viver; é uma felicidade, se bem a merecerdes e melhor cumprirdes as vossas provações. Repito: coragem e boa vontade! Não deis mais que medíocre valor aos bens terrenos, e sereis recompensados. *Não se pode muito gozar, sem tirar de outrem o bem-estar* e sem fazer moralmente um grande, um imenso mal. A terra me seja leve."

II

(Sociedade Espírita de Paris, 25 de abril de 1862.)

1. Evocação.

— R. Estou perto de vós, meus amigos.

2. Consideramo-nos felizes pela entrevista que tivemos no dia do vosso enterro, e, visto que o permitis, mais felizes seremos em completá-la para nossa instrução.

— R. Estou pronto, e sinto-me feliz por pensardes em mim.

3. A ideia falsa que fazemos do mundo invisível é, o mais das vezes, o que nos leva à descrença, e, assim, tudo que possa esclarecer-nos, a tal respeito, será para nós da mais alta importância. Não vos surpreendam, portanto, as perguntas que porventura vos fizermos.

— R. Espero-as e não ficarei surpreendido.

4. Descrevestes luminosamente a transição para a outra vida; dissestes que, no momento de exalar o corpo o derradeiro alento, a vida se parte e a vista se extingue. E será esse momento seguido de qualquer sensação dolorosa?

— R. Decerto que sim, pois a vida não passa de uma série contínua de dores, das quais a morte é complemento. Daí uma ruptura violenta, como se o Espírito houvesse de fazer um esforço sobre-humano para escapar-se do seu invólucro, esforço que absorve todo o ser, fazendo-lhe perder o conhecimento do seu destino.

> Este caso não é geral, pois a experiência prova que muitos Espíritos perdem a consciência antes de expirar, assim como nos que atingiram certo grau de desmaterialização o desprendimento se opera sem esforço.

5. Sabeis se há Espíritos para os quais o momento extremo seja mais penoso? Será ele mais doloroso ao materialista, por exemplo?

— R. Isso é certo, porque o Espírito preparado tem já esquecido o sofrimento, ou, antes, habituou-se com ele e a calma com que encara a morte o impede de sofrer duplamente, prevendo o que por ela o aguarda. O sofrimento moral é mais forte e a sua ausência, por ocasião da morte, é por si só um grande alívio. O descrente assemelha-se ao condenado à pena última, cujo pensamento antevê o cutelo e o ignoto. Entre esta morte e a do ateu, há paridade.

6. Haverá materialistas bastante endurecidos para julgarem nesse momento que vão ser arremessados ao nada?

— R. Sim, eles acreditam no nada até a última hora, mas, no momento da separação, o Espírito recua, a dúvida empolga-o e tortura-o; pergunta-se a si mesmo o que vai ser, quer algo apreender e nada pode. O desprendimento não pode completar-se sem esta impressão.

> Em outras circunstâncias, um Espírito fez-nos a seguinte descrição da morte do incrédulo: "Experimentam nos últimos instantes as angústias desses pesadelos terríveis em que se veem em escarpas de abismos prestes a tragá-los; querem fugir e não podem; procuram agarrar-se a qualquer coisa, mas não encontram apoio e sentem precipitar-se: querem clamar, gritar e nem sequer um som podem articular, então vemo-los contorcerem-se, crispar as mãos, dar gritos sufocados, outros tantos sintomas do pesadelo de que são vítimas.

> No pesadelo ordinário, do sonho, o despertar tira-vos a inquietação e aliviados sois pela compreensão de que sonháveis; o pesadelo da morte prolonga-se muita vez por longo tempo, por anos mesmo, e o que torna a sensação ainda mais penosa para o Espírito são as trevas em que se encontra imerso."

7. Dissestes que por ocasião de expirar nada víeis, porém pressentíeis. Compreende-se que nada vísseis corporalmente, mas o que pressentíeis antes da extinção seria já a claridade do mundo dos Espíritos?

— R. Foi o que eu disse precedentemente, o instante da morte dá clarividência ao Espírito; os olhos não veem, porém o Espírito, que possui uma vista bem mais profunda, descobre instantaneamente um mundo desconhecido, e a verdade, brilhando de súbito, lhe dá momentaneamente imensa alegria ou funda mágoa, conforme o estado de consciência e a lembrança da vida passada.

> Trata-se do instante que precede a morte, ou antes, daquele em que se perde a consciência — o que explica a palavra *momentaneamente*, pois as impressões agradáveis ou penosas, quaisquer que sejam, sobrevivem ao despertar.

8. Podeis dizer-nos o que vos impressionou, o que vistes no momento em que os vossos olhos se abriram à luz? Podeis descrever-nos, se é possível, o aspecto das coisas que se vos depararam?

— R. Quando pude voltar a mim e ver o que tinha diante dos olhos, fiquei como que ofuscado, sem poder compreender, porquanto a lucidez não volta repentinamente. Deus, porém, que me deu uma prova exuberante da sua bondade, permitiu-me recuperasse as faculdades, e foi então que me vi cercado de numerosos, bons e fiéis amigos. Todos os Espíritos protetores que nos assistem, rodeavam-me sorrindo; uma alegria sem par irradiava-lhes do semblante e também eu, forte e animado, podia sem esforço percorrer os espaços. O que eu vi não tem nome na linguagem dos homens. Voltarei depois para falar-vos mais amplamente das minhas venturas, sem ultrapassar, já se vê, o limite traçado por Deus. Sabei que a felicidade, como vós outros a compreendeis, não passa de uma ficção. Vivei sabiamente, santamente, pela caridade e pelo amor, e tereis feito jus a impressões e delícias que o maior dos poetas não saberia descrever.

> Os contos de fadas estão cheios de coisas absurdas, mas quem sabe se não contêm, de alguma sorte e em parte, algo do que se

passa no mundo dos Espíritos? A descrição do Sr. Sanson lembra como que um homem adormecido numa choupana, despertando em palácio esplêndido e rodeado de uma corte brilhante.

III

9. Debaixo de que aspecto se vos apresentaram os Espíritos? Sob a forma humana?

— R. Sim, meu caro amigo; os Espíritos nos ensinam aí na Terra, que conservam no outro mundo a mesma forma que lhes serviu de envoltório, e é a verdade. Mas que diferença entre a máquina informe, que penosamente aí se arrasta com seu cortejo de misérias, e a fluidez maravilhosa do corpo espiritual! A fealdade não mais existe, porque os traços perderam a dureza de expressão que forma o caráter distintivo da raça humana. Deus beatificou esses corpos graciosos que se movem com todas as elegâncias; a linguagem tem modulações intraduzíveis para vós e o olhar o alcance de uma estrela! Conjecturai sobre o que Deus pode produzir na sua Onipotência, Ele, o arquiteto dos arquitetos, e tereis feito uma fraca ideia da forma dos Espíritos.

10. Quanto a vós, como vedes? Reconheceis em vós uma forma limitada, circunscrita, ainda que imponderável? Sentis em vós mesmo uma cabeça, tronco, pernas e braços?

— R. O Espírito, conservando a sua forma humana idealizada, divinizada, pode, sem contradição, possuir todos os membros de que falais. Sinto perfeitamente as minhas mãos com os dedos, pois podemos, à vontade, aparecer-vos e apertar-vos as mãos. Estou junto dos meus amigos e aperto-lhes as mãos sem que disso se apercebam. Quanto à nossa fluidez e graças a ela, podemos estar em toda parte sem interceptar o espaço ou produzir quaisquer sensações, se assim o desejamos. Neste momento, entre as vossas mãos cruzadas tenho as minhas. Digo-vos, por exemplo, que vos amo; porém, o meu corpo não ocupa qualquer espaço, a luz atravessa-o e o que chamaríeis — milagre — se acaso vísseis, não passa para o Espírito de ação contínua de todos os instantes.

"A vista dos Espíritos não se pode comparar à humana, uma vez que também seu corpo não tem quaisquer semelhanças reais; para eles tudo se transforma na essência, como no conjunto. Repito-vos que o Espírito tem uma perspicácia divina que abrange tudo, podendo adivinhar até o pensamento alheio; também pode oportunamente tomar a forma mais própria para tornar-se conhecido. Na realidade, porém, o Espírito que tem terminado a provação prefere a forma que o conduziu para junto de Deus."

11.   Os Espíritos não têm sexo; mas como há poucos dias éreis um homem, desejamos saber se no vosso novo estado tendes mais da natureza masculina ou da feminina? E o mesmo que se dá convosco poder-se-á aplicar ao Espírito de longo tempo desencarnado?

— R. Não temos motivo para ser de natureza masculina ou feminina: os Espíritos não se reproduzem. Deus criou-os como quis, e tendo segundo seus maravilhosos desígnios de dar-lhes a encarnação, sobre a Terra, subordinou-os aí às leis de reprodução das espécies, caracterizada pela junção dos sexos. Mas vós deveis senti-lo, sem mais explicação, que os Espíritos não podem ter sexo.

> Sempre disseram que os Espíritos não têm sexo, sendo este apenas necessário à reprodução dos corpos. De fato, não se reproduzindo, o sexo ser-lhes-ia inútil. A nossa pergunta não visava confirmar o fato, mas saber, visto que o Sr. Sanson desencarnara recentemente, as impressões que guardava do seu estado terreno. Os Espíritos puros compreendem perfeitamente a sua natureza, porém, entre os inferiores, não desmaterializados, muitos há que se acreditam encarnados sobre a Terra, com as mesmas paixões e desejos. Assim, pensam eles que são ainda os mesmos que foram, isto é, homem ou mulher, havendo quem por esta razão suponha ter realmente um sexo. As contradições a tal respeito são oriundas da graduação de adiantamento dos Espíritos que se manifestam, sendo o erro menos deles que de quem os interroga sem se dar ao trabalho de aprofundar as questões.

12.   Que tal se vos afigura a sessão? O seu aspecto é o mesmo de quando éreis vivo? As pessoas guardam para vós a mesma aparência? Será tudo tão claro e distinto como outrora?

— R. Muito mais claro, porquanto posso ler o pensamento de todos vós, sentindo-me igualmente feliz pela benéfica impressão que me causa a boa vontade de todos os Espíritos congregados. Desejo que o mesmo critério se faça sentir não só em Paris, mas na França inteira, onde grupos há que se desligam, invejando-se reciprocamente, dominados por Espíritos turbulentos que se comprazem na discórdia, quando o Espiritismo deve incutir o esquecimento completo e absoluto do eu.

13. Dissestes poder ler em nosso pensamento: podeis explicar-nos como se opera essa transmissão?

— R. Não é fácil. Para vos descrever, explicando-o, este prodígio extraordinário da nossa visão, preciso fora franquear-vos todo um arsenal de agentes novos, com o que, aliás, ficaríeis na mesma, por terdes as vossas faculdades limitadas pela matéria. Paciência... Tornai-vos bons e tudo conseguireis. Atualmente só podeis ter o que Deus vos concede, mas com a esperança de progredir continuamente; mais tarde sereis como nós. Procurai no entanto morrer em graça para muito saberdes. A curiosidade, estímulo do homem que pensa, conduzir-vos-á tranquilamente para a morte, reservando-vos a satisfação de todos os desejos passados, presentes e futuros. Enquanto esperais, direi para responder, ainda que mal, à vossa pergunta: o ar que respirais, impalpável como nós, estereotipa por assim dizer o vosso pensamento; o sopro que exalais é, mais ou menos, a página escrita dos vossos pensamentos lidos e comentados pelos Espíritos que constantemente se encontram convosco, mensageiros de uma telegrafia divina que tudo transmite e grava.

A morte do justo

Em seguida à primeira evocação do Sr. Sanson, feita na Sociedade de Paris, um Espírito deu sob esta epígrafe a comunicação seguinte:

"Foi a de um justo a morte desse homem de quem neste momento vos ocupais, isto é, esperançosa e calma. Como o dia sucede naturalmente à aurora, a vida espiritual se lhe sucedeu à vida terrestre, sem rompimento nem abalo. O seu último suspiro foi tanto como um hino de reconhecimento e amor. E quão poucos os que atravessam assim a rude transição! Quão poucos os que após a confusão e desespero da vida concebem o ritmo harmonioso das esferas! Como o homem de saúde perfeita, de chofre mutilado, sofre nos membros separados ao corpo, assim, a alma do cético, separada do corpo, se despedaça e, lancinante, se precipita no Espaço, inconsciente de si mesma.

Orai por essas almas perturbadas; orai por todos os sofredores, que a caridade não se restringe à humanidade visível, mas deve socorrer e consolar os habitantes do Espaço. Disso tivestes a prova evidente na súbita conversão desse Espírito[58] tocado pelas preces espíritas sobre o

---

[58] Nota de Allan Kardec: Alusão ao Espírito Bernard, que se manifestou espontaneamente no dia das exéquias do Sr. Sanson. (Ver a Revista espírita de maio de 1862.)

túmulo do homem de bem que vindes interrogar e que deseja fazer-vos progredir no bom caminho. O amor não tem limites; enche o Espaço e dá e recebe mutuamente as suas divinas consolações. Também o mar se desenrola numa perspectiva infinita, cujo espetáculo deslumbra o espírito, parecendo-lhe confundir-se o mar no seu limite com os céus. São duas grandezas que se extremam. Pois bem; assim é o amor; mais profundo que as ondas, mais infinito que o Espaço, a todos vós, encarnados e desencarnados, deve unir na santa comunhão da caridade, fusão sublime do finito e do eterno."

Georges

Jobard
Diretor do Museu da Indústria de Bruxelas, nascido em Baissey (Alto Marne) e falecido em Bruxelas, de apoplexia fulminante, a 27 de outubro de 1861, com 69 anos.

O Sr. Jobard era presidente honorário da Sociedade Espírita de Paris e tratava-se de o evocar, na sessão de 8 de novembro, quando, antecipando-se ao nosso desejo, espontaneamente deu a seguinte comunicação:

"Aqui estou eu a quem íeis evocar, manifestando-me por este médium que até agora tenho solicitado baldamente. Antes de tudo desejo descrever as minhas impressões por ocasião do meu desprendimento: senti um abalo indizível; lembrei-me instantaneamente do meu nascimento, da minha juventude, da minha velhice; toda a minha vida se me retratou nitidamente na memória. Eu sentia apenas um como piedoso desejo de me achar enfim nas regiões reveladas pela nossa crença. Depois, o tumulto serenou: eu estava livre e o meu corpo jazia inerte. Ah! Meus caros amigos, que prazer se experimenta sem o peso do corpo! Quanta alegria no abranger o Espaço! Não julgueis, no entanto, que me tenha tornado repentinamente um eleito do Senhor; não, eu estou entre os Espíritos que, tendo aprendido um pouco, muito devem aprender ainda. Não tardou muito que de vós me lembrasse, *meus irmãos de exílio*, e asseguro-vos toda a minha simpatia, todos os meus votos vos cercam.

Quereis saber que Espíritos me receberam? Quais as minhas impressões? Pois bem, amigos, foram todos os que evocamos, todos os irmãos que compartilharam dos nossos trabalhos. Eu vi o esplendor, mas não posso descrevê-lo. Apliquei-me a discernir o que era verdadeiro nas comunicações, pronto a contraditar tudo que fosse errôneo, pronto a ser o cavaleiro andante da verdade neste mundo, tal como o fui no vosso."

Jobard

1. Quando estáveis na Terra, recomendastes-nos para vos evocarmos, e ora o fazemos, não só para satisfazer aquele desejo, como para testemunhar-vos ainda uma vez a nossa sincera simpatia, instruindo-nos ao mesmo tempo, visto que ninguém melhor que vós pode dar-nos esclarecimentos precisos sobre esse mundo em que hoje habitais. Dar-nos-emos por felizes se houverdes por bem responder às nossas perguntas.

— R. Presentemente o que mais se impõe é a vossa instrução. Quanto à vossa simpatia, entrevejo-a e tenho a prova dela tão só pelo que ouço, o que é já um enorme progresso.

2. Para fixarmos ideias e não divagar, principiamos por perguntar em que lugar vos achais aqui, e como vos veríamos se tal coisa nos fosse facultada?

— R. Estou junto do médium, com a aparência do mesmo Jobard que se sentava à vossa mesa, visto que os vossos olhos mortais, ainda vendados, não podem ver os Espíritos senão sob a sua forma mortal.

3. Poderíeis tornar-vos visível? No caso contrário, qual a dificuldade?

— R. A disposição que vos diz respeito é que é toda pessoal. Um médium vidente ver-me-ia, e os outros não.

4. O vosso lugar aqui é o mesmo de quando assistíeis encarnado às nossas sessões e que vos reservamos? Aqueles, pois, que em tais condições vos viram, poderão supor que aí estais tal qual éreis então, visto que aí não estais com o corpo material de outrora, estais no entanto com o corpo fluídico de agora e com a mesma forma. Se vos não vemos com os olhos do corpo, vemos-vos com o pensamento; se não podeis comunicar pela palavra, podeis pela escrita, com auxílio de um médium; assim as nossas relações de forma alguma se romperam com a vossa morte e podemos entretê-las tão fácil e completamente como outrora. É assim precisamente que se passam as coisas?

— R. Sim, e há muito que o sabeis. Ocuparei este lugar muitas vezes, e mesmo sem o saberdes, uma vez que o meu Espírito habitará entre vós.

Chamamos a atenção para esta última frase: *o meu Espírito habitará entre vós*, que, neste caso, não é uma simples figura, porém, realidade. Pelo conhecimento que o Espiritismo nos dá sobre a natureza dos Espíritos, sabemos que qualquer um pode achar-se entre nós, não só em pensamento, mas *pessoalmente*, com seu corpo etéreo, que o torna uma individualidade distinta. Um Espírito tanto pode, conseguintemente, habitar entre nós depois de morto como quando vivo, ou, por outra, melhor ainda depois de morto, uma vez que pode ir e vir livre e voluntariamente. Deste modo temos uma multidão de comensais invisíveis, indiferentes uns, outros atraídos por afeição. É a estes últimos que se aplica esta frase: *Eles habitam entre nós*, que se poderá interpretar assim: *Eles nos assistem, inspiram e protegem*.

5. Não há muito que encarnado vos sentáveis nesse mesmo lugar. As condições em que ora o fazeis parecer-vos-ão estranhas? Qual o efeito da mudança de estado?

— R. De modo algum se me afiguram estranhas as condições, porque o meu Espírito desencarnado goza de lucidez perfeita para não deixar irresolutas quaisquer questões que encare.

6. Lembrai-vos de haver estado nas mesmas condições anteriormente à última existência? Experimentais qualquer mudança a este respeito comparando as situações presente e passada?

— R. Recordo-me das existências anteriores e sinto-me melhorado, por isso que me identifico com o que vejo, ao passo que, perturbado nas precedentes existências, só me apercebia das faltas terrenas.

7. Lembrai-vos da penúltima encarnação, da que precedeu a do Sr. Jobard?

— R. Se me lembro... Fui um operário mecânico acossado pela miséria e pelo desejo de aperfeiçoar a minha arte. *Como Jobard, realizei os sonhos do pobre operário*, e dou graças a Deus cuja bondade infinita fez germinar a planta, e cuja semente depositara em meu cérebro.

8. Já vos tendes comunicado em outra parte?

— R. Pouco me tenho comunicado. Em muitos lugares um Espírito tomou-me o nome; algumas vezes estava eu perto dele sem que pudesse comunicar-me diretamente. Tão recente é a minha morte que participo ainda de certas influências terrestres. É preciso que haja perfeita simpatia para poder exprimir o meu pensamento. Em breve operarei incondicionalmente, mas por enquanto, repito, não posso fazê-lo. Quando morre um homem um tanto conhecido, é chamado de todos os lados e inúmeros Espíritos se dão pressa de apossar-se da sua individualidade. Eis o que comigo se tem passado em muitos casos. Asseguro-vos que, logo após ao desprendimento, poucos Espíritos podem comunicar-se, mesmo por um médium predileto.

9. Vedes os Espíritos que aqui estão conosco?

— R. Vejo, principalmente *Lázaro* e *Erasto*; depois, mais afastado, o *Espírito de Verdade* pairando no Espaço, depois, ainda, uma multidão de Espíritos que vos cercam, solícitos e benévolos. Sede felizes, amigos, pois benéficas influências vos disputam às garras do erro.

10. Quando encarnado compartilháveis da opinião emitida sobre a formação da Terra pela incrustação de quatro planetas que se teriam unido, sois ainda da mesma opinião?

— R. É um erro. As novas descobertas geológicas provam as convulsões da Terra e sua formação gradual e sucessiva. A Terra, como os outros planetas, teve sua vida própria, e Deus não precisou lançar mão dessa grande desordem que seria a agregação de planetas. A água e o fogo são os únicos elementos orgânicos da Terra.

11. Admitíeis também que os homens pudessem cair num estado cataléptico por tempo ilimitado, e que o gênero humano tivesse assim aparecido na Terra?

— R. Pura ilusão da minha mente, que ultrapassava sempre o seu fim. A catalepsia pode ser longa, porém, não indeterminada: tradições, legendas exageradas pela imaginação oriental. Meus amigos, muito tenho sofrido já com as ilusões que alimentaram o meu Espírito; não vos iludais a tal respeito. Muito aprendi e posso hoje dizer-vos que a minha inteligência, apta para assimilar diversos e vastos estudos, guardará no entanto, de sua última encarnação, o pendor para o maravilhoso e místico, hauridos nas imaginações populares. Ainda agora, pouco me tenho ocupado das questões puramente intelectuais, no sentido em que as julgais. E como poderia eu fazê-lo, deslumbrado e aturdido pelo maravilhoso espetáculo que me cerca? O vínculo do Espiritismo, que vós homens não podeis compreender, só ele pode atrair-me a esta terra que abandono — não direi com alegria, por ser uma impiedade — mas com o profundo reconhecimento da libertação.

Quando a Sociedade abriu uma subscrição em favor dos operários de Lyon, em fevereiro de 1862, um consócio subscreveu 50 fr., sendo 25 por si e 25 em nome do Sr. Jobard, que, então, deu a tal respeito a comunicação seguinte:

"Exulto e lisonjeio-me de não ter sido esquecido entre os meus irmãos espíritas. Agradeço ao coração generoso que vos trouxe o óbolo que eu daria se habitasse ainda o vosso mundo. Neste em que ora resido é nula a necessidade de dinheiro, de modo que me foi preciso recorrer à bolsa da amizade para provar materialmente que também a mim me compungia o infortúnio dos irmãos de Lyon. Intrépidos cultores da vinha do Senhor, muito deveis convencer-vos de que a caridade não é uma palavra oca, pois grandes e pequenos vos patentearam, na emergência, sentimentos de simpatia e fraternidade. Estais na grande via humanitária do progresso.

Pois bem: praza a Deus sejais ditosos na jornada, e os Espíritos amigos que vos sustentem para que triunfeis afinal. Eu começo a viver espiritualmente, mais calmo, menos perturbado pelas evocações constantes que sobre mim choviam. O modismo também atua sobre os Espíritos, e quando Jobard "sair de moda", pedirá ele então aos seus amigos sérios que o evoquem.

Aprofundaremos então questões superficialmente tratadas, e o vosso Jobard, completamente transfigurado, poderá ser útil, como deseja de todo o coração."

Jobard

Passados os primeiros tempos consagrados ao alento dos seus amigos, o Sr. Jobard colocou-se entre os Espíritos que ativamente propugnam pela renovação social, esperando uma nova encarnação terrena para tomar parte ainda mais ativa e direta nesse movimento. Depois dessa época, ele deu à Sociedade de Paris, onde continua como cooperador, comunicações de incontestável superioridade, sem se desviar da originalidade e repentes que constituíam o fundo do seu caráter, a ponto de se fazer reconhecido antes de assinar.

Samuel Philippe

Este era um homem de bem na verdadeira acepção da palavra. Ninguém se lembrava de o ter visto cometer uma ação má ou errar voluntariamente no que quer que fosse. De um devotamento extremo aos amigos, podia-se ter como certo o seu acolhimento, se tratando de quaisquer favores, ainda que contrários ao seu próprio interesse.

Trabalhos, fadigas, sacrifícios, nada o impedia de ser útil, e isto sem ostentação, admirando-se quando se lhe atribuía por estes predicados um grande mérito. Jamais desprezou os que lhe fizeram mal; antes se dava pressa em servi-los como se bem semelhante lhe houvessem feito. Tratando-se de ingratos, dizia: — Não é a mim, porém a eles que se deve lastimar. Posto que muito inteligente e dotado de natural vivacidade, teve na Terra uma vida obscura, laboriosa e bordada de rudes provações. Podia-se comparar a essas naturezas de escol que vivem na sombra, das quais o mundo não fala e cujo brilho não se reflete na Terra. Haurira no conhecimento do Espiritismo uma fé ardente na vida futura e uma grande resignação para todos os males da existência terrena. Finalmente, faleceu em dezembro de 1862, na idade de 50 anos, de moléstia atroz, sendo o seu passamento muito sensível à família e aos amigos. Evocamo-lo alguns meses depois do trespasse.

— P. Tendes uma recordação nítida dos últimos instantes da vida na Terra?

— R. Perfeitamente, conquanto essa recordação reaparecesse gradualmente. No instante preciso do desprendimento eram confusas as minhas ideias.

— P. Quereríeis, a bem da nossa instrução e do interesse que nos mereceis pela vossa vida exemplar, descrever como ocorreu o vosso trespasse da vida corporal para a espiritual?

— R. De bom grado, tanto mais quanto a narrativa não aproveitará somente a vós, mas a mim próprio, por isso que, dirigindo o meu pensamento para a Terra, a comparação faz-me apreciar melhor a bondade do Criador. Sabeis que de tribulações provei na vida; entretanto, jamais me faltou coragem na adversidade, graças a Deus! E hoje felicito-me! Quanta coisa perderia se houvesse desanimado! E ainda tremo ao pensar que tudo quanto sofri se anularia caso desfalecesse, tendo de recomeçar novamente as provações! Ó meus amigos, compenetrai-vos firmemente desta verdade, pois nela reside a felicidade do vosso futuro.

Não é, por certo, comprar muito caro essa felicidade por alguns anos de sofrimento! Ah! Se soubésseis o que são alguns anos comparados ao infinito! Se de fato a minha última existência teve algum mérito aos vossos olhos, outro tanto não diríeis das que a precederam. E não foi senão à força de trabalho sobre mim mesmo, que me tornei o que ora sou. Para apagar os últimos traços das faltas anteriores, era-me preciso sofrer as últimas provas que voluntariamente aceitei. Foi na firmeza das minhas resoluções que escudei a resignação, a fim de sofrer sem me queixar. Hoje abençoo essas provações, pois a elas devo o ter rompido com o passado — simples recordação agora que me permite contemplar com legítima alegria o caminho percorrido.

"Ó vós que me fizestes padecer na Terra, que fostes cruéis e malévolos para comigo, que me humilhastes e afligistes; vós, cuja má-fé tantas vezes me acarretou duras privações, não somente vos perdoo mas até vos agradeço. Intentando fazer mal, não suspeitáveis do bem que esse mal me proporcionaria. É verdade, portanto, que a vós devo uma grande parte da felicidade de que gozo, uma vez que me facultastes ocasião para perdoar e pagar o mal com o bem. Deus colocou-vos em meu caminho para aferir a minha paciência, exercitando-me igualmente na prática da mais difícil caridade: *a de amar os inimigos*.

"Não vos impacienteis com esta divagação, porquanto vou responder agora à vossa pergunta. Conquanto sofresse cruelmente com a moléstia que me acometeu, quase não tive agonia: a morte sobreveio-me como um sono, sem lutas nem abalos. Sem temor pelo futuro, não me apeguei à vida e não tive, por conseguinte, de me debater nos últimos momentos.

A separação completou-se sem dor, nem esforço, sem que eu mesmo de tal me apercebesse. Ignoro que tempo durou o sono, que foi curto aliás. Meu calmo despertar contrastava com o meu estado precedente: não sentia mais dores e exultava de alegria; queria erguer-me, caminhar, mas um torpor nada desagradável, antes deleitoso, me prendia, e eu me abandonava a ele prazerosamente, sem compreender a minha situação, conquanto não duvidasse ter já deixado a Terra. Tudo que me cercava era como se fora um sonho. Vi minha mulher e alguns amigos ajoelhados no meu quarto, chorando, e considerei de mim para mim que me julgavam morto. Quis então desenganá-los de tal ideia, mas não pude articular uma palavra, e daí concluí que sonhava. O fato de me ver cercado de pessoas caras, de há muito falecidas, e ainda de outras que à primeira vista não podia reconhecer, fortalecia em mim essa ideia de um sonho, em que tais seres por mim velassem.

"Esse estado foi alternado de momentos de lucidez e de sonolência, durante os quais eu recobrava e perdia a consciência do meu 'eu'.

"Pouco a pouco as minhas ideias adquiriram mais lucidez, a luz que entrevia, por denso nevoeiro, fez-se brilhante; e eu comecei a compreender-me, a reconhecer-me, compreendendo e reconhecendo que não mais pertencia a esse mundo. Certamente, se eu não conhecesse o Espiritismo, a ilusão perduraria por muito mais tempo. O meu invólucro material não estava ainda inumado e eu o olhava com piedade, felicitando-me pela separação, pela liberdade. Pois se eu era tão feliz por me haver enfim desembaraçado! Respirava livremente como quem sai de uma atmosfera nauseante; indizível sensação de bem-estar penetrava todo o meu ser, a presença dos que amara alegrava-me sem me surpreender, antes parecendo-me natural, como se os encontrasse depois de longa viagem. Uma coisa me admirou logo: o compreendermo-nos sem articular uma palavra! Os nossos pensamentos transmitiam-se pelo olhar somente, como que por efeito de uma penetração fluídica.

"Eu não estava, no entanto, completamente livre das preocupações terrenas, e, como para realçar mais a nova situação, a lembrança do que padecera me ocorria de vez em quando à memória.

"Sofrera corporal e moralmente, sobretudo moralmente, como alvo que fui da maledicência, dessas infinitas preocupações mais acerbas talvez que as desgraças reais, quando degeneraram em perpétua ansiedade.

"E ainda bem não se desvaneciam tais impressões, já eu interrogava a mim mesmo se de fato delas me libertara, parecendo-me ouvir ainda umas tantas vozes desagradáveis. Reconsiderando as dificuldades que tanto e tantas vezes me atormentavam, tremia; e procurava, por assim dizer, reconhecer-me, assegurar-me que tudo aquilo não passava de fantástico sonho. E quando cheguei à conclusão, à realidade dessa nova situação, foi como se me aliviasse de um peso enorme.

"É bem verdade, dizia, que estou isento desses cuidados que fazem o tormento da vida! Graças a Deus! Também o pobre, repentinamente enriquecido, duvida da realidade da sua fortuna e alimenta por algum tempo as apreensões da pobreza. Assim era eu.

"Ah! Pudessem os homens compreender a vida futura, e que força, que coragem esta convicção não lhes daria na adversidade.

"Quem deixaria então, na Terra, de prover e assegurar-se da felicidade que Deus reserva aos filhos dóceis e submissos? Gozos ambicionados, invejados, tornar-se-iam mesquinhos em relação aos que eles negligenciam!"

— P. Esse mundo tão novo e comparado ao qual nada vale o nosso, bem como os numerosos amigos que nele reencontrastes, fizeram-vos esquecer a família e amigos encarnados?

— R. Se os tivesse esquecido seria indigno da felicidade de que gozo. Deus não recompensa o egoísmo, pune-o.

"O mundo em que me vejo pode fazer com que desdenhe a Terra, mas não os Espíritos nela encarnados. Somente entre os homens é que a prosperidade faz esquecer os companheiros de infortúnio. Muitas vezes venho visitar os que me são caros, exultando com a recordação que de mim guardaram, seu pensamento me atrai para eles. Assisto às suas conversas, e gozo se gozam ou sofro se sofrem.

"O meu sofrimento é, porém, relativo e não se pode comparar ao angustioso sofrimento humano, uma vez que compreendo o alcance, a necessidade e o caráter transitório das provações, que são para o bem. Esse sofrimento é, ademais, suavizado pela convicção de que aqueles a quem amo virão também por sua vez a esta mansão afortunada onde a dor não existe. Para torná-los dignos dela, dessa mansão, é que me esforço por sugerir-lhes bons pensamentos e sobretudo a resignação que tive, consoante a vontade de Deus. A minha desolação avulta quando os vejo retardar o advento por falta de coragem, murmúrios, vacilações e sobretudo por qualquer ato reprovável. Trato então de os desviar do mau caminho, e, se o consigo, é isso uma felicidade não só para mim, como para outros Espíritos; quando, ao contrário, a intervenção é improfícua, exclamo com pesar: Mais um momento de atraso; mas consola-me a ideia de que nada se perde irremissivelmente."

Samuel Philippe

Van Durst

Antigo funcionário, falecido em Antuérpia, em 1863, aos 80 anos.

Pouco depois do seu decesso, tendo um médium perguntado ao seu guia se poderia evocá-lo, responderam-lhe: "Este Espírito lentamente se refaz da sua perturbação, e, conquanto possa responder-vos imediatamente, muitas mágoas lhe custaria tal comunicação. Peço-vos espereis ainda uns quatro dias, pois até lá ele saberá das boas intenções manifestadas a seu respeito, e a elas corresponderá amistosa e gratamente."

Decorridos os quatro dias recebemos a comunicação seguinte:

"Meu amigo, bem leve na balança da eternidade foi o fardo da minha existência, e no entanto bem longe estou de ser feliz. A minha condição humilde e relativamente ditosa é de quem não fez o mal, sem que por isso visasse à perfeição. E se pode haver pessoas felizes numa esfera limitada, eu sou desse número. O que sinto é não ter conhecido o que ora conheceis, porque a minha perturbação não se prolongaria por tanto tempo, seria menos dolorosa.

De fato, ela foi grande; viver e não viver, estar rudemente preso ao corpo sem poder servir-se dele, ver os que nos foram caros, sentindo extinguir-se o pensamento que a eles nos prende, oh! Que coisa horrível! Que momento cruel esse em que o aturdimento nos empolga e constrange, para desfazer-se em trevas logo após! Sentir tudo, para estar um momento depois aniquilado! Quer-se ter a consciência do seu *eu*, sem encontrá-la; não existir, e sentir que se existe!

Perturbação profunda! Depois, transcorrido um tempo incalculável de angústias contidas, sem forças para senti-las, depois, digo, desse tempo que parece interminável — o renascimento gradual da vida, o despertar de uma nova aurora em outro mundo! Nada de corpo material nem de vida terrestre! Vida, sim, mas imortal! Não mais homens carnais, porém formas diáfanas, Espíritos que deslizam, que surgem de todos os lados, que vos cercam e que não podeis abranger com a vista, porque é no infinito que flutuam! Ter ante si o Espaço e poder franqueá-lo à vontade! Comunicar-se pelo pensamento com tudo que vos envolve! Que vida nova, meu amigo, nova, brilhante e cheia de ventura! Salve, oh! Salve, eternidade que me conténs em teu seio! Adeus, Terra que por tanto tempo me retiveste afastado do elemento natural da minha alma! Não... eu nada mais de ti queria, porque és a terra do exílio, e a maior das felicidades que dispensas nada vale! Soubesse eu o que sabeis, e quão fácil e agradável me seria a iniciação na vida espiritual! Sim, porque saberia, antes de morrer, o que mais tarde somente deveria conhecer, no momento da separação, de forma a desprender-me facilmente. Estais vós outros no caminho, porém, certificai-vos de que todo o adiantamento é pouco. Dizei-o a meu filho tantas vezes quantas bastem para que se instrua e creia, porque, do contrário, a nossa separação continuará aqui.

Amigos, adeus a todos vós; espero-vos, e, enquanto estiverdes na Terra, virei muitas vezes instruir-me convosco, visto como sei menos ainda que muitos dentre vós. Notai que aqui onde estou, sem velhice que me enfraqueça nem entraves de qualquer espécie, aprenderei mais depressa e facilmente. Aqui se vive às claras, caminhando com desassombro, tendo ante os olhos horizontes tão belos que a gente se torna impaciente por abrangê-los. Adeus, deixo-vos, adeus."

Van Durst

Sixdeniers

Homem de bem, morto por acidente e conhecido do médium, quando encarnado. (Bordeaux, 11 de fevereiro de 1861.)

— P. Podeis dar-nos quaisquer detalhes sobre a vossa morte?

— R. Depois de afogar-me, sim.

— P. E por que não antes?

— R. Porque já os conheceis. (O médium conhecia-os, efetivamente.)

— P. Quereis então descrever as vossas sensações depois da morte?

— R. Permaneci muito tempo sem me reconhecer, mas com a graça de Deus e o auxílio dos que me cercavam, quando a luz se fez, inundou-me. Confiai, e encontrareis sempre mais do que esperardes. Nada existe aqui de material; tudo fere os sentidos ocultos sem auxílio da vista ou do tato: compreendeis? É uma admiração espiritual que ultrapassa o vosso entendimento, porque não há palavras que a expliquem. Só a alma pode percebê-la. Bem feliz foi o meu despertar. A vida é um desses sonhos, que, apesar da ideia grosseira que se lhe atribui, só pode ser qualificada de medonho pesadelo. Imaginai que estais encerrado em calabouço infecto onde o vosso corpo, corroído pelos vermes até a medula dos ossos, se suspende por sobre ardente fornalha; que a vossa ressequida boca não encontra sequer o ar para refrescá-la; que o vosso Espírito aterrorizado só vê ao seu redor monstros prestes a devorá-lo; figurai-vos enfim tudo quanto um sonho fantástico pode engendrar de hediondo, de mais terrível, e transportai-vos depois e repentinamente a delicioso Éden. Despertai cercado de todos os que amastes e chorastes; vede, rodeando-vos, semblantes adorados a sorrirem de felicidade; respirai os mais suaves perfumes; desalterai a ressequida garganta na fonte de água viva; senti o corpo pairando no Espaço infinito que o suporta e baloiça, qual a flor que da fronde se destaca aos impulsos da brisa; julgai-vos envolto no amor de Deus qual recém-nascidos no materno amor e tereis uma ideia, aliás apenas imperfeita, dessa transição. Procurei explicar-vos a felicidade da vida que aguarda o homem depois da morte do corpo e não pude. Será possível explicar o infinito àquele que tem os olhos fechados à luz e que não pode sair do estreito círculo que o encerra? Para explicar-vos a eterna felicidade, dir-vos-ei apenas: amai, pois só o amor faculta o pressenti-la, e quem diz amor diz ausência de egoísmo.

— P. A vossa posição foi feliz desde logo que entrastes no mundo dos Espíritos?

— R. Não; tive de pagar a dívida humana. Meu coração pressentira o futuro do Espírito, mas faltava-me a fé. Tive que expiar a indiferença para com o meu Criador, porém a sua misericórdia levou-me em conta o bem insignificante que pude fazer, as dores que resignado padeci, apesar dos sofrimentos, e a sua justiça, cuja balança os homens jamais compreenderão, tão benévola e amorosamente pesou o bem, que o mal depressa se extinguiu.

— P. Podereis dar-me notícias da vossa filha? (morta quatro ou cinco anos antes.)

— R. Está em missão aí na Terra.

— P. Ela é feliz como encarnada? Notai que não quero fazer perguntas indiscretas.

— R. Sei. Ou eu não veria o vosso pensamento como *um quadro* ante meus olhos. Minha filha não é feliz, encarnada, pelo contrário, deverá provar todas as misérias terrenas, pregando pelo exemplo as grandes virtudes de que fazeis simples vocábulos retumbantes. Ajudá-la-ei, no entanto, certo de que lhe não será penoso superar os obstáculos, *pois está na Terra em missão, e não em expiação.* Tranquilizai-vos por ela, e obrigado pela lembrança.

Neste comenos, experimentando dificuldades em escrever, diz o médium:

— Se é um Espírito sofredor que mo impede, peço-lhe que escreva seu nome.

— R. Uma infeliz.

— P. Queira dizer-me o seu nome.

— R. Valéria.

— P. Podereis dizer-me o motivo do vosso sofrimento?

— R. Não.

— P. Estais arrependida dos vossos erros?

— R. Podes julgá-lo.

— P. Quem vos trouxe aqui?

— R. Sixdeniers.

— P. Com que fito?

— R. De me ajudares.

— P. E fostes vós que ainda há pouco me impedistes de escrever?

— R. Sixdeniers me colocou em seu lugar.

— P. Que relação há entre vós e ele?

— R. Guia-me.

— P. Pedi-lhe que nos acompanhasse na prece. (Depois da prece, Sixdeniers retoma a palavra, dizendo: — Obrigado por ela. Já compreendestes; não vos esquecerei; pensai nela.)

— P. (A Sixdeniers.) Tendes muitos Espíritos sofredores a guiar?

— R. Não; entretanto, regenerando algum, buscamos logo outro e assim por diante, sem abandonar os primeiros.

— P. Como podeis prover uma vigilância que deverá multiplicar-se ao infinito no decurso dos séculos?

— R. Os que regeneramos purificam-se e progridem sem que por isso nos deem maior cuidado; além disso, também nos vamos elevando, e, à proporção que subimos, as faculdades, como os poderes, se dilatam, na razão direta da nossa pureza.

> Nota — Os Espíritos inferiores, pelo que vemos, são assistidos por bons Espíritos com a missão de os guiar, tarefa esta que não é exclusivamente delegada aos encarnados, os quais nem por isso ficam desobrigados de auxiliá-la, uma vez que também isso constitui para eles meio de progresso. Nem sempre com boa intenção um Espírito inferior vem interromper boas comunicações, mas é certo que o fazem algumas vezes, como no caso presente, com a permissão dos bons Espíritos, seja como prova, seja com

o intuito de obter daquele a quem se dirige o auxílio necessário ao seu progresso. É fato que a persistência, em tais casos, pode degenerar em obsessão, porém, quanto maior for a tenacidade, tanto mais provará a necessidade de assistência. É um erro e um mal repelirmos tais Espíritos, que devemos encarar quais mendigos a pedirem esmola. Digamos antes: É um Espírito infeliz que os bons me enviam para educar. Conseguindo-o, restar-nos-á toda a alegria decorrente de uma boa ação, e nenhuma melhor que a de regenerar uma alma, aliviando-lhe os sofrimentos. Penosa é muitas vezes essa tarefa e melhor fora, por certo, receber continuamente belas comunicações, conversar com Espíritos escolhidos; mas não é buscando a nossa própria satisfação, nem repudiando as ocasiões que se nos oferecem para praticar o bem, que havemos de atrair a proteção dos bons Espíritos.

O doutor Demeure
Falecido em Albi (Tarn) a 25 de janeiro de 1865.

Era um médico homeopata e distintíssimo. Seu caráter, tanto quanto o saber, haviam-lhe granjeado a estima e veneração dos seus concidadãos. Eram-lhe inextinguíveis a bondade e a caridade, e, a despeito da idade avançada, não se lhe conheciam fadigas, se tratando de socorrer doentes pobres. O preço das visitas era o que menos o preocupava, e de preferência sacrificava as suas comodidades ao pobre, dizendo que os ricos, em sua falta, bem podiam recorrer a outro médico. E quantas e quantas vezes ao doente sem recursos provia do necessário às exigências materiais, no caso de serem mais úteis que o próprio medicamento. Dele pode dizer-se que era o Cura d'Ars da Medicina. Encontrando, na Doutrina Espírita, a chave de problemas cuja solução debalde pedira à Ciência como a todas as filosofias, o Dr. Demeure abraçara com ardor essa doutrina. Pela profundeza do seu espírito investigador compreendeu-lhe subitamente todo o alcance, de maneira a tornar-se um dos seus mais solícitos propagadores.

Relações de mútua e viva simpatia se haviam estabelecido entre nós, correspondendo-nos. Soubemos do seu decesso a 30 de janeiro, sendo que o nosso imediato desejo foi evocá-lo. Em seguida reproduzimos a comunicação obtida no mesmo dia:

"Aqui estou. Ainda vivo, assumi o compromisso de manifestar-me desde que me fosse possível, apertando a mão do meu caro mestre e amigo Allan Kardec.

A morte emprestara à minha alma esse pesado sono a que se chama letargia, porém, o meu pensamento velava. Sacudi o torpor funesto da perturbação consequente à morte, levantei-me e de um salto fiz a viagem. Como sou feliz! Não mais velho nem enfermo. O corpo, esse, era apenas um disfarce. Jovem e belo, dessa beleza eternamente juvenil dos Espíritos, cujos cabelos não encanecem sob a ação do tempo.

Ágil como o pássaro que cruza célere os horizontes do vosso céu nebuloso, admiro, contemplo, bendigo, amo e curvo-me, átomo que sou, ante a grandeza e sabedoria do Criador, sintetizadas nas maravilhas que me cercam. Feliz! feliz na glória! Oh! Quem poderá jamais traduzir a esplêndida beleza da mansão dos eleitos; os céus, os mundos, os sóis e seu concurso na harmonia do universo? Pois bem: eu ensaiarei fazê-lo, ó meu mestre; vou estudar, e virei trazer-vos o resultado dos meus trabalhos de Espírito e que de antemão, como homenagem, eu vos dedico. Até breve."

Demeure

As duas comunicações seguintes, dadas em data de 1o e 2 de fevereiro, dizem respeito à enfermidade de que fomos acometidos na ocasião. Posto que de caráter pessoal, reproduzimo-las como provas de que o Dr. Demeure se mostrava tão bom como Espírito, quanto o fora como homem.

"Meu bom amigo, tende coragem e confiança em nós, porquanto essa crise, apesar de ser fatigante e dolorosa, não será longa, e, com os conselhos prescritos, podereis, conforme desejais, completar a obra que vos propusestes como fito da vossa existência. Sou eu quem aqui está, perto de vós, e com o *Espírito de Verdade*, que me permite falar em seu nome, por ser eu dos vossos amigos o mais recentemente desencarnado. É como se me fizessem as honras da recepção. Caro mestre, quanto me sinto feliz por ter desencarnado a tempo de estar com esses amigos neste momento! Mais cedo, livre, eu poderia talvez ter-vos poupado essa crise que não previa. Era muito recente o meu desprendimento para ocupar-me de outras coisas que não as espirituais, mas agora velarei por vós, caro mestre. Aqui estou para, feliz como Espírito, ao vosso lado, prestar os meus serviços. Conheceis o provérbio: 'ajuda-te, o Céu te ajudará'. Pois bem, ajudai os bons Espíritos que vos assistem, conformando-vos com as suas prescrições. Está muito quente aqui; este carvão é fatigante. Enquanto estiverdes doente, convém não o queimeis mais, a fim de não aumentar o vosso sufocamento. Os gases que daí se desprendem são deletérios."

Vosso amigo, Demeure

"Sou eu, Demeure, o amigo do Sr. Kardec. Venho dizer-lhe que o acompanhava quando lhe sobreveio o acidente. Este seria certamente funesto sem a intervenção eficaz para a qual me ufano de haver concorrido. De acordo com as minhas observações e com os informes colhidos em boa fonte, é evidente para mim que, quanto mais cedo se der a sua desencarnação, tanto mais breve reencarnará para completar a sua obra. É preciso, contudo, antes de partir, dar a última demão às obras complementares da teoria doutrinal de que é o iniciador. Se, portanto, por excesso de trabalho, não atendendo à imperfeição do seu organismo, antecipar a partida para cá, será passível da pena de homicídio voluntário. É mister dizer-lhe toda a verdade, para que se previna e siga estritamente as nossas prescrições."

Demeure

A seguinte comunicação foi obtida em Montauban, aos 26 de janeiro, dia seguinte ao da sua desencarnação, num Centro de amigos espíritas que havia nessa cidade.

"Antoine Demeure. Não morri para vós, meus amigos, porém para aqueles que não conhecem a santa doutrina que reúne os que se amaram e tiveram na Terra os mesmos pensamentos, os mesmos sentimentos de amor e caridade. Sou feliz e mais feliz do que esperava, gozando de uma lucidez rara entre os Espíritos, relativamente ao tempo da minha desencarnação.

Revesti-vos de coragem, bons amigos, que eu estarei muitas vezes junto de vós, instruindo-vos em muitas coisas que ignoramos quando presos à matéria, espesso véu que é de tantas magnificências, de tantos gozos.

Orai pelos que estão privados dessa felicidade, pois eles não sabem o mal que fazem a si mesmos.

Hoje não me prolongarei, dizendo-vos somente que me não sinto de todo estranho neste mundo dos invisíveis, parecendo-me até que sempre o habitei. Aqui sou feliz vendo os meus amigos, comunicando-me com eles sempre que o desejo.

Não choreis, meus amigos, porque me faríeis lamentar o haver-vos conhecido. Deixai correr o tempo, e Deus vos encaminhará para esta mansão, onde nos devemos todos reunir finalmente. Boa noite, amigos; que Deus vos conforte, ficando eu ao vosso lado."

Demeure

Ainda de uma carta de Montauban extraímos a narrativa seguinte:
"Tínhamos ocultado à Sra. G., médium sonambúlica e vidente muito lúcida — a morte do Dr. Demeure, em atenção à sua extrema sensibilidade. Sem dúvida, secundando o nosso intuito, o bom médico também evitou manifestar-se-lhe. A 10 de fevereiro reunimo-nos a convite dos guias, que diziam querer aliviar a Sra. G. de uma luxação, em consequência da qual muito sofria desde a véspera. Nada mais sabíamos, e longe estávamos de pensar na surpresa que nos aguardava. Logo que essa senhora se mediunizou, começou a soltar gritos lancinantes, mostrando o pé. Eis o que se passava: A Sra. G. via um Espírito curvado a seus pés com a fisionomia oculta, a fazer-lhe fricções e massagens, exercendo de vez em quando uma tração longitudinal sobre a parte luxada, exatamente como faria qualquer médico. A operação era tão dolorosa, que a paciente vociferava empregando movimentos desordenados.

No entanto, a crise não foi longa e ao fim de uns dez minutos desapareciam a inflamação e os traços da luxação, retomando o pé a sua aparência normal. A Sra. G. estava curada! O Espírito continuava incógnito para a médium, persistindo em não lhe revelar as feições, quando, por mostrar desejos de retirar-se, a doente, que momentos antes não daria um passo, se atira de um salto ao centro do quarto para apertar a mão do seu médico espiritual. Ainda desta feita, o Espírito voltou o rosto, deixando a mão na da médium. Nesse momento a Sra. G. dá um grito e cai desfalecida no soalho, vindo de reconhecer o Dr. Demeure no Espírito que a operara. Durante a síncope ela recebia cuidados de muitos Espíritos afeiçoados.

Por fim, reapareceu a lucidez sonambúlica e ela conversou com muitos desses Espíritos, trocando-se felicitações, sobretudo com o Dr. Demeure, que lhe correspondia aos testemunhos de afeição penetrando-a de fluidos reparadores.

Não é uma tal cena surpreendentemente dramática, considerando-se as personagens como que representando papéis da vida humana? Não será uma prova, entre mil outras, de que os Espíritos são seres efetivamente reais, agindo como se estivessem na Terra? Somos felizes por ver, no amigo Espírito, o mesmo coração bondoso do médico solícito e abnegado que foi neste mundo. Ele fora durante a vida o médico da médium, e, conhecendo a sua extrema sensibilidade, poupou-a tanto quanto se fora sua própria filha. Esta prova de identidade, conferida aos que o Espírito prezava, é admirável e de molde a fazer encarar a vida futura por um prisma mais consolador."

> Nota — A situação espiritual do Dr. Demeure é justamente a que se podia antever na sua vida tão digna quão utilmente empregada. Mas, dessas comunicações, resulta ainda um outro fato não menos instrutivo — o da atividade que ele emprega quase imediatamente após a morte, no sentido de tornar-se prestimoso. Por sua alta inteligência e qualidades morais, ele pertence à categoria dos Espíritos muito adiantados. A sua felicidade não é, porém, a da inação. Ainda há poucos dias tratava doentes como médico, e mal apenas se desprende da matéria, ei-lo a tratá-los como Espírito. Dirão certas pessoas que nada se adianta, então, com a permanência no outro mundo, uma vez que se não goza ali de repouso. É o caso de lhes perguntarmos se é nada o não termos mais cuidados, necessidades, moléstias; podermos livre e sem fadigas percorrer o Espaço com a rapidez do pensamento, ver os que nos são sempre caros e a toda hora, por mais distantes que de nós se achem! — E acrescentaremos: — Quando no outro mundo, nada vos forçará a vontade; poderíeis ficar em beatífica ociosidade e pelo tempo que vos aprouvesse, mas ficai certos de que esse repouso egoísta depressa vos enfadaria, e seríeis os primeiros a solicitar qualquer ocupação. Então se vos diria que se a ociosidade vos enfada, deveis vós mesmos procurar algo fazer, visto não escassearem ocasiões de ser útil, quer no mundo dos Espíritos, quer no dos homens. E assim é que a atividade espiritual deixa de ser uma obrigação para tornar-se uma necessidade, um prazer relativo às tendências e aptidões, escolhidos de preferência os misteres mais propícios ao adiantamento de cada um.

A viúva Foulon, nascida Wollis

A Sra. Foulon, falecida em Antibes a 3 de fevereiro de 1865, residiu por muito tempo no Havre, onde granjeou a reputação de miniaturista habilíssima. De notável talento, aproveitou-o primeiro como simples amadora, mas, quando lhe sobrevieram necessidades, fez da sua arte proveitosa fonte de receita. O que a tornava admirada e estimada, conquistando-lhe depois, da parte dos que a conheceram, uma recordação memorável, era sobretudo a amenidade do caráter, as qualidades pessoais, que só os íntimos podiam conhecer em toda a sua extensão. É que a Sra. Foulon, como todos os que têm inato o sentimento do bem, não o alardeava, antes o considerava predicado natural. Se houve pessoa sobre a qual o egoísmo não tenha tido ascendente, tal, sem dúvida, foi ela. Nunca, talvez, o sentimento da abnegação pessoal foi tão ampliado, pronta como estava sempre a sacrificar-lhe o repouso, a saúde e os interesses em proveito dos necessitados. Pode dizer-se que a sua vida foi uma longa série de sacrifícios, como também de rudes provações desde a mocidade, sem que a coragem e a resignação, a despeito delas, jamais lhe faltassem. Mas eis que a sua vista, cansada por meticuloso trabalho, extinguia-se dia a dia, a ponto de, com algum tempo mais, resultar em completa cegueira! Foi então que o conhecimento da Doutrina Espírita se lhe tornou em oceano de luz, rasgando-lhe como que espesso véu para deixar-lhe entrever alguma coisa não totalmente desconhecida, mas da qual possuía apenas uma vaga intuição. Estudou-a com afinco, mas ao mesmo tempo com o critério de apreciação própria das pessoas, tal qual ela, dotadas de uma alta inteligência.

Fora preciso avaliar todas as incertezas, todas as dúvidas da sua existência, provenientes não dela, mas dos parentes, para julgar das consolações que hauriu na sublime revelação, e que lhe deram a fé inquebrantável do futuro, a consciência da nulidade das coisas terrenas.

Também a sua morte foi digna da vida que teve. Sem a mínima apreensão angustiosa, viu-a aproximar-se como libertação que lhe era das cadeias terrestres, ao mesmo tempo que lhe abria as portas da vida espiritual, com a qual se identificara no estudo do Espiritismo. E morreu calmamente, convicta de haver completado a missão que aceitara ao encarnar, pois cumprira escrupulosamente os deveres de esposa e mãe de família; e assim como durante a vida declinara de todo e qualquer ressentimento em relação àqueles de quem porventura pudera queixar-se por ingratos; e assim como sempre trocara o bem pelo mal, assim também desencarnou, perdoando-lhes, implorando para eles a bondade e a justiça divinas.

Desencarnou, finalmente, com a serenidade decorrente de uma consciência ilibada, e a convicção de que nem por isso se afastaria mais dos filhos, uma vez que poderia estar com eles em espírito, aconselhá-los e protegê-los, fosse qual fosse o ponto do globo em que se achassem.

Logo que soubemos do trespasse da Sra. Foulon, tivemos por primeiro cuidado o de evocá-la. As relações de amizade e simpatia, que a Doutrina estabelecera entre nós, explicam algumas das suas frases e justificam a familiaridade de linguagem.

I

(Paris, 6 de fevereiro de 1865, três dias após o decesso.)

Tendo como certo que havíeis de evocar-me logo após o desprendimento, prontificava-me para corresponder-vos, visto não ter experimentado qualquer perturbação. Esta só existe para os seres envoltos e submersos nas trevas do seu próprio Espírito.

Pois bem! Meu amigo, considero-me feliz agora; estes míseros olhos que se enfraqueceram a ponto de me não deixarem mais que a recordação de coloridos prismas da juventude, de esplendor cintilante; estes olhos, digo, abriram-se aqui para rever horizontes esplêndidos, idealizados em vagas reproduções por alguns dos vossos geniais artistas, mas cuja exuberância majestática, severa e conseguintemente grandiosa, tem o cunho da mais completa realidade.

Não há mais de três dias que desencarnei e sinto que sou artista: as minhas aspirações, atinentes ao ideal do belo artístico, mais não eram que a intuição de faculdades adquiridas em anteriores existências e na última encarnação desenvolvidas.

Mas quanto trabalho para reproduzir uma obra-prima, digna da grandiosa cena que se antolha ao Espírito chegado às regiões da luz! Pincéis! Pincéis e eu provarei ao mundo que a arte espírita é o complemento da arte pagã, da arte cristã que periclita, cabendo somente ao Espiritismo a glória de revivê-la com todo o esplendor sobre vosso mundo deserdado.

Isto é o bastante para a artista; e agora, à amiga:

"Por que vos incomodar assim, minha boa amiga (refere-se à Sra. Allan Kardec), com o motivo da minha morte? Vós, principalmente, vós que conheceis as decepções e amarguras da minha existência devereis antes regozijar-vos em sabendo que não mais bebo na taça amarga das dores terrenas, taça esgotada até as fezes. Crede-me: os mortos são mais felizes que os vivos e pranteá-los é duvidar das verdades espíritas. Tornareis a ver-me, ficai certa. Se parti primeiro é porque finda estava a tarefa, que aliás cada qual tem na Terra. Assim, quando a vossa for completada, vireis repousar um pouco junto de mim para recomeçar mais tarde, atento ao princípio de que nada é inativo na natureza. Todos temos más tendências, às quais obedecemos, o que é uma lei suprema e comprobatória da faculdade do livre-arbítrio. Portanto, tende indulgência e caridade, minha amiga, sentimentos esses de que mutuamente carecemos, quer no mundo visível, quer no invisível. Com tal divisa, tudo vai bem. Não me direis para cessar de falar. Sabei, contudo, que, para a primeira vez, bem longa já vai a conversação, motivo pelo qual vos deixo, para dar a vez ao meu excelente amigo Sr. Kardec.

Quero agradecer-lhe as palavras afetuosas que houve por bem dirigir à amiga que no túmulo o precedeu, visto como escapamos de partir juntos para o mundo em que me encontro! (Alusão à enfermidade de que falara o Dr. Demeure.) Que diria então a companheira amantíssima da nossa existência, se os bons Espíritos não tivessem intervindo? Teria chorado e gemido, o que até certo ponto compreendo. É preciso, porém, que vele para que não mais vos exponhais a novo perigo, antes de ter concluído o trabalho da iniciação espírita, chegando antecipadamente entre nós e, qual Moisés, não vendo senão de longe a Terra da Promissão.

É uma amiga que vo-lo diz, acautelai-vos.

Agora parto para junto dos meus queridos filhos, depois do que irei ver, além-mar, se a minha ovelha viajora aportou à terra ou permanece à mercê das tempestades. (Refere-se a uma das filhas que residia na América.) Oxalá a protejam os bons Espíritos, aos quais para o mesmo fim vou reunir-me. Voltarei a conversar convosco, pois não vos esqueçais de que sou uma conversadora infatigável.

Até breve, bons e caros amigos; até logo."

Viúva Foulon

II
(8 de fevereiro de 1865.)

— P. Cara Sra. Foulon, considero-me satisfeito com a comunicação de há dias, na qual prometestes continuar a nossa conversação.

Crede que vos reconheci logo, por falardes de coisas desconhecidas do médium e muito próprias do vosso Espírito. A linguagem afetuosa para conosco é, seguramente, de uma alma amorosa como a vossa, conquanto notássemos nas palavras uma firmeza, uma segurança, uma pronúncia até então desconhecida em vós. Lembrai-vos certamente que neste sentido eu me permiti fazer-vos mais de uma advertência, em certas e determinadas circunstâncias.

— R. É verdade, sim, porém, desde que enfermei gravemente, tratei de readquirir a firmeza de espírito, abalada pelos desgostos e vicissitudes que tantas vezes me fizeram tímida na Terra. Eu disse para comigo: Pois que és espírita, esquece a Terra; prepara-te para a transformação do teu ser e vê, pelo pensamento, a trilha luminosa que espera a tua alma após o desenlace, e pela qual deverás libertar-te, desembaraçada e feliz, às esferas celestes, onde, de futuro, irás habitar.

"Dir-me-eis talvez que era um tanto presunçosa em contar com a perfeita felicidade, uma vez desencarnada, mas o fato é que eu sofrera tanto, tanto, que deveria expiar as faltas não só da última, como das anteriores encarnações. Essa intuição não me iludia e foi ela quem me deu a coragem, a calma e a firmeza dos últimos momentos. Pois bem: essa firmeza cresceu de pronto quando, após a libertação, vi as esperanças realizadas."

— P. Descrevei-nos agora a transição, o despertar e as primeiras impressões que aí recebestes.

— R. Eu sofri, mas o Espírito sobrepujou o sofrimento material que o desprendimento em si lhe acordava. *Depois do último alento*, encontrei-me como que em desmaio, sem consciência do meu estado, não pensando em coisa alguma, numa vaga sonolência que não era bem o sono do corpo nem o despertar da alma. Nesse estado fiquei longo tempo, e depois, como se saísse de prolongada síncope, lentamente despertei no meio de irmãos que não conhecia. Eles prodigalizavam-me cuidados e carícias, ao mesmo tempo que me mostravam no Espaço um ponto algo semelhante a uma estrela, dizendo: "É para ali que vais conosco, pois já não pertences mais à Terra." Então, recordei-me; e, apoiada sobre eles, formando um grupo gracioso que se lança para as esferas desconhecidas, mas na certeza de aí achar a felicidade, subimos, subimos, à proporção que a estrela se engrandecia...

"Era um mundo feliz, um centro superior no qual a vossa amiga vai repousar. Quando digo repouso, quero referir-me às fadigas corporais que amarguei, às contingências da vida terrestre, não à indolência do Espírito, pois que este tem na atividade uma fonte de gozos."

— P. Então deixastes a Terra definitivamente?

— R. Deixo nela muitos entes queridos, para que possa separar-me definitivamente. A ela virei, portanto, em Espírito, incumbida como estou de uma missão junto de meus filhinhos. De sobejo sabeis que nenhum obstáculo se opõe à vinda à Terra, à visita, em suma, dos Espíritos que demoram em mundos superiores.

— P. A vossa posição de agora poderia de algum modo diminuir ou enfraquecer as relações com os que aqui deixastes?

— R. Não, meu amigo, o amor aproxima as almas. Ficai certo de que na Terra podeis estar mais próximos dos que atingiram a perfeição, do que daqueles que por sua inferioridade e egoísmo gravitam ao redor da esfera terrestre.

"A caridade e o amor são dois motores de poderosa atração, a qual consolida e prolonga a união das almas, a despeito de distâncias e lugares.

"A distância só existe para os corpos materiais, nunca para os Espíritos."

— P. Que ideia fazeis agora dos meus trabalhos sobre Espiritismo?

— R. Parece-me que sois um missionário e que o fardo é pesado, mas também prevejo o fim da vossa missão e sei que o atingireis. Ajudar-vos-ei no que estiver ao meu alcance, com os meus conselhos de Espírito, para que possais superar as dificuldades que vos serão suscitadas, animando-vos, enfim, a tomar medidas próprias para ativar, durante vossa vida, o movimento renovador que o Espiritismo impulsiona.

"Demeure, o vosso amigo, unido ao *Espírito de Verdade*, vos será mais útil ainda, porquanto é mais sábio e ponderado do que eu. Sei que a assistência dos bons Espíritos vos fortalece e sustenta no vosso labor, e assim também vos asseguro o meu concurso sempre e em qualquer parte."

— P. De algumas das vossas palavras pode inferir-se que não prestareis mui ativa colaboração pessoal na propagação do Espiritismo?

— R. Enganais-vos. O fato é que vejo tantos outros Espíritos mais capazes do que eu de tratar deste assunto, aliás tão importante, que uma timidez invencível me impede de vos responder conforme desejais. Provavelmente assim acontecerá, e eu me animarei com denodo desde que melhor conheça esses Espíritos. Há quatro dias apenas que deixei a Terra e, conseguintemente, ainda estou sob a influência deslumbradora de tudo que me cerca. Dar-se-á o caso de não me compreenderdes? Não encontro meios de exprimir as sensações novas que experimento. Esforço-me a todo o transe para fugir à fascinação que sobre o meu ser exercem as maravilhas por ele admiradas. A única coisa que posso fazer é adorar e render graças a Deus nas suas obras. Mas essa impressão se desvanecerá e os Espíritos asseguram-me que dentro em breve estarei acostumada a todas estas magnificências, de modo a poder tratar com lucidez espiritual de todas as questões concernentes à renovação da Terra. A tal circunstância deveis juntar mais a de ter eu uma família a consolar.

"Adeus e até breve, caro mestre. A vossa boa amiga ama-vos e amará sempre, visto como a vós exclusivamente deve a única consolação duradoura e verdadeira que teve na Terra."

Viúva Foulon

III

A comunicação seguinte foi destinada a seus filhos em data de 9 de fevereiro:

"Meus amantíssimos filhos:

Deus retirou-me de junto de vós, mas a recompensa que se dignou conceder-me é bem maior que o pouco que fiz na Terra.

Resignai-vos, queridos filhos, às vontades do Onipotente e tirai, de tudo quanto vos permitiu receberdes, a força para suportar as provações da vida. Tende firme no coração a crença que tanto me facilitou a passagem para este mundo.

Depois da morte, Deus, tal como já o havia feito na Terra, estendeu sobre mim o manto da sua misericórdia infinita.

A Ele deveis agradecer os benefícios de que vos cumula. Abençoai-o, meus filhos, bendizei-o sempre, a todo o instante. Não percais nunca de vista o que vos foi indicado, nem o caminho a trilhar. Meditai sobre a aplicação do tempo que Deus vos determinou na Terra. Aí sereis felizes, meus queridos filhos, felizes uns pelos outros, desde que a união reine entre vós. Felizes ainda com vossos filhos, se os educardes nos mesmos sãos princípios que Deus permitiu vos fossem revelados. Não me podeis ver, é certo; mas convém que saibais que os elos que aí nos ligavam não se espedaçaram pela morte do corpo, visto como não era o invólucro, mas o Espírito que nos unia. E assim é que me será possível, por bondade do Onipotente, guiar- -vos, encorajar-vos nessa jornada, para de novo nos juntarmos, quando para vós ela estiver terminada.

Caros filhos, cultivai carinhosamente esta crença sublime. A vós que a tendes, belos dias vos aguardam. Isso mesmo já vos disseram, porém a mim não estava fadado o ver esses dias aí na Terra. Será do alto, pois, que julgarei os belos tempos prometidos pelo Deus de bondade, de justiça e misericórdia. Não choreis, meus filhos. Possam estas comunicações fortalecer-vos na fé, no amor de Deus, esse Deus que tantos benefícios nos prodigalizou, que tantas e tantas vezes socorreu vossa mãe. Orai sempre, que a prece revigora. Conformai-vos com as prescrições por mim tão ardentemente seguidas, quando como vós encarnada.

Voltarei, meus filhos, mas é preciso consolar a filha que de mim tanto precisa agora. Adeus, até breve. Eu vo-lo suplico por vós: crede na bondade divina. Até sempre."

Viúva Foulon

Nota — Todo Espírito esclarecido e sério tirará, com facilidade, destas comunicações os ensinamentos que delas ressaltam. Nós apenas lhe chamaremos a atenção para os dois pontos seguintes: Primeiro — a possibilidade, por este exemplo demonstrada, de não mais ser preciso encarnar na Terra e passar a um mundo superior, sem ficar separado dos seres afeiçoados que aqui deixamos. Assim, os que temem a reencarnação, em virtude das misérias terrenas, podem conjurá-la, trabalhando para o seu adiantamento. E assim procederá aquele que não quiser vegetar nas camadas inferiores, fazendo o possível por instruir-se, por trabalhar e graduar-se.

O segundo ponto é a confirmação do fato de estarmos menos separados na morte do que na vida, dos seres que nesta nos foram caros.

Retida pela enfermidade e pela idade numa pequena cidade do Sul, a Sra. Foulon apenas conservava junto de si apenas uma parte de sua família. Estando a maior parte dos filhos e dos amigos dispersos e afastados, obstáculos materiais impediam que os visse tantas vezes quantas porventura o desejaria. Para alguns, a distância dificultava a própria correspondência. Apenas desencarnada, a Sra. Foulon, célere, corre para perto de cada um, percorre distâncias sem fadiga, rápida qual a eletricidade, e os vê e assiste às suas reuniões íntimas, protege-os e pode, servindo-se da mediunidade, entreter-se com eles a todo instante, como se viva na Terra fora.

E dizer-se que, a uma perspectiva tão consoladora, ainda há quem prefira a ideia de uma eterna separação!

Um médico russo

O Sr. P..., de Moscou, era um médico tão eminente pelo saber como pelas qualidades morais. Quem o evocou apenas o conhecia por tradição, não havendo tido com ele relações sequer indiretas. A original comunicação foi dada em idioma russo.

— P. (*Depois da evocação.*) Estais presente?

— R. Sim. No dia da minha morte vos persegui com a minha presença, e resististes às tentativas que fiz para escreverdes. As palavras, que a meu respeito dissestes, deram ocasião a que vos reconhecesse, e daí o desejo de me entreter convosco para vosso benefício.

— P. Bom como éreis, por que sofrestes tanto?

— R. Porque ao Senhor aprouve fazer-me sentir duplamente por esse meio o preço da minha libertação, querendo ao mesmo tempo que na Terra progredisse o mais possível.

— P. A ideia da morte causou-vos terror?

— R. Tinha bastante fé em Deus para que tal não sucedesse.

— P. O desprendimento foi doloroso?

— R. Não. Isso que denominais últimos momentos, nada é. Eu apenas senti um rápido abalo, para encontrar-me logo feliz, inteiramente desembaraçado da mísera carcaça.

— P. E que sucedeu depois?

— R. Tive o prazer de ver aproximarem-se inúmeros amigos, notadamente os que tive a satisfação de ajudar, dando-me todos as boas-vindas.

— P. Que regiões habitais? Acaso algum planeta?

— R. Tudo que não seja planeta, constitui o que chamais Espaço e é neste que permaneço. O homem não pode, contudo, calcular, fazer uma ideia, sequer, do número de gradações desta imensidade. Que infinidade de escalas nesta escada de Jacó que vai da Terra ao Céu, isto é, do aviltamento da encarnação em mundo inferior, como esse, até a depuração completa da alma! Ao lugar em que ora me encontro não se chega senão depois de uma série enorme de provas, ou, por outra, de encarnações.

— P. Logo, deveis ter tido muitas existências?

— R. Nem podia ser de outra maneira. Nada há excepcional na ordem imutável do universo, estabelecida por Deus. A recompensa só pode vir depois da luta vencida: assim, se grande for aquela é que também esta o foi e necessariamente. Mas a vida humana é tão curta que a luta apenas se trava por intervalos, que são as diferentes e sucessivas encarnações. É fácil, pois, concluir que, estando eu num dos graus elevados, o atingi depois de uma série de combates, nos quais Deus me permitiu saísse vitorioso algumas vezes.

— P. Em que consiste a vossa felicidade?

— R. Isso é mais difícil de vos fazer compreender. Essa ventura que gozo é uma espécie de contentamento extremo de mim mesmo, não pelos meus merecimentos — o que seria orgulho — e este é predicado de Espíritos atrasados — mas contentamento como que saturado, imerso no amor de Deus, no reconhecimento da sua infinita bondade. Em suma, é a alegria que nos infunde o bem, podendo supor-se ter a seu arbítrio contribuído para o progresso de outros, que se elevaram até o *Criador*. Ficamos como que identificados com esse bem-estar, que é uma espécie de fusão do Espírito com a bondade divina. Temos o dom de ver os Espíritos mais adiantados, de compreender-lhes a missão, de saber que também nós a tanto chegaremos; no infinito incomensurável, entrevemos as regiões em que rútilo esplende o fogo divino, a ponto de deslumbrar-nos, mesmo através do véu que as envolve.

"Mas que digo? Compreendeis as minhas palavras? Acreditais ser esse fogo, a que me refiro, comparável ao Sol, por exemplo? Não, nunca. É uma coisa indizível ao homem, uma vez que as palavras só exprimem para ele coisas físicas ou metafísicas que conhece de memória ou intuitivamente. Desde que o homem não pode guardar na memória o que absolutamente desconhece, como insinuar-se-lhe a percepção? Ficai porém ciente de que é já uma grande ventura o pensar na possibilidade de progredir infinitamente."

— P. Tivestes a bondade de exprimir o desejo de me ser útil: peço- -vos me digais em quê.

— R. Posso ajudar-vos e amparar nos desfalecimentos, fortalecer nos momentos de desânimo, consolar nos de aflição. Se a vossa fé se abalar e qualquer comoção vos perturbar, evocai-me, porque Deus me permitirá vo-lo fazer lembrado, atraindo-vos para Ele. Se vos sentirdes prestes a sucumbir ao peso das más tendências, que a própria consciência acuse de culposas, chamai-me ainda, porque eu vos ajudarei a carregar a vossa cruz, tal como a Jesus ajudaram a carregar aquela donde tão solenemente deveria proclamar a verdade, a caridade. Se vacilardes ao peso dos próprios dissabores, quando o desespero de vós se apodere, ainda uma vez, chamai-me para que venha arrancar-vos do abismo, falando-vos espiritualmente, lembrando deveres impostos, não por considerações sociais ou materiais, mas pelo amor que vos transfundirei na alma, amor por Deus a mim concedido em favor dos que por ele podem salvar-se.

"Certo, na Terra tendes amigos, os quais, compartilhando das vossas angústias, talvez já vos tenham salvo. Em momentos aflitivos tratai de procurar esses amigos, que dão conselhos, apoio, carícias... Pois bem: ficai certo de que no Espaço também podeis ter amigos, úteis e prestantes.

"É uma consolação poder-se dizer: Quando eu morrer, enquanto à cabeceira do leito os amigos da Terra chorarem e pedirem, os do Espaço, no limiar da vida, irão sorridentes conduzir-me ao lugar adequado aos meus méritos e virtudes."

— P. Por que faço jus a essa proteção que quereis dispensar-me?

— R. Eis a razão: A vós me afeiçoei logo no dia da minha morte; é que, como Espírito, vos vi do Espiritismo adepto sincero e bom médium. E como dentre tantos que aí deixei fostes vós que vi primeiramente, logo me propus contribuir para o vosso progresso. O proveito não é apenas vosso, mas também dos que deveis instruir no conhecimento da verdade.

"Na vossa missão podeis ver uma prova eloquente do amor de Deus para convosco. Os que a vós se chegarem, pouco a pouco se tornarão crentes, e aos mais refratários, ouvindo-vos, também a eles chegará, embora mais tarde, a vez de crer. Desanimar, nunca; caminhar sempre, apesar dos pedregulhos. Tomai-me por apoio nos momentos de desânimo." — P. Não me julgo digno de tão grande favor.

— R. Mas por certo que bem longe estais da perfeição. Não obstante o vosso ardor na divulgação das sãs doutrinas; o cuidado em manter a fé dos que vos ouvem; em aconselhar a caridade, a bondade e a benevolência, mesmo para os que convosco mal se conduzem; a resistência aos instintos de cólera, que aliás facilmente poderíeis descarregar nos que vos afligem, por ignorantes das vossas intenções; tudo isso atenua a maldade que ainda possuís. Convém que o diga: o perdão das ofensas é, de tantas, uma das mais poderosas atenuantes do mal. Deus vos cumula de graças pela faculdade que vos concedeu, e que deveis desenvolver pelo esforço próprio, a fim de cooperardes na salvação do próximo. Vou deixar-vos, porém contai sempre comigo. Preciso se faz modereis as ideias terrenas, vivendo o mais possível com os amigos do Espaço.

P.

Bernardin
(Bordeaux, abril de 1862.)

Sou, de há muitos séculos, um Espírito esquecido. Aí na Terra vivi no opróbrio e na miséria, trabalhando incessantemente e dia por dia para dar à família escasso pão. Amava, porém, o verdadeiro Senhor, e quando o que me oprimia na Terra sobrecarregava o fardo das minhas dores, dizia eu: "Meu Deus, dai-me a força de suportar-lhe o peso sem queixumes." Expiava, meus amigos. No entanto, ao sair da rude provação, o Senhor recebeu-me na sua santa paz e o meu mais caro voto foi reunir-vos a todos, irmãos e filhos, dizendo-vos: "Por mais cara que a julgueis, a felicidade que vos espera há de sobrelevar o preço. Filho de numerosa família, jamais tive posição e servi a quem melhor podia auxiliar-me a suportar a existência. Nascido em época de servidão cruel, provei de todas as injustiças, fadigas e dissabores que os subalternos do Senhor haviam por bem impor-me.

Mulher ultrajada, filhas raptadas e repudiadas em seguida, tudo sem poder queixar-me. Meus filhos, esses, levavam-nos às guerras de pilhagens e de crimes, para os enforcarem depois por faltas não cometidas. Ah! Se o soubésseis, pobres amigos, o que padeci na minha longa existência... Eu esperava, contudo, e o Senhor concedeu-ma — essa felicidade que não existe na Terra. A todos vós, portanto, coragem, paciência e resignação. Tu, meu filho, guarda o que te dei e que é um ensinamento prático. Quem aconselha é sempre mais acatado quando pode dizer: — Suportei mais que vós, e suportei sem me queixar." — P. Em que época vivestes?

— R. De 1400 a 1460.

— P. E tivestes depois uma outra existência?

— R. Vivi ainda entre vós como missionário... Sim como missionário da fé, porém da fé pura, verdadeira, provinda de Deus, e não manipulada pelos homens.

— P. E como Espírito, agora, tendes ainda ocupações?

— R. Acreditaríeis então que os Espíritos ficassem inativos? A inação, a inutilidade ser-nos-ia um suplício. A minha missão é guiar centros espíritas, aos quais inspiro bons pensamentos, ao mesmo tempo que me esforço por neutralizar os maus, sugeridos por maus Espíritos.

Bernardin

A condessa Paula

Bela, jovem, rica e de estirpe ilustre, esta era também perfeito modelo de qualidades intelectuais e morais. Faleceu com 36 anos, em 1851. Seu necrológio é daqueles que podem resumir-se nestas palavras por mil bocas repetidas: "Por que tão cedo retira Deus tais pessoas da Terra?" Felizes os que assim fazem abençoada a sua memória. Ela era boa, meiga e indulgente, sempre pronta a desculpar ou atenuar o mal, em lugar de aumentá-lo. Jamais a maledicência lhe conspurcara os lábios. Sem arrogância nem austeridade, era, ao contrário, com benevolência, sem forçada familiaridade, com que tratava os fâmulos, despercebida, ademais de quaisquer aparências de superioridade ou de humilhante proteção. Compreendendo que pessoas que vivem do trabalho não são rendeiros e que, conseguintemente, têm precisão do que se lhes deve, já pela sua condição, já para se manterem, jamais reteve o pagamento de um salário. A simples ideia de que alguém pudesse experimentar uma privação, por sua causa, ser-lhe-ia um remorso de consciência. Ela não pertencia ao número dos que sempre encontram dinheiro para satisfazer os seus caprichos, sem pagarem as próprias dívidas; não podia compreender que houvesse prazer para o rico em ter dívidas, e humilhada se julgaria se lhe dissessem que os seus fornecedores eram constrangidos a fazer-lhe adiantamentos. Também por ocasião da sua morte só houve pesares, nem uma reclamação.

A sua beneficência era inesgotável, mas não essa beneficência ostentosa à luz meridiana; e assim exercia a caridade de coração, que não por amor de vanglórias. Só Deus sabe as lágrimas que ela enxugou, os desesperos que acalmou, pois tais virtudes só tinham por testemunhas os infelizes que assistia. Ela timbrava, além disso, em descobrir os mais pungentes infortúnios, os secretos, socorrendo-os com aquela delicadeza que eleva o moral em vez de o rebaixar.

Da sua estirpe e das altas funções do marido decorriam-lhe onerosos encargos domésticos, aos quais não podia eximir-se; satisfazendo plenamente às exigências de sua posição, sem avareza, ela o fazia, contudo, com tal método, evitando desperdícios e superfluidades, que metade lhe bastava do que a outrem fora preciso para tanto.

E desse modo se permitia facultar da sua fortuna maior quinhão aos necessitados. Destinando a renda de uma parte dessa fortuna exclusivamente a tal fim, considerava-a sagrada e como de menos a despender no serviço da sua casa. E assim encontrara meios de conciliar os seus deveres para com a sociedade e para com os infortúnios.[59] Um dos seus parentes, iniciado no Espiritismo, evocou-a doze anos depois de falecida, e obteve, em resposta a diversas perguntas, a seguinte comunicação:[60]

"Tendes razão, amigo, em pensar que sou feliz. Assim é, efetivamente, e mais ainda do que a linguagem pode exprimir, conquanto longe do seu último grau. Mas eu estive na Terra entre os felizes, pois não me lembro de haver aí experimentado um só desgosto real. Juventude, homenagens, saúde, fortuna, tudo o que entre vós outros constitui felicidade eu possuía! O que é, no entanto, essa felicidade comparada à

---

[59] Nota de Allan Kardec: Pode dizer-se que essa senhora era a encarnação viva da mulher caridosa, ideada em *O evangelho segundo o espiritismo*, cap. XIII.

[60] Nota de Allan Kardec: Desta comunicação, cujo original é em alemão, extraímos os tópicos que interessam ao assunto de que nos ocupamos, suprimindo os de natureza exclusivamente familiar.

que desfruto aqui? Esplêndidas festas terrenas em que se ostentam os mais ricos paramentos, o que são elas comparadas a estas assembleias de Espíritos resplendentes de brilho que as vossas vistas não suportariam, brilho que é o apanágio da sua pureza? Os vossos palácios de dourados salões, que são eles comparados a estas moradas aéreas, vastas regiões do Espaço matizadas de cores que obumbrariam o arco-íris? Os vossos passeios, a contados passos nos parques, a que se reduzem, comparados aos percursos da imensidade, mais céleres que o raio?

Horizontes nebulosos e limitados, que são, comparados ao espetáculo de mundos a moverem-se no universo infinito ao influxo do Altíssimo? E como são monótonos os vossos concertos mais harmoniosos em relação à suave melodia que faz vibrar os fluidos do éter e todas as fibras d'alma! E como são tristes e insípidas as vossas maiores alegrias comparadas à sensação inefável de felicidade que nos satura todo o ser como um eflúvio benéfico, sem mescla de inquietação, de apreensão, de sofrimento?! Aqui, tudo ressuma amor, confiança, sinceridade: por toda parte corações amantes, amigos por toda parte!

Nem invejosos, nem ciumentos! É este o mundo em que me encontro, meu amigo, e ao qual chegareis infalivelmente, se seguirdes o reto caminho da vida.

A felicidade uniforme fatigaria, no entanto, e assim não acrediteis que a nossa seja desprovido de peripécias: nem concerto perene, nem festa interminável, nem beatífica contemplação por toda a eternidade, porém o movimento, a atividade, a vida.

As ocupações, posto que isentas de fadiga, revestem-se de perspectivas e emoções variáveis e incessantes, pelos mil incidentes que se lhes filiam. Tem cada qual sua missão a cumprir, seus protegidos a velar, amigos terrenos a visitar, mecanismos na natureza a dirigir, almas sofredoras a consolar; e é o vaivém, não de uma rua a outra, porém, de um a outro mundo; reunimo-nos, separamo-nos para novamente nos juntarmos; e, reunidos em certo ponto, comunicamo-nos o trabalho r ealizado, felicitando-nos pelos êxitos obtidos; ajustamo-nos, mutuamente nos assistimos nos casos difíceis. Finalmente, asseguro-vos que ninguém tem tempo para enfadar-se, por um segundo que seja. Presentemente, a Terra é o magno assunto das nossas cogitações. Que movimento entre os Espíritos! Que numerosas falanges aí afluem, a fim de lhe auxiliarem o progresso e a evolução! Dir-se-ia uma nuvem de trabalhadores a destrinçarem uma floresta, sob as ordens de chefes experimentados; abatem uns os troncos seculares, arrancam-lhes as raízes profundas, desbastam outros o terreno; amanham estes a terra, semeando; edificam aqueles a nova cidade sobre as ruínas carunchosas de um velho mundo. Neste comenos reúnem-se os chefes em conferência e transmitem suas ordens por mensageiros, em todas as direções. A Terra deve regenerar-se, em dado tempo — pois importa que os desígnios da Providência se realizem, e, assim, tem cada qual o seu papel. Não me julgueis simples expectadora desta grande empresa, o que me envergonharia, uma vez que todos nela trabalham. Importante missão me é afeta, e grandemente me esforço por cumpri-la, o melhor possível. Não foi sem luta que alcancei a posição que ora ocupo na vida espiritual; e ficai certo de que a minha última existência, por mais meritória que porventura vos pareça, não era por si só e a tanto suficiente. Em várias existências passei por provas de trabalho e miséria que voluntariamente havia escolhido para fortalecer e depurar o meu Espírito; dessas provas tive a dita de triunfar, vindo a faltar no entanto uma, porventura de todas a mais perigosa: a da fortuna e bem-estar materiais, *um bem-estar sem sombras de desgosto*. Nessa consistia o perigo. E antes de o tentar, eu quis sentir-me assaz forte para não sucumbir. Deus, tendo em vista as minhas boas intenções, concedeu-me a graça do seu auxílio. Muitos Espíritos há que, seduzidos por aparências, pressurosos escolhem essa prova, mas, fracos para afrontar-lhe os perigos, deixam que as seduções do mundo triunfem da sua inexperiência.

Trabalhadores! Estou nas vossas fileiras: eu, a dama nobre, ganhei como vós o pão com o suor do meu rosto; saturei-me de privações, sofri reveses e foi isso que me retemperou as forças da alma; do contrário eu teria falido na última prova, o que me teria deixado para trás na minha carreira.

Como eu, também vós tereis a vossa prova da riqueza, mas não vos apresseis em pedi-la muito cedo. E vós outros, ricos, tende sempre em mente que a verdadeira fortuna, a fortuna imorredoura, não existe na Terra; procurai antes saber o preço pelo qual podeis alcançar os benefícios do Todo-Poderoso."

Paula, na Terra, Condessa de...

Jean Reynaud
(Sociedade Espírita de Paris. Comunicação espontânea.)

Meus amigos: como é esplêndida esta nova vida! Semelhante a luminosa torrente, ela arrasta em seu curso imenso os Espíritos inebriados pelo infinito! Passei das sombras da matéria à aurora brilhante que faz antever o Onipotente.

Após a ruptura dos laços materiais, abrangeram meus olhos novos horizontes, e eu vivo e desfruto as maravilhas suntuosas do infinito. Salvei-me, não pelo mérito dos meus serviços, mas pelo conhecimento do princípio eterno que me fez evitar as nódoas produzidas pela ignorância na pobre humanidade. A minha morte foi abençoada, apesar de os meus biógrafos, os cegos, a julgarem prematura! Lamentaram alguns escritos nascidos da poeira, e não compreenderam nem compreenderão o quanto o silêncio em torno do recém-fechado túmulo é útil à causa do Espiritismo.

A minha tarefa estava terminada; os meus predecessores seguiam na rota; eu atingira o apogeu no qual o homem, depois de dar o que de melhor possuía, não faria mais que recomeçar. A minha morte reaviva a atenção dos letrados, encaminhando-a para a minha obra capital, atinente à grande questão espírita que eles fingem desconhecer, mas que muito breve os empolgará. Glória a Deus! Ajudado por Espíritos superiores, que protegem a nova doutrina, serei um dos exploradores que balizam o vosso roteiro.

Jean Reynaud

(Paris; reunião familiar. Outra comunicação espontânea.)

O Espírito responde a uma reflexão sobre sua morte inesperada, em idade pouco avançada, o que a muita gente surpreendeu:

"Quem vos disse que a minha morte não seja, de futuro e por suas consequências, um benefício para o Espiritismo?

Notastes, meu amigo, a marcha que segue o progresso, a direção que toma a crença espírita? Primeiro que tudo, deu-lhe Deus as provas materiais: movimento de mesas, pancadas e toda sorte de fenômenos, para despertar a atenção.

Era um como prefácio divertido. Os homens precisam de provas tangíveis para crer. Agora é muito diferente o caso. Depois dos fatos materiais, Deus fala à inteligência, ao bom senso, à razão fria; não são mais efeitos físicos, porém coisas racionais que devem convencer e congregar todos os incrédulos, mesmo os mais teimosos. E isto é apenas o começo: Tomai bem nota do que vos digo: toda uma série de fenômenos inteligentes, irrefutáveis, vão seguir-se, e o número já tão grande dos adeptos da crença espírita vai aumentar ainda. Deus vai insinuar-se às inteligências de escol, às sumidades do espírito, do talento e do saber. Será como um raio de luz a expandir-se, a derramar-se por sobre a Terra inteira, qual fluido magnético irresistível, arrastando os mais recalcitrantes à investigação do infinito, ao estudo dessa admirável ciência que tão sublimes máximas nos ensina.

Vão todos grupar-se em torno de vós e, fazendo abstração do diploma do gênio, tornarem-se humildes e pequenos para aprender e para crer. Depois, mais tarde, quando estiverem instruídos e convencidos, servir-se-ão da sua autoridade e notoriedade para levar mais longe ainda, aos seus últimos limites, o fim que vos propusestes — a regeneração da espécie humana pelo conhecimento racional e profundo das passadas e futuras existências. Eis aí a minha opinião sincera sobre o estado atual do Espiritismo."

(Bordeaux)

Evocação:

— R. Acudo com prazer ao vosso chamado, senhora. Tendes razão; a perturbação espiritual não existe para mim (isso correspondia ao pensamento da médium); exilado voluntário, na Terra, onde devia lançar a primeira semente sólida das grandes verdades que neste momento envolvem o mundo, eu tive sempre a consciência da pátria espiritual e depressa me reconheci entre irmãos.

— P. Agradeço a vossa presença, embora não creia que o simples desejo de conversar convosco determinasse a vossa vinda; deve haver necessariamente uma tão grande diferença entre nós, que só em considerá-la sinto-me possuído de respeito.

— R. Minha filha, obrigado por essa boa ideia; entretanto, deveis saber também que por maior que seja a distância, em virtude da conclusão das provas mais ou menos felizes e prontamente terminadas, existe sempre um elo poderoso que nos liga — a simpatia — e esse elo vindes de o estreitar pelo vosso constante pensamento.

— P. Posto que muitos Espíritos tenham explicado as suas primeiras sensações ao despertar, poderíeis dizer-me o que experimentastes em tal conjuntura e como se operou a separação do vosso Espírito?

— R. Igualmente qual com os outros. Senti o momento da partida que se aproximava; mais feliz, porém, que muitos, esse momento não me infundiu angústias, porque já lhe conhecia as consequências, conquanto fossem estas mais importantes do que o supunha. O corpo é um estorvo às faculdades espirituais e, por maiores que sejam as luzes por ele conservadas, elas são mais ou menos empanadas ao contato da matéria. Fechei os olhos na esperança de um despertar feliz e, se o sono foi breve, a admiração foi imensa. Os esplendores celestes, desenvolvidos aos meus olhos, pompeavam em toda a sua magnificência! A minha vista deslumbrada imergia na imensidão dos mundos cuja existência afirmara, bem como a sua habitabilidade. Era uma miragem a revelar e confirmar concomitantemente a justeza dos meus pensamentos. O homem, por mais convencido que seja, quando fala tem, algumas vezes, a dúvida no íntimo do coração, desconfiando, senão da verdade que proclama, ao menos dos meios imperfeitos empregados para demonstrá-la. Convencido da verdade que insinuava, tive, muitas vezes, de dar combate a mim mesmo, ao desânimo de ver, de tocar por assim dizer a verdade, e não poder torná-la igualmente palpável aos que dela tanto precisam para prosseguir no caminho que lhes conviria.

— P. Em vida professáveis o Espiritismo?

— R. Há uma grande diferença em professar e praticar. Muita gente professa uma doutrina, que não pratica; pois bem, eu praticava e não professava. Assim como cristão é todo homem que segue as leis do Cristo, mesmo sem conhecê-las, assim também podemos ser espíritas, acreditando na imortalidade da alma, nas reencarnações, no progresso incessante, nas provações terrenas — abluções necessárias ao melhoramento. Acreditando em tudo isso, eu era, portanto, espírita. Compreendi a erraticidade, laço intermediário das reencarnações e purgatório no qual o Espírito culposo se despoja das vestes impuras para revestir nova toga, e onde o Espírito, em evolução, *tece* cuidadosamente essa toga que há de carregar no intuito de conservá-la pura. Compreendi tudo isso, e, sem professar, continuei a praticar.

Nota — Estas três comunicações foram obtidas por três médiuns diferentes e estranhos entre si. Pela analogia dos pensamentos e forma da linguagem, podemos, ao menos como presunção, admitir a autenticidade.

A expressão: "tecer cuidadosamente a toga que há de carregar" é uma figura feliz que retrata a solicitude com que o Espírito em evolução prepara a nova existência conducente a um maior progresso do que o feito. Os Espíritos atrasados são menos meticulosos, e muita vez fazem escolhas desastradas, que os forçam a recomeçar.

Antoine Costeau

Membro da Sociedade Espírita de Paris, sepultado em 12 de setembro de 1863 no cemitério de Montmartre, em vala comum.

Era um homem de coração que o Espiritismo reconduziu a Deus; completa, sincera e profunda era a sua fé em Deus. Simples calceteiro, praticava a caridade por pensamentos, palavras e obras consoante os fracos recursos de que dispunha e encontrando meios, ainda assim, de socorrer os que possuíam menos do que ele. Se a Sociedade não lhe adquiriu uma sepultura particular, foi porque lhe pareceu dever antes empregar mais utilmente o dinheiro em benefício dos vivos, do que em vãs satisfações de amor-próprio, além de que nós, os espíritas, sabemos melhor que ninguém que a vala comum é, tanto quanto os mais suntuosos mausoléus, uma porta aberta para o Céu.

O Sr. Canu, secretário da Sociedade e profundo materialista de outros tempos, pronunciou sobre a campa a seguinte alocução:

"Caro irmão Costeau: Faz alguns anos, muitos dentre nós, e eu em primeiro lugar, não viríamos ante este túmulo aberto, que representaria apenas o fim das misérias humanas, e depois o nada, o pavoroso nada, isto é, onde não existia nem alma para merecer ou expiar, e, consequentemente, nem Deus para recompensar, castigar ou perdoar. Hoje, graças à nossa santa Doutrina, divisamos aqui o termo das provações, e para vós, querido irmão, cujos despojos baixam à terra, o triunfo dos labores e o início das recompensas a que fizeram jus a vossa coragem, resignação, caridade, as vossas virtudes, e, acima de tudo isso, a glorificação de um Deus sábio, onipotente, justo e bom.

Sede, pois, caro irmão, o portador das graças que rendemos ao Eterno por ter permitido dissiparem-se as trevas do erro e da incredulidade que nos assoberbavam. Não há muito tempo, e nestas mesmas circunstâncias, com a fronte abatida e o coração lacerado, em desânimo, nós vos diríamos: 'Amigo, adeus para sempre.' Mas hoje vos dizemos, de fronte erguida, radiante de esperanças, e com o coração repleto de amor e de coragem: 'Caro irmão, até breve, orai por nós.'"[61]

Um dos médiuns da Sociedade obteve ali mesmo sobre a sepultura, ainda meio aberta, a seguinte comunicação, ouvida por todos os assistentes, coveiros inclusive, de *cabeça descoberta* e com profunda emoção. Era, de fato, um espetáculo novo e surpreendente esse de ouvir palavras de um morto, recolhidas do seio do próprio túmulo:

"Obrigado, amigos, obrigado. O meu túmulo ainda nem mesmo de todo é fechado, mas, passando um segundo, a terra cobrirá os meus despojos. Vós sabeis, no entanto, que minha alma não será sepultada nesse pó, antes pairará no Espaço a fim de subir até Deus!

E como consola poder-se dizer a respeito da dissolução do invólucro: Oh! Eu não morri, vivo a verdadeira vida, a vida eterna! O enterro do pobre não tem grandes cortejos, nem orgulhosas manifestações se abeiram da sua campa...

Em compensação, acreditai-me, *imensa multidão aqui não falta*, e bons Espíritos acompanharam convosco, e com estas mulheres piedosas, o corpo que aí jaz estendido.

Ao menos todos vós tendes fé e amais o bom Deus!

Oh! Certamente não morremos só porque o nosso corpo se esfacela, esposa amada! Ademais, eu estarei sempre ao teu lado para te consolar, para te ajudar a suportar as provações. Rude ser-te-á a vida, mas repleto o coração com as ideias da eternidade e do amor de Deus, como serão efêmeros os teus sofrimentos! Parentes que rodeais a minha amantíssima companheira, amai-a, respeitai-a, sede para ela como irmãos. Não vos esqueçais nunca da assistência que mutuamente vos deveis na Terra, se é que pretendeis penetrar a morada do Senhor.

Quanto a vós, espíritas, irmãos, amigos, obrigado por terdes vindo a esta morada de pó e lama, a dizer-me adeus. Mas sabeis, e sabeis muito bem, vós, que minha alma imortal vive, e que algumas vezes vos

---

[61] Nota de Allan Kardec: Para mais detalhes, e outras alocuções, ver a Revista espírita de outubro de 1863.

irá pedir preces que jamais lhe recusareis para auxiliá-la na via magnífica que lhe descortinastes na vida terrena.

A vós todos que aqui estais, adeus. Nós nos podemos rever noutro lugar que não sobre este túmulo. As almas me chamam a conferenciar.

Adeus, orai pelos que sofrem e até outra vista."

Costeau

Três dias depois, evocado num grupo particular, o Espírito Costeau assim se exprimiu por intermédio doutro médium:

"A morte é a vida. Não faço mais que repetir o que já disseram, mas para vós não há outra expressão senão esta, a despeito do que afirmam os materialistas, os que preferem ficar cegos. Ó meus amigos, que belo espetáculo sobre a Terra o de ver tremular os estandartes do Espiritismo!

Ciência profunda, imensa, da qual apenas soletrais as primeiras palavras. E que de luzes leva aos homens de boa vontade, aos que, libertando-se das terríveis cadeias do orgulho, altamente proclamam a sua crença em Deus! Homens, orai, rendei graças por tantos benefícios. Pobre humanidade! Ah! Se te fora dado compreender! Mas não, que o tempo não é chegado ainda, no qual a misericórdia do Senhor deve estender-se por sobre todos os homens, a fim de lhe reconhecerem as vontades e a elas se submeterem. Por teus raios luminosos, ciência bendita, é que eles lá chegarão e compreenderão.

Ao teu calor benéfico aquecerão os corações, tonificando-os no fogo divino, portador de consolações, como de fé.

Aos teus raios vivificantes, o *mestre* e o *operário* virão a confundir-se e identificar-se, compenetrados dessa caridade fraterna preconizada pelo divino Messias.

Ó meus irmãos, pensai na felicidade imensa que possuís como primeiros iniciados na obra da regeneração.

Honra vos seja feita. Prossegui, e um dia, como eu, vendo a pátria dos Espíritos, exclamareis: '*A morte é a vida*, ou antes um sonho, espécie de pesadelo que dura o espaço de um minuto, e do qual despertamos para nos vermos rodeados de amigos que nos felicitam, ditosos por nos abraçarem.' Tão grande foi a minha ventura, que eu não podia compreender que Deus me destinasse tantas graças relativamente ao pouco que fiz. Parecia-me sonhar, e como outrora me acontecia sonhar que estava morto, fui por instantes obrigado ao temor de voltar ao desgraçado corpo. Muito não tardou, porém, que me desse contas da realidade e rendesse graças a Deus. Eu bendizia o mestre que tão bem soube incutir-me os deveres de homem que crê na vida futura. Sim, eu o bendizia, agradecia-lhe, porquanto *O livro dos espíritos* despertara-me na alma os elos de amor ao meu Criador.

Obrigado, bons amigos que me atraístes para junto de vós. Participai aos nossos irmãos que estou muitas vezes com o nosso amigo Sanson. Até outra vista e coragem, porque o triunfo vos espera. Felizes os que houverem tomado parte no combate!"

Daí por diante o Sr. Costeau manifestou-se constantemente, na Sociedade e em outras reuniões, dando sempre provas dessa elevação de pensamentos que caracteriza os Espíritos adiantados.

A Srta. Emma[62]

Em consequência de acidentes causados por fogo, faleceu esta donzela após cruéis sofrimentos. Alguém se propusera solicitar a sua evocação na Sociedade Espírita de Paris, quando ela se apresentou espontaneamente a 31 de julho de 1863, pouco tempo depois da morte.

"Eis-me aqui ainda no cenário do mundo, eu que me julgava sepultada para sempre no meu véu de inocência e juventude. Salvar-me-ia o fogo da Terra, do fogo do inferno — assim o pensava eu na minha fé católica, e, se não ousava entrever os esplendores do paraíso, minha alma tímida se apegava à expiação do purgatório, enquanto pedia, sofria e chorava. Mas quem dava ao ânimo abatido a força de suportar as angústias? Quem, nas longas noites de insônia e febre dolorosa, se inclinava sobre o leito de martírios? Quem me refrescava os lábios sedentos, escaldantes? Éreis vós, meu guia, cuja auréola branca me cercava; e éreis vós outros, Espíritos caros e amigos, que vínheis murmurar-me ao ouvido palavras de esperança e de amor.

A chama que me consumia o corpo débil também me despojou das suas cadeias, e, assim, *morri vivendo já a verdadeira vida*. Não experimentei a perturbação; entrei serena e recolhida no dia radiante que envolve aqueles que, depois de muito terem sofrido, souberam esperar um pouco. Minha mãe, minha querida mãe foi a última vibração terrestre que me repercutiu na alma. Como eu desejo que ela se torne espírita! Desprendi-me da Terra qual fruto maduro que se destacasse

---

[62] Nota de Allan Kardec: Srta. Emma Livry.

da árvore antes do tempo. Eu não tinha sido tocada pelo demônio do orgulho que estimula as almas desditosas, arrastadas pelos sucessos embriagadores e brilhantes da juventude.

Bendigo, pois, o fogo, o sofrimento, a prova, que não passavam de expiação. Semelhante a esses brancos e leves fios do outono, flutuo na torrente luminosa, e não são mais as estrelas de diamante que me rebrilham na fronte, mas as áureas estrelas do bom Deus."

Emma

Em 30 de julho de 1863, espontaneamente o mesmo Espírito concedeu em outro centro em Havre a seguinte comunicação:

"Os que sofrem na Terra, são recompensados na outra vida.

Deus é repleto de Justiça e Misericórdia para com os que aqui sofrem.

Concede a felicidade pura e perfeita, que não se deveria temer os sofrimentos e tampouco a morte, se fosse possível aos pobres seres humanos saber os misteriosos desígnios de nosso Criador.

Mas a Terra é um local de muitas provações e frequentemente semeados de dores bem pungentes.

Seja resignado se for ferido e diante de Deus que é o criador absoluto, inclinai-vos pela vossa bondade quando Ele vos dar um fardo pesado para suportar.

Se Ele vos chamar depois de grandes sofrimentos, se nenhum lamento ou murmúrio entrar em vosso coração, vereis como eram poucas essas dores e as penas da Terra, quando percebeis a recompensa que Deus vos reserva.

Bem cedo deixei a Terra e Deus quis me perdoar e dar-me a vida daqueles que respeitam vossa vontade.

Adorai e amai de todo coração para sempre a Deus.

Acima de tudo orai firmemente.

É nisto que consiste o vosso sustentáculo aqui na Terra.

A vossa esperança, a vossa salvação."

Emma

O doutor Vignal

Antigo membro da Sociedade de Paris, falecido a 27 de março de 1865. Na véspera do enterro, um sonâmbulo lúcido e bom vidente, instado a transportar-se para junto dele e narrar o que visse, discorreu:

"Vejo um cadáver, no qual se opera um trabalho extraordinário; dir-se-ia uma quantidade de massa que se agita e alguma coisa que parece fazer esforços para se lhe desprender, encontrando, contudo, dificuldade em vencer a resistência. Não distingo forma de Espírito bem caracterizada." Fez-se a evocação na Sociedade de Paris, a 31 de março.

— P. Caro Sr. Vignal, todos os vossos velhos colegas da Sociedade de Paris guardam de vós as mais vivas saudades, e eu, particularmente, das boas relações, aliás nunca interrompidas. Evocando-vos, tivemos por fim primeiramente testemunhar a nossa simpatia, considerando-nos felizes se puderdes e quiserdes entreter-vos conosco.

— R. Prezado amigo e digno mestre: tão bondosa lembrança e testemunhos de simpatia me são muito lisonjeiros. Graças à vossa evocação e assistência, levadas pelas preces, pude vir hoje assistir desembaraçado a esta reunião de bons amigos e irmãos espíritas. Como justamente disse o jovem secretário, eu estava impaciente por me comunicar; desde o anoitecer de hoje, empreguei todas as forças espirituais para dominar esse desejo; como os graves assuntos, tratados na vossa conversação, me interessassem vivamente, tornaram a minha expectativa menos penosa. Perdoai-me, caro amigo, mas a minha gratidão exigia me manifestasse.

— P. Dizei-nos primeiramente como vos encontrais no mundo espiritual, descrevendo o trabalho da separação, as sensações desse momento, bem como o tempo necessário ao reconhecimento do vosso estado.

— R. Sou tão feliz quanto possível, vendo plenamente confirmados os secretos pensamentos concebíveis em relação a uma doutrina confortante e consoladora.

"Sou feliz, e tanto mais por ver agora, sem obstáculo algum, desenvolver-se diante de mim o futuro da ciência e da filosofia espíritas.

"Mas deixemos por hoje estas digressões inoportunas; de novo voltarei a entreter-vos sobre este assunto, máxime sabendo que a minha presença vos dará tanto prazer quanto o que experimento em visitar-vos.

"A separação foi rápida; mais do que podia esperar pelo meu apoucado merecimento. Fui eficazmente auxiliado pelo vosso concurso e o sonâmbulo vos deu uma ideia bastante clara do fenômeno da separação, para que eu nele insista. Era uma espécie de oscilação intermitente, um como arrastamento em sentidos opostos. Triunfou o Espírito aqui presente. Só deixei completamente o corpo quando ele baixou à terra; e aqui vim ter convosco."

— P. Que dizeis dos vossos funerais? Julguei-me no dever de a eles comparecer. Nesse momento éreis assaz livre para apreciá-los; e as preces por mim feitas a vosso favor (discretamente, já se vê) tinham chegado até vós?

— R. Sim; já o disse; a vossa assistência auxiliou-me grandemente, e voltei a vós, abandonando por completo a velha carcaça. Ademais, sabeis, pouco me importam as coisas materiais. Só pensava na alma e em Deus.

— P. Recordai-vos que a vosso pedido, há cinco anos, em fevereiro de 1860, quando estáveis ainda entre nós, fizemos um estudo a vosso respeito.[63] Nessa ocasião o vosso Espírito desprendeu-se para vir falar conosco. Podereis descrever-nos da melhor forma a diferença entre o vosso atual desprendimento e aquele de então?

— R. Sim, lembro-me. E que grande diferença entre um e outro! Naquele estado, a matéria me oprimia ainda na sua trama inflexível, isto é, queria, mas não podia desembaraçar-me radicalmente.

"Hoje sou livre; um vasto campo desconhecido se me depara, e eu espero com o vosso auxílio e o dos bons Espíritos, aos quais me recomendo, progredir e compenetrar-me o mais rapidamente possível dos sentimentos que é mister possuir, e dos atos que me cumpre empreender para suportar as provações e merecer a recompensa.

"Que majestade! Que grandeza! É quase um sentimento de temor que predomina, quando, fracos quais somos, queremos fixar as paragens luminosas."

— P. Com prazer continuaremos a entreter-nos no assunto, sempre que o quiserdes.

— R. Respondi sucintamente e desordenadamente às diversas perguntas. — Não exijais mais, agora, do vosso fiel discípulo, porquanto não estou ainda inteiramente livre. Continuar a conversar seria o meu prazer, mas o meu guia modera-me o entusiasmo, e já pude apreciar-lhe bastante a bondade e a justiça para submeter-me inteiramente

---

[63] Nota de Allan Kardec: Ver a *Revista espírita* de março de 1860.

à sua decisão, por maior que seja o meu pesar em ser interrompido. Consolo-me, pensando que poderei vir assistir algumas vezes, incógnito, às vossas reuniões. "Falar-vos-ei sempre que possa, pois estimo-vos e desejo prová-lo. Outros Espíritos, porém, mais adiantados, reclamam prioridade, devendo eu curvar-me àqueles que me permitiram dar livre curso à torrente das ideias acumuladas.

"Deixo-vos, amigos, e devo agradecer duplamente não só a vós espíritas que me evocastes, como também a este Espírito que houve por bem ceder-me o seu lugar, Espírito que na Terra tinha o ilustre nome de Pascal.

"Daquele que foi e será sempre o mais devotado dos vossos adeptos."

Dr. Vignal

Victor Lebufle

Moço, prático do porto do Havre, falecido aos 20 anos.

Morava com sua mãe, mercadora, a quem prodigalizava os mais ternos e afetuosos cuidados, sustentando-a com o produto do seu rude trabalho. Nunca o viram frequentar tabernas nem entregar-se aos tão frequentes excessos da sua profissão, por não querer desviar a menor partícula de salário do fim piedoso que lhe destinava. Todo o seu lazer consagrava-o à sua mãe para poupá-la de fadigas. Afetado de há muito por enfermidade, da qual, sabia, havia de morrer, ocultava-lhe os sofrimentos para não a inquietar e para que ela não quisesse privá-lo da sua parte de labor. Na idade das paixões, eram precisos a esse moço um grande cabedal de qualidades morais e poderosa força de vontade para resistir às perniciosas tentações do meio em que vivia. De sincera piedade, a sua morte foi edificante.

Na véspera da morte, exigiu de sua mãe que fosse repousar, dizendo-lhe ter, também ele, necessidade de dormir.

Ela teve a esse tempo uma visão; achava-se, disse, em grande *escuridão*, quando viu um ponto luminoso que crescia pouco a pouco, até que o quarto ficou iluminado por brilhante claridade, da qual se destacava radiante a figura do filho, elevando-se ao Espaço infinito. Compreendeu que o seu fim estava próximo, e, com efeito, no dia seguinte, aquela alma bem formada havia deixado a Terra, murmurando uma prece.

Uma família espírita, conhecedora da sua bela conduta, interessando-se por sua mãe, que ficara sozinha, teve a ideia de o evocar pouco tempo após a morte e ele se manifestou espontaneamente, dando a seguinte comunicação:

"Desejais saber como estou agora; feliz, felicíssimo! Devem ser levados em conta os sofrimentos e angústias, que são a origem das bênçãos e da felicidade de além-túmulo. A felicidade! Ah! Não compreendeis o que significa essa palavra. As venturas terrenas quão longe estão das que experimentamos ao regressar para Jesus, com a consciência pura, com a confiança do servo cumpridor do seu dever, que espera cheio de alegria a aprovação daquele que é tudo.

Ah! Meus amigos, a vida é penosa e difícil, quando se não tem em vista o seu fim, mas eu vos digo, em verdade, que quando vierdes para junto de nós, se seguirdes a Lei de Deus, sereis recompensados além, mas muito além dos sofrimentos e dos méritos que porventura julgardes ter adquirido para a outra vida. Sede bons e caritativos, dessa caridade tão desconhecida entre os homens, e que se chama benevolência. Socorrei os vossos semelhantes, fazendo por outrem mais que por vós mesmos, uma vez que ignorais a miséria íntima de cada um e conheceis a vossa.

Socorrei minha mãe, pobre mãe, único pesar que me vem da Terra. Ela deve passar por outras provas e preciso é que chegue ao Céu. Adeus, vou vê-la."

Victor

O guia do médium — Nem sempre os sofrimentos amargados na Terra constituem uma expiação. Os Espíritos que, cumprindo a vontade do Senhor, baixam à Terra, como este, são felizes em provar males que para outros seriam uma expiação. O sono os revigora perante o Todo-Poderoso, dando-lhes a força de tudo suportarem para sua maior glória. A missão deste Espírito, em sua última existência, não era de aparato, mas por mais obscura que fosse nem por isso tinha menos mérito, visto como não podia ser estimulado pelo orgulho. Ele tinha, antes de tudo, um dever de gratidão a cumprir para com aquela que foi sua mãe; depois, deveria demonstrar que nos piores ambientes podem encontrar-se almas puras, de nobres e elevados sentimentos, capazes de resistir a todas as tentações. Isso é uma prova de que as qualidades morais têm causas anteriores, e um tal exemplo não terá sido estéril.

A Sra. Anaïs Gourdon

Era muito jovem e notável pela doçura do caráter e eminentes qualidades morais que a distinguiam, tendo falecido em novembro de 1860. Pertencia a uma família de mineiros dos arredores de Saint-Étienne, circunstância que torna interessante sua posição espiritual.

Evocação: — R. Presente.

— P. Vosso pai e vosso marido pediram-me para evocar-vos, e felizes se julgariam se obtivessem uma comunicação.

— R. Eu também sou feliz em dá-la.

— P. Por que tão cedo vos furtastes aos carinhos da família?

— R. Porque terminei as provações terrenas.

— P. Podeis ver algumas vezes os vossos parentes?

— R. Oh! Estou sempre ao lado deles.

— P. Sois feliz como Espírito?

— R. Sou feliz. Amo e espero. Os céus não me infundem temor, e cheia de confiança aguardo que asas brancas me alcem até eles.

— P. Que entendeis por asas brancas?

— R. Tornar-me Espírito puro, resplandecer como os mensageiros celestes que me ofuscam.

> As asas dos anjos, arcanjos, serafins, que não passam de Espíritos puros, são evidentemente apenas um atributo pelos homens imaginado para dar ideia da rapidez com que se transportam, visto como a sua natureza etérea os dispensa de qualquer amparo para fender os espaços. Contudo, eles podem aparecer aos homens com tal acessório para lhes corresponderem ao pensamento, assim como os Espíritos se revestem da aparência terrestre a fim de se fazerem cognoscíveis.

— P. Podem os vossos parentes fazer algo em vosso favor?

— R. Podem, caros irmãos, não mais me entristecendo com as suas lamentações, pois sabem que não estou perdida de todo para eles. Desejo que a recordação de meu ser lhes seja suave e doce. Passei qual flor sobre a Terra, e nada de pesaroso deve subsistir dessa passagem.

— P. Como pode ser tão poética a vossa linguagem, e tão pouco em harmonia com a posição que tivestes na Terra?

— R. É que a minha alma é quem fala. Sim, eu tinha conhecimentos adquiridos e *Deus permite muitas vezes que Espíritos delicados encarnem entre os homens mais rústicos, para fazer-lhes pressentir as delicadezas ao seu alcance, que compreenderão mais tarde.*

Sem esta explicação tão lógica, consentânea com a solicitude de Deus para com as criaturas, dificilmente se compreenderia o que à primeira vista parecerá anomalia. De fato, que pode haver de mais belo, poético e gracioso que a linguagem desta jovem educada entre rudes operários? Dá-se o contrário muitas vezes: Espíritos inferiores encarnam entre os mais adiantados homens, porém, com fito oposto. É visando o seu próprio adiantamento que Deus os põe em contato com um meio esclarecido, e, às vezes, também como instrumento de provação desse mundo. Que outra filosofia pode resolver tais problemas?

Maurice Gontran

Era filho único e faleceu, aos 18 anos, de uma afecção pulmonar. Inteligência rara, razão precoce, grande amor ao estudo, caráter doce, terno e simpático, possuía todas as qualidades que fazem prever brilhante futuro. Com grande êxito terminara muito cedo os primeiros estudos, matriculando-se em seguida na Escola Politécnica. A sua morte acarretou aos pais uma dessas dores que deixam traços profundos e muitíssimo dolorosos, pois que, tendo sido sempre de natureza delicada, lhe atribuíam o fim prematuro ao trabalho de estudos a que o instigaram.

Exprobrando-se, então, diziam: "De que lhe serve agora tudo o que aprendeu? Melhor fora ficasse ignorante, pois a ciência não lhe era necessária para viver, e assim estaria, sem dúvida, entre nós; seria o consolo da nossa velhice." Se conhecessem o Espiritismo, raciocinariam de outra forma. Nele encontraram, contudo, a verdadeira consolação. O dito seguinte foi dado pelo rapaz a um dos seus amigos, meses após a desencarnação.

— P. Meu caro Maurice, a terna afeição que votáveis a vossos pais traz-me a convicção de que desejais reconfortar-lhes o ânimo, se estiver ao vosso alcance fazê-lo. O pesar, direi mesmo desespero, que o vosso passamento lhes trouxe, altera-lhes visivelmente a saúde, levando-os a desgostarem-se da vida. Algumas palavras de consolo poderão certamente fazer renascer-lhes a esperança...

— R. Meu velho amigo, esperava com impaciência esta ocasião que ora me facultais de comunicar-me. A dor de meus pais aflige-me, porém, ela se acalmará quando tiverem a certeza de que não estou perdido para eles; aproximai-vos deles a fim de os convencer desta verdade, o que certamente conseguireis. Era preciso este acontecimento para insinuar-lhes uma crença que lhes trará a felicidade, impedindo-os de murmurar contra os decretos da Providência. Sabeis que meu pai era muito cético a respeito da vida futura. — *Deus concedeu-lhe este desgosto para arrancá-lo do seu erro*. Aqui nos reencontraremos, neste mundo onde não se conhecem desgostos da vida, e no qual os precedi; afirmai-lhes categoricamente que a ventura de tornarem a ver-me ser-lhes-á recusada como castigo à falta de confiança na bondade de Deus. Para mim seria mesmo interdita a comunicação com eles, durante o tempo da sua permanência na Terra. O desespero é uma rebeldia à vontade do Onipotente, sempre punido com o *prolongamento da causa que o produziu*, até que haja completa submissão.

"O desespero é verdadeiro suicídio por minar as forças corpóreas, e quem abrevia os seus dias, no intuito de escapar mais cedo aos travos da dor, faz jus às mais cruéis decepções; deve-se, ao contrário, avigorar o corpo a fim de suportar mais facilmente o peso das provações.

"Meus queridos e bondosos pais, é a vós que neste momento me dirijo. Desde que deixei o despojo mortal, jamais deixei de estar ao vosso lado. Aí estou muito mais vezes mesmo que quando na Terra. Consolai-vos, pois, porque eu não estou morto, ou antes, estou mais vivo que vós. Apenas o corpo morreu, mas o Espírito, esse, vive sempre. Ele é ademais livre, feliz, isento de moléstias, de enfermidades e de dores.

"Em vez de vos afligirdes, regozijai-vos por saber que estou ao abrigo de cuidados e apreensões, em lugar onde o coração se satura de alegria puríssima, sem a sombra de um desgosto.

"Meus bons amigos, não deploreis os que morrem precocemente, porque isto é uma graça que Deus lhes concede, poupando-os às tribulações da vida terrena. A minha existência aí não devia prolongar-se por muito tempo desta vez, visto ter adquirido o necessário para preencher, no Espaço, uma missão mais elevada. Se tivesse mais tempo, não imaginais a que perigos e seduções iria expor-me.

"E podereis acaso julgar da minha fortaleza para não sucumbir nessa luta que importaria atraso de alguns séculos? Por que, pois, lastimar o que me é vantajoso?

"Neste caso, uma dor inconsolável acusaria descrença só legitimável pela ideia do nada. Os que assim descreem, esses é que são dignos de lástima, pois para eles não pode haver consolação possível; os entes caros figuram-se-lhes irremediavelmente perdidos, porque a tumba lhes leva a última esperança!"

— P. Vossa morte foi dolorosa?

— R. Não, meu amigo, apenas sofri, antes da morte, os efeitos da moléstia que carregava, porém *esse sofrimento diminuía à proporção que o último instante se aproximava*: depois, um dia, adormeci sem pensar na morte. E tive então um sonho delicioso! Sonhei que estava curado, que não mais sofria, e respirava a longos haustos, prazerosamente, um ar embalsamado e puro: transportava-me através do Espaço uma força desconhecida. Brilhante luz resplandecia em torno, mas sem cansar-me a vista! Vi meu avô, não mais esquálido, alquebrado, porém, com aspecto juvenil e loução.

E ele estendia-me os braços, estreitando-me efusivamente ao coração.

"Multidão de outras pessoas, de risonhos semblantes, o acompanhavam, acolhendo-me todos com benevolência e doçura; parecia-me reconhecê-los e, venturoso por tornar a vê-los, trocávamos felicitações e testemunhos de amizade. Pois bem! O que eu supunha ser um sonho era a realidade, porque de tal sonho não devia despertar na Terra: é que acordara no mundo espiritual."

— P. A vossa moléstia não se originou da grande assiduidade no estudo?

— R. Oh! Não, desenganai-vos. Contado estava o tempo que eu deveria passar na Terra, e coisa alguma poderia aí reter-me. Sabia-o meu Espírito nos momentos de desprendimento e considerava-me feliz com a ideia da próxima libertação.

"Mas o tempo que aí passei não foi sem proveito, e hoje me felicito de o não ter perdido.

"Os sérios estudos feitos fortificaram-me a alma, aumentando-lhe os conhecimentos, e se em virtude da minha curta existência não pude dar-lhes aplicação, nem por isso deixarei de o fazer mais tarde e com maior utilidade.

"Adeus, caro amigo: eu parto para junto de meus pais, a fim de predispô-los ao recebimento desta comunicação."

Maurice

Capítulo 3

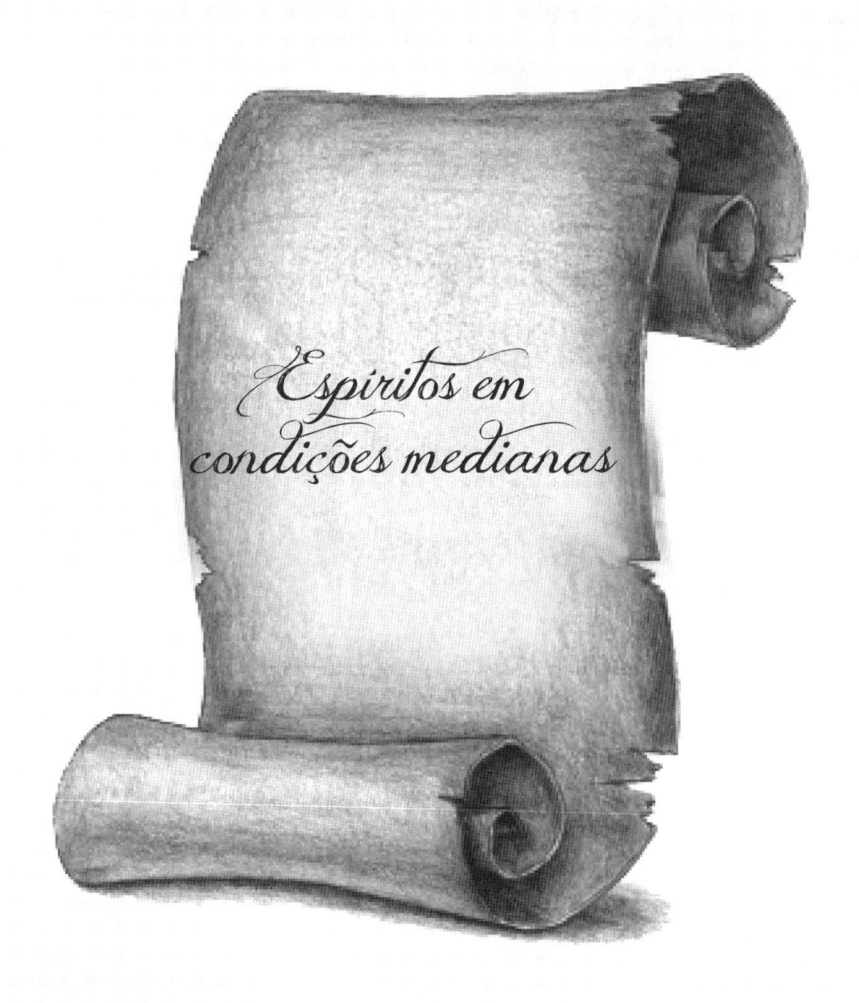

Espíritos em condições medianas

- Joseph Bré
- Sra. Hélène Michel
- O marquês de Saint-Paul
- Sr. Cardon, médico
- Eric Stanislas
- Anna Belleville

Joseph Bré

(Falecido em 1840 e evocado em Bordeaux, por sua neta, em 1862.)

O HOMEM HONESTO SEGUNDO DEUS OU SEGUNDO OS HOMENS

1. Caro avô, podeis dizer-me como vos encontrais no mundo dos Espíritos, dando-me quaisquer pormenores úteis ao nosso progresso?

— R. Tudo que quiseres, querida filha. Eu expio a minha descrença; porém, grande é a bondade de Deus, que atende às circunstâncias. Sofro, mas não como poderias imaginar: é o desgosto de não ter melhor aproveitado o tempo aí na Terra.

2. Como? Pois não vivestes sempre honestamente?

— R. Sim, no juízo dos homens; mas há um abismo *entre a honestidade perante os homens e a honestidade perante Deus*. E uma vez que desejas instruir-te, procurarei demonstrar-te a diferença. Aí, entre vós, é reputado honesto aquele que respeita as leis do seu país, respeito arbitrário para muitos. Honesto é aquele que não prejudica o próximo ostensivamente, embora lhe arranque muitas vezes a felicidade e a honra, visto o código penal e a opinião pública não atingirem o culpado hipócrita. Podendo fazer gravar na pedra do túmulo um epitáfio de virtude, julgam muitos terem pago sua dívida à humanidade! Erro! Não basta, para ser honesto perante Deus, ter respeitado as leis dos homens; é preciso antes de tudo não haver transgredido as Leis divinas. Honesto aos olhos de Deus será aquele que, possuído de abnegação e amor, consagre a existência ao bem, ao progresso dos seus semelhantes; aquele que, animado de um zelo sem limites, for ativo na vida; ativo no cumprimento dos deveres materiais, ensinando e exemplificando aos outros o amor ao trabalho; ativo nas boas ações, sem esquecer a condição de servo ao qual o Senhor pedirá contas, um dia, do emprego do seu tempo; ativo finalmente na prática do amor de Deus e do próximo.

"Assim o homem honesto, perante Deus, deve evitar cuidadoso as palavras mordazes, veneno oculto sob flores, que destrói reputações e acabrunha o homem, muitas vezes cobrindo-o de ridículo. O homem honesto, segundo Deus, deve ter sempre cerrado o coração a quaisquer germens de orgulho, de inveja, de ambição; deve ser paciente e benévolo para com os que o agredirem; deve perdoar do fundo da alma, sem esforços e sobretudo sem ostentação, a quem quer que o ofenda; deve, enfim, praticar o preceito conciso e grandioso que se resume 'no amor de Deus sobre todas as coisas e do próximo como a si mesmo'.

"Eis aí, querida filha, aproximadamente o que deve ser o homem honesto perante Deus. Pois bem: tê-lo-ia eu sido? Não. Confesso sem corar que faltei a muitos desses deveres; que não tive a atividade necessária; que o esquecimento de Deus impeliu-me a outras faltas, as quais, por não serem passíveis às leis humanas, nem por isso deixam de ser atentatórias à Lei de Deus. Compreendendo-o, muito sofri, e assim é que hoje espero mais consolado a misericórdia desse Deus de bondade, que perscruta o meu arrependimento. Transmite, cara filha, repete tudo o que aí fica a quantos tiverem a consciência onerada, para que reparem suas faltas à força de boas obras, a fim de que a misericórdia de Deus se estenda por sobre eles. Seus olhos paternais lhes calcularão as provações. Sua mão potente lhes apagará as faltas."

Sra. Hélène Michel

Jovem de 25 anos, falecida subitamente no lar, sem sofrimentos, sem causa previamente conhecida. Rica e um tanto frívola, a leviandade de caráter predispunha-a mais para as futilidades da vida do que para as coisas sérias. Não obstante, possuía um coração bondoso e era dócil, afetuosa e caritativa.

Evocada três dias após a morte por pessoas conhecidas, exprimia-se assim:

"Não sei onde estou... que turbação me cerca! Chamaste-me e eu vim. Não compreendo por que não estou em minha casa; lamentam a minha ausência quando presente estou, sem poder fazer-me reconhecida. Meu corpo não mais me pertence, e no entanto eu lhe sinto a algidez... Quero deixá-lo e mais a ele me prendo, sempre... Sou como que duas personalidades... Oh! Quando chegarei a compreender o que comigo se passa? É necessário que vá lá ainda... meu outro eu, que lhe sucederá na minha ausência? Adeus."

O sentimento da dualidade que não está ainda destruído por uma completa separação, é aqui evidente. Caráter volúvel, permitindo-lhe a posição e a fortuna a satisfação de todos os caprichos, deveria igualmente favorecer as tendências de leviandade. Não admira, pois, tenha sido lento o seu desprendimento, a ponto de, três dias após a morte, sentir-se ainda ligada ao invólucro corporal. Mas como não possuísse vícios sérios e fosse de boa índole, essa situação nada tinha de penosa e não deveria prolongar-se por muito tempo. Evocada novamente depois de alguns dias, as suas ideias estavam já muito modificadas. Eis o que disse:

"— Obrigada por haverdes orado por mim. Reconheço a bondade de Deus, que me subtraiu aos sofrimentos e apreensões consequentes ao desligamento do meu Espírito. À minha pobre mãe será dificílimo resignar-se; entretanto será confortada, e o que a seus olhos constitui sensível desgraça, era fatal e indispensável para que as coisas do Céu se lhe tornassem no que devem ser: tudo. Estarei ao seu lado até o fim da sua provação terrestre, ajudando-a a suportá-la.

'Não sou infeliz, porém, muito tenho ainda a fazer para aproximar-me da situação dos bem-aventurados. Pedirei a Deus me conceda voltar a essa Terra para reparação do tempo que aí perdi nesta última existência.

'A fé vos ampare, meus amigos; confiai na eficácia da prece, mormente quando partida do coração. Deus é bom.'

— P. Levastes muito tempo a reconhecer-vos?

— R. Compreendi a morte no mesmo dia que por mim orastes.

— P. Era doloroso o estado de perturbação?

— R. Não, eu não sofria, acreditava sonhar e aguardava o despertar. Minha vida não foi isenta de dores, mas todo ser encarnado nesse mundo deve sofrer. Resignando-me à vontade de Deus, a minha resignação foi por Ele levada em conta. Grata vos sou pelas preces que me auxiliaram no reconhecimento de mim mesma. Obrigada; voltarei sempre com prazer. Adeus."

Hélène

O marquês de Saint-Paul

(Falecido em 1860 e evocado, a pedido de uma sua irmã, consóror da Sociedade de Paris, em 16 de maio de 1861.)

1. *Evocação*: — R. Eis-me aqui.
2. Vossa irmã pediu-nos para evocar-vos, pois, conquanto seja médium, não está ainda bastante desenvolvida.

— R. Responderei da melhor forma possível.

3. Em primeiro lugar ela deseja saber se sois feliz.

— R. Estou na erraticidade, estado transitório que não proporciona nem felicidade nem castigo absolutos.

4. Permanecestes por muito tempo inconsciente do vosso estado?

— R. Estive muito tempo perturbado e só voltei a mim para bendizer da piedade dos que, lembrando-se de mim, por mim oraram.

5. E podeis precisar o tempo dessa perturbação? — R. Não.
6. Quais os parentes que reconhecestes primeiro?

— R. Minha mãe e meu pai, os quais me receberam ao despertar, iniciando-me na nova vida.

7. A que atribuir o fato de parecer que nos últimos extremos da moléstia confabuláveis com as pessoas caras da Terra?

— R. Ao conhecimento antecipado pela revelação do mundo que viria habitar. Vidente antes da morte, meus olhos só se turbaram no momento da separação do corpo, porque os laços carnais eram ainda muito vigorosos.

8. Como explicar as recordações da infância que de preferência vos ocorriam?

— R. Ao fato de o princípio se identificar mais com o fim, que com o meio da vida.

— P. Como explicar isso?

— R. Importa dizer que os moribundos lembram e veem, *como miragem consoladora*, a pureza infantil dos primeiros anos.

> É provavelmente por motivo providencial semelhante que os velhos, à proporção que se aproximam do termo da vida, têm, por vezes, nítida lembrança dos mais ínfimos episódios da infância.

9. Por que, referindo-vos ao corpo, faláveis sempre na terceira pessoa?

— R. Porque era vidente como vo-lo disse, e sentia claramente as diferenças entre o físico e o moral; essas diferenças, muito amalgamadas entre si pelo fluido vital, tornam-se distintíssimas aos olhos dos moribundos clarividentes.

> Eis aí uma particularidade singular da morte deste senhor. Nos seus últimos momentos, ele dizia sempre: "Ele tem sede, é preciso dar-lhe de beber; ele tem frio, é preciso aquecê-lo; sofre em tal ou tal região etc." E quando se lhe dizia: "Mas sois vós que tendes sede?" — respondia: "Não, é ele." Aqui ressaltam perfeitamente as duas existências: o *eu* pensante está no Espírito, e não no corpo; o Espírito, em parte desprendido, considerava o corpo outra individualidade, que a bem dizer *lhe* não pertencia; era portanto ao seu corpo que se fazia mister dessedentar, e não a ele Espírito. Este fenômeno é notado também em alguns sonâmbulos.

10. O que dissestes sobre a erraticidade do vosso Espírito e sua respectiva perturbação, levaria a duvidar da vossa felicidade, ao contrário do que se poderia inferir das vossas qualidades. Ademais, há Espíritos errantes felizes e infelizes.

— R. Estou num estado transitório; aqui as virtudes humanas passam a ter seu justo valor. Certo, este estado é mil vezes preferível ao da minha encarnação terrestre; mas porque alimentei sempre aspirações ao verdadeiramente bom e belo, minha alma não ficará satisfeita senão quando se alçar aos pés do Criador.

Sr. Cardon, médico

Passara uma parte da sua vida na marinha mercante, como médico de navio baleeiro, adquirindo em tal ambiente ideias um tanto materialistas; recolhido à cidade de J., exerceu aí a modesta profissão de médico da roça. Havia algum tempo, adquirira a certeza de estar afetado de uma hipertrofia do coração, e, sabendo a moléstia incurável, deixava-se abater pela perspectiva da morte, num estado de melancolia inconsolável. Predisse o dia certo do falecimento, com antecipação de cerca de dois meses, e, chegado o momento, ele reuniu a família para dizer-lhe o último adeus.

Estando abeirados do seu leito a esposa, a mãe, os três filhos e outros parentes, quando a primeira tentava erguê-lo, ele prostrou-se, tornando-se de um roxo lívido e fechando os olhos, pelo que foi julgado morto. A esposa colocou-se então de permeio, para ocultar aos filhos esse espetáculo.

Minutos depois, o doente reabriu os olhos; sua fisionomia, por assim dizer iluminada, tomou radiante expressão de beatitude, e ele exclamou: — Ó meus filhos, belo! Sublime! Oh! A morte! Que benefício! Que coisa suave! Morto, senti minha alma elevar-se bem alta, porém, Deus me permitiu voltasse para dizer-vos: *Não lamenteis a minha morte, que é a libertação.* Ah! Que eu não posso descrever-vos a magnificência de tudo quanto vi, as impressões que experimentei! Mas não poderíeis compreendê-las... Ó meus filhos, comportai-vos sempre de modo a merecer esta inefável felicidade reservada aos homens de bem; vivei conforme os preceitos da caridade; do que tiverdes, dai uma parte aos necessitados.

"Minha querida mulher, deixo-te numa posição pouco lisonjeira; temos dívidas a receber, mas eu te conjuro a não atormentares os nossos devedores; se estiverem em apuros, espera que possam pagar; e aos que não o puderem fazer, perdoa-lhes. Deus te recompensará. Tu, meu filho, trabalha para manteres tua mãe; sê honesto sempre e guarda-te de fazer algo que possa manchar a nossa família. Toma esta cruz, herança de minha mãe; não a deixes nunca, e oxalá te recorde ela sempre os meus derradeiros conselhos: Meus filhos, ajudai-vos, apoiai-vos mutuamente para que a boa harmonia reine entre vós; não sejais vaidosos nem orgulhosos; perdoai aos vossos inimigos se quiserdes que Deus vos perdoe..." Depois, fazendo-os chegar a si, tomou-lhes as mãos, acrescentando: — Filhos, eu vos abençoo. — E seus olhos cerraram-se, desta vez para sempre; seu rosto, porém, conservou uma expressão tão imponente que, até o momento de ser amortalhado, numerosa turba veio contemplá-lo, tomada de admiração.

Tendo-nos um amigo da família fornecido estes pormenores assaz interessantes, lembramo-nos que a evocação podia tornar-se instrutiva a todos nós, e útil ao próprio Espírito.

1. *Evocação*: — R. Estou perto de vós.

2. Relataram-nos as circunstâncias em que se deu a vossa passagem e ficamos cheios de admiração. Quereis ter a bondade de nos descrever ainda mais minuciosamente o que vistes no intervalo do que poderíamos denominar as vossas duas mortes?

— R. O que vi... E poderíeis compreendê-lo? Não sei, visto como não encontraria expressões apropriadas à compreensão do que pude ver durante os instantes em que me foi possível deixar o envoltório mortal.

3. E sabeis em que lugar estivestes? Seria longe da Terra, em outro planeta, ou no Espaço?

— R. O Espírito não mede distâncias, nem lhes conhece o valor como a vós acontece. Arrebatado por não sei que agente maravilhoso, eu vi os esplendores de um céu, desses que só em sonho podemos imaginar. Esse percurso, através do infinito, fazia-se com celeridade tal que eu não pude precisar os instantes nele empregados pelo meu Espírito.

4. E fruís atualmente a felicidade que entrevistes?

— R. Não; bem desejaria poder fruí-la, mas Deus não deveria recompensar-me de tal maneira. Revoltei-me muitas vezes contra os pensamentos abençoados que o coração me ditava e a morte parecia-me uma injustiça.

"Médico incrédulo, eu havia assimilado na arte de curar uma aversão profunda à segunda natureza, que é o nosso impulso inteligente, divino; para mim a imortalidade da alma não passava de ficção própria para seduzir as naturezas pouco instruídas, embora o *nada* me espantasse, maldizendo o misterioso agente que atua perenemente. A Filosofia desviara-me, sem que eu desse por isto, da compreensão da grandeza do Eterno, que sabe distribuir a dor e a alegria para ensino da humanidade."

5. Logo após o definitivo desprendimento reconhecestes o vosso estado?

— R. Não; eu só me reconheci durante a transição que o meu Espírito experimentou para percorrer a etérea região. Isto, porém, não ocorreu imediatamente, sendo-me precisos alguns dias para o meu despertar.

"Deus concedera-me uma graça, em razão do que vos vou explicar: A minha primitiva descrença não mais existia; tornara-me crente antes da morte, depois de haver cientificamente sondado a matéria grave que me atormentava, de não haver encontrado ao fim das razões terrestres senão a razão divina, que me inspirou e consolou, dando-me coragem mais forte que a dor. Assim, bendizia o que amaldiçoara, encarava a morte como uma libertação. A ideia de Deus é grande como o mundo! Oh! Que supremo consolo na prece, que nos enternece e comove: ela é o elemento mais positivo da nossa natureza imaterial; foi por ela que compreendi, que cri firme, soberanamente, e, por isso,

Deus, levando em conta os meus atos, houve por bem recompensar-me antes do termo da minha encarnação."

6. Poder-se-ia dizer que estivestes morto nessa primeira crise?

— R. Sim e não: tendo o Espírito abandonado o corpo, naturalmente a carne extinguia-se; entretanto, retomando posse da morada terrena, a vida voltou ao corpo, que passou por uma transição, por um sono.

7. E sentíeis então os laços que vos prendiam ao corpo?

— R. Sem dúvida; o Espírito tem um grilhão fortíssimo a prendê-lo, e não entra na vida natural antes que dê o último estremecimento da carne.

8. Como, pois, na vossa morte aparente e durante alguns minutos, pôde o vosso Espírito desprender-se súbita e imperturbavelmente, ao passo que o desprendimento efetivo se fez acompanhar da perturbação por alguns dias? Parece-nos que no primeiro caso, os laços entre corpo e Espírito subsistindo mais que no segundo, o desprendimento deverá ser mais lento, ao contrário justamente do que se deu.

— R. Tendes muitas vezes evocado um Espírito encarnado, recebendo respostas exatas; eu estava nas condições desses tais, porque Deus me chamava e os seus servidores me diziam: "Vem..." Obedeci, agradecendo-lhe o favor especial que houve por bem conceder-me para que pudesse entrever, compreendendo-a, a sua infinita grandeza. Obrigado a vós, que antes da morte real me permitistes doutrinar os meus, para que façam boas e justas encarnações.

9. Donde provinham as belas palavras que após o despertar dirigistes à vossa família?

— R. Eram o reflexo do que tinha visto e ouvido; os bons Espíritos inspiravam-me a linguagem e davam fulgor à minha fisionomia.

10. Que impressão julgais ter a vossa revelação produzido nos assistentes, notadamente nos vossos filhos?

— R. Surpreendente, profunda; a morte não é mentirosa; os filhos, por mais ingratos que possam ser, curvam-se sempre à encarnação que termina. Se pudéssemos penetrar o coração dos filhos, junto de um túmulo entreaberto, vê-lo-íamos apenas palpitar de sentimentos verdadeiros, sinceros, tocados pela mão secreta dos Espíritos, que dizem em todos os pensamentos: "Tremei se duvidais"; a morte é a reparação, a Justiça de Deus, e eu vos asseguro, em que pese aos incrédulos, que a minha família e os amigos creram nas palavras por mim pronunciadas antes da morte. Eu era, ademais, intérprete de um outro mundo.

11. Dizendo não gozardes da felicidade entrevista, pode inferir-se que sejais infeliz?

— R. Não, uma vez que me tornei crente antes da morte, e isto de coração e consciência. A dor acabrunha nesse mundo, mas fortalece sob o ponto de vista do futuro espiritual. Notai que Deus teve em conta as minhas preces e a crença nele depositada em absoluto; estou firme no caminho da perfeição, e chegarei ao fim que me foi permitido lobrigar. Orai, meus amigos, por este mundo invisível que preside aos vossos destinos; esta permuta fraternal é de caridade; é a alavanca que põe em comunhão os Espíritos de todos os mundos.

12. Acaso quereríeis dirigir algumas palavras à vossa mulher e filhos?

— R. Peço a todos os meus que acreditem no Deus poderoso, justo, imutável; na prece que consola e alivia; na caridade que é a mais pura prática da encarnação humana; peço-lhes que se lembrem que do pouco também se pode dar, pois o óbolo do pobre é o mais meritório aos olhos de Deus, desse Deus que sabe que muito dá um pobre, mesmo que dê pouco.

"O rico precisa dar muito, e repetidamente, para merecer outro tanto. O futuro é a caridade, a benevolência em todos os atos; é considerar que todos os Espíritos são irmãos, sem se preocupar jamais com as mil pueris vaidades da Terra.

"Tereis rudes provações, querida, amada família; aceitai-as, porém, corajosamente, lembrando-vos de que Deus as vê. Repeti amiúde esta prece: 'Deus de amor e bondade, que tudo faculta e sempre, dá-nos força superior a todas as vicissitudes, torna-nos bons, humildes e caridosos, pequenos pela fortuna e grandes de coração. Permite seja espírita o nosso Espírito na Terra, a fim de melhor te compreendermos e te amarmos.

Seja teu nome emblema de liberdade, ó meu Deus! — O consolador de todos os oprimidos, de todos os que necessitam de amar, perdoar e crer.'"

Cardon

Eric Stanislas

(Comunicação espontânea. Sociedade de Paris, agosto de 1863.)

"Que ventura nos proporcionam as emoções vivamente sentidas por calorosos corações! Oh! Suaves pensamentos que vindes abrir o caminho da salvação a tudo que vive, que respira material e espiritualmente. Não deixe jamais o bálsamo consolador de derramar-se profusamente sobre vós e sobre nós! De que expressões nos servirmos, que traduzam a felicidade dos irmãos desencarnados ao perscrutarem o amor que une a todos?

Ah! Irmãos, quanto bem por toda parte, que de sentimentos suaves, elevados e simples como vós, como a vossa Doutrina, sois chamados a implantar ao longo da estrada a percorrer, mas também quanto vos será outorgado antes mesmo de terdes adquirido direitos!

Assisti a tudo quanto se passou esta noite; ouvi, compreendi e vou procurar a meu nuto cumprir o meu dever e instruir a classe dos Espíritos imperfeitos. Ouvi: eu estava longe de ser feliz; abismado na imensidade, no infinito, os meus padecimentos eram tanto mais intensos, quanto difícil me era o compreendê-los.

Bendito seja Deus, que me permitiu vir a um santuário, que não pode ser franqueado *impunemente pelos maus.*

Amigos, quanto vos agradeço, quanto de forças entre vós recobrei! Ó homens de bem, reuni-vos constantemente; estudai, uma vez que não podeis duvidar dos frutos das reuniões sérias; os Espíritos que têm muito ainda a aprender, os que ficam voluntariamente inativos, preguiçosos e esquecidos dos seus deveres, podem encontrar-se, em virtude de circunstâncias fortuitas ou não, aí entre vós; e então, fortemente tocados, quantas vezes lhes é dado, reconhecendo-se, entreverem o fim, o objetivo cobiçado, ao mesmo tempo que procurarem, fortes pelo exemplo que lhes dais, os meios de fugir ao penoso estado que os avassala.

Com grande satisfação me constituo intérprete das almas sofredoras, porquanto é a homens de coração que me dirijo, na certeza de não ser repelido.

Ainda uma vez aceitai, pois, homens generosos, a expressão do meu reconhecimento em particular, e em geral de todos a quem tanto bem tendes feito, talvez sem o saberdes."

Eric Stanislas

O GUIA DO MÉDIUM — Meus filhos, este é um Espírito que sofreu por muito tempo, transviado do bom caminho. Agora compreendeu os seus erros, arrependeu-se e volveu os olhos para o Deus que negara. A sua posição não é a de um feliz, porém ele aspira à felicidade e não mais sofre. Deus permitiu-lhe esta audição para que desça depois a uma esfera inferior, a fim de instruir e estimular o progresso de Espíritos que, como ele, transgrediram a lei. É a reparação que lhe compete. Afinal, ele conquistará a felicidade, porque tem força de vontade.

Sra. Anna Belleville

Jovem mulher falecida aos 35 anos após cruel enfermidade. Vivaz, espirituosa, dotada de inteligência rara, de meticuloso critério e eminentes qualidades morais; esposa e mãe de família devotada, ela possuía, ademais, uma integridade de caráter pouco comum e uma fecundidade de recursos que a trazia sempre a coberto das mais críticas eventualidades da existência. Sem guardar ressentimento das pessoas de quem poderia queixar-se, estava sempre pronta a prestar-lhes oportuno serviço. Intimamente ligados à sua pessoa desde longos anos, pudemos acompanhar todas as fases da sua existência, bem como todas as peripécias do seu fim. Proveio de um acidente a moléstia que havia de levá-la, depois de a reter três anos de cama, presa dos mais cruéis sofrimentos, aliás suportados até o fim com uma coragem heroica, e a despeito dos quais a graça natural do seu Espírito jamais a abandonou. Ela acreditava firmemente na existência da alma e na vida futura, mas pouco se preocupava com isso; todos os seus pensamentos se relacionavam com o presente, que muito lhe importava, posto não tivesse medo da morte e fosse indiferente aos gozos materiais. A sua vida era simples e sem sacrifício abria mão do que não podia obter; mas possuía inato o sentimento do bem e do belo, que apreciava até nas coisas mínimas.

Queria viver menos para si que para os filhos, avaliando a falta que lhes faria, e era isso que a prendia à vida. Conhecia o Espiritismo sem o ter estudado a fundo; interessava-se por ele, mas nunca pôde fixar as ideias sobre o futuro; este era para ela uma realidade, mas não lhe deixava no Espírito uma impressão profunda.

O que praticava de bom era o resultado de um impulso natural, espontâneo, sem ideia de recompensas ou de penas futuras.

De há muito era desesperador o seu estado e iminente o desenlace, circunstância que ela própria não ignorava. Um dia, achando-se ausente o marido, sentiu-se desfalecer e compreendeu que a hora era chegada; embaciando-se-lhe a vista, a perturbação a invadia, sentindo todas as angústias da separação.

Custava-lhe, contudo, a morte antes da volta do esposo. Fazendo supremo esforço sobre si mesma, murmurou: "Não, não quero morrer!"

Então sentiu renascer-lhe a vida e recobrou o uso pleno das suas faculdades. Quando o marido chegou, disse-lhe: "Eu ia morrer, mas quis aguardar a tua vinda, por isso que tinha algumas recomendações a fazer-te..." Assim se prolongou a luta entre a vida e a morte por três meses ainda, tempo que mais não foi que dolorosa agonia.

Evocação no dia seguinte ao da morte: "Meus bons amigos, obrigada pelo interesse que vos mereço; ademais, fostes para mim como bons parentes. Pois bem, regozijai-vos porque sou feliz. Confortai meu pobre marido e velai por meus filhos. Eu segui logo para junto deles, depois que desencarnei.

— P. Podemos supor que a vossa perturbação não foi longa, uma vez que nos respondeis com lucidez...

— R. Ah! Meus amigos, eu sofri tanto... e vós bem sabeis que sofria com resignação. Pois bem! A minha provação está concluída. Não direi que esteja completamente libertada, não; mas o certo é que não sofro mais, e isso para mim é um grande alívio! Desta feita estou radicalmente curada, porém, preciso ainda do auxílio das vossas preces para vir mais tarde colaborar convosco.

— P. Qual poderia ser a causa dos vossos longos sofrimentos?

— R. Um passado terrível, meu amigo.

— P. Podeis revelar-nos esse passado?

— R. Oh! Deixai que o esqueça um pouco... paguei-o tão caro...

Um mês depois da morte: — P. Agora que deveis estar completamente desprendida e que melhor nos reconheceis, muito estimaríamos ter convosco uma palestra mais explícita. Podereis, por exemplo, dizer-nos qual a causa da vossa prolongada agonia? Estivestes durante três meses entre a vida e a morte...

— R. Obrigada, meus amigos, pela vossa lembrança como pelas vossas preces! Quão salutares me foram estas, e como concorreram para a minha libertação! Tenho ainda necessidade de ser confortada; continuai a orar por mim. Vós compreendeis o valor da prece. As que dizeis não são de modo algum fórmulas banais, como as murmuradas por tantos outros que lhes não medem o alcance, o fruto de uma boa prece.

"Sofri muito, porém os meus sofrimentos foram largamente compensados, sendo-me permitido estar muitas vezes perto dos queridos filhos, que deixei com tanto pesar!

"Prolonguei por mim mesma esses sofrimentos; o desejo ardente de viver, por amor dos filhos, fazia com que me agarrasse de alguma sorte à matéria, e, ao contrário dos outros, eu não queria abandonar o desgraçado corpo com o qual era forçoso romper, se bem que ele fosse para mim o instrumento de tantas torturas.

"Eis aí a razão da minha longa agonia. Quanto à moléstia e aos padecimentos decorrentes, eram expiação do passado — uma dívida a mais, que paguei. Ah! Meus bons amigos, se eu vos tivesse ouvido, quanta mudança na minha vida atual!

"Que alívio experimentaria nos últimos momentos, e quão fácil teria sido a separação, se em vez de a contrariar eu me tivesse abandonado confiadamente à vontade de Deus, à corrente que me arrastava! Mas, em lugar de volver os olhos ao futuro que me aguardava, eu apenas via o presente que ia deixar!

"Quando houver de voltar à Terra, serei espírita, vo-lo afirmo. Que ciência sublime! Assisto constantemente às vossas reuniões e aos conselhos que vos são transmitidos. Se eu, quando na Terra, pudesse compreendê-los, os meus sofrimentos teriam sido atenuados. A ocasião não tinha chegado.

"Hoje compreendo a bondade e a Justiça de Deus, conquanto me não encontre suficientemente adiantada para despreocupar-me das coisas da vida; meus filhos principalmente me atraem, não mais para animá-los, porém para velar por eles, inculcando-lhes o caminho que o Espiritismo traça neste momento. Sim, meus bons amigos, eu tenho ainda graves preocupações, entre as quais avulta aquela da qual depende o futuro dos meus filhos."

— P. Podeis ministrar-nos quaisquer informações sobre o passado que deploris?

— R. Ah! Meus bons amigos, estou pronta a confessar-me. Eu tinha desprezado o sofrimento alheio, vendo indiferente os sofrimentos da minha mãe, a quem chamava doente imaginária. Por não vê-la de cama, supunha que não sofresse e zombava dos seus queixumes. Eis como Deus castiga.

Seis meses depois da morte: — P. Agora que um tempo assaz longo se passou desde que deixastes o invólucro material, tende a bondade de descrever-nos a vossa posição e ocupações no mundo espiritual.

— R. Na vida terrestre, eu era o que vulgarmente se chama uma boa pessoa; antes de tudo, porém, prezava o meu bem-estar; compassiva por índole, talvez não fosse capaz de penoso sacrifício para minorar um infortúnio. Hoje, tudo mudou, e posto seja sempre a mesma, o *eu* de outrora modificou-se.

"Ganhei com a modificação e vejo que não há nem categorias nem condições além do mérito pessoal, no mundo dos invisíveis, onde um pobre caridoso e bom se sobreleva ao rico que humilhava com a sua esmola. Velo especialmente pelos que se afligem com tormentos familiares, com a perda de parentes ou de fortuna. A minha missão é reanimá-los e consolá-los, e com isso me sinto feliz."

Anna

Importante questão decorre dos fatos supramencionados. Ei-la:

Poderá uma pessoa, por esforço da própria vontade, retardar o momento de separação da alma do corpo?

Resposta do Espírito São Luís: — Resolvida afirmativamente, sem restrições, esta questão poderia dar lugar a consequências falsas.

"Certamente, em dadas condições, pode um Espírito encarnado prolongar a existência corporal a fim de terminar instruções indispensáveis, ou, ao menos, por ele como tais julgadas — é uma concessão que se lhe pode fazer, como no caso vertente, além de muitos outros exemplos. Esta dilação de vida não pode, porém, deixar de ser breve, visto como é defeso ao homem inverter a ordem das leis naturais, bem como retornar de moto próprio à vida, desde que ela tenha atingido o seu termo. É uma sustação momentânea apenas. Preciso é, no entanto, que da possibilidade do fato não se conclua a sua generalidade, tampouco que dependa de cada qual prolongar por este modo a sua existência. Como *provação para o Espírito* ou no interesse de missão a concluir, os órgãos depauperados podem receber um suplemento de fluido vital que lhes permita prolongar de alguns instantes a manifestação material do pensamento. Estes casos são excepcionais e não fazem regra. Tampouco se deve ver nesse fato uma derrogação de Deus à imutabilidade das suas leis, mas apenas uma consequência do livre-arbítrio da alma que, no momento extremo, tem consciência de sua missão e quer, a despeito da morte, concluir o que não pôde até então. Às vezes pode ser também uma espécie de castigo infligido ao Espírito duvidoso do futuro, esse prolongamento de vitalidade com o qual tem necessariamente de sofrer."

São Luís

Poder-se-ia ainda admirar a rapidez relativa com que se desprendeu este Espírito, dado o seu apego à vida corporal; cumpre, porém, considerar que tal apego nada tinha de material nem sensual, antes possuindo mesmo a sua face moral, motivado como era pelas necessidades dos filhos ainda tenros. Enfim, era um Espírito adiantado em inteligência e moralidade. Por mais um grau, e poder-se-ia considerá-lo um dos Espíritos dos mais felizes. Não havia, portanto, nos laços periespíritos a tenacidade resultante da identificação material; pode dizer-se que a vida, debilitada por longa enfermidade, apenas se prendia por tênues fios, que ele desejava impedir se rompessem. Contudo, a sua resistência foi punida com a dilação dos sofrimentos concernentes à própria moléstia, e não com a dificuldade do desprendimento. Assim, realizado este, eis por que a perturbação foi breve. Um outro fato igualmente importante decorre desta, como da maior parte das evocações feitas em épocas diversas, mais ou menos distantes da morte: é a transformação gradual das ideias do Espírito, cujo progresso se traduz, não por melhores sentimentos, mas por uma apreciação mais justa das coisas. O progresso da alma na vida espiritual é, portanto, um fato demonstrado pela experiência. A vida corporal é a prática desse progresso, a demonstração das suas resoluções, o cadinho em que ele se depura. Desde que a alma progrida depois da morte, a sua sorte não pode ser irrevogavelmente fixada, porquanto a fixação definitiva da sorte é, como já o dissemos, a negação do progresso.

E não podendo coexistir simultaneamente as duas coisas, resta a que tem por si a sanção dos fatos e da razão.

Capítulo 4

Espíritos sofredores

- O castigo
- Novel
- Auguste Michel
- Exprobrações de um boêmio
- Lisbeth
- Príncipe Ouran
- Pascal Lavic
- Ferdinand Bertin
- François Riquier
- Claire

O castigo

Exposição geral do estado dos culpados por ocasião da entrada no mundo dos Espíritos, ditada à Sociedade Espírita de Paris, em outubro de 1860.

"Depois da morte, os Espíritos endurecidos, egoístas e maus são logo presas de uma dúvida cruel a respeito do seu destino, no presente e no futuro. Olham em torno de si e nada veem que possa aproveitar ao exercício da sua maldade — o que os desespera, visto como o insulamento e a inércia são intoleráveis aos maus Espíritos.

Não elevam o olhar às moradas dos Espíritos elevados, consideram o que os cerca e, então, compreendendo o abatimento dos Espíritos fracos e punidos, se agarrarão a eles como a uma presa, utilizando-se da lembrança de suas faltas passadas, que eles põem continuamente em ação pelos seus gestos ridículos.

Não lhes bastando esse motejo, atiram-se para a Terra quais abutres famintos, procurando entre os homens uma alma que lhes dê fácil acesso às tentações. Encontrando-a, dela se apoderam exaltando-lhe a cobiça e procurando extinguir-lhe a fé em Deus, até que por fim, senhores de uma consciência e vendo segura a presa, estendem a tudo quanto se lhe aproxime a fatalidade do seu contágio.

O mau Espírito, no exercício da sua cólera, é quase feliz, sofrendo apenas nos momentos em que deixa de atuar, ou nos casos em que o bem triunfa do mal. Passam no entanto os séculos, e, de repente, o mau Espírito pressente que as trevas acabarão por envolvê-lo; o círculo de ação se lhe restringe e a consciência, muda até então, faz-lhe sentir os acerados espinhos do remorso.

Inerte, arrastado no turbilhão, ele vagueia, como dizem as escrituras, sentindo a pele arrepiar-se-lhe de terror. Não tarda, então, que um grande vácuo se faça nele e em torno dele: chega o momento em que deve expiar; a reencarnação aí está ameaçadora... e ele vê como num espelho as provações terríveis que o aguardam; quereria recuar, mas avança e, precipitado no abismo da vida, rola em sobressalto, até que o véu da ignorância lhe recaia sobre os olhos. Vive, age, é ainda culpado, sentindo em si não sei que lembrança inquieta, pressentimentos que o fazem tremer, sem recuar, porém, da senda do mal. Por fim, extenuado de forças e de crimes, vai morrer. Estendido numa enxerga (ou num leito, que importa?!), o homem culpado sente, sob aparente imobilidade, revolver-se e viver dentro de si mesmo um mundo de esquecidas sensações. Fechadas as pupilas, ele vê um clarão que desponta, ouve estranhos sons; a alma, prestes a deixar o corpo, agita-se impaciente, enquanto as mãos crispadas tentam agarrar as cobertas... Quereria falar, gritar aos que o cercam: — Retenham-me! Eu vejo o castigo! — Impossível! A morte sela-lhe os lábios esmaecidos, enquanto os assistentes dizem: — Descansa em paz!

E contudo ele ouve, flutuando em torno do corpo que não deseja abandonar. Uma força misteriosa o atrai; vê e reconhece finalmente o que já vira. Espavorido, ei-lo que se lança no Espaço onde desejaria ocultar-se, e nada de abrigo, nada de repouso.

Retribuem-lhe outros Espíritos o mal que fez; castigado, confuso e escarnecido, por sua vez vagueia e vagueará até que a divina luz o penetre e esclareça, mostrando-lhe o Deus vingador, o Deus triunfante de todo o mal, e ao qual não poderá apaziguar senão à força de expiação e gemidos."

Georges

Nunca se traçou quadro mais terrível e verdadeiro à sorte do mau; será ainda necessária a fantasmagoria das chamas e das torturas físicas?

Novel

(O Espírito dirige-se ao médium, que em vida o conhecera.)

"Vou contar-te o meu sofrimento quando morri. Meu Espírito, preso ao corpo por elos materiais, teve grande dificuldade em desembaraçar-se — o que já foi, por si, uma rude angústia.

A vida que eu deixava aos 21 anos era ainda tão vigorosa que eu não podia crer na sua perda. Por isso procurava o corpo, estava admirado, apavorado por me ver perdido num turbilhão de sombras. Por fim, a consciência do meu estado e a revelação das faltas cometidas em todas as minhas encarnações feriam-me subitamente, enquanto uma luz implacável me iluminava os mais secretos âmagos da alma, que se sentia *desnudada* e logo possuída de vergonha acabrunhante. Procurava fugir a essa influência interessando-me pelos objetos que me cercavam, novos, mas que, no entanto, *já conhecia*; os Espíritos luminosos, flutuando no éter, davam-me a ideia de uma ventura a que eu não podia aspirar; formas sombrias e desoladas, mergulhadas umas em tedioso desespero; furiosas ou irônicas outras, deslizavam em torno de mim ou por sobre a terra a que me chumbava. Eu via agitarem-se os humanos cuja ignorância invejava; toda uma ordem de sensações desconhecidas, ou antes *reencontradas*, invadiram-me simultaneamente. Como que arrastado por força irresistível, procurando fugir à dor encarniçada, franqueava as distâncias, os elementos, os obstáculos materiais, sem que as belezas naturais nem os esplendores celestes pudessem acalmar um instante a dor acerba da consciência, nem o pavor causado pela revelação da eternidade. Pode um mortal prejulgar as torturas materiais pelos arrepios da carne; mas as vossas frágeis dores, amenizadas pela esperança, atenuadas por distrações ou mortas pelo esquecimento, não vos darão nunca a ideia das angústias de uma alma que sofre sem tréguas, sem esperança, sem arrependimento. Decorrido um tempo cuja duração não posso precisar, invejando os eleitos cujos esplendores entrevia, detestando os maus Espíritos que me perseguiam com remoques, desprezando os humanos cujas torpezas eu via, passei de profundo abatimento a uma revolta insensata.

Chamaste-me finalmente, e pela primeira vez um sentimento suave e terno me acalmou; escutei os ensinos que te dão os teus guias, a verdade impôs-se-me, orei; Deus ouviu-me, revelou-se-me por sua clemência, como já se me havia revelado por sua Justiça."

Novel

Auguste Michel
(Havre, março de 1863.)

Era um moço rico, boêmio, gozando larga e exclusivamente a vida material. Conquanto inteligente, o indiferentismo pelas coisas sérias era-lhe o traço característico.

Sem maldade, antes bom que mau, fazia-se estimar por seus companheiros de pândegas, sendo apontado na sociedade por suas qualidades de homem mundano. Não fez o bem, mas também não fez o mal. Faleceu em consequência de uma queda da carruagem em que passeava. Evocado alguns dias depois da morte por um médium que indiretamente o conhecia, deu sucessivamente as seguintes comunicações:

8 de março de 1863. — "Por enquanto apenas consegui desprender-me e dificilmente vos posso falar. A queda que me ocasionou a morte do corpo perturbou profundamente o meu Espírito. Inquieta-me esta incerteza cruel do meu futuro. O doloroso sofrimento corporal experimentado nada é comparativamente a esta perturbação. Orai para que Deus me perdoe. Oh! Que dor! Oh! Graças, meu Deus! Que dor! Adeus."

18 de março. — "Já vim a vós, mas apenas pude falar dificilmente. Presentemente, ainda mal me posso comunicar convosco. Sois o único médium ao qual posso pedir preces para que a bondade de Deus me subtraia a esta perturbação. Por que sofrer ainda, quando o corpo não mais sofre? Por que existir sempre esta dor horrenda, esta angústia terrível? Orai, oh! Orai para que Deus me conceda repouso... Oh! Que cruel incerteza! Ainda estou ligado ao corpo. Apenas com dificuldade posso ver onde devo encontrar-me; meu corpo lá está, e por que também lá permaneço sempre? Vinde orar *sobre ele* para que eu me desembarace dessa prisão cruel... Deus me perdoará, espero. Vejo os Espíritos que estão junto de vós e por eles posso falar-vos. Orai por mim."

6 de abril. — "Sou eu quem vem pedir que oreis por mim. Será preciso irdes ao *lugar em que jaz meu corpo*, a fim de implorar do Onipotente que me acalme os sofrimentos? Sofro! Oh! Se sofro! Ide a esse lugar — assim é preciso — e dirigi ao Senhor uma prece para que me perdoe. Vejo que poderei ficar mais tranquilo, mas volto incessantemente ao lugar em que depositaram o que me pertencia."

O médium, não dando importância ao pedido que lhe faziam de orar sobre o túmulo, deixara de atender. Todavia, indo aí, mais tarde, lá mesmo recebeu uma comunicação.

11 de maio. — "Aqui vos esperava. Aguardava que viésseis ao lugar em que meu Espírito parece preso ao seu invólucro, a fim de implorar ao Deus de misericórdia e bondade acalmar os meus sofrimentos. Podeis beneficiar-me com as vossas preces, não o esqueçais, eu vo-lo suplico. Vejo quanto a minha vida foi contrária ao que deveria ser; vejo as faltas cometidas.

Fui no mundo um ser inútil; não fiz uso algum proveitoso das minhas faculdades; a fortuna serviu apenas à satisfação das minhas paixões, aos meus caprichos de luxo e à minha vaidade; não pensei senão nos gozos do corpo, desprezando os da alma e a própria alma. Descerá a misericórdia de Deus até mim, pobre Espírito que sofre as consequências das suas faltas terrenas? Orai para que Ele me perdoe, libertando-me das dores que ainda me pungem. Agradeço-vos o terdes vindo aqui orar por mim."

8 de junho. — "Posso falar e agradeço a Deus que mo faculta. Compreendi as minhas faltas e espero que Deus me perdoe. Trilhai sempre na vida de conformidade com a crença que vos alenta, porque ela vos reserva de futuro um repouso que eu ainda não tenho. Obrigado pelas vossas preces. Até logo."

30 de julho. — "Presentemente sou menos infeliz, visto não mais sentir a pesada cadeia que me jungia ao corpo. Estou livre, enfim, mas ainda não expiei, e preciso é que repare o tempo perdido se eu não quiser prolongar os sofrimentos. Espero que Deus, tendo em conta a sinceridade do arrependimento, me conceda a graça do seu perdão. Pedi ainda por mim, eu vo-lo suplico."

> A insistência do Espírito para que se orasse sobre o seu túmulo é uma particularidade notável, mas que tinha sua razão de ser se levarmos em conta a tenacidade dos laços que ao corpo o prendiam, à dificuldade do desprendimento, em consequência da materialidade da sua existência. Compreende-se que, mais próxima, a prece pudesse exercer uma espécie de ação magnética mais poderosa no sentido de auxiliar o desprendimento. O costume quase geral de orar junto aos cadáveres não provirá da intuição inconsciente de um tal efeito? Nesse caso, a eficácia da prece alcançaria um resultado simultaneamente moral e material.

Exprobrações de um boêmio
(Bordeaux, 19 de abril de 1862.)

Homens, meus irmãos, eu vivi só para mim e agora expio e sofro! Conceda-vos Deus a graça de evitardes os espinhos que ora me laceram. Prossegui na senda larga do Senhor e orai por mim, pois abusei dos favores que Deus *empresta* às suas criaturas!

"Quem sacrifica aos instintos brutos a inteligência e os bons sentimentos que Deus lhe dá, assemelha-se ao animal que muitas vezes se maltrata. O homem deve utilizar-se sobriamente dos bens de que é depositário, habituando-se a visar a eternidade que o espera, abrindo mão, por consequência, dos gozos materiais. A sua alimentação deve ter por exclusivo fim a vitalidade; o luxo deve apenas restringir-se às necessidades da sua posição; os gostos, os pendores, mesmo os mais naturais, devem obedecer ao mais são raciocínio; sem o que, ele se materializa em vez de se purificar. As paixões humanas são estreitos grilhões que se enroscam na carne e, assim, não lhes deis abrigo. Vós não sabeis o seu preço, quando regressamos à pátria! As paixões humanas vos despem antes mesmo de vos deixarem, de modo a chegardes nus, completamente nus, ante o Senhor. Ah! Cobri-vos de boas obras que vos ajudem a franquear o Espaço entre vós e a eternidade. Manto brilhante, elas escondem as vossas torpezas humanas. Envolvei-vos na caridade e no amor — vestes divinas que duram eternamente."

Instruções do guia do médium. — Este Espírito está num bom caminho, porquanto, além do arrependimento, aduz conselhos tendentes a evitar os perigos da senda por ele trilhada.

Reconhecer os erros é já um mérito e um passo efetivo para o bem:

Também por isso, a sua situação, sem ser venturosa, deixa de ser a de um Espírito infeliz.

Arrependendo-se, resta-lhe a reparação de uma outra existência. Mas, antes de lá chegar, sabeis qual a existência desses homens de vida sensual que não deram ao Espírito outra atividade além da invenção de novos prazeres?

A influência da matéria segue-os além-túmulo, sem que a morte lhes ponha termo aos apetites que a sua vista, tão limitada como quando na Terra, procura em vão os meios de os saciar. Por não terem nunca procurado alimento espiritual, a alma erra no vácuo, sem norte, sem esperança, presa dessa ansiedade de quem não tem diante de si mais que um deserto sem limites. A inexistência das lucubrações espirituais acarreta naturalmente a nulidade do trabalho espiritual depois da morte; e porque não lhe restem meios de saciar o corpo, nada restará para satisfazer o Espírito.

Daí, um tédio mortal cujo termo não preveem e ao qual prefeririam o nada. Mas o nada não existe... Puderam matar o corpo, mas não podem aniquilar o Espírito. Importa pois que vivam nessas torturas morais, até que, vencidos pelo cansaço, se decidam a volver os olhos para Deus.

Lisbeth

(Bordeaux, 13 de fevereiro de 1862.)

Um Espírito sofredor inscreve-se com o nome de Lisbeth.

1. Quereis dar-nos algumas informações a respeito da vossa posição, assim como da causa dos vossos sofrimentos?

— R. Sede humilde de coração, submisso à vontade de Deus, paciente na provação, caridoso para com o pobre, consolador do fraco, sensível a todos os sofrimentos e não sofrereis as torturas que amargo.

2. Pareceis sentir as falhas decorrentes de contrário procedimento... O arrependimento deverá dar-vos alívio?

— R. Não. O arrependimento é inútil quando apenas produzido pelo sofrimento. O arrependimento profícuo tem por base a mágoa de haver ofendido a Deus, e importa no desejo ardente de uma reparação. Ainda não possuo tanto, infelizmente. Recomendai-me às preces de quantos se interessam pelos sofrimentos alheios, porque delas tenho necessidade.

> Este ensinamento é uma grande verdade; às vezes o sofrimento provoca um brado de arrependimento menos sincero, que não é a expressão de pesar pela prática do mal, visto como se o Espírito deixasse de sofrer, não duvidaria reencetá-la. Eis por que o arrependimento nem sempre acarreta a imediata libertação do Espírito. Predispõe-no, porém, para ela — eis tudo.
>
> É-lhe preciso, além disso, provar a sinceridade e firmeza da resolução, por meio de novas provações reparadoras do mal praticado.
>
> Meditando-se cuidadosamente sobre todos os exemplos que citamos, encontrar-se-á nas palavras dos Espíritos — mesmo dos mais inferiores — profundos ensinamentos, pondo-nos a par dos mais íntimos pormenores da vida espiritual. O homem superficial pode não ver nesses exemplos mais que pitorescas narrativas, mas o homem sério e refletido encontrará neles abundante manancial de estudos.

3. Farei o que desejais. Podereis dar-me alguns pormenores da vossa última existência corporal? Daí talvez nos advenha um ensinamento útil e assim tornareis proveitoso o arrependimento.

(O Espírito vacila na resposta, não só desta pergunta, como de algumas das que se seguem.)

— R. Tive um nascimento de elevada condição. Possuía tudo o que os homens julgam a fonte da felicidade. Rica, tornei-me egoísta; bela, fui vaidosa, insensível, hipócrita; nobre, era ambiciosa. Calquei ao meu poderio os que se me não rolavam aos pés e oprimia ainda mais os que sob eles se colocavam, esquecida de que também a cólera do Senhor esmaga, cedo ou tarde, as mais altivas frontes.

4. Em que época vivestes?

— R. Há 150 anos, na Prússia.

5. Desde então não fizestes progresso algum como Espírito?

— R. Não; a matéria revoltava-se sempre, e tu não podes avaliar a influência que ela ainda exerce sobre mim, a despeito da separação do corpo. O orgulho agrilhoa-nos a brônzeas cadeias, cujos anéis mais e mais comprimem o mísero que lhe hipoteca o coração. O orgulho, hidra[64] de cem cabeças a renovarem-se incessantes, modulando silvos empeçonhados que chegam a parecer celeste harmonia! O orgulho — esse demônio multiforme que se amolda a todas as aberrações do Espírito, que se oculta em todos os refolhos do coração; que penetra as velas; que absorve e arrasta às trevas da eterna geena! Oh! Sim... eterna!

> Provavelmente, o Espírito diz não ter feito progresso algum, por ser a sua situação sempre penosa; a maneira pela qual descreve o orgulho e lhe deplora as consequências é, incontestavelmente, um progresso. Certo, quando encarnado e mesmo logo após a morte, ele não poderia raciocinar assim. Compreende o mal, o que já é alguma coisa, e a coragem e o propósito de o evitar lhe advirão mais tarde.

6. Deus é muito bom para condenar seus filhos a penas eternas. Confiai na sua misericórdia.

— R. Dizem que isto pode ter um termo, mas onde e quando? Há muito que o procuro e só vejo sofrimento, sempre, sempre, sempre!

7. Como viestes hoje aqui?

— R. Conduzida por um Espírito que me acompanha muitas vezes.

— P. Desde quando o vedes, a esse Espírito?

— R. Não há muito tempo.

— P. E desde quando tendes consciência das faltas que cometestes?

---

[64] N.E.: Alusão à Hidra de Lerna, ver nota 21.

— R. (Depois de longa reflexão.) Sim, tendes razão: foi daí para cá que principiei a vê-lo.

8. Compreendeis agora a relação existente entre o arrependimento e o auxílio prestado por vosso protetor? Tomai por origem desse apoio o amor de Deus, cujo fim será o seu perdão e misericórdia infinitos.

— R. Oh! Como desejaria que assim fosse.

— Creio poder prometer-vo-lo no nome, aliás sacratíssimo, daquele que jamais foi surdo à voz dos filhos aflitos.

9. Pedi de coração e sereis ouvida.

— R. Não posso; tenho medo.

— Oremos juntos, Ele nos atenderá. (Depois da prece.) Ainda estais aí?

— R. Sim. Obrigada! Não me esqueçais.

10. Vinde inscrever-vos aqui todos os dias.

— R. Sim, sim, virei sempre.

O guia do médium — Nunca esqueçais os ensinos que bebeis nos sofrimentos dos vossos protegidos e notadamente nas suas causas, visto serem lição que a todos aproveita no sentido de se preservarem dos mesmos perigos e de idênticos castigos. Purificai os corações, sede humildes, amai-vos e ajudai-vos sem esquecerdes jamais a fonte de todas as graças, fonte inesgotável na qual podem todos saciar-se à vontade, fonte de água viva que desaltera e alimenta igualmente, fonte de vida e ventura eterna. Ide a ela, meus amigos, e bebei com fé. Mergulhai nela as vossas vasilhas, que sairão de suas ondas pejadas de bênçãos. Adverti vossos irmãos dos perigos em que podem incorrer. Difundi as bênçãos do Senhor, que se reproduzem incessantes; e quanto mais as propagardes, tanto mais se multiplicarão. Está em vossas mãos a tarefa, porquanto, dizendo aos vossos irmãos — aí estão os perigos, lá os escolhos; vinde conosco a fim de os evitar; *imitai-nos a nós que damos o exemplo* — assim difundireis as bênçãos do Senhor sobre os que vos ouvirem.

Abençoados sejam os vossos esforços. O Senhor ama os corações puros: fazei por merecer-lhe o amor.

Saint Paulin

Príncipe Ouran
(Bordeaux, 1862.)

Um Espírito sofredor apresentou-se dando o nome de Ouran, príncipe russo de outros tempos.

— P. Quereis dar-nos algumas minudências sobre a vossa situação?

— R. Oh! Felizes os humildes de coração, porque deles é o reino do Céu! Orai por mim. Felizes os humildes de coração que escolhem uma posição modesta a fim de cumprirem a provação. Vós todos, a quem devora a inveja, não sabeis o estado a que ficou reduzido um desses que na Terra são considerados felizes; não avaliais o fogo que o abrasa nem os sacrifícios impostos pela riqueza quando por ela se quer obter a salvação! Permita-me o Senhor a mim, déspota orgulhoso, expiar os crimes derivados do meu orgulho entre aqueles mesmos a quem oprimi com a tirania! Orgulho! Repita-se constantemente a palavra para que se não esqueça nunca que ele é a fonte de todos os sofrimentos que nos acabrunham. Sim, eu abusei do poderio e favores de que dispunha; fui duro e cruel para com os inferiores, os quais tiveram de curvar-se a todos os meus caprichos, satisfazer a todas as minhas depravações. Quis a nobreza, a fortuna, as honras, e sucumbi sob peso superior às próprias forças.

> Os Espíritos que sucumbem são geralmente levados a alegar um compromisso superior às próprias forças — o que é ainda um resto de orgulho e um meio de se desculparem para consigo mesmos, não se conformando com a própria fraqueza. Deus não dá a ninguém mais do que possa suportar, não exige da árvore nascente os frutos dados pelo tronco desenvolvido. Ademais, os Espíritos têm a liberdade; o que lhes falta é a vontade, e esta depende deles exclusivamente. Com força de vontade não há tendências viciosas insuperáveis; mas, *quando um vício nos apraz, é natural que não façamos esforços por domá-lo*. Assim, somente a nós devemos atribuir as respectivas consequências.

— P. Tendes consciência das vossas faltas, e isso é já um passo para a regeneração.

— R. Esta consciência é ainda um sofrimento. Para muitos Espíritos o sofrimento é um efeito quase material, visto como, atidos à humanidade de sua última encarnação, não experimentam nem apreendem as sensações morais. Liberto da matéria, o sentimento moral aumentou-se, para mim, de tudo quanto as cruéis sensações físicas tinham de horrível. — P. Lobrigais um termo aos vossos padecimentos?

— R. Sei que não serão eternos, mas não lhes entrevejo o fim, sendo-me antes preciso recomeçar a provação.

— P. E esperais fazê-lo em breve?

— R. Não sei ainda.

— P. Lembrai-vos dos vossos antecedentes? Faço-vos esta pergunta no intuito de me instruir.

— R. Vossos guias aí estão, e sabem do que precisais. Vivi no tempo de Marco Aurélio. Poderoso então, sucumbi ao orgulho, causa de todas as quedas. Depois de uma erraticidade de séculos, quis experimentar uma existência obscura.

"Pobre estudante, mendiguei o pão, mas o orgulho possuía-me sempre; o Espírito ganhara em ciência, mas não em virtude. Sábio ambicioso, vendi a consciência a quem mais dava, servindo a todas as vinganças, a todos os ódios. Sentia-me culpado, mas a sede de glórias e riquezas estrangulava a voz da consciência. A expiação ainda foi longa e cruel. Eu quis enfim, na minha última encarnação, reencetar uma vida de luxo e poderio, no intuito de dominar os tropeços, sem atender a conselhos. Era ainda o orgulho levando-me a confiar mais em mim mesmo do que no conselho dos protetores amigos que sempre velam por nós.

"Sabeis o resultado desta última tentativa. Hoje, enfim, compreendo e aguardo a misericórdia do Senhor. Deponho a seus pés o meu arrasado orgulho e peço-lhe que me sobrecarregue com o mais pesado tributo de humildade, pois com o auxílio da sua graça o peso me parecerá leve.

"Orai comigo e por mim: orai também para que esse fogo diabólico não devore os instintos que vos encaminham para Deus. Irmãos de sofrimentos, oxalá possa o meu exemplo aproveitar-vos e não esqueçais nunca que o orgulho é o inimigo da felicidade. É dele que promanam todos os males que acometem a humanidade e a perseguem até nas regiões celestes."

O guia do médium — Concebestes dúvidas sobre a identidade deste Espírito, por vos parecer a sua linguagem em desacordo com o estado de sofrimento acusando inferioridade.

Desvanecei tais dúvidas, porque recebestes uma comunicação séria. Por mais sofredor, este Espírito tem assaz culta inteligência para exprimir-se de tal maneira. O que lhe faltava era apenas a humildade, sem a qual nenhum Espírito pode chegar a Deus. Essa humildade conquistou-a agora, e nós esperamos que, com perseverança, ele sairá triunfante de uma nova provação.

Nosso Pai celestial é justíssimo na sua sabedoria e leva em conta os esforços da criatura para dominar os maus instintos. Cada vitória sobre vós mesmos é um degrau franqueado nessa escada que tem uma extremidade na Terra e outra aos pés do Juiz supremo. Alçai-vos por esses degraus resolutamente, porque a subida é tanto mais suave quanto firme a vontade. Olhai sempre para cima a fim de vos encorajardes, porque ai daquele que para e se volta. Depressa o atinge a vertigem, espanta-se do vácuo que o cerca, desanima e diz: — para que mais caminhar, se tão pouco o tenho feito e tanto me falta? Não, meus amigos, não vos volteis.

O orgulho está incorporado no homem; pois bem! Aproveita-o na força e na coragem de terminar a vossa ascensão. Empregai-o ainda em dominar as fraquezas e galgai o topo da montanha eterna.

Pascal Lavic
(Havre, 9 de agosto de 1863.)

Este Espírito, sem que o médium o conhecesse em vida, mesmo de nome, comunicou-se espontaneamente.

"Creio na bondade de Deus, que, na sua misericórdia, se compadecerá do meu Espírito. Tenho sofrido muito, muito; pereci no mar. Meu Espírito, ligado ao corpo, vagou por muito tempo sobre as ondas. Deus...

(A comunicação foi interrompida, e no dia seguinte o Espírito prosseguiu.)

...houve por bem permitir que as preces dos que ficaram na Terra me tirassem do estado de perturbação e incerteza em que me achava imerso. Esperaram-me por muito tempo e puderam enfim achar meu corpo. Este repousa atualmente, ao passo que o Espírito, libertado com dificuldade, vê as faltas cometidas. Consumada a provação, Deus julga com justiça, a sua bondade estende-se aos arrependidos.

"Por muito tempo, juntos erraram o corpo e o Espírito, sendo essa a minha expiação. Segui o caminho reto, se quiserdes que Deus facilite o desprendimento de vosso Espírito. Vivei no seu amor, orai, e a morte, para tantos temerosa, vos será suavizada pelo conhecimento da vida que vos espera. Sucumbi no mar, e por muito tempo me esperaram. Não poder desligar-me do corpo era para mim uma terrível provação, eis por que necessito das preces de quem, como vós, possui a crença salvadora e pode pedir por mim ao Deus de justiça. Arrependo-me e espero ser perdoado. A 6 de agosto foi meu corpo encontrado. Eu era um pobre marinheiro e há muito tempo que morri. Orai por mim."

Pascal Lavic

— P. Onde foi achado o vosso corpo?
— R. Não muito longe de vós.

O *Journal du Havre*, de 11 de agosto de 1863, continha o seguinte artigo, do qual o médium não podia ter ciência:

"Noticiamos que a 6 do corrente se encontrara um resto de cadáver encalhado entre Bléville e La Hève. A cabeça, os braços e o busto tinham desaparecido, mas, apesar disso, pôde verificar-se a sua identidade pelos sapatos ainda presos aos pés. Foi reconhecido o corpo do pescador Lavic, que fora arrebatado a 11 de dezembro de bordo do navio *L'Alerte*, por uma rajada de mar. Lavic tinha 49 anos e era natural da cidade de Calais. Foi a viúva quem lhe reconheceu a identidade."

A 12 de agosto, como se tratasse desse acontecimento no Centro em que o Espírito se manifestara pela primeira vez, deu este de novo, e espontaneamente, a seguinte comunicação:

"Sou efetivamente Pascal Lavic, que tem necessidade das vossas preces. Podeis beneficiar-me, pois terrível foi a provação por mim experimentada. A separação do meu Espírito do corpo só se deu depois que reconheci as minhas faltas; e depois disso, ainda não totalmente destacado, acompanhava-o no oceano que o tragara. Orai, pois, para que Deus me perdoe e me conceda repouso. Orai, eu vo-lo suplico. Oxalá este desastrado fim de uma infeliz vida terrena vos sirva de grande ensinamento! Deveis ter sempre em vista a vida futura, não deixando jamais de implorar a Deus a sua divina misericórdia. Orai por mim; tenho necessidade que Deus de mim se compadeça."

Pascal Lavic

Ferdinand Bertin

Um médium do Havre evocou o Espírito de pessoa dele conhecida, que respondeu: — Quero comunicar-me, porém não posso vencer o obstáculo existente entre nós. Sou forçado a deixar que se aproximem estes infelizes sofredores.

Seguiu-se então a seguinte comunicação espontânea:

"Estou num medonho abismo! Auxiliai-me... Ó meu Deus! Quem me tirará deste abismo? Quem socorrerá com mão piedosa o infeliz tragado pelas ondas? Por toda parte o marulho das vagas, e nem uma palavra amiga que me console e ajude neste momento supremo. Entretanto, esta noite profunda é bem a morte com seus horrores, quando eu não quero morrer! Ó meu Deus! Não é a morte futura, é a passada! Estou para sempre separado dos que me são caros... Vejo o meu corpo, e o que há pouco sentia era apenas a lembrança da angustiosa separação... Tende piedade de mim, vós que conheceis o meu sofrimento; orai por mim, pois não quero mais sentir as lacerações da agonia, como tem acontecido desde a noite fatal! É essa, no entanto, a punição, bem a pressinto... Conjuro-vos a orar! Oh! O mar... o frio... vou ser tragado pelas ondas! Socorro! Tende piedade; não me repilais! Nós nos salvaremos os dois sobre esta tábua! Oh! Afogo-me! As vagas vão tragar-me sem que aos meus reste o consolo de me tornarem a ver... Mas não! Que vejo? Meu corpo balouçado pelas ondas... As preces de minha mãe serão ouvidas... Pobre mãe! Se ela pudesse supor seu filho tão miserável como realmente o é, decerto pediria mais; acredita, porém, que a morte santificou o passado e chora-me como mártir e não como infeliz castigado! Oh! Vós que o sabeis, sereis implacáveis? Não, certo intercedereis por mim."

François Bertin[65]

Desconhecido inteiramente esse nome, não sugeria sequer à memória do médium uma vaga lembrança, pelo que supôs fosse de algum desgraçado náufrago que se lhe viesse manifestar espontaneamente, como sucedia várias vezes. Mais tarde soube ser, efetivamente, o nome de uma das vítimas da grande catástrofe marítima ocorrida nessas paragens a 2 de dezembro de 1863. A comunicação foi dada a 8 do mesmo

---

[65] N.E.: Tanto na 1ª edição francesa (1865) quanto na 4ª (1869) o Espírito é identificado como Ferdinand Bertin no início da comunicação, e como François Bertin ao seu final.

mês, 6 dias, portanto, depois do sinistro. O indivíduo perecera fazendo tentativas inauditas para salvar a equipagem e no momento em que se julgava ao abrigo da morte. Não tendo qualquer parentesco com o médium, nem mesmo conhecimento, por que se teria manifestado a este em vez de o fazer a qualquer membro da família? É que os Espíritos não encontram em todas as pessoas as condições fluídicas imprescindíveis à manifestação. Este, na perturbação em que estava, nem mesmo tinha a liberdade da escolha, sendo conduzido instintiva e atrativamente para este médium, dotado, ao que parece, de aptidão especial para as comunicações deste gênero. Também é de supor que pressentisse uma simpatia particular, como outros a encontraram em idênticas circunstâncias. A família, estranha ao Espiritismo, talvez infensa mesmo a esta crença, não teria acolhido a manifestação como esse médium.

Posto que a morte remontasse a alguns dias, o Espírito lhe experimentava ainda todas as angústias. Evidente, portanto, que não tinha consciência da situação; acreditava-se vivo, lutando com as ondas, mas ao mesmo tempo se referindo ao corpo como se dele estivesse separado; grita por socorro, diz que não quer morrer e fala logo após da causa da sua morte, reconhecendo nela um castigo.

Toda essa incoerência denota a confusão das ideias, fato comum em quase todas as mortes violentas.

Dois meses mais tarde, a 2 de fevereiro de 1864, o Espírito de novo se comunicou espontaneamente pelo mesmo médium, dizendo-lhe o seguinte:

"A piedade que tivestes dos meus tão horríveis sofrimentos aliviou-me. Compreendo *a esperança*, entrevejo o perdão, mas depois do castigo da falta cometida. Sofro continuamente, e, se por momentos permite Deus que eu entreveja o fim da minha desventura, devo-o às preces de caridosas almas apiedadas da minha situação. Ó esperança, raio celeste, quão bendita és quando te sinto despontar-me na alma! Mas, oh! O abismo escancara-se, o terror e o sofrimento absorvem o pensamento de misericórdia. A noite, sempre a noite! A água, o bramir das ondas que me tragaram, são apenas pálida imagem do horror em que se envolve o meu Espírito... Fico mais calmo quando posso permanecer junto de vós, pois assim como a confidência de um segredo ao peito amigo nos alivia, assim a vossa piedade, motivada pela confidência da minha penúria, acalma o sofrimento e dá repouso ao meu Espírito...

"Fazem-me bem as vossas preces, não me as recuseis. Não quero reapossar-me desse hórrido sonho que se transforma em realidade quando o vejo... Tomai o lápis mais vezes. Muito me aliviará o comunicar convosco."

Dias depois, numa reunião espírita em Paris, dirigiram-se a este Espírito as seguintes perguntas, por ele englobadas numa única comunicação e mediante outro médium, na forma abaixo.

Eis as perguntas:

Quem vos levou a comunicar espontaneamente pelo outro médium?

De que tempo datava a vossa morte quando vos manifestastes?

Quando o fizestes parecíeis duvidar ainda do vosso estado, ao mesmo tempo que externáveis angústias de uma morte horrível: tendes agora melhor compreensão dessa situação?

Dissestes positivamente que a vossa morte era uma expiação: podereis dizer-nos o motivo dessa afirmativa?

Isso constituirá ensinamento para nós e ser-vos-á um alívio. Por uma confissão sincera fareis jus à misericórdia de Deus, a qual solicitaremos em nossas preces.

Resposta. — Em primeiro lugar parece impossível que uma criatura humana possa sofrer tão cruelmente. Deus! Como é penoso ver-se a gente constantemente envolta nas vagas em fúria, provando incessante este suplício, este frio glacial que sobe ao estômago e o constringe!

"Mas de que serve entreter-vos com tais cenas? Não devo eu começar por obedecer às leis da gratidão, agradecendo a vós todos que vos interessastes pelos meus tormentos? Perguntastes se me manifestei muito tempo depois da morte?

"Não posso responder facilmente. Refletindo, avaliareis em que situação horrível estou ainda. Penso que para junto do médium fui trazido por força estranha à minha vontade e — coisa inexplicável — *servia-me do seu braço com a mesma facilidade com que me sirvo neste momento do vosso, persuadido de que ele me pertencesse.* Agora experimento mesmo um grande prazer, como que um alívio particular, que... mas ah! Ei-lo que vai cessar.

Mas meu Deus! Terei forças para fazer a confissão que me cumpre?"

Depois de ser muito encorajado, o Espírito ajuntou: — Eu era muito culpado, e o que mais me tortura é ser tido por mártir, quando em verdade o não fui... Na precedente existência eu mandara ensacar várias vítimas e atirá-las ao mar... Orai por mim!

Comentário de São Luís sobre esta comunicação

Esta confissão trará grande alívio ao Espírito, que efetivamente foi bem culpado! Honrosa, porém, foi a existência que vem de deixar: era amado e estimado de seus chefes. Essa circunstância era o fruto do seu arrependimento e das boas resoluções que tomou antes de voltar à Terra, onde, tanto quanto fora cruel, desejara ser humano. O devotamento que demonstrou era uma reparação, sendo-lhe porém preciso resgatar as passadas faltas por uma expiação final — a da morte que teve. Ele mesmo quis purificar-se pelo sofrimento das torturas que a outros infligira, e reparai que uma ideia o persegue: o pesar de ser tido como mártir. Será tomada em consideração essa humildade. Enfim, ele deixou o caminho da expiação para entrar no da reabilitação, no qual por vossas preces podereis sustentá-lo, fazendo que o trilhe a passo mais firme e resoluto.

François Riquier

Era um velho celibatário, avarento e muito popular, falecido em C., em 1857, legando aos parentes colaterais considerável fortuna. Em tempo fora locador de uma inquilina, que mais tarde o esquecera completamente, ignorando até se ainda, ou não, vivia. Em 1862, uma filha desta senhora, sujeita a crises de catalepsia seguidas de espontâneo sono magnético e também boa médium escrevente, viu, num desses sonos, o Sr. Riquier, o qual, assegurava, pretendia dirigir-se à sua mãe.

Passados alguns dias, uma vez que se manifestara espontaneamente confirmando aquele intuito, entretiveram com ele a seguinte conversação:

— P. Que pretendeis de nós?

— R. O dinheiro do qual se apossaram, os miseráveis, a fim de o repartirem! Venderam fazendas, casas, tudo para se locupletarem! Desbarataram meus bens como se não mais me pertencessem. Fazei que se me faça justiça, já que a mim me não ouvem, e não quero presenciar infâmias tais. Dizem que eu era usurário, e guardaram-me o cobre. Por que não mo querem restituir? Acharão que foi mal ganho?

— P. Mas vós estais morto, meu caro senhor, e não tendes mais necessidade alguma de dinheiro. Implorai a Deus para vos conceder uma nova existência de pobreza, a fim de expiardes a usura desta última.

— R. Não, eu não poderei viver na pobreza. Preciso do meu dinheiro, sem o qual não posso viver. Ademais, não preciso de outra existência, porque vivo estou atualmente.

— P. (Foi-lhe feita a seguinte pergunta no intuito de chamá-lo à realidade.) Sofreis?

— R. Oh! Sim. Sofro piores torturas que as da mais cruel enfermidade, pois é minha alma quem as padece. Tendo sempre em mente a iniquidade de uma vida que foi para muitos motivo de escândalos, tenho a consciência de ser um miserável indigno de piedade, mas o meu sofrimento é tão grande que mister se faz me auxiliem a sair desta situação deplorável.

— P. Oraremos por vós.

— R. Obrigado! Orai para que eu esqueça os meus bens terrenos, sem o que não poderei arrepender-me. Adeus e obrigado.

François Riquier,
Rue de la Charité, no 14.

É curioso ver-se este Espírito indicar a moradia como se estivesse vivo.

A senhora deu-se pressa em verificá-la e ficou muito surpreendida por ver que era justamente a última casa que Riquier habitara. Eis como, após cinco anos, ainda ele não se considerava morto, antes experimentava a ansiedade, bem cruel para um usurário, de ver os bens partilhados pelos herdeiros. A evocação, provocada indubitavelmente por qualquer Espírito bom, teve por fim fazer-lhe compreender o seu estado e predispô-lo ao arrependimento.

Claire
(Sociedade de Paris, 1861.)

O Espírito que forneceu os ditados seguintes pertenceu a uma senhora que o médium conhecera quando na Terra. A sua conduta, como o seu caráter, justificam plenamente os tormentos que lhe sobrevieram. Além do mais, ela era dominada por um sentimento exagerado de orgulho e egoísmo pessoais, sentimento que se patenteia na terceira das mensagens, quando pretende que o médium apenas se ocupe com ela. As comunicações foram obtidas em diferentes épocas, sendo que as três últimas já denotam sensível progresso nas disposições do Espírito, graças ao cuidado do médium, que empreendera a sua educação moral.

1. Eis-me aqui, eu, a desgraçada Claire. Que queres tu que te diga? A resignação, a esperança não passam de palavras, para os que sabem que, inumeráveis como as pedras da saraivada, os sofrimentos lhe perdurarão na sucessão interminável dos séculos. Posso suavizá-los, dizes tu... Que vaga palavra! Onde encontrar coragem e esperança para tanto? Procura, pois, inteligência obtusa, compreender o que seja um dia eterno. Um dia, um ano, um século... que sei eu? Se as horas o não dividem, as estações não variam; eterno e lento como a água que do rochedo roreja, este dia execrando, maldito, pesa sobre mim como avalancha de chumbo... Eu sofro! Em torno de mim, apenas sombras silenciosas e indiferentes... Eu sofro!

Contudo, sei que acima desta miséria reina o Deus Pai, para o qual tudo se encaminha. Quero pensar nele, quero implorar-lhe misericórdia. Debato-me e vivo de rojo como o estropiado que rasteja ao longo do caminho. Não sei que poder me atrai para ti; talvez sejas a salvação. Eu te deixo mais calma, mais reanimada, qual anciã enregelada que se aquecesse a um raio de sol. Gélida, minha alma se reanima à tua aproximação.

2. A minha desgraça aumenta dia a dia, proporcionalmente ao conhecimento da eternidade. Ó miséria! Malditas sejam as horas de egoísmo e inércia, nas quais, esquecida de toda a caridade, de todo o afeto, eu só pensava no meu bem-estar! Malditos interesses humanos, preocupações materiais que me cegaram e perderam! Agora o remorso do tempo perdido. Que te direi a ti, que me ouves? Olha, vela constantemente, ama os outros mais que a ti mesmo, não retardes a marcha nem engordes o corpo em detrimento da alma. Vela, conforme pregava o Salvador aos seus discípulos. Não me agradeças estes conselhos, porque se o *meu Espírito os concebe, o coração nunca os ouviu*. Qual o cão escorraçado, rastejando de medo, assim me humilho sem conhecer ainda o voluntário amor. Muito tarda a sua divina aurora a despontar! Ora por minha alma dessecada e tão miserável!

3. Por que me esqueces, até aqui venho procurar-te. Acreditas que preces isoladas e a simples pronúncia do meu nome bastarão ao apaziguamento das minhas penas? Não, cem vezes não. Eu urro de dor, errante, sem repouso, sem asilo, sem esperança, sentindo o aguilhão eterno do castigo a enterrar-se-me na alma revoltada. Quando ouço os

vossos lamentos, rio-me, assim como quando vos vejo abatido. As vossas efêmeras misérias, as lágrimas, tormentos que o sono susta, que são? Durmo eu aqui? Quero (ouviste?) quero que, deixando as tuas lucubrações filosóficas, te ocupes de mim, além de fazeres com que outros mais também se ocupem. Não tenho expressões para definir esse tempo que se escoa, sem que as horas lhe assinalem períodos. Vejo apenas um tênue raio de esperança, foste tu que ma deste: não me abandones, pois.

4. (O Espírito São Luís.) — Este quadro é de todo verdadeiro e em nada exagerado. Perguntar-se-á talvez o que fez essa mulher para ser assim tão miserável. Cometeu ela algum crime horrível? Roubou? Assassinou?

Não; ela nada fez que afrontasse a justiça dos homens. Ao contrário, divertia-se com o que chamais felicidade terrena; beleza, fortuna, gozos, adulações, tudo lhe sorria, nada lhe faltava, a ponto de dizerem os que a viam: — Que mulher feliz! E invejavam-lhe a sorte. Mas quereis saber?

Foi egoísta; possuía tudo, exceto um bom coração. Não violou a lei dos homens, mas a de Deus, visto como esqueceu a primeira das virtudes — a caridade. Não tendo amado senão a si mesma, agora não encontra ninguém que a ame e vê-se insulada, abandonada, ao desamparo no Espaço, onde ninguém pensa nela nem dela se ocupa.

Eis o que constitui o seu tormento. Tendo apenas procurado os gozos mundanos que hoje não mais existem, o vácuo se lhe fez em torno, e como vê apenas o nada, este lhe parece eterno. Ela não sofre torturas físicas; não vêm atormentá-la os demônios, o que é aliás desnecessário, uma vez que se atormenta a si mesma, e isso lhe é mais doloroso, porquanto, se tal acontecesse, os demônios seriam seres a ocuparem-se dela. O egoísmo foi a sua alegria na Terra; pois bem, é ainda ele que a persegue — verme a corroer-lhe o coração, seu verdadeiro demônio.

São Luís

5. Falar-vos-ei da importante diferença existente entre a moral divina e a moral humana. A primeira assiste a mulher adúltera no seu abandono e diz aos pecadores: "Arrependei-vos, e aberto vos será o reino dos Céus."

Finalmente, a moral divina aceita todo arrependimento, todas as faltas confessadas, ao passo que a moral humana rejeita aquele e sorri aos pecados ocultos que, diz, são em parte perdoados. Cabe a uma a graça do perdão, e a outra a hipocrisia. Escolhei, Espíritos ávidos da verdade! Escolhei entre os Céus abertos ao arrependimento e a tolerância que admite o mal, repelindo os soluços do arrependimento francamente patenteado, só para não ferir o seu egoísmo e preconceitos. Arrependei-vos todos vós que pecais; renunciai ao mal e principalmente à hipocrisia — véu que é de torpezas, máscara risonha de recíprocas conveniências.

6. "Estou mais calma e resignada à expiação das minhas faltas. O mal não está fora de mim, reside em mim, devendo ser eu a me transformar, e não as coisas exteriores.

"Em nós e conosco trazemos o Céu e o inferno; as nossas faltas, gravadas na consciência, são lidas correntemente no dia da ressurreição. E uma vez que o estado da alma nos abate ou eleva, somos nós os juízes de nós mesmos. Explico-me: um Espírito impuro e *sobrecarregado* de culpas não pode conceber nem anelar uma elevação que lhe seria insuportável. Assim como as diferentes espécies de seres vivem, cada qual, na esfera que lhes é própria, assim os Espíritos, segundo o grau de adiantamento, movem-se no meio adequado às suas faculdades e não concebem outro senão quando o progresso (instrumento da lenta transformação das almas) lhes subtrai as baixas tendências, despojando-os da crisálida do pecado, a fim de que possam adejar antes de se lançarem, rápidos quais flechas, para o fim único e almejado — Deus! Ah! Rastejo ainda, mas não odeio mais, e concebo a indizível felicidade do amor divino. Orai, pois, sempre por mim, que espero e aguardo."

> Na comunicação a seguir, Claire fala de seu marido, que muito a martirizara, e da posição em que ele se encontra no mundo espiritual. Esse quadro que ela por si não pôde completar, foi concluído pelo guia espiritual do médium.

7. Venho procurar-te, a ti, que por tanto tempo me deixas no esquecimento. Tenho, porém, adquirido paciência e não mais me desespero. Queres saber qual a situação do pobre Félix? Erra nas trevas entregue à profunda nudez de sua alma. Superficial e leviano, aviltado pelo sensualismo, nunca soube o que eram o amor e a amizade. Nem mesmo a paixão esclareceu suas sombrias luzes. Seu estado presente é comparável ao da criança inapta para as funções da vida e privada de todo o amparo. Félix vaga aterrorizado nesse mundo estranho onde tudo fulgura ao brilho desse Deus por ele negado.

8. O guia do médium — Vou falar por Claire, visto que ela não pode continuar a análise dos sofrimentos do marido, sem compartilhá-los:

"Félix — superficial nas ideias como nos sentimentos; violento por fraqueza; devasso por frivolidade — entrou no mundo espiritual tão nu quanto ao moral como quanto ao físico. *Ao reencarnar nada adquiriu e, consequentemente, tem de recomeçar toda a obra.* — Qual homem ao despertar de prolongado sonho, reconhecendo a profunda agitação dos seus nervos, esse pobre ser, saindo da perturbação, reconhecerá que viveu de quimeras, que lhe desvirtuaram a existência. Então, maldirá do materialismo que lhe dera o vácuo pela realidade; apostrofará o positivismo que lhe fizera ter por desvarios as ideias sobre a vida futura, como por loucura a sua aspiração, como por fraqueza a crença em Deus. O desgraçado, ao despertar, verá que esses nomes por ele escarnecidos são a fórmula da verdade, e que, ao contrário da fábula, a caça da presa foi menos proveitosa que a da sombra."

Georges

Estudo sobre as comunicações de Claire — Estas comunicações são instrutivas por nos mostrarem principalmente uma das feições mais comuns da vida — a do egoísmo. Delas não resultam esses grandes crimes que atordoam mesmo os mais perversos, mas a condição de uma turba enorme que vive neste mundo, honrada e venerada, somente por ter um certo verniz e isentar-se do opróbrio da repressão das leis sociais. Essa gente não vai encontrar castigos excepcionais no mundo espiritual, mas uma situação simples, natural e consentânea com o estado de sua alma e maneira de viver. O insulamento, o abandono, o desamparo, eis a punição daquele que só viveu para si. Claire era, como vimos, um Espírito assaz inteligente, mas de árido coração. A posição social, a fortuna, os dotes físicos que na Terra possuíra, atraíam-lhe homenagens gratas à sua vaidade — o que lhe bastava; hoje, onde se encontra, só vê indiferença e vacuidade em torno de si.

Essa punição é não somente mais mortificante do que a dor que inspira piedade e compaixão: mas é também um meio de obrigá-la a despertar o interesse de outrem a seu respeito, pela sua morte.

A sexta mensagem encerra uma ideia perfeitamente verdadeira concernente à obstinação de certos Espíritos na prática do mal.

Admiramo-nos de ver como alguns deles são insensíveis à ideia e mesmo ao espetáculo da felicidade dos bons Espíritos. É exatamente a situação dos homens degradados que se deleitam na depravação como nas práticas grosseiramente sensuais. Esses homens estão, por assim dizer, no seu elemento; não concebem os prazeres delicados, preferindo farrapos andrajosos a vestes limpas e brilhantes, por se acharem naqueles mais à vontade. Daí a preterição de boas companhias por orgias báquicas e deboches. E de tal modo esses Espíritos se identificam com esse modo de vida, que ela chega a constituir-lhes uma segunda natureza, acreditando-se incapazes mesmo de se elevarem acima da sua esfera. E assim se conservam até que radical transformação do ser lhes reavive a inteligência, lhes desenvolva o senso moral e os torne acessíveis às mais sutis sensações.

Esses Espíritos, quando desencarnados, não podem prontamente adquirir a delicadeza dos sentimentos, e, durante um tempo mais ou menos longo, ocuparão as camadas inferiores do mundo espiritual, tal como acontece na Terra; assim permanecerão, rebeldes ao progresso, mas, com o tempo, a experiência, as tribulações e misérias das sucessivas encarnações, chegará o momento de conceberem algo de melhor do que até então possuíam. Elevam-se-lhes por fim as aspirações, começam a compreender o que lhes falta e principiam os esforços da regeneração.

Uma vez nesse caminho, a marcha desses espíritos é rápida, visto como experimentaram de uma satisfação que lhes parece bem superior, e perto da qual as outras não passam de grosseiras sensações que acabam por inspirar-lhes repugnância.

— P. (A São Luís.) Que devemos entender por trevas em que se acham mergulhadas certas almas sofredoras? Serão as referidas tantas vezes na escritura?

— R. Sim, efetivamente, as designadas por Jesus e pelos profetas em referências ao castigo dos maus.

Mas isso não passava de alegoria destinada a ferir os sentidos materializados dos seus contemporâneos, os quais jamais poderiam compreender a punição de maneira espiritual. Certos Espíritos estão imersos em trevas, mas deve-se depreender daí uma verdadeira noite da alma comparável à obscuridade intelectual do idiota. Não é uma loucura da alma, porém uma inconsciência daquele e do que o rodeia, a qual se produz quer na presença, quer na ausência da luz material. É, principalmente, a punição dos que duvidaram do seu destino. Pois que acreditaram no nada, as aparências desse nada os supliciam, até que a alma, caindo em si, quebra as malhas de enervamento que a prostrava e envolvia, tal qual o homem oprimido por penoso sonhar luta em dado momento, com todo o vigor das suas faculdades, contra os terrores que de começo o dominaram. Esta momentânea redução da alma a um nada fictício e consciente de sua existência é sentimento mais cruel do que se pode imaginar, em razão da aparência de repouso que a acomete: é esse repouso forçado, essa nulidade de ser, essa incerteza que lhe fazem o suplício. O aborrecimento que a invade é o mais terrível dos castigos, visto como coisa alguma percebe em torno — nem coisas, nem seres. Todas essas coisas lhe são trevas, verdadeiras trevas.

São Luís

(Claire): Eis-me aqui. Também eu posso responder à pergunta relativa às trevas, pois vaguei e sofri por muito tempo nesses limbos onde tudo é soluço e misérias. Sim, existem as trevas visíveis de que fala a escritura, e os desgraçados que deixam a vida, ignorantes ou culpados, depois das provações terrenas são impelidos a fria região, inconscientes de si mesmos e do seu destino. Acreditando na perenidade dessa situação, a sua linguagem é ainda a da vida que os seduziu, e admiram-se e espantam-se da profunda solidão: trevas são, pois, esses lugares povoados e ao mesmo tempo desertos, espaços em que erram pálidos Espíritos lastimosos, sem consolo, sem afeições, sem socorro de espécie alguma. A quem se dirigirem... se sentem a eternidade, esmagadora, sobre eles? Tremem e lamentam os interesses mesquinhos que lhes mediam as horas; deploram a ausência das noites que, muitas vezes, lhes traziam, num sonho feliz, o esquecimento dos pesares. As trevas para o Espírito são: a ignorância, o vácuo, o horror ao desconhecido... Não posso continuar...

Claire

Ainda sobre este ponto obtivemos a seguinte explicação:

"Por sua natureza, possui o Espírito uma propriedade luminosa que se desenvolve sob o influxo da atividade e das qualidades da alma. Poder-se-ia dizer que essas qualidades estão para o fluido perispiritual como o friccionamento para o fósforo. A intensidade da luz está na razão da pureza do Espírito; as menores imperfeições morais atenuam-na e enfraquecem-na. A luz irradiada por um Espírito será tanto mais viva, quanto maior o seu adiantamento. Assim sendo o Espírito, de alguma sorte, o seu próprio *farol*, verá proporcionalmente à intensidade da luz que produz, do que resulta que os Espíritos que não a produzem acham-se na obscuridade."

Esta teoria é perfeitamente exata quanto à irradiação de fluidos luminosos pelos Espíritos superiores e é confirmada pela observação, conquanto se não possa inferir seja aquela a verdadeira causa, ou, pelo menos, a única causa do fenômeno; primeiro, porque nem todos os Espíritos inferiores estão em trevas; segundo, porque um mesmo Espírito pode achar-se alternadamente na luz e na obscuridade; e terceiro, finalmente, porque a luz também é castigo para os Espíritos muito imperfeitos. Se a obscuridade em que jazem certos Espíritos fosse inerente à sua personalidade, essa obscuridade seria *permanente e geral* para todos os maus Espíritos, o que aliás não acontece. Às vezes os perversos mais requintados veem perfeitamente, ao passo que outros, que assim não podem ser qualificados, jazem, temporariamente, em trevas profundas.

Assim, tudo indica que, independente da luz que lhes é própria, os Espíritos recebem uma luz exterior que lhes falta segundo as circunstâncias, donde força é concluir que a obscuridade depende de uma causa ou de uma vontade estranha, constituindo punição especial da soberana justiça, para casos determinados.

Pergunta (a São Luís). — *Qual a causa de a educação moral dos desencarnados ser mais fácil que a dos encarnados?* As relações pelo Espiritismo estabelecidas entre homens e Espíritos dão azo a que estes últimos se corrijam mais rapidamente sob a influência dos conselhos salutares, mais do que acontece em relação aos encarnados, como se vê na cura das obsessões.

Resposta (Sociedade de Paris). — O encarnado, em virtude da própria natureza, está numa luta incessante devido aos elementos contrários de que se compõe e que devem conduzi-lo ao seu fim providencial, reagindo um sobre o outro.

A matéria facilmente sofre o predomínio de um fluido exterior; se a alma, com todo o poder moral de que é capaz, não reagir, deixar-se-á dominar pelo intermediário do seu corpo, seguindo o impulso das influências perversas que o rodeiam, e isso com facilidade tanto maior quanto os invisíveis, que a subjugavam, atacam de preferência os pontos mais vulneráveis, as tendências para a paixão dominante.

Outro tanto se não dá com o desencarnado, que, posto sob a influência semimaterial, não se compara por seu estado ao encarnado. O respeito humano, tão preponderante no homem, não existe para aquele, e só este pensamento é bastante para compeli-lo a não resistir longamente às razões que o próprio interesse lhe aponta como boas.

Ele pode lutar, e o faz mesmo geralmente com mais violência do que o encarnado, visto ser mais livre. Nenhuma cogitação de interesse material, de posição social se lhe antepõe ao raciocínio. Luta por amor do mal, porém cedo adquire a convicção da sua impotência, em face da superioridade moral que o domina; a perspectiva de melhor futuro lhe é mais acessível, por se reconhecer na mesma vida em que se deve completar esse futuro; e essa visão não se turva no turbilhão dos prazeres humanos. Em uma palavra, a independência da carne é que facilita a conversão, principalmente quando se tem adquirido um tal ou qual desenvolvimento pelas provações cumpridas.

Um Espírito inteiramente primitivo seria pouco acessível ao raciocínio, o que aliás não se dá com o que já tem experiência da vida. Ademais, no encarnado como no desencarnado, é sobre a alma, é sobre o sentimento que se faz mister atuar.

Toda ação material pode sustar momentaneamente os sofrimentos do homem vicioso, mas o que ela não pode é destruir o princípio mórbido residente na alma; *todo e qualquer ato que não vise aperfeiçoar a alma, não poderá desviá-la do mal.*

São Luís

Capítulo 5

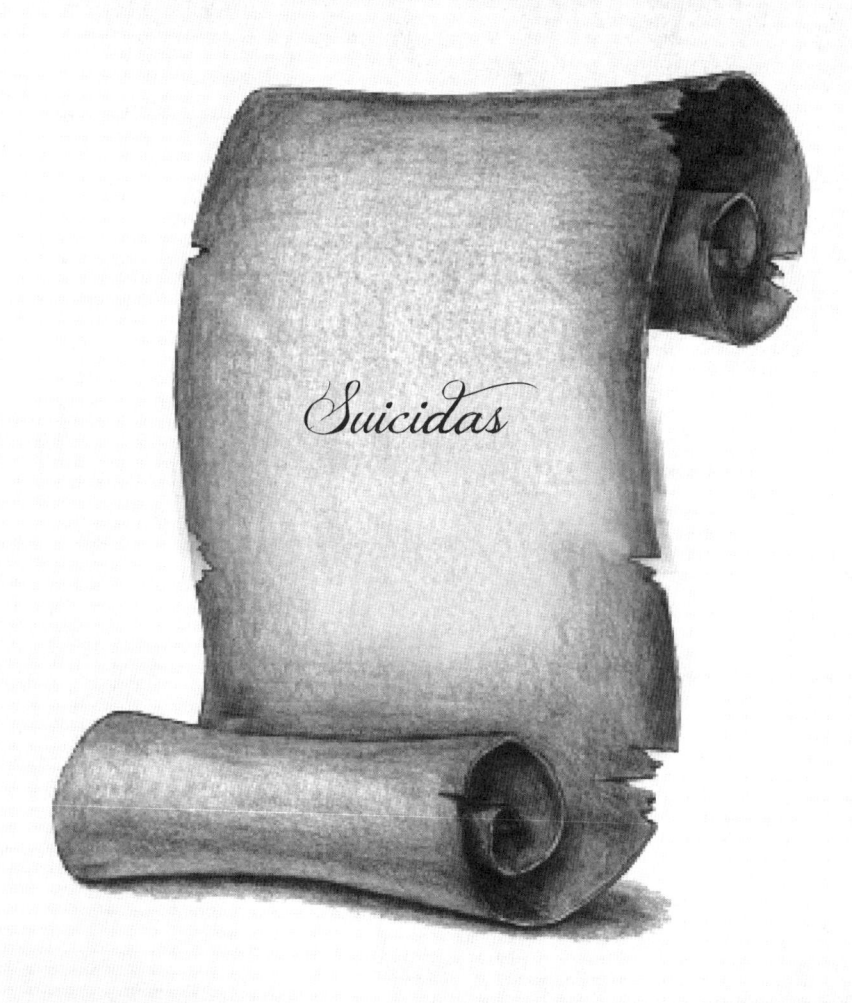

Suicidas

- O suicida da Samaritana
- O pai e o conscrito
- François-Simon Louvet
- Mãe e filho
- Duplo suicídio, por amor e por dever
- Luís e a pespontadeira de botinas
- Um ateu
- Félicien
- Antoine Bell

O suicida da Samaritana

A 7 de abril de 1858, pelas 7 horas da noite, um homem de cerca de 50 anos e decentemente trajado apresentou-se no estabelecimento da Samaritana, de Paris, e mandou que lhe preparassem um banho. Decorridas cerca de 2 horas, o criado de serviço, admirado pelo silêncio do freguês, resolveu entrar no seu gabinete, a fim de verificar o que ocorria.

Deparou-se-lhe então um quadro horroroso: o infeliz degolara-se com uma navalha e todo o seu sangue misturava-se à água da banheira. E como a identidade do suicida não pôde ser averiguada, foi o cadáver removido para o necrotério.

1. EVOCAÇÃO.
(Resposta do guia do médium.) — Esperai, ele aí está.
2. Onde vos achais hoje?
— R. Não sei... dizei-mo.
3. Estais numa reunião de pessoas que estudam o Espiritismo e que são benévolas para convosco.
— R. Dizei-me se vivo, pois este ambiente me sufoca.

> Sua alma, posto que separada do corpo, está ainda completamente imersa no que poderia chamar-se o turbilhão da matéria corporal; vivazes lhe são as ideias terrenas, a ponto de se acreditar encarnado.

4. Quem vos impeliu a vir aqui?
— R. Sinto-me aliviado.
5. Qual o motivo que vos arrastou ao suicídio?
— R. Morto? Eu? Não... que habito o meu corpo... Não sabeis como sofro! Sufoco-me... Oxalá que mão compassiva me aniquilasse de vez!

6.   Por que não deixastes indícios que pudessem tornar-vos reconhecível?

— R. Estou abandonado; *fugi ao sofrimento para entregar-me à tortura.*

7.   Tendes ainda os mesmos motivos para ficar incógnito?

— R. Sim; não revolvais com ferro candente a ferida que sangra.

8.   Podereis dar-nos o vosso nome, idade, profissão e domicílio?

— R. Absolutamente não.

9.   Tínheis família, mulher, filhos?

— R. Era um desprezado, ninguém me amava.

10. E que fizestes para ser assim repudiado?

— R. Quantos o são como eu! Um homem pode viver abandonado no seio da família, quando ninguém o preza.

11. No momento de vos suicidardes não experimentastes qualquer hesitação?

— R. Ansiava pela morte... Esperava repousar.

12. Como é que a ideia do futuro não vos fez renunciar a um tal projeto?

— R. Não acreditava nele, absolutamente. Era um desiludido. O futuro é a esperança.

13. Que reflexões vos ocorreram ao sentirdes a extinção da vida?

— R. Não refleti, senti... Mas a vida não se me extinguiu... minha alma está ligada ao corpo... *Sinto os vermes a corroer-me.*

14. Que sensação experimentastes no momento decisivo da morte? — R. Pois ela se completou?

15. Foi doloroso o momento em que a vida se vos extinguiu? — R. Menos doloroso que depois. Só o corpo sofreu.

16. (Ao Espírito São Luís.) — Que quer dizer o Espírito afirmando que o momento da morte foi menos doloroso que depois?

— R. O Espírito descarregou o fardo que o oprimia; ele se ressentia da volúpia da dor.

17. Tal estado sobrevém sempre ao suicídio?

— R. Sim. O Espírito do suicida fica ligado ao corpo até o termo dessa vida. A morte natural é a libertação da vida: o suicídio a rompe por completo.

18. Dar-se-á o mesmo nas mortes acidentais, embora involuntárias, mas que abreviam a existência?

— R. Não. Que entendeis por suicídio? O Espírito só responde pelos seus atos.

Esta dúvida da morte é muito comum nas pessoas recentemente desencarnadas, e principalmente naquelas que, durante a vida, não elevam a alma acima da matéria. É um fenômeno que parece singular à primeira vista, mas que se explica naturalmente. Se a um indivíduo, pela primeira vez sonambulizado, perguntarmos se dorme, ele responderá quase sempre que *não*, e essa resposta é lógica: o interlocutor é que faz mal a pergunta, servindo-se de um termo impróprio. Na linguagem comum, a ideia do sono prende-se à suspensão de todas as faculdades sensitivas; ora, o sonâmbulo que pensa, que vê e sente, que tem consciência da sua liberdade, não se crê adormecido, e de fato não dorme, na acepção vulgar do vocábulo. Eis a razão por que responde *não*, até que se familiariza com essa maneira de apreender o fato. O mesmo acontece com o homem que acaba de desencarnar; para ele a morte era o aniquilamento do ser, e, tal como o sonâmbulo, ele vê, sente e fala, e assim não se considera morto, e isto afirmando até que adquira a intuição do seu novo estado. Essa ilusão é sempre mais ou menos dolorosa, uma vez que nunca é completa e dá ao Espírito uma tal ou qual ansiedade. No exemplo dado ela constitui verdadeiro suplício pela sensação dos vermes que corroem o corpo, sem falarmos da sua duração, que deverá equivaler ao tempo de vida abreviada. Este estado é comum nos suicidas, posto que nem sempre se apresente em idênticas condições, variando de duração e intensidade conforme as circunstâncias atenuantes ou agravantes da falta. A sensação dos vermes e da decomposição do corpo não é privativa dos suicidas: sobrevém igualmente aos que viveram mais da matéria que do espírito. Em tese, não há falta isenta de penalidades, mas também não há regra absoluta e uniforme nos meios de punição.

O pai e o conscrito

No começo da guerra da Itália, em 1859, um negociante de Paris, pai de família, gozando de estima geral por parte dos seus vizinhos, tinha um filho que fora sorteado para o serviço militar. Impossibilitado de o eximir de tal serviço, ocorreu-lhe a ideia de suicidar-se a fim de o isentar do mesmo, como filho único de mulher viúva. Um ano mais tarde, foi evocado na Sociedade de Paris a pedido de pessoa que o conhecera, desejosa de certificar-se da sua sorte no mundo espiritual.

(A São Luís.) — Podereis dizer-nos se é possível evocar o Espírito a que vimos de nos referir?

— R. Sim, e ele ganhará com isso, porque ficará mais aliviado.

1. EVOCAÇÃO.

— R. Oh! Obrigado! Sofro muito, mas... é justo. Contudo, Ele me perdoará.

> O Espírito escreve com grande dificuldade; os caracteres são irregulares e malformados; depois da palavra *mas*, ele para, e, procurando em vão escrever, apenas consegue fazer alguns traços indecifráveis e pontos. É evidente que foi a palavra Deus que ele não conseguiu escrever.

2. Tende a bondade de preencher a lacuna com a palavra que deixastes de escrever.

— R. Sou indigno de escrevê-la.

3. Dissestes que sofreis; compreendeis que fizestes muito mal em vos suicidar; mas o motivo que vos acarretou esse ato não provocou qualquer indulgência?

— R. A punição será menos longa, mas nem por isso a ação deixa de ser má.

4. Podereis descrever-nos essa punição?

— R. Sofro duplamente, na alma e no corpo; e sofro neste último, conquanto o não possua, como sofre o operado a falta de um membro amputado.

5. A realização do vosso suicídio teve por causa unicamente a isenção do vosso filho, ou concorreram para ele outras razões?

— R. Fui completamente inspirado pelo amor paterno, porém, mal inspirado. Em atenção a isso, a minha pena será abreviada.

6. Podeis precisar a duração dos vossos padecimentos?

— R. Não lhes entrevejo o termo, mas tenho certeza de que ele existe, o que é um alívio para mim.

7. Há pouco não vos foi possível escrever a palavra Deus, e no entanto temos visto Espíritos muito sofredores fazê-lo: será isso uma consequência da vossa punição?

— R. Poderei fazê-lo com grandes esforços de arrependimento.

8. Pois então fazei esses esforços para escrevê-lo, porque estamos certos de que sereis aliviado. (O Espírito acabou por traçar esta frase com caracteres grossos, irregulares e trêmulos: *Deus é muito bom*.)

9. Estamos satisfeitos pela boa vontade com que correspondestes à nossa evocação, e vamos pedir a Deus para que estenda sobre vós a sua misericórdia.

— R. Sim, obrigado.

10. (A São Luís.) — Podereis ministrar-nos a vossa apreciação sobre esse suicídio?

— R. Este Espírito sofre justamente, pois lhe faltou a confiança em Deus, falta que é sempre punível. A punição seria maior e mais duradoura, se não houvera como atenuante o motivo louvável de evitar que o filho se expusesse à morte na guerra. Deus, que é justo e vê o fundo dos corações, não o pune senão de acordo com suas obras.

> Observações — À primeira vista, como ato de abnegação, este suicídio poder-se-ia considerar desculpável. Efetivamente assim é, mas não de modo absoluto. A esse homem faltou a confiança em Deus, como disse o Espírito São Luís. A sua ação talvez tenha impedido a realização dos destinos do filho; ademais, ele não tinha a certeza de que aquele sucumbiria na guerra e a carreira militar talvez lhe fornecesse ocasião de adiantar-se. A intenção era boa, e isso lhe atenua o mal provocado e merece indulgência; mas o mal é sempre o mal, e se o não fora, poder-se-ia, escudado no raciocínio, desculpar todos os crimes e até matar a pretexto de prestar serviços.
>
> A mãe que mata o filho, crente de o enviar ao Céu, seria menos culpada por tê-lo feito com boa intenção? Aí está um sistema que chegaria a justificar todos os crimes cometidos pelo cego fanatismo das guerras religiosas.
>
> Em regra, o homem não tem o direito de dispor da vida, por isso que esta lhe foi dada *visando deveres a cumprir na Terra*, razão bastante para que não a abrevie voluntariamente, sob pretexto algum. Mas ao homem — visto que tem o seu livre-arbítrio — ninguém impede a infração dessa lei. Sujeita-se, porém, às suas consequências. O suicídio mais severamente punido é o resultante do deses-

pero que visa à redenção das misérias terrenas, misérias que são ao mesmo tempo expiações e provações. Furtar-se a elas é recuar ante a tarefa aceita e, às vezes, ante a missão que se devera cumprir. O suicídio não consiste somente no ato voluntário que produz a morte instantânea, mas em tudo quanto se faça conscientemente para apressar a extinção das forças vitais. Não se pode tachar de suicida aquele que dedicadamente se expõe à morte para salvar o seu semelhante: primeiro, porque no caso não há intenção de se privar da vida, e, segundo, porque não há perigo do qual a Providência nos não possa subtrair, quando a hora não seja chegada. A morte em tais contingências é sacrifício meritório, como ato de abnegação em proveito de outrem. (*O evangelho segundo o espiritismo*, cap. V, itens 5, 6, 18 e 19.)

François-Simon Louvet
(**Do Havre.**)

A seguinte comunicação foi dada espontaneamente, em uma reunião espírita no Havre, a 12 de fevereiro de 1863:

"Tereis piedade de um pobre miserável que passa de há muito por cruéis torturas?! Oh! O vácuo... o Espaço... despenho-me... caio... morro... Acudam-me! Deus, eu tive uma existência tão miserável... Pobre diabo, sofri fome muitas vezes na velhice; e foi por isso que me habituei a beber, a ter vergonha e desgosto de tudo.

Quis morrer, e atirei-me... Ó meu Deus! Que momento! E para que tal desejo, quando o termo estava tão próximo? Orai, para que eu não veja incessantemente este *vácuo debaixo de mim*... Vou despedaçar-me de encontro a essas pedras! Eu vo-lo suplico, a vós que conheceis as misérias dos que não mais pertencem a esse mundo. Não me conheceis, mas eu sofro tanto... Para que mais provas? Sofro! Não será isso o bastante? Se eu tivera fome, em vez deste sofrimento mais terrível e aliás imperceptível para vós, não vacilaríeis em aliviar-me com uma migalha de pão. Pois eu vos peço que oreis por mim... Não posso permanecer por mais tempo neste estado... Perguntai a qualquer desses felizes que aqui estão, e sabereis quem fui. Orai por mim."

François-Simon Louvet

O GUIA DO MÉDIUM — "Esse que acaba de se dirigir a vós foi um pobre infeliz que teve na Terra a prova da miséria; vencido pelo desgosto, faltou-lhe a coragem, e, em vez de olhar para o Céu como devia, entregou-se à embriaguez; desceu aos extremos últimos do desespero, pondo termo à sua triste provação: atirou-se da Torre Francisco I, no dia 22 de julho de 1857. Tende piedade de sua pobre alma, que não é adiantada, mas que lobriga da vida futura o bastante para sofrer e desejar uma reparação. Rogai a Deus lhe conceda essa graça, e com isso tereis feito obra meritória."

Buscando-se informes a respeito, encontrou-se no *Journal du Havre*, de 23 de julho de 1857, a seguinte notícia local:

"Ontem, às 4 horas da tarde, os transeuntes do cais foram dolorosamente impressionados por um horrível acidente: um homem atirou-se da torre, vindo despedaçar-se sobre as pedras. Era um velho puxador de sirga, cujo pendor à embriaguez o arrastava ao suicídio. Chamava-se François-Victor-Simon Louvet. O corpo foi transportado para a casa de uma das suas filhas, à rua de la Corderie.

Tinha 67 anos."

> Seis anos fazia que esse homem morrera e ele se via ainda cair da torre, despedaçando-se nas pedras... Aterra-o o vácuo, horroriza-o a perspectiva da queda... e isso há 6 anos! Quanto tempo durará tal estado? Ele não o sabe, e essa incerteza lhe aumenta as angústias. Isso não equivale ao inferno com suas chamas? Quem revelou e inventou tais castigos? Pois são os próprios padecentes que os vêm descrever, como outros o fazem das suas alegrias. E fazem-no, muita vez, espontaneamente, sem que neles se pense — o que exclui toda hipótese de sermos nós o joguete da própria imaginação.

Mãe e filho

Em março de 1865, o Sr. C..., negociante em pequena cidade dos arredores de Paris, tinha em sua casa, gravemente enfermo, o mais velho dos seus filhos, que contava 21 anos. Este moço, prevendo o desenlace, chamou sua mãe e teve forças ainda para abraçá-la. Esta, vertendo copiosas lágrimas, disse-lhe: "Vai, meu filho, precede-me, que não tardarei a seguir-te." Dito isto, retirou-se, escondendo o rosto entre as mãos.

As pessoas presentes a essa cena desoladora consideravam simples explosão de dor as palavras da Sra. C., dor que o tempo acalmaria.

Morto o doente, procuraram-na por toda a casa e foram encontrá-la enforcada num celeiro. O enterro da suicida foi juntamente feito com o do filho.

Evocação deste, muitos dias depois do fato. — P. Sabeis do suicídio de vossa mãe em consequência do desespero que lhe causou a vossa perda?

— R. Sim, e, sem o pesar causado por essa fatal resolução da parte dela, julgar-me-ia completamente feliz. Pobre, excelente mãe! Não pôde suportar a prova dessa separação momentânea, e tomou, para se unir ao filho, o caminho que dele mais deveria afastá-la. E por quanto tempo! Assim, retardou indefinidamente uma reunião que *tão pronta teria sido* se sua alma se conformasse submissa às vontades do Senhor; se fosse resignada, humilde, arrependida diante da provação que se lhe impunha, da expiação que deveria purificá-la! Orai, oh! Orai por ela! E sobretudo não a imiteis, vós outras, mães que vos comoveis com a narrativa da sua morte! Não acrediteis que ela amasse mais que as outras mães, a esse filho que era o seu orgulho, não; é que lhe faltaram a coragem e a resignação. Mães, que me ouvis, quando a agonia empanar o olhar dos vossos filhos, lembrai-vos de que, como o Cristo, eles sobem ao cimo do Calvário, donde deverão alçar-se à glória eterna.

Benjamin C.

EVOCAÇÃO DA MÃE.

— R. Quero ver meu filho. Tendes o poder de dar-mo? Cruéis! Tomaram-mo para levá-lo à luz, e a mim me deixaram em trevas. Quero-o... quero-o porque me pertence! Nada vale então o amor materno? Pois quê! Tê-lo carregado no ventre por nove meses; tê-lo amamentado; nutrido a carne da sua carne, sangue do seu sangue; guiado os seus primeiros passos; ensinado a balbuciar o sagrado nome de Deus e o doce nome de mãe; ter feito dele um homem cheio de atividade, de inteligência, de probidade, de amor filial, para perdê-lo quando realizava as esperanças concebidas a seu respeito, quando brilhante futuro se lhe antolhava! Não, Deus não é justo; não é o Deus das mães, não lhes compreende as dores e desesperos... E quando me dava à morte para me não separar de meu filho, eis que novamente mo roubam! Meu filho! Meu filho, onde estás?

Evocador. — Pobre mãe, compartilhamos da vossa dor. Buscastes, no entanto, um triste recurso para vos reunirdes ao vosso filho: O suicídio é um crime aos olhos de Deus, e deveis saber que Deus pune toda infração das suas leis. A ausência do vosso filho é a vossa punição.

Ela. — Não; eu julgava Deus melhor que os homens; não acreditava no seu inferno, porém cria na reunião das almas que se amaram como nós nos amávamos... Enganei-me... Deus não é justo nem bom, por isso que não compreende a grandeza da minha dor como do meu amor! Oh! Quem me dará meu filho? Tê-lo-ei perdido para sempre? Piedade! Piedade, meu Deus!

Evocador. — Vamos, acalmai o vosso desespero; considerai que, se há um meio de rever vosso filho, não é blasfemando de Deus, como ora o fazeis. Com isso, em vez de atrairdes a sua misericórdia, fazeis jus a maior severidade.

Ela. — Disseram-me que não mais o tornaria a ver, e compreendi que o haviam levado ao paraíso. E eu estarei, acaso, no inferno? no inferno das mães? Ele existe, demais o vejo...

Evocador. — Vosso filho não está perdido para sempre; certo tornareis a vê-lo, mas é preciso merecê-lo pela submissão à vontade de Deus, ao passo que a revolta poderá retardar indefinidamente esse momento. Ouvi-me: Deus é infinitamente bom, mas é também infinitamente justo. Assim, ninguém é punido sem causa, e se sobre a Terra Ele vos infligiu grandes dores, é porque as merecestes. A morte de vosso filho era uma prova à vossa resignação; infelizmente a ela sucumbistes quando em vida, e eis que após a morte de novo sucumbis; como pretendeis que Deus recompense os filhos rebeldes? A sentença não é, porém, inexorável, e o arrependimento do culpado é sempre acolhido. Se tivésseis aceito a provação com humildade; se houvésseis esperado com paciência o momento da vossa desencarnação, ao entrardes no mundo espiritual, em que vos achais, teríeis imediatamente avistado vosso filho, o qual vos receberia de braços abertos. Depois da ausência, vê-lo-íeis radiante. Mas o que fizestes e ainda agora fazeis, coloca entre vós e ele uma barreira. Não o julgueis perdido nas profundezas do Espaço, antes mais perto do que supondes — é que véu impenetrável o subtrai à vossa vista.

"Ele vos vê e ama sempre, deplorando a triste condição em que caístes pela falta de confiança em Deus e aguardando ansioso o momento feliz de se vos apresentar. De vós, somente, depende abreviar ou retardar esse momento. Orai a Deus e dizei comigo: "Meu Deus, perdoai-me o ter duvidado da vossa justiça e bondade; se me punistes, reconheço tê-lo merecido. Dignai-vos aceitar meu arrependimento e submissão à vossa santa vontade."

Ela. — Que luz de esperança acabais de fazer despontar em minha alma! É um como relâmpago na noite que me cerca. Obrigada, vou orar... Adeus.

> A morte, mesmo pelo suicídio, não produziu neste Espírito a ilusão de se julgar ainda vivo. Ele apresenta-se consciente do seu estado: é que para outros o castigo consiste naquela ilusão, pelos laços que os prendem ao corpo. Esta mulher quis deixar a Terra para seguir o filho na outra vida; era, pois, necessário que soubesse aí estar realmente, a fim de sofrer a punição da sua ausência. O castigo consiste, portanto, precisamente na certeza da desencarnação, no conhecimento exato da sua situação. Assim é que cada falta é punida de acordo com as circunstâncias que a determinam, e que não há punições uniformes para as faltas do mesmo gênero.

Duplo suicídio, por amor e por dever

É de um jornal de 13 de junho de 1862 a seguinte narrativa:

"A jovem Palmyre, modista, residindo com seus pais, era dotada de aparência encantadora e de caráter afável. Por isso, era, também, muito requestada a sua mão. Entre todos os pretendentes ela escolheu o Sr. B., que lhe retribuía essa preferência com a mais viva das paixões. Não obstante essa afeição, por deferência aos pais, Palmyre consentiu em desposar o Sr. D., cuja posição social se afigurava mais vantajosa àqueles do que a do seu rival. Os Srs. B. e D. eram amigos íntimos, e posto não houvesse entre eles quaisquer relações de interesse, jamais deixaram de se avistar. O amor recíproco de B. e Palmyre, que passou a ser a Sra. D., de modo algum se atenuara, e como se esforçassem ambos por contê-lo, aumentava-se ele de intensidade na razão direta daquele esforço. Visando extingui-lo, B. tomou o partido de se casar, e desposou, de fato, uma jovem possuidora de eminentes predicados, fazendo o possível por amá-la.

Cedo, contudo, percebeu que esse meio heroico lhe fora inútil à cura. Decorreram quatro anos sem que B. ou a senhora D. faltassem aos seus deveres.

O que padeceram, só eles o sabem, pois D., que estimava deveras o seu amigo, atraía-o sempre ao seu lar, insistindo para que nele ficasse quando tentava retirar-se.

Aproximados um dia por circunstâncias fortuitas e independentes da própria vontade, os dois amantes deram-se ciência do mal que os torturava e acharam que a morte era, no caso, o único remédio que se lhes deparava. Assentaram que se suicidariam juntamente no dia seguinte, em que o Sr. D. estaria ausente de casa mais prolongadamente. Feitos os últimos aprestos, escreveram longa e tocante missiva, explicando a causa da sua resolução: para não prevaricarem. Essa carta terminava pedindo que lhes perdoassem e, mais, para serem enterrados na mesma sepultura.

De regresso a casa, o Sr. D. encontrou-os asfixiados. Respeitou-lhes os últimos desejos, e, assim, não consentiu fossem os corpos separados no cemitério."

Sendo esta ocorrência submetida à Sociedade de Paris, como assunto de estudo, um Espírito respondeu:

"Os dois amantes suicidas não vos podem responder ainda. Vejo-os imersos na perturbação e aterrorizados pela perspectiva da eternidade. As consequências morais da falta cometida lhes pesarão por *migrações sucessivas*, durante as quais suas almas separadas se buscarão incessantemente, sujeitas ao duplo suplício de se pressentirem e desejarem em vão.

Completa a expiação, ficarão reunidos para sempre, no seio do amor eterno. Dentro de oito dias, na próxima sessão, podereis evocá-los. Eles aqui virão sem se avistarem, porque profundas trevas os separarão por muito tempo."

1. EVOCAÇÃO DA SUICIDA. — Vedes o vosso amante, com o qual vos suicidastes?

— R. Nada vejo, nem mesmo os Espíritos que comigo erram neste mundo. Que noite! Que noite! E que véu espesso me circunda a fronte!

2. Que sensação experimentastes ao despertar no outro mundo?

— R. Singular! Tinha frio e escaldava. Tinha gelo nas veias e fogo na fronte! Coisa estranha, conjunto inaudito! Fogo e gelo pareciam consumir-me! E eu julgava que ia sucumbir uma segunda vez!

3. Experimentais qualquer dor física?

— R. Todo o meu sofrimento reside *aqui, aqui...*

— Que quereis dizer por *aqui, aqui?*

— R. *Aqui*, no meu cérebro; *aqui*, no meu coração...

É provável que, visível, o Espírito levasse a mão à cabeça e ao coração.

4. Acreditais na perenidade dessa situação?

— R. Oh! Sempre! Sempre! Ouço às vezes risos infernais, vozes horrendas que bradam: *sempre assim*!

5. Pois bem, podemos com segurança dizer-vos que nem sempre assim será. Pelo arrependimento obtereis o perdão.

— R. Que dizeis? Não ouço.

6. Repetimos que os vossos sofrimentos terão um termo, que os podereis abreviar pelo arrependimento, sendo-nos possível auxiliar-vos com a prece.

— R. Não ouvi além de sons confusos, mais que uma palavra. Essa palavra é: *graça*! Seria efetivamente *graça* o que pronunciastes? Falastes em *graça*, mas sem dúvida o fizestes à alma que por aqui passou junto de mim, pobre criança que chora e espera.

Uma senhora, presente à reunião, declarou que fizera fervorosa prece pela infeliz, o que sem dúvida a comoveu, e que de fato, mentalmente, havia implorado em seu favor a graça de Deus.

7. Dissestes estar em trevas e nada ouvir?

— R. É-me permitido ouvir algumas das vossas palavras, mas o que vejo é apenas um crepe negro, no qual de vez em quando se desenha um semblante que chora.

8. Mas uma vez que ele aqui está por não o avistardes, nem sequer vos apercebeis da presença do vosso amante?

— R. Ah! Não me faleis dele. Devo esquecê-lo presentemente para que do crepe se extinga a imagem retratada.

9. Que imagem é essa?

— R. A de um homem que sofre, e cuja existência moral sobre a Terra aniquilei por muito tempo.

Da leitura dessa narrativa logo se depreende haver neste suicídio circunstâncias atenuantes, encarado como ato heroico provocado pelo cumprimento do dever. Mas reconhece-se, também, que, contrariamente ao julgado, longa e terrível deve ser a pena dos culpados por se terem voluntariamente refugiado na morte para evitar a luta. A intenção de não faltar aos deveres era, efetivamente, honrosa, e lhes será contada mais tarde, mas o verdadeiro mérito consistiria na resistência, tendo eles procedido como o desertor que se esquiva no momento do perigo.

A pena consistirá, como se vê, em se procurarem debalde e por muito tempo, *quer no mundo espiritual, quer noutras encarnações terrestres*; pena que ora é agravada pela perspectiva da sua eterna duração. Essa perspectiva, aliada ao castigo, faz que lhes seja defeso ouvirem palavras de esperança que porventura lhes dirijam. Aos que acharem esta pena longa e terrível, tanto mais quanto não deverá cessar senão depois de várias encarnações, diremos que tal duração não é absoluta, mas dependente da maneira pela qual suportarem as futuras provações. Além do que, eles podem ser auxiliados pela prece. E serão assim, como todos, os árbitros do seu destino. Não será isso, ainda assim, preferível à eterna condenação, sem esperança, a que ficam irrevogavelmente submetidos segundo a doutrina da Igreja, que os considera votados ao inferno e para sempre, a ponto de lhes recusar, com certeza por inúteis, as últimas preces?

Luís e a pespontadeira de botinas

Havia sete para oito meses que Luís G., oficial sapateiro, namorava uma jovem, Victorine R., com a qual em breve deveria casar-se, já tendo mesmo corrido os proclamas do casamento.

Neste pé as coisas, consideravam-se quase definitivamente ligados e, como medida econômica, diariamente vinha o sapateiro almoçar e jantar em casa da noiva.

Um dia, ao jantar, sobreveio uma controvérsia a propósito de qualquer futilidade, e, obstinando-se os dois nas opiniões, foram as coisas ao ponto de Luís abandonar a mesa, protestando não mais voltar.

Apesar disso, no dia seguinte veio pedir perdão. A noite é boa conselheira, como se sabe, mas a moça, prejulgando talvez pela cena da véspera o que poderia acontecer quando não mais a tempo de remediar o mal, recusou-se à reconciliação. Nem protestos, nem lágrimas, nem desesperos puderam demovê-la. Muitos dias ainda se passaram, esperando Luís que a sua amada fosse mais razoável, até que resolveu fazer uma última tentativa: Chegando à casa da moça, bateu de modo a ser reconhecido, mas a porta permaneceu fechada, recusaram abrir-lha.

Novas súplicas do repelido, novos protestos, não ecoaram no coração da sua pretendida. "Adeus, pois, cruel!" — exclamou o pobre moço — "adeus para sempre. Trata de procurar um marido que te estime tanto como eu." Ao mesmo tempo a moça ouvia um gemido abafado e logo após o baque como que de um corpo escorregando pela porta. Pelo silêncio que se seguiu, a moça julgou que Luís se assentara à soleira da porta, e protestou a si mesma não sair porquanto ele ali se conservasse.

Decorrido um quarto de hora é que um locatário, passando pela calçada e levando luz, soltou um grito de espanto e pediu socorro.

Depressa acorre a vizinhança, e Victorine, abrindo então a porta, deu um grito de horror, reconhecendo estendido sobre o lajedo, pálido, inanimado, o seu noivo. Cada qual se apressou em socorrê-lo, mas para logo se percebeu que tudo seria inútil, visto como ele deixara de existir. O desgraçado moço enterrara uma faca na região do coração, e o ferro ficara-lhe cravado na ferida.

(Sociedade Espírita de Paris, agosto de 1858.)

1. (Ao Espírito São Luís.) — A moça, causadora involuntária do suicídio, tem responsabilidade?

— R. Sim, porque o não amava.

2. Então para prevenir a desgraça deveria desposá-lo a despeito da repugnância que lhe causava?

— R. Ela procurava uma ocasião de descartar-se, e assim fez em começo da ligação o que viria a fazer mais tarde.

3. Neste caso, a sua responsabilidade decorre de haver alimentado sentimentos dos quais não participava e que deram em resultado o suicídio do moço?

— R. Sim, exatamente.

4. Mas então essa responsabilidade deve ser proporcional à falta, e não tão grande como se consciente e voluntariamente houvesse provocado o suicídio...

— R. É evidente.

5. E o suicídio de Luís tem desculpa pelo desvario que lhe acarretou a obstinação de Victorine?

— R. Sim, pois o suicídio oriundo do amor é menos criminoso aos olhos de Deus, do que o suicídio de quem procura libertar-se da vida por motivos de covardia.

Ao Espírito Luís G., evocado mais tarde, foram feitas as seguintes perguntas:

1. Que julgais da ação que praticastes?

— R. Victorine era uma ingrata, e eu fiz mal em suicidar-me por sua causa, pois ela não o merecia.

2. Então não vos amava?

— R. Não. A princípio iludia-se, mas a desavença que tivemos abriu-lhe os olhos, e ela até se deu por feliz achando um pretexto para se desembaraçar de mim.

3. E o vosso amor por ela era sincero?

— R. Paixão somente, creia; pois se o amor fosse puro, eu me teria poupado de lhe causar um desgosto.

4. E se acaso ela adivinhasse a vossa intenção persistiria na sua recusa?

— R. Não sei, penso mesmo que não, porque ela não é má. Mas, ainda assim, não seria feliz, e melhor foi para ela que as coisas se passassem de tal forma.

5. Batendo-lhe à porta, tínheis já a ideia de vos matar, caso se desse a recusa?

— R. Não, em tal não pensava, porque também não contava com a sua obstinação. Foi somente à vista desta que perdi a razão.

6. Parece que não deplorais o suicídio senão pelo fato de Victorine o não merecer... É realmente o vosso único pesar?

— R. Neste momento, sim; estou ainda perturbado, afigura-se-me estar ainda à porta, conquanto também experimente outra sensação que não posso definir.

7. Chegareis a compreendê-la mais tarde?

— R. Sim, quando estiver livre desta perturbação. Fiz mal, deveria resignar-me... Fui fraco e sofro as consequências da minha fraqueza. A paixão cega o homem a ponto de praticar loucuras, e infelizmente ele só o compreende bastante tarde.

8. Dizeis que tendes um desgosto... qual é?

— R. Fiz mal em abreviar a vida. Não deveria fazê-lo. Era preferível tudo suportar a morrer antes do tempo. Sou portanto infeliz; sofro, e é sempre ela que me faz sofrer, a ingrata. Parece-me estar sempre à sua porta, mas... não falemos nem pensemos mais nisso, que me incomoda muito. Adeus.

> Por isso se vê ainda uma nova confirmação da justiça que preside à distribuição das penas, conforme o grau de responsabilidade dos culpados. É à moça, neste caso, que cabe a maior responsabilidade, por haver entretido em Luís, por brincadeira, um amor que não sentia. Quanto ao moço, este já é de sobejo punido pelo sofrimento que lhe perdura, mas a sua pena é leve, porquanto apenas cedeu a um movimento irrefletido em momento de exaltação, que não à fria premeditação dos suicidas que buscam subtrair-se às provações da vida.

Um ateu

O Sr. J.-B. D. era um homem instruído, mas em extremo saturado de ideias materialistas, não acreditando em Deus nem na existência da alma. A pedido de um parente, foi evocado dois anos depois de desencarnado, na Sociedade Espírita de Paris.

1. EVOCAÇÃO.

— R. Sofro. Sou um réprobo.

2. Fomos levados a evocar-vos em nome de parentes que, como tais, desejam conhecer da vossa sorte. Podereis dizer-nos se esta nossa evocação vos é penosa ou agradável?

— R. Penosa.

3. A vossa morte foi voluntária?

— R. Sim.

> O Espírito escreve com extrema dificuldade. A letra é grossa, irregular, convulsa e quase ininteligível. Ao terminar a escrita encoleriza-se, quebra o lápis e rasga o papel.

4. Tende calma, que nós todos pediremos a Deus por vós. — R. Sou forçado a crer nesse Deus.

5. Que motivo poderia ter-vos levado ao suicídio?

— R. O tédio de uma vida *sem esperança*.

> Concebe-se o suicídio quando a vida é *sem esperança*; procura-se então fugir-lhe a qualquer preço. Com o Espiritismo, ao contrário,

a esperança se fortalece porque o futuro se nos desdobra. O suicídio deixa de ser objetivo, uma vez reconhecido que apenas se isenta a gente do mal para arrostar com um mal cem vezes pior. Eis por que o Espiritismo tem sequestrado muita gente a uma morte voluntária. Grandemente culpados são os que se esforçam por acreditar, *com sofismas científicos e a pretexto de uma falsa razão*, nessa ideia desesperadora, fonte de tantos crimes e males, de que tudo acaba com a vida. Esses serão responsáveis não só pelos próprios erros, como igualmente por todos os males a que os mesmos derem causa.

6. Quisestes escapar às vicissitudes da vida... Adiantastes alguma coisa? Sois agora mais feliz?

— R. Por que não existe o nada?

7. Tende a bondade de nos descrever do melhor modo possível a vossa atual situação.

— R. *Sofro pelo constrangimento em que estou de crer em tudo quanto negava*. Meu Espírito está como num braseiro, horrivelmente atormentado.

8. Donde provinham as vossas ideias materialistas de outrora?

— R. Em anterior encarnação eu fora mau e por isso condenei-me na seguinte aos tormentos da incerteza, e assim foi que me suicidei.

Aqui há todo um corolário de ideias. Muitas vezes nos perguntamos como pode haver materialistas quando, tendo eles passado pelo mundo espiritual, deveriam ter do mesmo a intuição; ora, é precisamente essa intuição que é recusada a alguns Espíritos que, conservando o orgulho, não se arrependeram das suas faltas. Para esses tais, a prova consiste na aquisição, durante a vida corporal *e à custa do próprio raciocínio*, da prova da existência de Deus e da vida futura que têm, por assim dizer, incessantemente sob os olhos. Muitas vezes, porém, a presunção de nada admitir, acima de si, os empolga e absorve. Assim, sofrem eles a pena até que, domado o orgulho, se rendem à evidência.

9. Quando vos afogastes, que ideias tínheis das consequências? Que reflexões fizestes nesse momento?

— R. Nenhuma, pois tudo era o nada para mim. Depois é que vi que, tendo cumprido toda a sentença, teria de sofrer mais ainda.

10. Estais bem convencido agora da existência de Deus, da alma e da vida futura?

— R. Ah! Tudo isso muito me atormenta!

11. Tornastes a ver vosso irmão?

— R. Oh! Não.

12. E por que não?

— R. Para que confundir os nossos desesperos? Exila-se a gente na desgraça e na ventura se reúne, eis o que é.

13. Incomodar-vos-ia a presença de vosso irmão, que poderíamos atrair aí para junto de vós?

— R. Não o façais, que o não mereço.

14. Por que vos opondes?

— R. Porque ele também não é feliz.

15. Receais a sua presença, e no entanto ela só poderia ser benéfica para vós.

— R. Não; mais tarde...

16. Tendes algum recado para os vossos parentes?

— R. Que orem por mim.

17. Parece que na roda das vossas relações há quem partilhe das vossas opiniões. Quereis que lhes digamos algo a respeito?

— R. Oh! Os desgraçados! Assim possam eles crer em outra existência, eis quanto lhes posso desejar. Se eles pudessem avaliar a minha triste posição, muito refletiriam.

(Evocação de um irmão do precedente, que professava as mesmas teorias, mas que não se suicidou. Posto que também infeliz, este se apresenta mais calmo; a sua escrita é clara e legível.)

18. *Evocação.* — R. Possa o quadro dos nossos sofrimentos ser útil lição, persuadindo-vos da realidade de uma outra existência, na qual se expiam as faltas oriundas da incredulidade.

19. Vós, e vosso irmão que acabamos de evocar, vos vedes reciprocamente?

— R. Não; ele me foge.

> Poder-se-ia perguntar como é que os Espíritos se podem evitar no mundo espiritual, uma vez que aí não existem obstáculos materiais nem refúgios impenetráveis à vista. Tudo é, porém, relativo nesse mundo e conforme a natureza fluídica dos seres que o habitam. Só os Espíritos superiores têm percepções indefinidas, que nos inferiores são limitadas. Para estes, os obstáculos fluídi-

cos equivalem a obstáculos materiais. Os Espíritos furtam-se às vistas dos semelhantes por efeito volitivo, que atua sobre o envoltório perispiritual e fluidos ambientes. A Providência, porém, qual mãe, por todos os seus filhos vela, e por intermédio dos mesmos, individualmente, lhes concede ou nega essa faculdade, conforme as suas disposições morais, o que constitui, conforme as circunstâncias, um castigo ou uma recompensa.

20. Estais mais calmo do que vosso irmão. Poderíeis dar-nos uma descrição mais precisa dos vossos sofrimentos?

— R. Não sofreis aí na Terra no vosso orgulho, no vosso amor-próprio, quando obrigados a reconhecer os vossos erros?

"O vosso Espírito não se revolta com a ideia de vos humilhardes a quem vos demonstre o vosso erro? Pois bem! Julgai quanto deve sofrer o Espírito que durante toda a sua vida se persuadiu de que nada existia além dele, e que sobre a de todos prevalecia sempre a sua razão. Encontrando-se de súbito em face da verdade imponente, esse Espírito sente-se aniquilado, humilhado. A isso vem ainda juntar-se o remorso de haver por tanto tempo esquecido a existência de um Deus tão bom, tão indulgente. A situação é insuportável; não há calma nem repouso; não se encontra um pouco de tranquilidade senão no momento em que a graça divina, isto é, o amor de Deus, nos toca, pois o orgulho de tal modo se apossa de nós, que de todo nos embota, a ponto de ser preciso ainda muito tempo para que nos despojemos completamente dessa roupagem fatal. Só a prece dos nossos irmãos pode ajudar-nos nesses transes."

21. Quereis falar dos irmãos encarnados, ou dos Espíritos?

— R. De uns como de outros.

22. Enquanto nos entretínhamos com o vosso irmão, uma das pessoas aqui presentes orava por ele, essa prece lhe foi proveitosa?

— R. Ela não se perderá. Se ele agora recusa a graça, outro tanto não fará quando estiver em condições de recorrer a essa divina *panaceia*.

> Aqui lobrigamos um outro gênero de castigo, mas que não é o mesmo em todos os céticos. Para este Espírito, é independente do sofrimento a necessidade de reconhecer verdades que repudiara quando encarnado.
>
> As suas ideias atuais revelam certo grau de adiantamento, comparativamente às de outros Espíritos persistentes na negação de

Deus. Confessar o próprio erro é já alguma coisa, porque é premissa de humildade.

Na subsequente encarnação é mais que provável que a incredulidade ceda lugar ao sentimento *inato* da fé.

Transmitindo a resultante destas duas evocações à pessoa que no-la havia solicitado, tivemos dela a seguinte resposta:

— Não podeis imaginar, meu caro senhor, o grande benefício advindo da evocação de meu sogro e de meu tio. Reconhecemo-los perfeitamente. A letra do primeiro, sobretudo, é de uma analogia notável com a que ele tinha em vida, tanto mais quanto, durante os últimos meses que conosco passou, essa letra era sofreada e indecifrável. Aí se verificam a mesma forma de pernas, da rubrica e de certas letras. Quanto ao vocabulário e ao estilo, a semelhança é ainda mais frisante; para nós, a analogia é completa, apenas com maior conhecimento de Deus, da alma e da eternidade que ele tão formalmente negava outrora. Não nos restam dúvidas, portanto, sobre a sua identidade. Deus será glorificado pela maior firmeza das nossas crenças no Espiritismo, e os nossos irmãos encarnados e desencarnados se tornarão melhores. A identidade de seu irmão também não é menos evidente; na mudança de ateu em crente, reconhecemos-lhe o caráter, o estilo, o contorno da frase. Uma palavra, sobre todas, nos despertou atenção — *panaceia* — sua frase predileta, a todo instante repetida.

"Mostrei essas duas comunicações a várias pessoas, que não menos se admiraram da sua veracidade, mas os incrédulos, com as m esmas opiniões dos meus parentes, esses desejariam respostas ainda mais categóricas.

"Queriam, por exemplo, que o Sr. D... se referisse ao lugar em que foi enterrado, onde se afogou, como foi encontrado etc. A fim de os convencer, não vos seria possível fazer nova evocação perguntando onde e como se suicidou, quanto tempo esteve submergido, em que lugar acharam o cadáver, onde foi inumado, de que modo, se civil ou religiosamente, foi sepultado? Dignai-vos, caro senhor, insistir pela resposta categórica a essas perguntas, pois são essenciais para os que ainda duvidam. Estou convencido de que darão, nesse caso, imensos resultados.

"Dou-me pressa a fim de esta vos ser entregue na sexta-feira de manhã, de modo a poder fazer-se a evocação na sessão da Sociedade desse mesmo dia... etc."

Reproduzimos esta carta pelo fato da confirmação da identidade e aqui lhe anexamos a nossa resposta para ensino das pessoas não familiarizadas com as comunicações de além-túmulo:

"...As perguntas que nos pediram para novamente endereçar ao Espírito de vosso sogro, são, incontestavelmente, ditadas por intenção louvável, qual a de convencer incrédulos, visto como em vós não mais existe qualquer sentimento de dúvida ou curiosidade. Contudo, um conhecimento mais aprofundado da ciência espírita vos faria julgar supérfluas essas perguntas. Em primeiro lugar, solicitando-me conseguir resposta categórica, mostrais ignorar a circunstância de não podermos governar os Espíritos a nosso talante. Ficai sabendo que eles nos respondem quando e como querem, e também como podem. A liberdade da sua ação é maior ainda do que quando encarnados, possuindo meios mais eficazes de se furtarem ao constrangimento moral que por acaso sobre eles queiramos exercer. As melhores provas de identidade são as que fornecem espontaneamente, por si mesmos, ou então as oriundas das próprias circunstâncias. Estas, é quase sempre inútil provocá-las. Segundo afirmais, o vosso parente provou a sua identidade de modo inconcusso; por conseguinte, é mais que provável a sua recusa em responder a perguntas que podem por ele ser com razão consideradas supérfluas, visando satisfazer à curiosidade de pessoas que lhe são indiferentes. A resposta bem poderia ser a que outros têm dado em casos semelhantes, isto é: para que perguntar coisas que já sabeis?

"A isto acrescentarei que a perturbação e sofrimentos que o assoberbam devem agravar-se com as investigações desse gênero, que correspondem perfeitamente a querer constranger um doente, que mal pode pensar e falar, a historiar as minúcias da sua vida, faltando-se assim às considerações inspiradas pelo seu próprio estado.

"Quanto ao objetivo por vós alegado, ficai certo de que tudo seria negativo. As provas de identidade fornecidas são bem mais valiosas, por isso que foram espontâneas, e não de antemão premeditadas. Ora, se estas não puderam contentar os incrédulos, muito menos o fariam interrogativas já preestabelecidas, de cuja conivência poderiam suspeitar.

"Há pessoas a quem coisa alguma pode convencer. Esses poderiam ver o vosso parente, com os próprios olhos, e continuariam a supor-se vítimas de uma alucinação.

"Duas palavras ainda, quanto ao pedido que me fizestes de promover essa evocação no mesmo dia do recebimento de vossa carta. As evocações não se fazem assim de momento; os Espíritos nem sempre correspondem ao nosso apelo; é preciso que queiram, e não só isso, mas que também possam fazê-lo. É preciso, ainda, que encontrem um médium que lhes convenha, com as aptidões especiais necessárias e que esse médium esteja disponível em dado momento. É preciso, enfim, que o meio lhes seja simpático etc. Pela concorrência dessas circunstâncias nem sempre se pode responder, e importa muito conhecê-las quando se quer praticar com seriedade e segurança."

Félicien

Era um homem rico, instruído, poeta de espírito, possuidor de caráter são, obsequioso e ameno, de perfeita honradez.

Falsas especulações comprometeram-lhe a fortuna, e, não lhe sendo possível repará-la em razão da idade avançada, cedeu ao desânimo, enforcando-se em dezembro de 1864, no seu quarto de dormir.

Não era materialista nem ateu, mas um homem de gênio um tanto superficial, ligando pouca importância ao problema da vida de além-túmulo. Conhecendo-o intimamente, evocamo-lo, quatro meses após o suicídio, inspirados pela simpatia que lhe dedicávamos.

EVOCAÇÃO.

— R. Choro a Terra na qual tive decepções, porém menores do que as experimentadas aqui. Eu, que sonhava maravilhas, estou abaixo da realidade do meu ideal. O mundo dos Espíritos é bastante promíscuo, e para torná-lo suportável fora mister uma boa triagem. Não torno a ele. Que esboço de costumes espíritas se poderia fazer aqui! O próprio Balzac,[66] estando no seu elemento, não faria tal esboço, senão de modo rústico. Não o lobriguei, porém... Onde estarão esses grandes Espíritos que tão energicamente profligaram os vícios da humanidade! Deviam eles, como eu, habitar por aqui antes de se alçarem a regiões mais elevadas. Apraz-me observar este curioso pandemônio, e assim fico por aqui.

> Apesar de o Espírito nos declarar que se acha numa sociedade assaz promíscua e, por conseguinte, de Espíritos inferiores, surpreendeu-nos a sua linguagem, dado o gênero de morte, ao qual, aliás, não faz qualquer referência. A não ser isso, tudo mais refletiu seu caráter.
>
> Tal circunstância deixava-nos em dúvida sobre a identidade.

— P. Tende a bondade de nos dizer como morrestes...

— R. Como morri? Pela morte por mim escolhida, a que mais me

---

[66] N.E.: Honoré de Balzac (1799–1850), escritor francês cujos romances retratam a corrupção moral humana.

agradou, sendo para notar que meditei muito tempo nessa escolha com o intuito de me desembaraçar da vida. Apesar disso, confesso que não ganhei grande coisa: libertei-me dos cuidados materiais, porém, para encontrá-los mais graves e penosos na condição de Espírito, da qual nem sequer prevejo o termo.

— P. (Ao guia do médium.) O Espírito em comunicação será efetivamente o de Félicien? Esta linguagem, quase despreocupada, torna-se suspeita se tratando de um suicida...

— R. Sim. Entretanto, por um sentimento justificável na sua posição, ele não queria revelar ao médium o seu gênero de morte. Foi por isso que dissimulou a frase, acabando no entanto por confessá-lo diante da pergunta direta que lhe fizestes, e não sem angústias. O suicídio fá-lo sofrer muito, e por isso desvia, o mais possível, tudo o que lhe recorde o seu fim funesto.

— P. (Ao Espírito.) A vossa desencarnação tanto mais nos comoveu, quanto lhe prevíamos as tristes consequências, além da estima e intimidade das nossas relações. Pessoalmente, não me esqueci do quanto éreis obsequioso e bom para comigo. Seria feliz se pudesse testemunhar-vos a minha gratidão, fazendo algo de útil para vós.

— R. Entretanto, eu não podia furtar-me de outro modo aos embaraços da minha posição material. Agora, só tenho necessidade de preces; orai, principalmente, para que me veja livre desses hórridos companheiros que aqui estão junto de mim, obsidiando-me com gritos, sorrisos e infernais motejos. Eles chamam-me covarde, e com razão, porque é covardia renunciar à vida. *É a quarta vez que sucumbo a essa provação*, não obstante a formal promessa de não falir... Fatalidade!... Ah! Orai... Que suplício o meu! Quanto sou desgraçado! Orando, fazeis por mim mais que por vós pude fazer quando na Terra; mas a prova, ante a qual fracassei tantas vezes, aí está retraçada, indelével, diante de mim! *É preciso tentá-la novamente, em dado tempo...* Terei forças? Ah! Recomeçar a vida tantas vezes; lutar por tanto tempo para sucumbir aos acontecimentos, é desesperador, mesmo aqui! Eis por que tenho carência de força. Dizem que podemos obtê-la pela prece... Orai por mim, que eu quero orar também.

> Este caso particular de suicídio, posto que realizado em circunstâncias vulgares, apresenta uma feição especial. Ele mostra-nos um Espírito que sucumbiu muitas vezes à provação, que se renova a cada existência *e que renovará até que ele tenha forças para resistir*.

Assim se confirma o fato de não haver proveito no sofrimento, sempre que deixamos de atingir o fim da encarnação, sendo preciso recomeçá-la até que saiamos vitoriosos da campanha.

(Ao Espírito do Sr. Félicien.) — Ouvi, eu vo-lo peço, ouvi e meditai sobre as minhas palavras. O que denominais fatalidade é apenas a vossa fraqueza, pois se a fatalidade existisse o homem deixaria de ser responsável pelos seus atos. O homem é sempre livre, e nessa liberdade está o seu maior e mais belo privilégio. Deus não quis fazer dele um autômato obediente e cego, e, se essa liberdade o torna falível, também o torna perfectível, sem o que somente pela perfeição poderá atingir a suprema felicidade. O orgulho somente pode levar o homem a atribuir ao destino as suas infelicidades terrenas, quando a verdade é que tais infelicidades promanam da sua própria incúria. Tendes disso um exemplo bem patente na vossa última encarnação, pois tínheis tudo que se fazia preciso à felicidade humana, na Terra: espírito, talento, fortuna, merecida consideração; nada de vícios ruinosos, mas, ao contrário, apreciáveis qualidades... Como, no entanto, ficou tão comprometida a vossa posição? Unicamente pela vossa imprevidência. Haveis de convir que, agindo com mais prudência, contentando-vos com o muito que já vos coubera, antes que procurando aumentá-lo sem necessidade, a ruína não sobreviria. Não havia nisso nenhuma fatalidade, uma vez que podíeis ter evitado tal acontecimento. A vossa provação consistia num encadeamento de circunstâncias que vos deveriam dar *não a necessidade, mas a tentação do suicídio*; desgraçadamente, apesar do vosso talento e instrução, não soubestes dominar essas circunstâncias e sofreis agora as consequências da vossa fraqueza.

Essa prova, tal como pressentis com razão, deve renovar-se ainda; na vossa próxima encarnação tereis de enfrentar acontecimentos que vos *sugerirão a ideia* do suicídio, e sempre assim acontecerá até que de todo tenhais triunfado.

Longe de acusar a sorte, que é a vossa própria obra, admirai a bondade de Deus, que, em vez de condenar irremissivelmente pela primeira falta, oferece sempre os meios de repará-la.

Assim, sofrereis, não eternamente, mas por tanto tempo quanto reincidirdes no erro. De vós depende, no estado espiritual, tomar a resolução bastante enérgica de manifestar a Deus um sincero arrependimento, solicitando instantemente o apoio dos bons Espíritos.

Voltareis então à Terra, blindado na resistência a todas as tentações. Uma vez alcançada essa vitória, caminhareis na via da felicidade com mais rapidez, visto que sob outros aspectos o vosso progresso é já considerável. Como vedes, há ainda um passo a franquear, para o qual vos auxiliaremos com as nossas preces. Estas só serão improfícuas se nos não secundardes com os vossos esforços.

— R. Oh! Obrigado! Oh! Obrigado por tão boas exortações. Delas tenho tanto maior necessidade, quanto sou mais desgraçado do *que demonstrava*. Vou aproveitá-las, garanto, no preparo da próxima encarnação, durante a qual farei todo o possível por não sucumbir. Já me custa suportar o meio ignóbil do meu exílio.

Félicien

Antoine Bell

Era o caixa de uma casa bancária do Canadá e suicidou-se a 28 de fevereiro de 1865. Um dos nossos correspondentes, médico e farmacêutico residente na mesma cidade, deu-nos dele as informações que se seguem:

"Conhecia-o, havia perto de 20 anos, como homem pacato e chefe de numerosa família. De tempos a certa parte imaginou ter comprado um tóxico na minha farmácia, servindo-se dele para envenenar alguém. Muitas vezes vinha suplicar-me para lhe dizer a época de tal compra, tomado então de alucinações terríveis. Perdia o sono, lamentava-se, batia no peito. A família vivia em constante ansiedade das 4 da tarde às 9 da manhã, hora esta em que se dirigia para a casa bancária, onde, aliás, escriturava os seus livros com muita regularidade, sem que jamais cometesse um só erro. Habitualmente dizia sentir dentro de si um ente que o fazia desempenhar com acerto e ordem a sua contabilidade. Quando se afigurava convencido da extravagância das suas ideias, exclamava: — Não; não; quereis iludir-me... *lembro-me*... é a verdade..."

A pedido desse amigo, foi ele evocado em Paris, a 17 de abril de 1865.

1. EVOCAÇÃO.

— R. Que pretendeis de mim? Sujeitar-me a um interrogatório? É inútil, tudo confessarei.

2. Bem longe de nós o pensamento de vos afligir com perguntas indiscretas; desejamos saber apenas qual a vossa posição nesse mundo, bem como se poderemos ser-vos úteis...

— R. Ah! Se for possível, ser-vos-ei extremamente grato. Tenho horror ao meu crime e sou muito infeliz!

3. Temos a esperança de que as nossas preces atenuarão as vossas penas. Afigura-se-nos que vos achais em boas condições, visto como o arrependimento já vos assedia o coração — o que constitui um começo de reabilitação. Deus, infinitamente misericordioso, sempre tem piedade do pecador arrependido. Orai conosco. (Faz-se a prece pelos suicidas, a qual se encontra em *O evangelho segundo o espiritismo*.)

Agora, tende a bondade de nos dizer de quais crimes vos reconheceis culpado. Tal confissão, humildemente feita, ser-vos-á favorável.

— R. Deixai primeiro que vos agradeça por esta esperança que fizestes raiar no meu coração. Oh! há já bastante tempo que vivia numa cidade banhada pelo Mediterrâneo. Amava, então, uma bela moça que me correspondia; mas, pelo fato de ser pobre, fui repelido pela família. A minha eleita participou-me que desposaria o filho de um negociante cujas transações se estendiam para além de dois mares, e assim fui eu desprezado. Louco de dor, resolvi acabar com a vida, não sem deixar de assassinar o detestado rival, saciando o meu desejo de vingança. Repugnando-me os meios violentos, horrorizava-me a perpetração do crime, porém o meu ciúme a tudo sobrepujou. Na véspera do casamento, morria o meu rival envenenado, pelo meio que me pareceu mais fácil. Eis como se explicam as reminiscências do passado... Sim, eu já reencarnei, e preciso é que reencarne ainda... Ó meu Deus, tende piedade das minhas lágrimas e da minha fraqueza!

4. Deploramos essa infelicidade que retardou vosso progresso e sinceramente vos lamentamos; dado, porém, que vos arrependais, Deus se compadecerá de vós. Dizei-nos se chegastes a executar o vosso projeto de suicídio...

— R. Não; e confesso, para vergonha minha, que a esperança se me desabrochou novamente no coração, com o desejo de me aproveitar do crime já cometido. Traíram-me, porém, os remorsos e acabei por expiar, no último suplício, aquele meu desvario: enforquei-me.

5. Na vossa última encarnação tínheis a consciência do mal praticado na penúltima?

— R. Nos últimos anos somente, e eis como: Eu era bom por natureza, e, depois de submetido, como todos os homicidas, ao tormento da visão perseverante da vítima, que me perseguia qual vivo remorso, dela me descartei depois de muitos anos, pelo meu arrependimento e pelas minhas preces. Recomecei outra existência — a última — que atravessei calmo e tímido. Tinha em mim como que vaga intuição da minha inata fraqueza, bem como da culpa anterior, cuja lembrança em estado latente conservara.

"Mas um Espírito obsessor e vingativo, que não era outro senão o pai da minha vítima, facilmente se apoderou de mim e fez reviver no meu coração, como em mágico espelho, as lembranças do passado.

"Alternadamente influenciado por ele e por meu guia, que me protegia, eu era o envenenador e ao mesmo tempo o pai de família angariando pelo trabalho o sustento dos filhos. Fascinado por esse demônio obsessor, deixei-me arrastar para o suicídio. Sou muito culpado realmente, porém menos do que se deliberasse por mim mesmo. Os suicidas da minha categoria, incapazes por sua fraqueza de resistir aos obsessores, são menos culpados e menos punidos do que os que abandonam a vida por efeito exclusivo da própria vontade.

"Orai comigo para que o Espírito que tão fatalmente me obsidiou renuncie à sua vingança, e orai por mim para que adquira a energia, a força necessária para não ceder à prova do suicídio voluntário, *prova a que serei submetido, dizem-me, na próxima encarnação.*"

6. (Ao guia do médium.) Um Espírito obsessor pode, realmente, levar o obsidiado ao suicídio?

— R. Certamente, pois a obsessão que, de si mesma, é já um gênero de provação, pode revestir todas as formas. Mas isso não quer dizer isenção de culpabilidade. O homem dispõe sempre do seu livre-arbítrio e, conseguintemente, está em si o ceder ou resistir às sugestões a que o submetem.

Assim é que, sucumbindo, o faz sempre por assentimento da sua vontade. Quanto ao mais, o Espírito tem razão dizendo que a ação instigada por outrem é menos culposa e repreensível do que quando voluntariamente cometida. Contudo, nem por isso se inocenta de culpa, visto como, afastando-se do caminho reto, mostra que o bem ainda não está vinculado ao seu coração.

7. Como, apesar da prece e do arrependimento terem libertado esse Espírito da visão tormentosa da sua vítima, pôde ele ser atingido pela vingança de um obsessor na última encarnação?

— R. O arrependimento, bem o sabeis, é apenas *a preliminar indispensável à reabilitação*, mas não é o bastante para libertar o culpado de todas as penas. Deus não se contenta com promessas, sendo preciso a prova, por atos, do retorno ao bom caminho. Eis por que o Espírito é submetido a novas provações que o fortalecem, resultando-lhe um merecimento ainda maior quando delas sai triunfante.

O Espírito só arrosta com a perseguição dos maus, dos obsessores, *enquanto estes o não encontram assaz forte para resistir-lhes*. Encontrando resistência, eles o abandonam, certos da inutilidade dos seus esforços.

> Estes dois últimos exemplos mostram-nos a renovação da mesma prova em sucessivas encarnações, e por tanto tempo quanto o da sua ineficácia. Antoine Bell patenteia-nos, enfim, o fato muito instrutivo do homem perseguido pela lembrança de um crime cometido em anterior existência, qual um remorso e um aviso.

> Vemos ainda por aí que todas as existências são solidárias entre si; que a justiça e bondade divinas se ostentam na faculdade ao homem conferida de progredir gradualmente, sem jamais privá-lo do resgate das faltas; que o culpado é punido pela própria falta, sendo essa punição, em vez de uma vingança de Deus, o meio empregado para fazê-lo progredir.

Capítulo 6

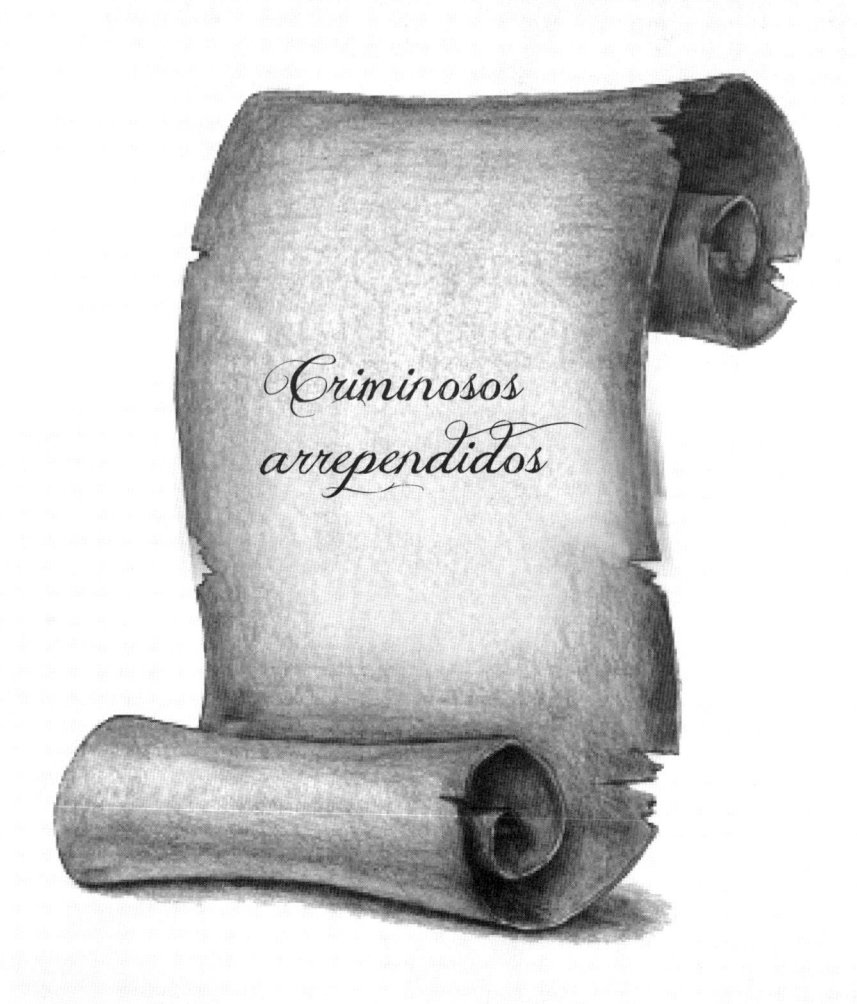

Criminosos arrependidos

- Verger
- Lemaire
- Benoist
- O Espírito de Castelnaudary
- Jacques Latour

Verger

(Assassino do arcebispo de Paris.)

A 3 de janeiro de 1857, Mons. Sibour, arcebispo de Paris, ao sair da Igreja de Saint-Étienne-du-Mont, foi mortalmente ferido por um jovem padre chamado Verger. O criminoso foi condenado à morte e executado a 30 de janeiro. Até o último instante não manifestou qualquer sentimento de pesar, de arrependimento, ou de sensibilidade.

Evocado no mesmo dia da execução, deu as seguintes respostas:

1. EVOCAÇÃO.
   — R. Ainda estou preso ao corpo.
2. Então a vossa alma não está inteiramente liberta?
   — R. Não... tenho medo... não sei... Esperai que torne a mim. Não estou morto, não é assim?
3. Arrependei-vos do que fizestes?
   — R. Fiz mal em matar, mas a isso fui levado pelo meu caráter, que não podia tolerar humilhações... Evocar-me-eis de outra vez.
4. Por que vos retirais?
   — R. Se o visse, muito me atemorizaria, pelo receio de que me fizesse outro tanto.
5. Mas nada tendes a temer, uma vez que a vossa alma está separada do corpo. Renunciai a qualquer inquietação, que não é razoável agora.
   — R. Que quereis? Acaso sois senhor das vossas impressões? Quanto a mim, não sei onde estou... estou doido.
6. Esforçai-vos por ser calmo.
   — R. Não posso, porque estou louco... Esperai, que vou invocar toda a minha lucidez.
7. Se orásseis, talvez pudésseis concentrar os vossos pensamentos...
   — R. Intimido-me... não me atrevo a orar.

8. Orai, que grande é a misericórdia de Deus! Oraremos convosco.

— R. Sim; eu sempre acreditei na infinita misericórdia de Deus.

9. Compreendeis melhor, agora, a vossa situação?

— R. Ela é tão extraordinária que ainda não posso apreendê-la.

10. Vedes a vossa vítima?

— R. Parece-me ouvir uma voz semelhante à sua, dizendo-me: "Não mais te quero..." Será, talvez, um efeito da imaginação!... Estou doido, vo-lo asseguro, pois que vejo meu corpo de um lado e a cabeça de outro... afigurando-se-me, porém, que vivo no Espaço, entre a Terra e o que denominais céu... Sinto como o frio de uma faca prestes a decepar-me o pescoço, mas isso será talvez o terror da morte... Também me parece ver uma multidão de Espíritos a rodear-me, olhando-me compadecidos... E *falam*-me, mas não os compreendo.

11. Entretanto, entre esses Espíritos há talvez um cuja presença vos humilha por causa do vosso crime.

— R. Dir-vos-ei que há apenas um que me apavora — o daquele a quem matei.

12. Lembrai-vos das anteriores existências?

— R. Não; estou indeciso, acreditando sonhar... Ainda uma vez, preciso tornar a mim.

13. (Três dias depois.) Reconhecei-vos melhor agora?

— R. Já sei que não mais pertenço a esse mundo, e não o deploro. Pesa-me o que fiz, porém meu Espírito está mais livre. Sei a mais que há uma série de encarnações que nos dão conhecimentos úteis, a fim de nos tornarmos tão perfeitos quanto possível à criatura humana.

14. Sois punido pelo crime que cometestes?

— R. Sim; lamento o que fiz e isso faz-me sofrer.

15. Qual a vossa punição?

— R. Sou punido porque tenho consciência da minha falta, e para ela peço perdão a Deus; sou punido porque reconheço a minha descrença nesse Deus, sabendo agora que não devemos abreviar os dias de vida de nossos irmãos; sou punido pelo remorso de haver adiado o meu progresso, enveredando por caminho errado, sem ouvir o grito da própria consciência que me dizia não ser pelo assassínio que alcançaria o meu desiderato. Deixei-me dominar pela inveja e pelo orgulho; enganei-me e arrependo-me, pois o homem deve esforçar-se sempre por dominar as más paixões — o que aliás não fiz.

16. Qual a vossa sensação quando vos evocamos?

— R. De prazer e de temor, por isso que não sou mau.

17. Em que consiste tal prazer e tal temor?

— R. Prazer de conversar com os homens e poder em parte reparar as minhas faltas, confessando-as; e temor, que não posso definir — um quê de vergonha por ter sido um assassino.

18. Desejais reencarnar na Terra?

— R. Até o peço e desejo achar-me constantemente exposto ao assassínio, provando-lhe o temor.

Monsenhor Sibour, evocado, disse que perdoava o assassino e orava para que ele se arrependesse. Disse mais que, posto estivesse presente à sua evocação, não se lhe tinha mostrado para lhe não aumentar os sofrimentos, porquanto o receio de o ver já era um sintoma de remorso, era já um castigo.

— P. O homem que mata sabe que, ao escolher nova existência, nela se tornará assassino?

— R. Não; ele sabe que, escolhendo uma vida de luta, tem *probabilidades* de matar um semelhante, ignorando porém se o fará, pois está quase sempre em luta consigo mesmo.

A situação de Verger, ao morrer, é a de quase todos os que sucumbem violentamente. Não se verificando bruscamente a separação, eles ficam como aturdidos, sem saber se estão mortos ou vivos. A visão do arcebispo foi-lhe poupada por desnecessária ao seu remorso; mas outros Espíritos, em circunstâncias idênticas, são constantemente acossados pelo olhar das suas vítimas.

À enormidade do delito, Verger acrescentara a agravante de se não ter arrependido ainda em vida, estando, pois, nas condições requeridas para a eterna condenação. Mas, logo que deixou a Terra, o arrependimento invadiu-lhe a alma e, repudiando o passado, deseja sinceramente repará-lo. A isso não o impele a demasia do sofrimento, visto como nem mesmo teve tempo para sofrer, mas é o alarme dessa consciência desprezada durante a vida, e que ora se lhe faz ouvir.

Por que não considerar valioso esse arrependimento? Por que admiti-lo dias antes como salvador do inferno, e depois não?

E por que, finalmente, o Deus misericordioso para o penitente, em vida, deixaria de o ser, por questão de horas, mais tarde? Fora para causar admiração a rápida mudança algumas vezes operada nas ideias de um criminoso, endurecido e impenitente até a morte, se o trespasse lhe não fosse também bastante, às vezes, para reconhecer toda a iniquidade da sua conduta. Contudo, esse resultado está longe de ser geral — o que daria em consequência o não haver Espíritos maus. O arrependimento é muita vez tardio, e daí a dilação do castigo.

A obstinação no mal, em vida, provém às vezes do orgulho, que recusa submeter-se e confessar os próprios erros, visto estar o homem sujeito à influência da matéria, que, lançando-lhe um véu sobre as percepções espirituais, o fascina e desvaira. Roto esse véu, súbita luz o aclara, e ele se encontra senhor da sua razão. A manifestação imediata de melhores sentimentos é sempre indício de um progresso moral realizado, que apenas aguarda uma circunstância favorável para se revelar, ao passo que a persistência mais ou menos longa no mal, depois da morte, é incontestavelmente a prova de atraso do Espírito, no qual os instintos materiais atrofiam o gérmen do bem, de modo a lhe serem precisas novas provações para se corrigir.

Lemaire

Condenado à pena última pelo júri de Aisne, e executado a 31 de dezembro de 1857. Evocado em 29 de janeiro de 1858.

1. EVOCAÇÃO.
   — R. Aqui estou.
2. Vendo-nos, que sensação experimentais? — R. A da vergonha.
3. Retivestes os sentidos até o último momento? — R. Sim.
4. Após a execução tivestes imediata noção dessa nova existência?
   — R. Eu estava imerso em grande perturbação, da qual, aliás, ainda me não libertei. Senti uma dor imensa, afigurando-se-me ser o coração quem a sofria. Vi rolar não sei quê aos pés do cadafalso; vi o sangue que corria e mais pungente se me tornou a minha dor.
   — P. Era uma dor puramente física, análoga à que proviria de um grande ferimento, pela amputação de um membro, por exemplo?

— R. Não; figurai-vos antes um remorso, uma grande dor moral.

5. Mas a dor física do suplício, quem a experimentava: o corpo ou o Espírito?

— R. A dor moral estava em meu Espírito, sentindo o corpo a dor física; *mas o Espírito desligado também dela se ressentia.*

6. Vistes o corpo mutilado?

— R. Vi qualquer coisa informe, à qual me parecia integrado; entretanto, reconhecia-me intacto, isto é, que eu era eu mesmo...

— P. Que impressões vos advieram desse fato?

— R. Eu sentia muito a minha dor, *estava completamente ligado a ela.*

7. Será verdade que o corpo viva ainda alguns instantes depois da decapitação, tendo o supliciado a consciência das suas ideias?

— R. O Espírito retira-se pouco a pouco; quanto mais o retêm os laços materiais, menos pronta é a separação.

8. Dizem que se há notado a expressão da cólera e movimentos na fisionomia de certos supliciados, como se estes quisessem falar; será isso efeito de contrações nervosas, ou um ato da vontade?

— R. Da vontade, visto como o Espírito não se tem desligado.

9. Qual o primeiro sentimento que experimentastes ao penetrar na vossa nova existência?

— R. Um sofrimento intolerável, uma espécie de remorso pungente cuja causa ignorava.

10. Acaso vos achastes reunido aos vossos cúmplices concomitantemente supliciados?

— R. Infelizmente, sim, por desgraça nossa, pois essa visão recíproca é um suplício contínuo, exprobrando-se uns aos outros os seus crimes.

11. Tendes encontrado as vossas vítimas?

— R. Vejo-as... são felizes; seus olhares perseguem-me... sinto que me varam o ser e debalde tento fugir-lhes.

— P. Que impressão vos causam esses olhares?

— R. Vergonha e remorso. *Ocasionei-os voluntariamente* e ainda os abomino.

— P. E qual a impressão que lhes causais vós?

— R. Piedade.

12. Terão por sua vez o ódio e o desejo de vingança?

— R. Não; os olhares que volvem lembram-me a minha expiação. *Vós não podeis avaliar o suplício horrível de tudo devermos àqueles a quem odiamos.*

13. Lamentais a perda da vida corporal?

— R. Apenas lamento os meus crimes. Se o fato ainda dependesse de mim, não mais sucumbiria.

14. O pendor para o mal estava na vossa natureza, ou fostes ainda influenciado pelo meio em que vivestes?

— R. Sendo eu um Espírito inferior, a tendência para o mal estava na minha própria natureza. Quis elevar-me rapidamente, mas pedi mais do que comportavam as minhas forças. Acreditando-me forte, escolhi uma rude prova e acabei por ceder às tentações do mal.

15. Se tivésseis recebido sãos princípios de educação, ter-vos-íeis desviado da senda criminosa?

— R. Sim, mas eu havia escolhido a condição do nascimento.

— P. Acaso não vos poderíeis ter feito homem de bem?

— R. Um homem fraco é incapaz, tanto para o bem como para o mal. Poderia, talvez, corrigir na vida o mal inerente à minha natureza, mas nunca me elevar à prática do bem.

16. Quando encarnado acreditáveis em Deus? — R. Não.

— P. Mas dizem que à última hora vos arrependeste...

— R. Porque acreditei num Deus vingativo, era natural que o temesse...

— P. E agora o vosso arrependimento é mais sincero?

— R. Pudera! Eu vejo o que fiz...

— P. Que pensais de Deus então?

— R. Sinto-o e não o compreendo.

17. Parece-vos justo o castigo que vos infligiram na Terra? — R. Sim.

18. Esperais obter o perdão dos vossos crimes?

— R. Não sei.

— P. Como pretendeis repará-los?

— R. Por novas provações, conquanto me pareça que uma eternidade existe entre elas e mim.

19. Onde vos achais agora?

— R. Estou no meu sofrimento.

— P. Perguntamos qual o lugar em que vos encontrais...

— R. Perto da médium.

20. Uma vez que assim é, sob que forma vos veríamos, se tal nos fosse possível?

— R. Ver-me-íeis sob a minha forma corpórea: a cabeça separada do tronco.

— P. Podereis aparecer-nos?

— R. Não; deixai-me.

21. Poderíeis dizer-nos como vos evadistes da prisão de Montdidier?

— R. Nada mais sei... é tão grande o meu sofrimento, que apenas guardo a lembrança do crime... Deixai-me.

22. Poderíamos concorrer para vos aliviar desse sofrimento?

— R. Fazei votos para que sobrevenha a expiação.

Benoist

(Bordeaux, março de 1862.)

Um Espírito apresenta-se espontaneamente ao médium, sob o nome de Benoist, dizendo ter morrido em 1704 e padecer horríveis sofrimentos.

1. Que fostes na Terra? — R. Frade sem fé.
2. Foi a descrença a vossa única falta?

— R. Só ela é bastante para acarretar outras.

3. Podereis dar-nos alguns pormenores sobre a vossa vida? Ser-vos-á levada em boa conta a sinceridade da confissão.

— R. Pobre e indolente, ordenei-me para ter uma posição, sem pendor aliás para tal encargo. Inteligente, consegui essa posição; influente, abusei do meu poderio; vicioso, corrompi aqueles que tinha por missão salvar; cruel, persegui os que me pareciam querer verberar os meus excessos; os *pacíficos* foram por mim inquietados. As torturas da fome de muitas vítimas eram extintas amiúde pela violência. Agora, sofro todas as torturas do inferno, ateando-me as vítimas o fogo que me devora. A luxúria e a fome insaciáveis perseguem-me; cresta-me a sede os lábios escaldantes, sem que uma gota lhes caia em refrigério. Os elementos todos se encarniçam contra mim. Orai pelo meu Espírito.

4. As preces feitas pelos finados deverão ser-vos atribuídas como aos outros?

— R. Acreditais que sejam edificantes, e no entanto *elas têm para mim o valor das que eu simulava fazer*. Não executei o meu trabalho, e, assim, recebo o salário.

5. Nunca vos arrependestes?

— R. Há muito tempo, mas *o arrependimento* só veio *pelo sofrimento*. E como fui surdo ao clamor de vítimas inocentes, o Senhor também é surdo aos meus clamores. Justiça!

6. Reconheceis a Justiça do Senhor; pois bem, confiai na sua bondade e socorrei-vos do seu auxílio.

— R. Os demônios berram mais do que eu; seus gritos sufocam-me; enchem-me a boca de pez fervente!... Eu o fiz, grande... (O Espírito não pôde escrever a palavra Deus.)

7. Não estais suficientemente liberto das ideias terrenas de modo a compreender que essas torturas são todas morais?

— R. Sofro-as... sinto-as... vejo os meus carrascos, todos têm uma cara conhecida, um nome que repercute em meu cérebro.

8. Mas que poderia impelir-vos ao cometimento de tantas infâmias?

— R. Os vícios de que me achava saturado, a brutalidade das paixões.

9. Nunca implorastes a assistência dos bons Espíritos para vos ajudarem a sair dessa contingência?

— R. Apenas vejo os demônios do inferno.

10. E quando estáveis na Terra temíeis esses demônios?

— R. Não, absolutamente, visto que só cria no nada. Os prazeres a todo o transe constituíam o meu culto. E, pois que lhes consagrei a vida, as divindades do inferno não mais me abandonaram, nem abandonarão!

11. Então não lobrigais um termo para esses sofrimentos?

— R. O infinito não tem termo.

12. Mas Deus é infinito na sua misericórdia, e tudo pode ter um fim quando lhe aprouver.

— R. Se Ele o quisesse!

13. Por que vos viestes inscrever aqui?

— R. Não sei mesmo como, mas eu queria falar e gritar para que me aliviassem.

14. E esses demônios não vos inibem de escrever?

— R. Não, mas conservam-se à minha frente, e esperam-me... Também por isso, eu desejaria não terminar.

15. É a primeira vez que deste modo escreveis?

— R. Sim.

— P. E sabíeis que os Espíritos podiam assim aproximar-se dos homens?

— R. Não.

— P. Como, pois, o percebestes?

— R. Não sei.

16. Que sensações experimentastes ao acercar-vos de mim? — R. Um como entorpecimento dos meus terrores.

17. Como vos apercebestes da vossa presença aqui? — R. Como quando se acorda.

18. Como procedestes para comunicar comigo?

— R. Não posso compreender, mas tu também não sentiste?

19. Não se trata de mim, porém de vós... Procurai assegurar-vos do que fazeis enquanto escrevo.

— R. És o meu pensamento, eis tudo.

20. Não tivestes, pois, o desejo de me fazer escrever?

— R. Não, sou eu quem escreve, e tu pensas por mim.

21. Procurai assegurar-vos do vosso estado, porque os bons Espíritos que vos cercam vos ajudarão.

— R. Não, que os anjos não vêm ao inferno. Tu não estás só?

— P. Vedes em torno de vós.

— R. Sinto que me auxiliam a atuar sobre ti... a tua mão obedece-me... não te toco, aliás, e seguro-te... Como? Não sei...

22. Implorai a assistência dos vossos protetores. Vamos pedir ambos.

— R. Queres deixar-me? Fica comigo, porque vão reapossar-se de mim. Eu to peço... Fica! Fica!...

23. Não posso demorar-me por mais tempo. Voltai diariamente para orarmos juntos e os bons Espíritos vos auxiliarão.

— R. Sim, desejo o perdão. Orai por mim, que não posso fazê-lo.

O GUIA DO MÉDIUM. — Coragem, meu filho, porque ser-lhe-á concedido o que pedes, posto longe esteja ainda o termo da expiação. As atrocidades por ele cometidas não têm número nem conta, e maior é a sua culpa porque possuía inteligência, instrução e luzes para guiar-se. Tendo falido com conhecimento de causa, mais terríveis lhe são os sofrimentos, os quais, não obstante, se suavizarão com o auxílio e o exemplo da prece, de modo a que lhes veja o termo, confortado pela esperança. Deus o vê no caminho do arrependimento, e já lhe concedeu a graça de *poder comunicar-se a fim de ser encorajado e confortado*.

Pensa nele muitas vezes, pois nós to entregamos para fortalecer-se nas boas resoluções que lhe poderão advir dos teus conselhos. Ao seu arrependimento sucederá o desejo da reparação, e pedirá então uma nova existência para praticar o bem como compensação do mal que fez. Quando Deus estiver satisfeito a seu respeito e o vir resoluto e firme, far-lhe-á entrever as divinas luzes que o hão de conduzir à salvação, recebendo-o no seu seio qual pai ao filho pródigo. Tem fé, e nós te ajudaremos a completar o teu trabalho.

Paulin

Colocamos este Espírito entre os criminosos, posto que não atingido pela justiça humana, porque o crime se contém nos atos, que não no castigo infligido pelos homens. O mesmo se dá com o que se segue.

O Espírito de Castelnaudary

Rumores e outras estranhas e várias manifestações ocorridas numa casinha perto de Castelnaudary, faziam-na tomar por habitada de fantasmas, mal-assombrada etc. Assim, foi a dita casa exorcismada em 1848, aliás sem resultado. O proprietário, Sr. D..., pretendendo habitá-la, faleceu repentinamente alguns anos depois; um seu filho, animado do mesmo desejo, ao penetrar-lhe um dos compartimentos, recebeu de mão desconhecida vigorosa bofetada, e, como estivesse só, não teve a menor dúvida de uma origem oculta, razão esta que o levou a abandonar a casa definitivamente. No lugar corria uma versão segundo a qual um grande crime fora cometido ali. O Espírito que dera a bofetada foi evocado na Sociedade de Paris, em 1859, e manifestou-se por sinais de tal violência, que foram improfícuos todos os esforços para acalmá-lo. Interrogado São Luís a esse respeito, respondeu: "É um Espírito da pior espécie, verdadeiro monstro: fizemo-lo comparecer, mas a despeito de tudo quanto lhe dissemos não foi possível obrigá-lo a escrever. Ele tem o seu livre-arbítrio, do qual o infeliz tem feito triste uso." — P. Este Espírito é passível de melhora?

— R. Por que não? *Pois não o são todos*, este como os outros? É possível entretanto que haja nisso dificuldades, porém a permuta do bem pelo mal acabará por sensibilizá-lo. Orai em primeiro lugar, e, se o evocardes daqui a um mês, vereis a transformação operada.

Evocado mais tarde, o Espírito mostrou-se mais brando e, pouco a pouco, submisso e arrependido. Explicações posteriores, ministradas não só por ele como por outros Espíritos, deram em resultado saber-se que, em 1608, habitando aquela casa, assassinara um irmão por motivos de terrível ciúme, degolando-o durante o sono. Alguns anos decorridos, também assassinara a esposa.

O seu falecimento ocorreu em 1659, aos 80 anos, sem que houvesse respondido por estes crimes, que pouca atenção despertaram naquela época de balbúrdias. Depois da morte, jamais cessara de praticar o mal, provocando vários acidentes ocorridos na tal casa.

Um médium vidente que assistiu à primeira evocação viu-o, no momento em que pretendiam forçá-lo a escrever, quando sacudiu violentamente o braço do médium. De medonha catadura, trajava uma camisa ensanguentada, tendo na mão um punhal.

1. P. (A São Luís.) Tende a bondade de nos descrever o gênero de suplício deste Espírito.

— R. É atroz, porque está condenado a habitar a casa em que cometeu o crime, sem poder fixar o pensamento noutra coisa que não no crime, tendo-o sempre ante os olhos e acreditando na eternidade de tal tortura. Está como no momento do próprio crime, porque qualquer outra recordação lhe foi retirada e interdita toda comunicação com qualquer outro Espírito. Sobre a Terra, só pode permanecer naquela casa, e no Espaço só lhe restam solidão e trevas.

2. Haveria um meio de o desalojar dessa casa? Qual seria esse meio?

— R. Quando se quer desembaraçar obsessões de semelhantes Espíritos, o meio é fácil — orar por eles. Contudo, é precisamente isso que se deixa de fazer muitas vezes, preferindo-se intimidá-los com exorcismos formulados que, aliás, muito os divertem.

3. Insinuando às pessoas interessadas essa ideia de orar por ele, fazendo-o também nós, conseguiríamos desalojá-lo?

— R. Sim, mas reparai que eu disse para orar, e *não para mandar orar*.

4. Estando em tal situação há dois séculos, apreciará ele todo esse tempo como se fora encarnado, isto é, o tempo parecer-lhe-á tanto ou menos longo do que quando na Terra?

— R. Mais longo: *o sono não existe para ele*.

5. Disseram-nos que o tempo não existe para os Espíritos e que um século, para eles, não passa de um instante na eternidade. Dar-se-á efetivamente esse fato para com todos os Espíritos?

— R. Não, decerto, porquanto isso só se dá com os Espíritos que têm atingido elevadíssimo grau de adiantamento; para os inferiores, porém, o tempo é frequentemente moroso, sobretudo quando sofrem.

6. Donde vinha esse Espírito antes da sua encarnação?

— R. Tivera uma existência entre tribos das mais ferozes e selvagens, e, precedentemente, em planeta inferior à Terra.

7. Severamente punido agora por esse crime, sê-lo-ia igualmente pelos que porventura tivesse cometido, como é de supor, quando vivendo entre selvagens?

— R. Sim, porém não tanto, visto como, em ser mais ignorante, menos alcançava a extensão do delito.

8. O estado em que se vê esse Espírito é o dos seres vulgarmente designados por *danados*?

— R. Absolutamente não, pois há condições ainda mais horrorosas. Os sofrimentos estão longe de ser os mesmos para todos, variando conforme seja o culpado mais ou menos acessível ao arrependimento. Para este, aquela casa é o seu inferno, outros trazem esse inferno em si mesmos, pelas paixões que os atormentam sem que possam saciá-las.

9. Apesar da sua inferioridade, este Espírito é sensível aos efeitos da prece, o que também temos verificado com Espíritos igualmente perversos e da mais grosseira natureza; entretanto, Espíritos há que, esclarecidos, de mais desenvolvida inteligência, demonstram completa ausência de bons sentimentos, motejando de tudo que há de mais sagrado; a nada se comovendo e até não dando tréguas ao seu cinismo...

— R. A prece só aproveita ao Espírito que se arrepende; para aqueles que, arrebatados de orgulho, se revoltam contra Deus e persistem no erro, exagerando-o mesmo, tal como procedem os infelizes, para esses a prece nada adianta, nem adiantará senão quando tênue vislumbre de arrependimento começar a germinar-lhes na consciência. A ineficácia da prece também é para eles um castigo. Enfim, ela só alivia os não totalmente endurecidos.

10. Vendo-se um Espírito insensível à ação da prece, será motivo para que se deixe de orar por ele?

— R. Não, porquanto, cedo ou tarde, a prece poderá triunfar do seu endurecimento, sugerindo-lhe benéficos pensamentos.

> O mesmo sucede com certos doentes nos quais a ação medicamentosa só se torna sensível depois de muito tempo, e vice-versa. Compenetrando-nos bem de que todos os Espíritos são suscetíveis de progresso, e que nenhum é fatal e eternamente condenado, fácil nos será compreender a eficácia da prece em quaisquer circunstâncias. Por mais ineficaz que ela possa parecer-nos à primeira vista, o certo é que contém germens em si mesma, bastante benéficos, para bem predisporem o Espírito, quando o não afetem imediatamente. Erro seria, pois, desanimarmos por não colher dela imediato resultado.

11. Ao reencarnar-se este Espírito, qual será a sua categoria?

— R. Depende dele e do arrependimento que então tiver. Muitos colóquios com este Espírito deram em resultado notável transformação do seu moral.

Eis aqui algumas das suas respostas:

12. (Ao Espírito.) Por que não pudestes escrever da primeira vez que vos evocamos?

— R. Porque não queria.

— P. Mas por quê?

— R. Ignorância e embrutecimento.

13. Agora podeis deixar, quando vos apraz, a casa de Castelnaudary?

— R. Permitem-mo, porque aproveito os vossos conselhos.

— P. Sentis algum alívio?

— R. Começo a ter esperança.

14. Se possível nos fora o vermo-vos, qual a vossa aparência?

— R. Ver-me-íeis com a camisa, mas sem o punhal.

— P. Por que não mais com o punhal? Que fim lhe destes?

— R. Amaldiçoando-o, *Deus arrebatou-mo das vistas*.

15. Se o filho do Sr. D... (o da bofetada) voltasse àquela casa, que lhe faríeis?

— R. Nada, porque estou arrependido.

— P. E se ele pretendesse ainda desafiar-vos?

— R. Não me façais essa pergunta! Eu não me dominaria, isso está acima das minhas forças, pois sou um miserável.

16. Lobrigais um termo aos vossos padecimentos?

— R. Oh! Ainda não. É já muito o saber, graças à vossa intercessão, que esses padecimentos não serão eternos.

17. Tende a bondade de nos descrever a vossa situação antes de vos evocarmos pela primeira vez. Não é preciso acrescentarmos que este pedido tem por fim sabermos como ser-vos úteis, e não a simples e fútil curiosidade.

— R. Já vos disse que nada mais compreendia além do meu crime, e que não podia abandonar a casa em que o cometi, a não ser para vagar no Espaço, solitário e obscuro; disso não poderia eu dar-vos uma ideia, porque nunca pude compreender o que se passava. Desde que me alçava ao Espaço, era tudo negrume e vácuo, ou, antes, não sei mesmo o que era... Hoje o meu remorso é muito maior, e no entanto não sou constrangido a permanecer naquela casa fatal, sendo-me permitido vagar sobre a Terra e orientar-me pela observação de quanto aí vejo, compreendendo melhor, assim, a enormidade dos meus crimes, e, se menos sofro por um lado, por outro aumentam as torturas do remorso... Mas... ainda bem que tenho esperança.

18. A terdes de reencarnar, que existência preferiríeis?

— R. Sobre isso não tenho meditado suficientemente.

19. Durante o vosso longo insulamento — quase podemos dizer cativeiro — experimentastes algum remorso?

— R. Nenhum, e por isso sofri tão longamente. Somente quando o senti, foi que ele provocou, sem que disso me apercebesse, as circunstâncias determinantes da vossa evocação ao meu Espírito para início da libertação. Obrigado, pois, a vós que de mim vos apiedastes e me esclarecestes.

Efetivamente, temos visto avaros sofrerem à vista do ouro, que para eles não passava de verdadeira quimera; orgulhosos, atormentados pelo ciúme das honrarias prestadas a outros que não eles; homens que dominavam na Terra, humilhados pela potência invisível, constrangidos à obediência, em presença de subordinados que não mais se lhe curvavam; ateus atônitos pela dúvida, em face da imensidade, no mais absoluto insulamento, sem um ser que os esclareça.

No mundo dos Espíritos há compensações para todas as virtudes, mas há também penalidades para todas as faltas, e, destas, as que escaparam às leis dos homens são infalivelmente atingidas pelas Leis de Deus.

Devemos ainda notar que as mesmas faltas, ainda que cometidas em circunstâncias idênticas, são diversamente punidas, conforme o grau de adiantamento do Espírito delinquente. Aos Espíritos mais atrasados, de natureza mais grosseira, como este de que vimos de nos ocupar, são infligidos castigos de alguma sorte mais materiais que morais, ao passo que o contrário se dá para com aqueles cuja inteligência e sensibilidade estejam mais desenvolvidas. Aos primeiros impõe-se o castigo apropriado à rudeza do seu discernimento, para compreenderem o erro e dele se libertarem. Assim é que a vergonha, por exemplo, causando pouca ou nenhuma impressão para estes, torna-se para aqueles intolerável.

Neste divino código penal, a sabedoria, a bondade, a Providência de Deus para com as suas criaturas revelam-se até nas mínimas particularidades, sendo tudo proporcionado e concatenado com admirável solicitude para facilitar ao culpado os meios de reabilitação. As mínimas aspirações são consideradas e recolhidas.

Pelos dogmas das penas eternas, ao contrário, são no inferno confundidos os grandes e pequenos criminosos, os culpados de momento e os reincidentes contumazes, os endurecidos e os arrependidos. Além disso, nenhuma tábua de salvação se lhes oferece; a falta momentânea pode acarretar uma condenação eterna e, o que mais é, qualquer benefício que porventura hajam feito, de nada lhes valerá. De que lado, pois, a verdadeira justiça, a verdadeira bondade?

Esta evocação nada tem de casual; e como deveria aproveitar a esse infeliz, visto que ele já começava a compreender a enormidade do seu crime, eis que os Espíritos que velavam julgaram oportuno esse socorro eficaz e entraram a facilitar-lhe as circunstâncias propícias. É este um fato que temos visto reproduzir-se frequentemente. Perguntar-se-á que seria deste Espírito se não fosse evocado, o que será de todos os sofredores que o não podem ser, bem como daqueles em que se não pensa... Poderíamos redarguir que os meios de que Deus dispõe para salvar as criaturas são inumeráveis, sendo a evocação um dentre esses meios, porém, não único, certamente. Deus não deixa ninguém olvidado, além de que, sobre os Espíritos suscetíveis de arrependimento, as preces coletivas devem exercer alguma influência.

A sorte dos Espíritos sofredores não poderia ser por Deus subordinada à boa vontade e aos conhecimentos humanos.

Desde que os homens puderam estabelecer relações regulares com o mundo invisível, uma das primeiras consequências do Espiritismo foi o ensino dos serviços que por meio dessas relações podem prestar aos seus irmãos desencarnados.

Deus patenteia por esse modo a solidariedade existente entre todos os seres do universo, ao mesmo tempo que dá a Lei da natureza por base ao princípio da fraternidade. Deus demonstra-nos a feição verdadeira, útil e séria das evocações, até então desviadas do seu fim providencial pela ignorância e pela superstição.

Aos sofredores jamais faltaram socorros em qualquer época e, se as evocações lhes proporcionam uma nova via de salvação, aproveitam ainda mais, talvez, aos encarnados, por lhes proporcionar novos meios de fazer o benefício, instruindo-se ao mesmo tempo sobre as condições da vida futura.

Jacques Latour
(Assassino condenado pelo júri de Foix e executado em setembro de 1864.)

Em reunião íntima de sete a oito pessoas, havida em Bruxelas a 13 de setembro de 1864 e à qual assistíamos, foi pedido a um médium que tomasse do lápis, sem que aliás houvéssemos feito qualquer evocação especial.

Possuído de extraordinária agitação, ei-lo a traçar caracteres muito grossos, e depois, rasgando o papel, exclama:

— Arrependo-me! Arrependo-me! Latour!

Surpreendidos com a inesperada comunicação, de modo algum provocada, visto como ninguém pensara nesse infeliz, cuja morte até então era ignorada por uma parte dos assistentes, dirigimos ao Espírito palavras de conforto e comiseração, fazendo-lhe em seguida esta pergunta:

— Que motivo vos levou a manifestar-vos aqui, de preferência a outro lugar, quando não vos evocamos? Responde o médium de viva voz:

— Vi que, almas compassivas, teríeis piedade de mim, ao passo que outros ou me evocavam mais por curiosidade que por caridade, ou de mim se afastavam horrorizados. — Depois começou por uma cena indescritível que não durou mais de meia hora. O médium, juntando os gestos e a expressão da fisionomia à palavra, deixava patente a identificação do Espírito com a sua pessoa; às vezes, esses gestos de cruel desespero desenhavam vivamente o seu sofrimento; o tom da sua voz era tão compungido, as súplicas tão veementes, que ficávamos profundamente comovidos. Alguns estavam mesmo aterrorizados com a superexcitação do médium, mas nós sabíamos que a manifestação de um ente arrependido, que implora piedade, nenhum perigo poderia oferecer. Se ele buscou os órgãos do médium, é que melhor desejava patentear a sua situação, a fim de que mais nos interessássemos pela sua sorte, e não como os Espíritos obsessores e possessores, que visam apoderar-se dos médiuns para os dominarem. Tal manifestação lhe fora talvez permitida não só em benefício próprio, como também para edificação dos circunstantes.

Ei-lo a exclamar:

— Oh! Sim, piedade... muito necessito dela... Não sabeis o que sofro... Não o sabeis, e não podereis compreendê-lo. É horrível! A guilhotina!... Que vale a guilhotina comparada a este sofrimento de agora? Nada! — é um instante. Este fogo que me devora, sim, é pior, porque é uma morte contínua, sem tréguas nem repouso... sem-fim!... E as minhas vítimas, ali estão ao redor, a mostrar-me os ferimentos, a perseguir-me com seus olhares...

"Aí estão, e vejo-as todas... todas... sem poder fugir-lhes! E este mar de sangue?! E este ouro manchado de sangue?! Tudo aí está... tudo... e sempre ante meus olhos! E o cheiro de sangue... Não o sentis? Oh! Sangue e sempre sangue! Ei-las que imploram, as pobres vítimas, e eu a feri-las sempre... sempre... impiedosamente!... O sangue inebriame... Acreditava que depois da morte tudo estaria terminado, e assim foi que afrontei o suplício e afrontei o próprio Deus, renegando-o!...

Entretanto, quando me julgava aniquilado para sempre, que terrível despertar... oh! Sim, terrível, cercado de cadáveres, de espectros ameaçadores, os pés atolados em sangue!!... Acreditava-me morto, e estou vivo! Horrendo! horrendo! Mais horrendo que todos os suplícios da Terra! Ah! Se todos os homens pudessem saber o que há para além da vida, saberiam também quanto custam as consequências do mal! Certo não haveria mais assassínios, nem criminosos, nem malfeitores! Eu só quisera que todos os assassinos pudessem ver o que eu vejo e sofro...

"Oh! Então não mais o seriam, porque é horrível este sofrimento! Bem sei que o mereci, ó meu Deus, porque também eu não tive compaixão das minhas vítimas; repelia as mãos súplices quando imploravam que as poupasse... Sim, fui cruel, decerto, matando-as covardemente para roubá-las! E fui ímpio, e fui blasfemo também, renegando o vosso sacratíssimo nome... *Quis enganar-me, porque eu queria persuadir-me de que Vós não existíeis...* Meu Deus, eu sou grande criminoso! Agora o compreendo. Mas... não tereis piedade de mim?... Vós sois Deus, isto é, a bondade, a misericórdia! Sois onipotente! Piedade, Senhor! Piedade! Eu vo-lo peço, não sejais inexorável; libertai-me destes olhares odiosos, destes espectros horríveis... deste sangue... das minhas vítimas... *olhares que, quais punhaladas, me varam o coração.*

"Vós outros que aqui estais, que me ouvis, sede bondosos, almas caritativas. Sim, eu o vejo, sei que tendes piedade de mim, não é verdade?

Haveis de orar por mim...

"Oh! Eu vo-lo suplico, não me abandoneis como fiz outrora aos outros. Pedireis a Deus que me tire este horrível espetáculo de ante os olhos, e Ele vos ouvirá porque sois bons... Imploro, orai por mim."

Os assistentes, sensibilizados, dirigiram-lhe palavras de conforto e consolação. Deus, disseram-lhe, não é inflexível; apenas exige do culpado um arrependimento sincero, aliado à vontade de reparar o mal praticado. Uma vez que o vosso coração não está petrificado e que lhe pedis o perdão dos vossos crimes, a sua misericórdia baixará sobre vós. Preciso é, pois, que persevereis na boa resolução de reparar o mal que fizestes. Certo, não podeis restituir às vítimas as vidas que lhes arrancastes, mas, se o impetrardes com fervor, Deus permitirá que as encontreis em uma nova encarnação, na qual lhes podereis patentear tanto devotamento quanto o mal que lhes fizestes. E quando a reparação lhe parecer suficiente, para logo entrareis na sua santa graça. Assim, a duração do vosso castigo está nas vossas mãos, dependendo de vós o abreviá-lo. Comprometemo-nos a auxiliar-vos com as nossas preces e invocar para vós a assistência dos bons Espíritos. Vamos pronunciar em vossa intenção a prece que se contém em *O evangelho segundo o espiritismo*, referente aos Espíritos sofredores e arrependidos. Não pronunciaremos a que se refere aos maus Espíritos, porque desde que vos arrependeis, que implorais, que renunciais ao mal, não passais para nós de um Espírito infeliz, e não mau.

Feita essa prece, o Espírito continua, depois de breves instantes de calma:

— Obrigado, meu Deus!... Oh! Obrigado! Tivestes piedade de mim... Eis que se afastam os espectros... Não me abandoneis, enviai-me os vossos bons Espíritos para me sustentarem... Obrigado...

Depois desta cena o médium fica alquebrado, abatido, os membros lassos por algum tempo. A princípio, apenas tem vaga ideia do que se há passado, mas pouco a pouco vai se lembrando de algumas das palavras que pronunciou sem querer, reconhecendo que não era ele quem falara.

No dia seguinte, em nova reunião, o Espírito tornou a manifestar-se, reencetando a cena da véspera, porém por minutos apenas, e isso com a mesma gesticulação expressiva, posto que menos violenta. Depois, tomado de agitação febril, escreveu:

"Grato às vossas preces. Experimento já uma sensível melhora. Foi tal o fervor com que orei, que Deus me concedeu um momentâneo alívio; não obstante, terei de ver ainda as minhas vítimas... Ei-las! Ei-las! Vedes este sangue?..." (Repetiu-se a prece da véspera. O Espírito continua dirigindo-se ao médium.)

"Perdoai o ter-me apossado de vós. Obrigado pelo alívio que proporcionais aos meus sofrimentos. Perdoai o mal que vos causei, mas eu tenho necessidade de me comunicar, e só vós o podeis...

Obrigado! Obrigado! Que já sinto algum alívio, posto não tenha atingido o fim das provações. As minhas vítimas voltarão dentro em breve. Eis a punição a que fiz jus, mas, Deus meu, sede indulgente.

Orai todos vós por mim, tende piedade."

Latour

Um membro da Sociedade Espírita de Paris, que tinha orado por este infeliz, evocando-o, obteve intervaladamente as seguintes comunicações:

I

"Fui evocado quase imediatamente depois da minha morte, porém não pude manifestar-me logo, de modo que muitos Espíritos levianos tomaram-me o nome e a vez. Aproveitei a estada em Bruxelas do Presidente da Sociedade de Paris, e comuniquei-me, com a aquiescência de *Espíritos superiores*.

Voltarei a manifestar-me na Sociedade, a fim de fazer revelações que serão um começo de reparação às minhas faltas, podendo também servir de ensinamento a todos os criminosos que me lerem e meditarem na exposição dos meus sofrimentos. É somente sobre o Espírito dos homens fracos ou das crianças que a narrativa de penas infernais pode produzir efeitos terroristas. Ora; um grande malfeitor não é um Espírito pusilânime, e o temor de um polícia é para ele mais real que a descrição dos tormentos do inferno. Eis por que todos os que me lerem ficarão comovidos com as minhas palavras e com os meus padecimentos, que não são ficções. Não há um só padre que possa dizer que viu o que tenho visto, porque tenho assistido às torturas dos danados. Mas quando eu vier dizer: Eis o que se passou após a minha morte, a morte do corpo; eis a minha enorme decepção ao reconhecer-me vivo, ao contrário do que supunha e tinha tomado pelo termo dos suplícios, quando era o começo de outras torturas, aliás indescritíveis! — então, mais de um ser estará à borda do precipício em que ia despenhar-se, e cada um dos desgraçados, desviados por mim da senda criminosa, concorrerá para o resgate das minhas faltas.

Foi-me permitido libertar-me do olhar das minhas vítimas transformadas em carrascos, a fim de comunicar-me convosco; ao deixar-vos, entretanto, tornarei a vê-las e só esta ideia me causa tal sofrimento que eu não poderia descrevê-lo. Sou feliz quando me evocam, porque assim deixo o meu inferno por alguns instantes.

Orai sempre ao Senhor por mim, pedi-lhe que me liberte do olhar das minhas vítimas.

Sim, oremos juntos. A prece faz tanto bem... Estou mais aliviado; não sinto tão pesado o fardo que me acabrunha. Vejo um resquício de esperança luzindo-me aos olhos e, contrito, exclamo: Bendita a mão do Senhor e seja feita a sua vontade!"

II

O MÉDIUM. — Em vez de pedir a Deus para vos furtar ao olhar das vossas vítimas, eu vos convido a pedir comigo para que vos dê a força necessária a fim de suportardes essa tortura expiatória.

LATOUR. — Eu preferiria livrar-me de tais olhares. Se soubésseis o quanto sofro... O homem mais insensível comover-se-ia vendo impressos na minha fisionomia, como que a fogo, os sofrimentos de minha alma. Farei, entretanto, o que me aconselhais, pois compreendo ser esse um meio de expiar um pouco mais rapidamente as minhas faltas. É qual dolorosa operação que viesse curar um corpo gravemente adoentado. Ah! Pudessem ver-me os culpados da Terra, e ficariam apavorados das consequências de seus crimes, desses crimes que, ignorados dos homens, são, no entanto, vistos pelos Espíritos. Como a ignorância é fatal para tantas pessoas!

"Que responsabilidade assumem os que recusam instrução às classes pobres da sociedade! Acreditam que com polícia e soldados se previnem crimes... Que grande erro!"

III

"Terríveis são os meus sofrimentos, porém, depois que por mim orais, sinto-me confortado por bons Espíritos, os quais me dizem para ter esperança. Compreendo a eficácia do remédio heroico que me aconselhastes e peço a Deus me dê forças para suportar esta dura expiação, aliás igual, posso afirmá-lo, ao mal que fiz. Não quero escusar-me das minhas atrocidades; mas o certo é que, para nenhuma das minhas vítimas, salvo a precedência de alguns instantes, na morte, a dor não existia, e as que tinham terminado a provação terrena foram receber a recompensa que as aguardava. Para mim, entretanto, ao voltar ao mundo dos Espíritos, só houve sofrimentos infernais, excetuados os curtos instantes em que me manifestava.

Em que pesem aos seus quadros terroristas, os padres só têm uma fraca noção dos verdadeiros sofrimentos que a Justiça divina reserva aos infratores da lei do amor e da caridade.

Como insinuar a pessoas sensatas que uma alma, isto é, uma coisa imaterial, possa sofrer ao contato do fogo material? É absurdo, e por isso tantos e tantos criminosos se riem desses painéis fantásticos do inferno. O mesmo porém não se dá quanto à dor moral do condenado, após a morte física. Orai para que o desespero não se aposse de mim."

IV

"Muito grato vos sou pela perspectiva que me trouxestes e a cujo fim glorioso sei que devo chegar quando purificado.

Sofro muito, mas parece-me que os sofrimentos diminuem. Não posso acreditar que, no mundo dos Espíritos, a dor diminua pouco a pouco à força de hábito. Não. O que eu depreendo é que as vossas preces salutares me aumentaram as forças, de modo que, *pelas mesmas dores, com mais resignação, eu menos sofro.*

O pensamento se me volve então para a última existência e vejo as faltas que teria conjurado se soubesse orar. Hoje compreendo a eficácia da prece; compreendo o valor dessas mulheres honestas e piedosas, fracas pela carne, porém fortes pela fé; compreendo, enfim, esse mistério ignorado pelos supostos sábios da Terra. Prece! Palavra que por si só provoca o riso dos Espíritos fortes. Aqui os espero no mundo espiritual, e, quando a venda que encobre a verdade se romper para eles, então, a seu nuto se prosternarão aos pés do Eterno a quem desprezaram e serão felizes em se humilhar para que seus pecados e crimes sejam revelados! Hão de compreender então a virtude da prece.

Orar é amar, e amar é orar! E eles amarão o Senhor e lhe dirigirão preces de reconhecimento e de amor, regenerados pelo sofrimento. E, pois que devem sofrer, pedirão como eu peço a força necessária ao sofrimento e à expiação. Deixando de sofrer, hão de orar ainda para agradecer o perdão merecido por sua submissão e resignação. Oremos, irmão, para que mais me fortaleça... Oh! Obrigado à tua caridade, meu irmão, pois que estou perdoado. Deus me liberta do olhar das minhas vítimas. Ó meu Deus! Bendito sejais vós por toda a eternidade, pela graça que me concedeis! Ó meu Deus! Sinto a enormidade dos meus crimes e curvo-me ante a vossa onipotência. Senhor! Eu vos amo de todo o meu coração e vos suplico a graça de me permitirdes, ao vosso arbítrio, sofrer novas provações na Terra; voltar a ela como missionário da paz e da caridade, ensinando as crianças a pronunciar com respeito o vosso nome. Peço-vos que me seja possível ensinar que vos amem, a vós, Pai que sois de todas as criaturas. Obrigado, meu Deus! Sou um Espírito arrependido, e sincero é o meu arrependimento.

Tanto quanto meu impuro coração pode comportá-lo, eu vos amo com esse sentimento que é pura emanação da vossa divindade. Irmão, oremos, pois meu coração transborda de reconhecimento. Estou livre, quebrei os grilhões, não sou mais um réprobo.

Sou um Espírito sofredor, mas arrependido, a desejar que o meu exemplo pudesse conter nos umbrais do crime todas as mãos criminosas que vejo prestes a levantarem-se.

Oh! Para trás, recuai, irmãos, pois as torturas que preparais serão atrozes! Não acrediteis que o Senhor se deixará tão prontamente submeter à prece dos seus filhos. São séculos de torturas que vos esperam."

O GUIA DO MÉDIUM. — Dizes que não compreendes as palavras do Espírito. Procura ter uma ideia da sua emoção e do seu reconhecimento para com o Senhor, coisas que ele acredita não poder testemunhar melhor do que tentando demover todos esses criminosos por ele vistos, mas que tu não podes ver. Aos ouvidos desses, quereria ele que chegassem as suas palavras; mas o que te não disse ele, porque o ignora ainda, é que lhe será permitido o início de missões reparadoras. Irá para junto dos que lhe foram cúmplices, procurando inspirar-lhes arrependimento, implantando em seus corações o gérmen do remorso.

Frequentemente se veem na Terra pessoas tidas por honestas lançarem-se aos pés de um sacerdote para se acusarem de um crime.

É o remorso quem lhes dita a confissão da culpa. Pois se o véu que te encobre o mundo invisível se desfizesse, verias muitas vezes o Espírito cúmplice ou instigador de um crime, tal como o fará Jacques Latour, inspirando o remorso ao Espírito encarnado, no afã de reparar a própria falta.

Teu guia protetor

Mais tarde, o médium de Bruxelas, o mesmo que recebera o primeiro ditado, obteve o seguinte:

"Nada mais receeis de mim, que estou tranquilo, em que pese ao sofrimento que ainda tenho. Vendo o meu arrependimento, Deus teve compaixão de mim. Agora *sofro por causa desse arrependimento, que me demonstra a enormidade dos meus crimes.* Bem aconselhado na vida, eu não teria jamais praticado todo esse mal, mas, sem repressão, obedeci cegamente aos meus instintos. Se todos os homens pensassem mais em Deus, ou, antes, se nele acreditassem, tais faltas não seriam cometidas.

Falha é, porém, a justiça dos homens; uma falta muita vez passageira leva o homem ao cárcere, que não deixa de ser um foco de perversão. Daí sai ele completamente corrompido pelos maus exemplos e conselhos.

Dado porém que a sua índole seja boa e forte para se não corromper, ainda assim, de lá saído, ele vai encontrar fechadas todas as portas, retraídas todas as mãos, indiferentes todos os corações! Que lhe resta, pois? O desprezo, a miséria, o abandono e o desespero, se é que o assistem boas resoluções de se corrigir. Então a miséria o leva aos extremos, e assim é que também ele se toma de desprezo por seu semelhante, assim é que o odeia e perde a noção do bem e do mal, por isso que repelido se encontra, a despeito das suas boas intenções. Para angariar o necessário, rouba, mata às vezes, e depois... depois o executam! Meu Deus, ao ser presa novamente das minhas alucinações, sinto que a vossa mão se estende por sobre mim; sinto que a vossa bondade me envolve e protege.

Obrigado, meu Deus! Na próxima existência empregarei toda a minha inteligência no socorro aos desgraçados que sucumbiram, a fim de os preservar da queda. Obrigado a vós que não desdenhais de comunicar comigo; nada receeis, pois bem o vedes, eu não sou mau. Quando pensardes em mim, não vos figureis o meu retrato pelo que de mim vistes, mas o de uma alma angustiada que agradece a vossa indulgência.

Adeus; evocai-me ainda e orai a Deus por mim."

Latour

(Estudo sobre o Espírito Jacques Latour.)

Não se pode desconhecer a profundeza e a alta significação de algumas das frases encerradas nessa comunicação. Além disso, ela oferece um dos aspectos do mundo dos Espíritos em castigo, pairando ainda assim sobre ele a Misericórdia divina. A alegoria mitológica das Eumênides[67] não é tão ridícula como parece, e os demônios, carrascos oficiais do mundo invisível, que as substituem perante as modernas crenças, são menos racionais com seus cornos e forcados, do que estas vítimas que servem elas próprias ao castigo do culpado.

Admitindo-se a identidade deste Espírito, talvez se estranhe tão pronta mudança do seu moral. É o caso da ponderação já feita, de que pode um Espírito brutalmente mau ter em si melhores pre-

---

[67] N.E.: Também chamadas de Erínias ou Fúrias, ver nota 18.

dicados do que o dominado pelo orgulho ou pela hipocrisia. Esta reversão a sentimentos mais benéficos indica uma natureza mais selvagem que perversa, à qual apenas faltava boa direção. Comparando esta linguagem com a de outro Espírito, adiante consignada sob a epígrafe: *castigo pela luz*, é fácil concluir qual dos dois seja mais adiantado moralmente, apesar da disparidade de instrução e hierarquia social, obedecendo um ao natural instinto de ferocidade, a uma espécie de superexcitação, ao passo que o outro empresta à perpetração dos seus crimes a calma e sangue-frio inerentes às lentas e obstinadas combinações, afrontando ainda depois de morto o castigo, por orgulho. Este sofre e não o confessa, ao passo que aquele prontamente se submete. Também por aí podemos prever qual deles sofrerá por mais tempo.

Diz o Espírito Latour: "Eu sofro por causa desse arrependimento, que me demonstra a extensão dos meus crimes."

Aí está um pensamento profundo. O Espírito só compreende a gravidade dos seus malefícios depois que se arrepende.

O arrependimento acarreta o pesar, o remorso, o sentimento doloroso, que é a transição do mal para o bem, da doença moral para a saúde moral. É para se furtarem a isso que os Espíritos perversos se revoltam contra a voz da consciência, quais doentes a repelirem o remédio que os há de curar. E assim procuram iludir-se, aturdir-se e persistir no mal. Latour chegou a esse período no qual se extingue o endurecimento, acabando por ceder. Entra-lhe o remorso pelo coração, o arrependimento o assedia, e, compreendendo o mal que fez, vê a sua degradação e sofre dela. Eis por que ele diz: "Sofro por causa desse arrependimento." Na precedente encarnação, ele devia ter sido pior que na última, visto que, se se tivesse arrependido como agora, melhor lhe teria sido a vida subsequente. As resoluções, por ele ora tomadas, influirão sobre a sua vida terrestre no futuro; e a encarnação que teve nem por ser criminosa deixou de assinalar-lhe um estádio de progresso. E é muito provável que antes de a iniciar ele fosse na erraticidade um desses muitos Espíritos rebeldes, obstinados no mal. A muitas pessoas ocorre perguntar qual seja o proveito dessa anterioridade de existência, desde que dela nos não lembramos e nem temos ideia do que fomos nem do que fizemos.

Esta questão está assaz liquidada pela razão de que tal lembrança seria inútil, visto como de todo apagado o mal cometido, sem que dele nos reste um traço no coração, também com ele não nos devemos preocupar.

Quanto aos vícios de que porventura não estejamos inteiramente despojados, nós os conhecemos pelas nossas tendências atuais, e para elas é que devemos voltar todas as atenções. Basta saber o que somos, sem que seja necessário saber o que fomos.

Se considerarmos as dificuldades que há na existência para a reabilitação do Espírito, por maior que seja o seu arrependimento, as reprovações de que se torna objeto, devemos louvar a Deus por ter cerrado esse véu sobre o passado. Condenado a tempo ou absolvido que fosse, os antecedentes de Latour fá-lo-iam um enjeitado da sociedade.

Quem o acolheria com intimidade, apesar do seu arrependimento? Entretanto, as intenções que ora patenteia, como Espírito, nos dão a esperança de que venha a ser na próxima encarnação um homem honesto e estimado. Suponhamos que soubessem que esse homem honesto fora Latour, e a reprovação continuaria a persegui-lo. Esse véu sobre o passado é que lhe franqueia a porta da reabilitação, porque pode sem receio e sem pejo ombrear-se com os mais honestos. Quantos há que desejariam poder apagar da memória de outrem certas fases da própria vida?

Qual a doutrina que melhor se concilia com a bondade e Justiça de Deus? Ademais, esta doutrina não é uma teoria, porém o resultado de observações. Por certo não foram os Espíritos que a imaginaram, porém eles viram e observaram as situações diferentes que muitos Espíritos apresentam, e daí o procurarem explicá-las, originando-se então a doutrina.

Aceitaram-na, pois, como resultante dos fatos, e ainda por lhes parecer mais racional que todas as emitidas até hoje relativamente ao futuro da alma.

Não se pode recusar a estas comunicações um grande fundo moral. O Espírito poderia ter sido auxiliado nesses raciocínios e, sobretudo, na escolha das suas expressões, por outros mais adiantados; mas o fato é que estes apenas influem na forma, que não na essência, e jamais fazem que o Espírito inferior esteja em contradição consigo mesmo. Assim é que em Latour poderiam ter poetizado a forma do arrependimento, mas não lho insinuaram contra sua vontade, porque o Espírito tem o seu livre-arbítrio.

Em Latour lobrigaram o gérmen dos bons sentimentos e por isso o auxiliaram a exprimir-se, contribuindo assim para desenvolvê-lo, ao mesmo tempo que em seu favor imploravam comiseração.

Que há de mais digno, mais moralizador, capaz de impressionar mais vivamente, do que o espetáculo deste grande criminoso exprobrando-se a si mesmo o desespero e os remorsos? Desse criminoso que, perseguido pelo incessante olhar de suas vítimas e torturado, eleva a Deus o pensamento implorando misericórdia? Não será isso um exemplo salutar para os culpados? Posto que simples e desprovidos de fantasmagóricas encenações, compreende-se a natureza dessas angústias, porque elas, apesar de terríveis, são racionais.

Poder-se-ia talvez estranhar tão grande transformação num homem como Latour... Mas por que havia de ser inacessível ao arrependimento? Por que não possuir também ele a sua corda sensível? O pecador seria, pois, votado ao mal eternamente? Não lhe chegaria, por fim, um momento em que a luz se lhe fizesse na alma? Era justamente essa hora que chegara para Latour; e ali está precisamente o lado moral dos seus ditados; é a compreensão que ele tem do seu estado, são os seus pesares, os seus planos de reparação, que tornam tais mensagens eminentemente instrutivas. Que haveria de extraordinário se Latour confessasse um arrependimento sincero antes da morte, se dissesse antes da morte o que veio dizer depois? Não há, quanto a isso, inúmeros exemplos? Uma regeneração antes da morte passaria, aos olhos do maior número dos seus iguais, por fraqueza; mas essa voz de além-túmulo é seguramente a revelação daquilo mesmo que os aguarda. Ele está em absoluto com a verdade, quando afirma ser o seu exemplo mais eficaz que a perspectiva das chamas do inferno, e até do cadafalso.

Por que não lhes ministrar esses sentimentos no cárcere? Eles fariam refletir, do que aliás já temos alguns exemplos. Mas como crer nas palavras de um morto, quando ninguém acredita que para além da morte não esteja tudo acabado?

Entretanto, dia virá em que se reconheça esta verdade: *os mortos podem vir instruir os vivos.*

Outras muitas instruções importantes se podem tirar dessas comunicações; assim, a confirmação deste princípio de eterna justiça, pela qual ao culpado não basta o arrependimento apenas, sendo este o primeiro passo para a reabilitação que atrai a divina Misericórdia. O arrependimento é o prelúdio do perdão, o alívio dos sofrimentos, mas porque Deus não absolve incondicionalmente, faz-se mister a expiação, e principalmente a reparação. Assim o entende Latour, e para tanto se predispõe. Se compararmos este criminoso àquele de Castelnaudary, veremos ainda uma diferença nos castigos. Naquele o arrependimento foi tardio, e, consequentemente, mais longa a pena. Além disso, essa pena era quase material, ao passo que para Latour o foi antes moral, porque, como acima dissemos, havia grande diferença intelectual entre eles.

Ao outro, impunha-se coisa que pudesse ferir-lhe os sentidos obliterados; mas é preciso notar que as penas morais não serão menos pungentes para todo aquele que esteja em condições de compreendê-las. Podemos inferi-lo dos clamores do próprio Latour, que não são de cólera, mas antes a expressão dos remorsos, de perto seguidos de arrependimento e desejo de reparação, visando o progresso.

Capítulo 7

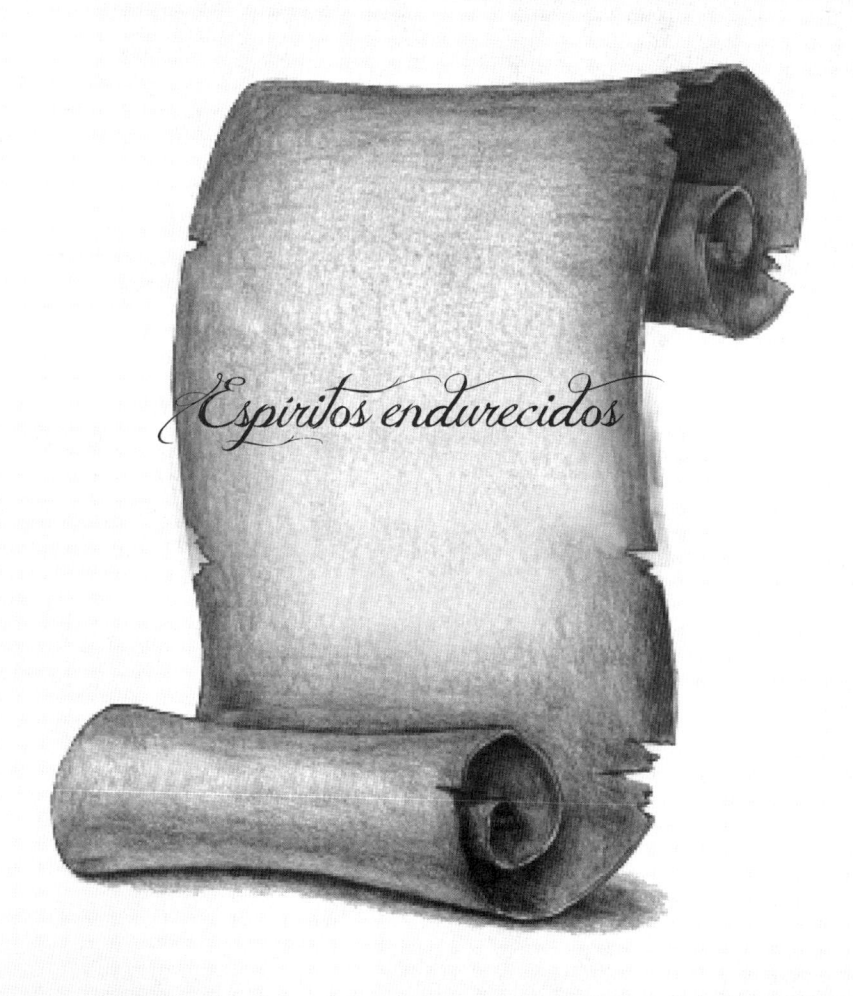

Espíritos endurecidos

- Lapommeray
- Angèle, nulidade sobre a Terra
- Um Espírito aborrecido
- A rainha de Oude
- Xumène

Lapommeray

(Castigo pela luz.)

Em uma das sessões da Sociedade de Paris, durante a qual se discutira a perturbação que geralmente acompanha a morte, um Espírito, ao qual ninguém fizera alusão e muito menos se pretendera evocar, manifestou-se espontaneamente pela seguinte comunicação, que, conquanto não assinada, se reconheceu como de um grande criminoso recentemente atingido pela justiça humana:

— Que dizeis da perturbação? Para que essas palavras ocas? Sois sonhadores e utopistas. Ignorais redondamente o assunto do qual vos ocupais. Não, senhores, a perturbação não existe, a não ser nos vossos cérebros. Estou bem morto, tão morto quanto possível e vejo claro em mim, ao derredor de mim, por toda parte!... A vida é uma comédia lúgubre! Insensatos os que se retiram da cena antes que o pano caia. A morte é terror, aspiração ou castigo, conforme a fraqueza ou a força dos que a temem, afrontam ou imploram. Mas é também para todos amarga irrisão.

"*A luz ofusca-me e penetra, qual flecha aguda, a sutileza do meu ser*. Castigaram-me com as trevas do cárcere e acreditavam castigar-me ainda com as trevas do túmulo, senão com as sonhadas pelas superstições católicas...

"Pois bem, sois vós que padeceis da obscuridade, enquanto eu, degredado social, me coloco em plano superior. Eu quero ser o que sou!... Forte pelo pensamento, desdenhando os conselhos que zumbem aos meus ouvidos... Vejo claro... Um crime! É uma palavra! O crime existe em toda parte. Quando executado pelas massas, glorificam-no, e, individualizado, consideram-no infâmia. Absurdo!

"Não quero que me deplorem... nada peço... lutarei por mim mesmo, só, contra *esta luz odiosa*."

Aquele que ontem era um homem

Analisada esta comunicação na assembleia seguinte, reconheceu-se no próprio cinismo da sua linguagem um profundo ensinamento, patenteando na situação desse infeliz uma nova fase do castigo que espera o culpado. Efetivamente, enquanto alguns são imersos em trevas ou num absoluto insulamento, outros sofrem por longos anos as angústias da extrema hora, ou acreditam-se ainda encarnados.

Para estes, a luz brilha, gozando o Espírito, e plenamente, das suas faculdades, sabendo-se morto e não se lastimando, antes repelindo qualquer assistência e afrontando ainda as Leis divinas e humanas. Quererá isto dizer que escapassem à punição? De modo algum; é que a Justiça de Deus completa-se sob todas as formas, e o que a uns causa alegria é para outros um tormento. A luz faz o suplício desse Espírito, e é ele próprio que o confessa, em que pese ao seu orgulho, quando diz que lutará por si mesmo, só, contra essa luz odiosa. E ainda nesta frase: "a luz ofusca-me e penetra, qual flecha aguda, a sutileza do meu ser".

Essas palavras: "sutileza do meu ser", são características, dando a entender que sabe que o seu corpo é fluídico e penetrável à luz, à qual não pode escapar, luz que o penetra qual aguda flecha. Este Espírito aqui está colocado entre os endurecidos, em razão do muito tempo que levou, antes que manifestasse arrependimento — o que é também um exemplo a mais para provar que o progresso moral nem sempre acompanha o progresso intelectual. Entretanto, pouco a pouco se foi corrigindo esse Espírito, e deu mais tarde ditados instrutivos e sensatos. Hoje, ele poderá ser colocado entre os Espíritos arrependidos. Convidados a emitirem a sua apreciação a respeito, os nossos guias espirituais ditaram as três seguintes comunicações, aliás dignas da mais séria atenção.

I

Sob o ponto de vista das existências, os Espíritos na erraticidade podem considerar-se inativos e na expectativa; mas, ainda assim, podem expiar, uma vez que o orgulho e a tenacidade formidável dos seus erros não os tolham no momento da progressiva ascensão. Tivestes disso um exemplo terrível na última comunicação desse criminoso impenitente, debatendo-se com a Justiça divina a constringi-lo depois da dos homens.

Neste caso a expiação ou, antes, o sofrimento fatal que os oprime, em vez de lhes ser útil, inculcando-lhes a profunda significação de suas penas, exacerba-os na rebeldia, e dá azo às murmurações que a escritura em sua poética eloquência denomina *ranger de dentes*.

Esta frase, simbólica por excelência, é o sinal do sofredor abatido, porém insubmisso, isolado na própria dor, mas bastante forte ainda para recusar a verdade do castigo e da recompensa! Os grandes erros perduram no mundo espiritual quase sempre, assim como as consciências grandemente criminosas. Lutar, apesar de tudo, e desafiar o infinito, pode comparar-se à cegueira do homem que, contemplando as estrelas, as tivesse por arabescos de um teto, tal como temiam os gauleses do tempo de Alexandre.[68]

O infinito moral existe! E miserável e mesquinho é quem, a pretexto de continuar as lutas e imposturas abjetas da Terra, não vê mais longe no outro mundo, do que neste.

Para esse a cegueira, o desprezo alheio, o egoístico sentimento da personalidade, são empecilhos ao seu progresso. Homem! É bem verdade que existe um acordo secreto entre a imortalidade de um nome puro, legado à Terra, e a imortalidade realmente conservada pelos Espíritos nas suas sucessivas provações.

Lamennais

II

Precipitar um homem nas trevas ou em ondas de luz não dará o mesmo resultado? Num como noutro caso, esse homem nada vê do que o cerca, e habituar-se-á mesmo mais facilmente à sombra do que à monótona claridade elétrica, na qual pode estar submerso. O Espírito manifestado na última sessão exprime bem a verdade quando diz: "Oh! Eu saberei libertar-me dessa odiosa luz." De fato, essa luz é tanto mais terrível, horrorosa, quanto ela o penetra completamente e lhe devassa os pensamentos mais recônditos. Aí está uma das circunstâncias mais rudes de tal castigo espiritual. O Espírito encontra-se, por assim dizer, na casa de vidro pedida por Sócrates. Disso decorre ainda um ensinamento, visto como o que seria alegria e consolo para o sábio,

---

[68] N.E.: Os gauleses temiam que o céu caísse sobre suas cabeças. Isso vem de uma referência histórica, quando Alexandre, o Grande, recebeu os gauleses que viviam no Adriático e perguntou a eles o que mais temiam, achando que diriam que era o próprio Alexandre, eles então responderam que não temiam ninguém, apenas que o céu lhes caísse sobre as cabeças.

transforma-se em punição infamante e contínua para o perverso, para o criminoso, para o parricida, sobressaltado em sua própria personalidade. Meus filhos, calculai o sofrimento, o terror dos hipócritas que se comprazíam em toda uma existência sinistra a planejar, a combinar os mais hediondos crimes no seu foro íntimo, quais feras refugiadas no seu antro, e que hoje, expulsas desse covil íntimo, não se podem furtar à investigação dos seus pares...

Arrancada que lhe seja a máscara da impassibilidade, todos os pensamentos se lhe estampam na fronte! Sim, e além de tudo nenhum repouso, nada de asilo para esse formidando criminoso. Todo pensamento mau — e Deus sabe se a sua alma o exprime — se lhe trai por fora e por dentro, como impelido por choque elétrico irresistível. Procura esquivar-se à multidão, e a luz odiosa o devassa continuamente. Quer fugir, e desanda numa carreira infrene, desesperada, através dos espaços incomensuráveis, e por toda a parte luz, olhares que o observam. E corre, e voa novamente em busca da sombra, em busca da noite, e sombra e noite não mais existem para ele! Chama pela morte... Mas a morte não é mais que palavra sem sentido. E o infeliz foge sempre, a *caminho da loucura espiritual* — castigo tremendo, dor horrível, a debater-se consigo para se desembaraçar de si mesmo, porque tal é a lei suprema para além da Terra, isto é: o culpado busca por si mesmo o seu mais inexorável castigo.

Quanto tempo durará esse estado? Até o momento em que a vontade, por fim vencida, se curve constrangida pelo remorso, humilhada a fronte altiva ante os Espíritos de justiça e ante as suas vítimas apaziguadas.

Notai a lógica profunda das leis imutáveis; com isso o Espírito realizará o que escrevia nessa altaneira comunicação tão clara, tão lúcida, tão desconsoladoramente egoística, comunicação que vos deu na sexta-feira passada, redigindo-a por um ato da sua própria vontade.

Erasto

III

A justiça humana não faz distinção de individualidades, quanto aos seres que castiga; medindo o crime pelo próprio crime, fere indistintamente os infratores, e a mesma pena atinge o paciente sem distinção de sexo, qualquer que seja a sua educação. De modo diverso procede a Justiça divina, *cujas punições correspondem ao grau de progresso dos seres aos quais elas são infligidas.* Igualdade de crimes não importa, de fato, igualdade individual, visto como dois homens culpados, sob o mesmo ponto de vista, podem separar-se pela dessemelhança de provações, imergindo um deles na opacidade intelectiva dos primeiros círculos iniciadores, enquanto o outro dispõe, por haver ultrapassado esses círculos, da lucidez que isenta o Espírito da perturbação. E nesse caso não são mais as trevas a puni-lo, mas a agudeza da luz espiritual que vara a inteligência terrena e lhe faz sentir as dores de uma chaga viva.

Os seres desencarnados que presenciam a representação material dos seus crimes, sofrem o choque da eletricidade física: padecem pelos sentidos. E aqueles que pelo Espírito estejam desmaterializados sofrem uma dor muito superior que lhes aniquila, por assim dizer, em seus amargores, a lembrança dos fatos, deixando subsistir a noção de suas respectivas causas.

Assim, pode o homem, a despeito da sua criminalidade, possuir um progresso interno e elevar-se acima da espessa atmosfera das baixas camadas, isto pelas faculdades intelectuais sutilizadas, embora tivesse, sob o jugo das paixões, procedido como um bruto. A ausência de ponderação, o desequilíbrio entre o progresso moral e o intelectual, produzem essas tão frequentes anomalias nas épocas de materialismo e transição. A luz que tortura o Espírito é, portanto e precisamente, o raio espiritual inundando de claridades os secretos recessos do seu orgulho e descobrindo-lhe a inanidade do seu fragmentário ser. Aí estão os primeiros sintomas e as primeiras angústias da agonia espiritual, que anunciam a separação ou dissolução dos elementos intelectuais e materiais componentes da primitiva dualidade humana, e que devem desaparecer na unidade grandiosa do ser acabado.

Jean Reynaud

Além de se completarem reciprocamente, estas três comunicações, obtidas simultaneamente, apresentam o castigo debaixo de um novo prisma, aliás eminentemente filosófico e racional. É provável que os Espíritos, querendo tratar do assunto de acordo com um exemplo, tivessem provocado a manifestação do culpado.

Ao lado dessa descrição baseada sobre um fato, eis aqui, para estabelecer um paralelo, a que foi feita por um pregador durante a quaresma, em Montreuil-sur-Mer, em 1864, sobre o inferno:

"O fogo do inferno é milhões de vezes mais intenso que o da Terra, e se acaso um dos corpos que lá se queimam, sem se consumirem, fosse lançado ao planeta, empestá-lo-ia de um a outro extremo! O inferno é vasta e sombria caverna, eriçada de agudas pontas de lâminas de espadas aceradas, de lâminas de navalhas afiadíssimas, nas quais são precipitadas as almas dos condenados."

(Ver a *Revista espírita*, julho de 1864.)

Angèle, nulidade sobre a Terra
(Bordeaux, 1862.)

Com este nome, um Espírito se apresentou espontaneamente ao médium.

1. Arrependei-vos das vossas faltas? — R. Não.

— P. Então por que me procurais?

— R. Para experimentar.

— P. Acaso não sois feliz?

— R. Não.

— P. Sofreis?

— R. Não.

— P. Que vos falta, pois?

— R. A paz.

Certos Espíritos só consideram sofrimento o que lhes lembra as suas dores físicas, convindo, não obstante, ser intolerável o seu estado moral.

2. Como pode faltar-vos a paz na vida espiritual? — R. Uma mágoa do passado.

— P. A mágoa do passado é remorso; estareis, pois, arrependida?

— R. Não; temor do futuro é o que experimento.

— P. Que temeis?

— R. O desconhecido.

3.   Estais disposta a dizer-me o que fizestes na última encarnação? Isso talvez me facilite a orientar-vos.

— R. Nada.

4.   Qual a vossa posição social? — R. Mediana.

— P. Fostes casada?

— R. Sim; fui esposa e mãe.

— P. E cumpristes zelosa os deveres decorrentes desse duplo encargo?

— R. Não; meu marido entediava-me, bem como meus filhos.

5.   E de que modo preenchestes a existência?

— R. Divertindo-me em solteira e enfadando-me como mulher.

— P. Quais eram as vossas ocupações?

— R. Nenhuma.

— P. E quem cuidava da vossa casa?

— R. A criada.

6.   Não será cabível atribuir a essa inércia a causa dos vossos pesares e temores?

— R. Talvez tenhais razão, mas não basta concordar.

— P. Quereis reparar a inutilidade dessa existência e auxiliar os Espíritos sofredores que nos cercam?

— R. Como?

— P. Ajudando-os a aperfeiçoarem-se pelos vossos conselhos e pelas vossas preces.

— R. Eu não sei orar.

— P. Fá-lo-emos juntos e aprendereis. Sim?

— R. Não.

— P. Mas por quê?

— R. Cansa.

INSTRUÇÕES DO GUIA DO MÉDIUM – Damos-te instrução, facultando-te o conhecimento prático dos diversos estados de sofrimento, bem como da situação dos Espíritos condenados à expiação das próprias faltas.

Angèle era uma dessas criaturas sem iniciativa, cuja existência é tão inútil a si como ao próximo. Amando apenas o prazer, incapaz de procurar no estudo, no cumprimento dos deveres domésticos e sociais as únicas satisfações do coração, que fazem o encanto da vida, porque são de todas as épocas, ela não pôde empregar a juventude senão em distrações frívolas; e quando deveres mais sérios se lhe impuseram, *já o mundo se lhe havia feito um vácuo, porque vazio também estava o seu coração*. Sem faltas graves, mas também sem méritos, ela fez a infelicidade do marido, comprometendo pela sua incúria e desleixo o futuro dos próprios filhos.

Deturpou-lhes o coração e os sentimentos, já por seu exemplo, já pelo abandono em que os deixou, entregues a fâmulos, que ela nem sequer se dava ao trabalho de escolher. A sua existência foi improfícua e, por isso mesmo, culposa, visto que o *mal é oriundo da negligência do bem*. Ficai bem certos de que não basta abster-vos de faltas: é preciso praticar as virtudes que lhes são opostas.

Estudai os ensinamentos do Senhor: meditai-os e compenetrai-vos de que eles, se vos fazem estacar na senda do mal, também vos impõem voltar atrás, a fim de tomardes o caminho oposto que conduz ao bem. O mal é a antítese do bem; logo, quem quiser evitar o primeiro deve seguir o segundo, sem o qual a vida se torna nula, mortas as suas obras, e Deus, nosso pai, não é o Deus dos mortos, mas dos vivos.

— P. Ser-me-á permitido saber qual teria sido a penúltima existência de Angèle? A última deveria ter sido consequência dela, isto é, da penúltima.

— R. Ela viveu na indolência beatífica, na inutilidade da vida monástica. Preguiçosa e egoísta por gosto, quis experimentar a vida doméstica, mas seu Espírito pouco progrediu.

Sempre repeliu a voz íntima que lhe apontava o perigo, e, como a propensão era suave, preferiu abandonar-se a ela, a fazer um esforço para sustá-la em começo. Hoje ainda compreende o perigo dessa neutralidade, mas não se sente com forças para tentar o mínimo esforço. Orai por ela, procurai despertá-la e fazer que seus olhos se abram à luz. É um dever, e dever algum se despreza.

O homem foi criado para a atividade; a atividade do Espírito é da sua própria essência; e a do corpo, uma necessidade.

Cumpri, portanto, as prescrições da existência, como Espírito votado à paz eterna. A serviço do Espírito, o corpo mais não é que máquina submetida à inteligência: trabalhai, cultivai, portanto, a inteligência, para que dê salutar impulso ao instrumento que deve auxiliá-la no cumprimento de sua missão. Não lhe concedais tréguas nem repouso, tendo em mente que essa paz a que aspirais não vos será concedida senão pelo trabalho. Assim, quanto mais protelardes este, tanto mais durará para vós a ansiedade de espera.

Trabalhai, trabalhai incessantemente; cumpri todos os deveres sem exceção, isto com zelo, com coragem, com perseverança.

A fé vos alentará. Todo aquele que desempenha conscientemente o papel mais ingrato e vil da vossa sociedade, é cem vezes mais elevado aos olhos do Onipotente do que aquele que, impondo esse papel aos outros, despreza o seu.

Tudo é degrau que dá acesso ao Céu: não quebreis a lápide sob os pés e contai com o concurso de amigos que vos estendem a mão, sustentáculos que são dos que vão haurir suas forças na crença do Senhor.

Monod

Um Espírito aborrecido
(Bordeaux, 1862.)

Este Espírito apresenta-se espontaneamente ao médium, reclamando preces.

1. Que vos leva a pedir preces?

— R. Estou farto de vagar sem objetivo.

— P. Estais há muito em tal situação?

— R. Faz 180 anos mais ou menos.

— P. Que fizestes na Terra?

— R. Nada de bom.

2. Qual a vossa posição entre os Espíritos? — R. Estou entre os entediados.

— P. Mas isso não forma categoria...

— R. Entre nós, tudo forma categoria. Cada sensação encontra suas semelhantes, ou suas simpatias que se reúnem.

3. Por que permanecestes tanto tempo estacionário, sem que fôsseis condenado a sofrer?

— R. É que eu estava votado ao tédio, que entre nós é um sofrimento. Tudo o que não é alegria, é dor.

— P. Fostes, pois, forçado à erraticidade contra a vontade?

— R. São coisas sutilíssimas para vossa inteligência material.

— P. Procurando explicar-me essas coisas, talvez comeceis a beneficiar-vos a vós mesmos...

— R. Faltando-me termos de comparação, não poderei fazê-lo. Uma vida sem proveito, extinguindo-se, lega ao Espírito, que encarnou, o mesmo que ao papel pode legar o fogo quando o consome — fagulhas, que lembram às cinzas ainda compactas a sua proveniência, a causa do seu nascimento, ou, se o quiseres, da destruição do papel. Essas fagulhas são a lembrança dos laços terrestres que vinculam o Espírito, até que este disperse as cinzas do seu corpo. Então, e só então, tem ele, eterizada essência, o conhecimento de si mesmo, desejando o progresso.

4. Qual poderia ter sido a causa desse aborrecimento de que vos acusais?

— R. Consequências da existência. O tédio é filho da inação; por não ter eu sabido utilizar o longo tempo de encarnação, as consequências vieram refletir-se neste mundo.

5. Os Espíritos que, como vós, foram tomados de tédio, não podem libertar-se de tal contingência desde que o desejem?

— R. Não, nem sempre, porque o tédio lhes paralisa a vontade. Sofrem as consequências da vida que levaram, e, como foram inúteis, desprovidos de iniciativa, assim também não encontram entre si concurso algum. Entregues a si mesmos, nesse estado permanecem, até que o cansaço, decorrente de tal neutralidade, os agite em sentido contrário, momento no qual a sua menor vontade vai encontrar apoio e bons conselhos e secundar-lhes o esforço e a perseverança.

6. Podeis dizer-me algo da vossa existência terrena?

— R. Oh! Deveis compreender que pouco me é dado dizer, visto como o tédio, a nulidade e a inação provêm da preguiça, que, por sua vez, é mãe da ignorância.

7. E não vos aproveitaram as existências anteriores?

— R. Sim, todas, porém, parcamente, visto serem reflexos umas das outras. O progresso existe sempre, porém tão insensível que se nos torna inapreciável.

8. Enquanto esperais uma nova encarnação, apraz-vos repetir as vossas comunicações?

— R. Evocai-me para me obrigardes a vir, pois com isso me prestareis um benefício.

9. Podeis dizer-nos por que tão frequentemente varia a vossa caligrafia?

— R. Porque interrogais muito, o que aliás me fatiga, quando tenho necessidade de auxílio.

O GUIA DO MÉDIUM. — O trabalho intelectual é que o fatiga, obrigando-nos a prestar o nosso concurso para que possa dar resposta às tuas perguntas. Este é um ocioso no mundo espiritual, assim como o foi no planeta. Trouxemo-lo a ti para que tentasses arrancá-lo dessa apatia, desse tédio que constitui verdadeiro sofrimento, às vezes mais doloroso que os sofrimentos agudos, por se poder prolongar indefinidamente.

Imagina a perspectiva de um tédio sem-fim. A maior parte das vezes são os Espíritos dessa categoria que *buscam as vidas terrestres apenas como passatempo* e para interromper a monotonia da vida espiritual. Assim acontece aí chegarem frequentemente sem resoluções definidas para o bem, obrigados a recomeçarem sucessivamente, até atingirem a compreensão do verdadeiro progresso.

A rainha de Oude
(Falecida em França, em 1858.)

1. Quais as vossas sensações ao deixardes o mundo terrestre?

— R. Ainda perturbada, torna-se-me impossível explicá-las.

— P. Sois feliz?

— R. Tenho saudades da vida... não sei... experimento acerba dor da qual a vida me libertaria... quisera que o corpo se levantasse do túmulo...

2. Lamentais o ter sido sepultada entre cristãos, que não no vosso país?

— R. Sim, a terra indiana menos me pesaria sobre o corpo.

— P. Que pensais das honras fúnebres tributadas aos vossos despojos?

— R. Não foram grande coisa, pois eu era rainha e nem todos se curvaram diante de mim... Deixai-me... forçam-me a falar, quando não quero que saibais o que ora sou... Asseguro-vos, eu era rainha...

3. Respeitamos a vossa hierarquia e só insistimos para que nos respondais no propósito de nos instruirmos. Acreditais que vosso filho recupere de futuro os Estados de seu pai?

— R. Meu sangue reinará, por certo, visto como é digno disso.

— P. Ligais a essa reintegração de vosso filho a mesma importância que lhe dáveis quando encarnada?

— R. Meu sangue não pode confundir-se na multidão.

4.   Não se pôde fazer constar na respectiva certidão de óbito o lugar do vosso nascimento; podereis no-lo dizer, agora?

— R. Sou oriunda do mais nobre dos sangues da Índia. Penso que nasci em Delhi.

5.   Vós, que vivestes nos esplendores do luxo, cercada de honras, que pensais hoje de tudo isso?

— R. Que tenho direito.

— P. A vossa hierarquia terrestre concorreu para que tivésseis outra mais elevada nesse mundo em que ora estais?

— R. Continuo a ser rainha... que se enviem escravas para me servirem!... Mas... não sei... parece-me que pouco se preocupam com a minha pessoa aqui... e contudo eu... sou sempre a mesma.

6.   Professáveis a religião muçulmana ou a hindu?

— R. Muçulmana; eu, porém, era bastante poderosa para que me ocupasse de Deus.

— P. No ponto de vista da felicidade humana, quais as diferenças que assinalais entre a vossa religião e o Cristianismo?

— R. A religião cristã é absurda; diz que todos são irmãos.

— P. Qual a vossa opinião a respeito de Maomé?

— R. Não era filho de rei.

— P. Acreditais que ele tenha tido uma missão divina?

— R. Isso que me importa?!

— P. Qual a vossa opinião quanto ao Cristo?

— R. O filho do carpinteiro não é digno de preocupar meus pensamentos.

7.   Que pensais desse uso pelo qual as mulheres muçulmanas se furtam aos olhos masculinos?

— R. Penso que as mulheres nasceram para dominar: eu era mulher. — P. Tendes inveja da liberdade de que gozam as europeias?

— R. Que poderia importar-me tal liberdade? Servem-nas, acaso, de joelhos?

8. Tendes reminiscências de encarnações anteriores a esta que vindes de deixar?

— R. Deveria ter sido sempre rainha.

9. Por que acudistes tão prontamente ao nosso apelo?

— R. Não queria fazê-lo, mas forçaram-me. Acaso julgarás que eu me dignaria responder-te? Que és tu a meu lado?

— P. E quem vos forçou a vir?

— R. Eu mesma não sei... posto que não deva existir ninguém mais poderoso do que eu.

10. Sob que forma vos apresentais aqui?

— R. Sempre rainha... e pensas que eu tenha deixado de o ser? És pouco respeitoso... fica sabendo que não é desse modo que se fala a rainhas.

11. Se nos fosse dado enxergar-vos, ver-vos-íamos com os vossos ornatos e pedrarias?

— R. Certamente...

— P. E como se explica o fato de, despojado de tudo isso, conservar o vosso Espírito tais aparatos, sobretudo os ornamentos?

— R. É que eles me não deixaram. Sou tão bela quanto era, e não compreendo o juízo que de mim fazeis! É verdade que nunca me vistes.

12. Qual a impressão que vos causa em vos achardes entre nós?

— R. Se eu pudesse evitá-la... Tratam-me com tão pouca cortesia...

(São Luís.) — Deixai-a, a pobre perturbada. Tende compaixão da sua cegueira e oxalá vos sirva de exemplo. Não sabeis quanto padece o seu orgulho.

> Evocando esta grandeza decaída ao túmulo, não esperávamos respostas de grande alcance, dado o gênero da educação feminina nesse país; julgávamos, porém, encontrar nesse Espírito, não diremos filosofia, mas pelo menos uma noção mais aproximada da realidade, e ideias mais sensatas relativamente a vaidades e grandezas terrenas. Longe disso, vimos que o Espírito conservava todos os preconceitos terrestres na plenitude da sua força; que o orgulho nada perdeu das suas ilusões; que lutava contra a própria fraqueza e, finalmente, que muito devia sofrer pela sua impotência.

Xumène
(Bordeaux, 1862.)

Sob este nome, um Espírito se apresenta espontaneamente ao médium habituado a este gênero de manifestações, pois sua missão parece ser a de assistir os Espíritos inferiores que o seu guia espiritual lhe conduz, no duplo propósito da sua própria instrução e do progresso deles.

— P. Quem sois? Este nome é de homem ou de mulher?

— R. De homem, e tão infeliz quanto possível. Sofro todos os tormentos do inferno.

— P. Mas se o inferno não existe, como podeis sofrer-lhe as torturas?

— R. Pergunta inútil.

— P. Compreendo, mas outros precisam de explicações...

— R. Isso pouco me incomoda.

— P. O egoísmo não será uma das causas do vosso sofrimento?

— R. Pode ser.

— P. Se quiserdes ser aliviado, começai repudiando as más tendências...

— R. Não te incomodes com o que não é da tua conta; principia orando por mim, como praticas com os outros, e depois veremos.

— P. A não me auxiliardes com o vosso arrependimento, a prece pouco valor poderá ter.

— R. Mas falando, em vez de orares, menos ainda me adiantarás.

— P. Então desejais adiantar-vos?

— R. Talvez... não sei. Vejamos o essencial, isto é, se a prece alivia os sofrimentos.

— P. Unamos então os nossos pensamentos com a firme vontade de obter o vosso alívio.

— R. Vá lá.

— P. (Depois da prece.) Estais satisfeito?

— R. Não como fora para desejar.

— P. Mas o remédio, aplicado pela primeira vez, não pode curar imediatamente um mal antigo...

— R. É possível...

— P. Quereis voltar?

— R. Se me chamares...

O GUIA DO MÉDIUM. — Filha, terás muito trabalho com este Espírito endurecido, mas o maior mérito não advém de salvar os não perdidos. Coragem, perseverança, e triunfarás afinal. Não há culpados que se não possam regenerar por meio da persuasão e do exemplo, visto como os Espíritos, por mais perversos, acabam por corrigir-se com o tempo. O fato de muitas vezes ser impossível regenerá-los prontamente, não importa na inutilidade de tais esforços. Mesmo a contragosto, as ideias sugeridas a tais Espíritos fazem-nos refletir. São como sementes que, cedo ou tarde, tivessem de frutificar. Não se arrebenta a pedra com a primeira marretada.

Isto que te digo pode aplicar-se também aos encarnados e tu deves compreender a razão por que o Espiritismo não faz imediatamente homens perfeitos, mesmo entre os adeptos mais crentes.

A crença é o primeiro passo; vindo em seguida a fé e a transformação a seu turno; mas, além disso, força é que muitos venham revigorar-se no mundo espiritual.

Entre os Espíritos endurecidos, não há só perversos e maus. Grande é o número dos que, sem fazer o mal, estacionam por orgulho, indiferença ou apatia. Estes, nem por isso, são menos infelizes, pois tanto mais os aflige a inércia quanto mais se veem privados das mundanas compensações.

Intolerável, por certo, se lhes torna a perspectiva do infinito, porém eles não têm nem a força nem a vontade para romper com essa situação. Referimo-nos a esses indivíduos que levam uma existência ociosa, inútil a si como ao próximo, acabando muita vez no suicídio, sem motivos sérios, por aborrecimento da vida.

Em regra, tais Espíritos são menos passíveis de imediata regeneração, do que os positivamente maus, visto como estes ao menos dispõem de energia, e, uma vez doutrinados, votam-se ao bem com o mesmo ardor que lhes inspirava o mal.

Aos outros, muitas encarnações se fazem precisas para que progridam, e isto pouco a pouco, domados pelo tédio, procurando, para se distraírem, qualquer ocupação que mais tarde venha transformar-se em necessidade.

Capítulo 8

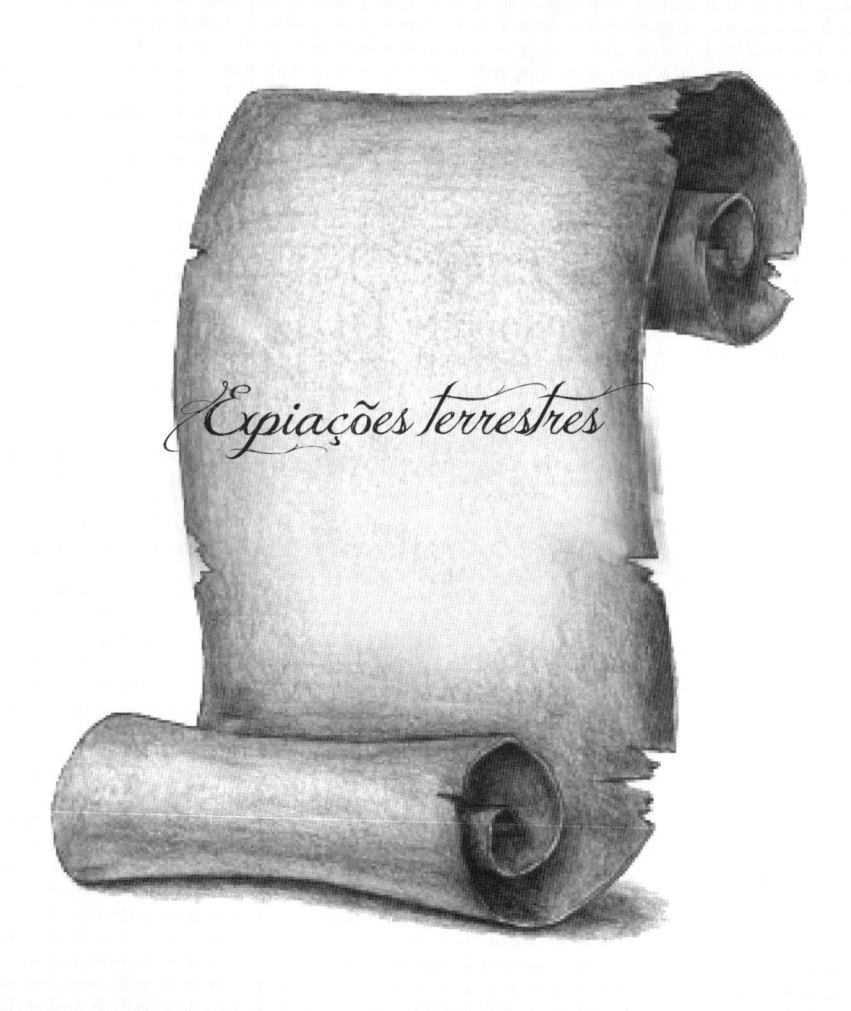

Expiações terrestres

- Marcel, o menino do nº 4
- Szymel Slizgol
- Julienne-Marie, a mendiga
- Max, o mendigo
- História de um criado
- Antonio B...
- Letil
- Um cientista ambicioso
- Charles de Saint-G..., idiota
- Adélaïde-Marguerite Gosse
- Clara Rivier
- Françoise Vernhes
- Anna Bitter
- Joseph Maître, o cego

Marcel, o menino do nº 4

Havia num hospital de província um menino de 8 a 10 anos, cujo estado era difícil precisar. Designavam-no pelo no 4. Totalmente contorcido, já pela sua deformidade inata, já pela doença, as pernas se lhe torciam roçando pelo pescoço, num tal estado de magreza, que eram pele sobre ossos. O corpo, uma chaga; os sofrimentos, atrozes. Era oriundo de uma família israelita. A moléstia dominava aquele organismo, já de oito longos anos, e no entanto demonstrava o enfermo uma inteligência notável, além de candura, paciência e resignação edificantes. O médico que o assistia, cheio de compaixão pelo pobre um tanto abandonado, visto que seus parentes pouco o visitavam, tomou por ele certo interesse. E achava-lhe um quê de atraente na precocidade intelectual. Assim, não só o tratava com bondade, como lia-lhe quando as ocupações lho permitiam, admirando-se do seu critério na apreciação de coisas a seu ver superiores ao discernimento da sua idade.

Um dia, o menino disse-lhe: — Doutor, tenha a bondade de me dar ainda uma vez aquelas pílulas ultimamente receitadas.

— Para quê? — replicou-lhe o médico — se já te ministrei o suficiente, e maior quantidade pode fazer-te mal...

— É que eu sofro tanto, que dificilmente posso orar a Deus para que me dê forças, pois não quero incomodar os outros enfermos que aí estão. Essas pílulas fazem-me dormir e, ao menos quando durmo, a ninguém incomodo.

Aqui está quanto basta para demonstrar a grandeza dessa alma encerrada num corpo informe. Onde teria ido essa criança haurir tais sentimentos? Certo, não foi no meio em que se educou; além disso, na idade em que principiou a sofrer, não possuía sequer o raciocínio.

Tais sentimentos eram-lhe inatos: mas então por que se via condenado ao sofrimento, admitindo-se que Deus houvesse concomitantemente criado uma alma assim tão nobre e aquele mísero corpo — instrumento dos suplícios?

É preciso negar a bondade de Deus, ou admitir a anterioridade de causa; isto é, a preexistência da alma e a pluralidade das existências.

Os últimos pensamentos desta criança, ao desencarnar, foram para Deus e para o caridoso médico que dela se condoeu. Decorrido algum tempo, foi o seu Espírito evocado na Sociedade de Paris, onde deu a seguinte comunicação (1863):

"A vosso chamado, vim fazer que a minha voz se estenda para além deste círculo, tocando todos os corações. Oxalá seu eco se faça ouvir na solidão, lembrando-lhes que as agonias da Terra têm por premissas as alegrias do Céu; que o martírio não é mais do que a casca de um fruto deleitável, dando coragem e resignação.

Essa voz lhes dirá que, sobre o catre da miséria, estão os enviados do Senhor, cuja missão consiste na exemplificação de que não há dor insuperável, desde que tenhamos o auxílio do Onipotente e dos seus bons Espíritos. Essa voz lhes fará ouvir lamentações de mistura com preces, para que lhes compreendam a harmonia piedosa, bem diferente da de coros de lamentações mescladas com blasfêmias.

Um dos vossos bons Espíritos, grande apóstolo do Espiritismo, cedeu-me o seu lugar por esta noite.[69] Por minha vez, também me compete dizer algo sobre o progresso da vossa Doutrina, que deve auxiliar em sua missão os que entre vós encarnam para aprender a sofrer. O Espiritismo será a pedra de toque; os padecentes terão o exemplo e a palavra, e então as imprecações se transformarão em gritos de alegria e lágrimas de contentamento."

---

[69] Nota de Allan Kardec: Santo Agostinho, pelo médium com o qual habitualmente se comunica na Sociedade.

— P. Pelo que afirmais, parece que os vossos sofrimentos não eram expiação de faltas anteriores...

— R. Não seriam uma expiação direta, mas asseguro-vos que todo sofrimento tem uma causa justa. Aquele a quem conhecestes tão mísero foi belo, grande, rico e adulado. Eu tivera turiferários e cortesãos, fora fútil e orgulhoso. Anteriormente fui bem culpado; reneguei Deus, prejudiquei meu semelhante, mas expiei cruelmente, primeiro no mundo espiritual e depois na Terra. Os meus sofrimentos de alguns anos apenas, nesta última encarnação, suportei-os eu anteriormente por toda uma existência que raiou pela extrema velhice. Por meu arrependimento reconquistei a graça do Senhor, o qual me confiou muitas missões, inclusive a última, que bem conheceis. E fui eu quem as solicitou, para terminar a minha depuração.

"Adeus, amigos; tornarei algumas vezes. A minha missão é de consolar, e não de instruir. Há, porém, aqui muitas pessoas cujas feridas jazem ocultas, e essas terão prazer com a minha presença."

Marcel

Instruções do guia do médium — Pobrezinho sofredor, definhado, ulceroso e disforme! Nesse asilo de misérias e lágrimas, quantos gemidos exalados! E como era resignado... e como a sua alma lobrigava já então o termo dos sofrimentos, apesar da tenra idade! No além-túmulo, pressentia a recompensa de tantos gemidos abafados, e esperava! E como orava também por aqueles que não tinham resignação no sofrimento, pelos que trocavam preces por blasfêmias!

Foi-lhe lenta a agonia, mas terrível não lhe foi a hora do trespasse; certo, os membros convulsos contorciam-se, oferecendo aos assistentes o espetáculo de um corpo disforme a revoltar-se contra a morte, nessa lei da carne que a todo o custo quer viver, mas um anjo bom lhe pairava por sobre o leito mortuário e cicatrizava-lhe o coração. Depois, esse anjo arrebatou nas asas brancas essa alma tão bela a escapar-se de tão horripilante corpo, e foram estas as palavras pronunciadas: "Glória a vós, Senhor, meu Deus!" E a alma subiu ao Todo-Poderoso, feliz, e exclamou: "Eis-me aqui, Senhor; destes-me por missão exemplificar o sofrimento... terei suportado dignamente a provação?"

Hoje, o Espírito da pobre criança avulta, paira no Espaço, vai do fraco ao humilde, e a todos diz: "Esperança e coragem." Livre de todas as impurezas da matéria, ele aí está junto de vós a falar-vos, a dizer-vos não mais com essa voz fraca e lastimosa, porém agora firme: "Todos que me observaram, viram que a criança não murmurava, e hauriram nesse exemplo a calma para os seus males e seus corações se tonificaram na suave confiança em Deus, que outro não era o fim da minha curta passagem pela Terra."

Santo Agostinho

Szymel Slizgol

Este não passou de um pobre israelita de Vilna, falecido em maio de 1865. Durante 30 anos mendigou com uma salva nas mãos. Por toda a cidade era bem conhecida aquela voz que dizia: "Lembrai-vos dos pobres, das viúvas e dos órfãos!" Por essa longa peregrinação Slizgol havia juntado 90.000 rublos, não guardando, porém, para si, um só copeque. Aliviava e curava os enfermos; pagava o ensino de crianças pobres; distribuía aos necessitados a comida que lhe davam.

A noite, destinava-a ele ao preparo do rapé, que vendia a fim de prover às suas necessidades, e o que lhe sobrava era dos pobres. Foi só no mundo, e no entanto o seu enterro teve o acompanhamento de grande parte da população de Vilna, cujos armazéns cerraram as portas.

Sociedade de Paris, 15 de junho de 1865

Evocação: Excessivamente feliz, chegado, enfim, à plenitude do que mais ambicionava e bem caro paguei, aqui estou, entre vós, desde o cair da noite. Agradecido, pelo interesse que vos desperta o Espírito do pobre mendigo, que, com satisfação, vai procurar responder às vossas perguntas.

— P. Uma carta de Vilna nos deu conhecimento das particularidades mais notáveis da vossa existência, e da simpatia que tais particularidades nos inspiram nasceu o desejo de nos comunicar convosco. Agradecemos a vossa presença, e, uma vez que quereis responder-nos, principiaremos por vos assegurar que mui felizes seremos se, para nossa orientação, pudermos conhecer a vossa posição espiritual, bem como as causas que determinaram o gênero de vida que tivestes na última encarnação.

— R. Em primeiro lugar, concedei ao meu Espírito, cônscio da sua verdadeira posição, o favor de vos transmitir a sua opinião, com respeito a um pensamento que vos ocorreu quanto à minha personalidade. E reclamo previamente os vossos conselhos, para o caso de ser falsa essa minha opinião.

"Parece-vos singular que as manifestações públicas tomassem tanto vulto, para homenagear a memória do homem insignificante que soube por seu Espírito caridoso atrair tal simpatia. Não me refiro a vós, caro mestre, nem a ti, prezado médium, nem a vós outros verdadeiros e sinceros espíritas; falo, sim, para as pessoas indiferentes à crença, pois, nisso, nada houve de extraordinário. A pressão moral, exercida pela prática do bem, sobre a humanidade, é tal que, por mais materializada que esta seja, inclina-se sempre, venera o bem, a despeito da sua tendência para o mal.

"Agora, as perguntas que, da vossa parte, não são ditadas pela curiosidade, mas simplesmente formuladas no intuito de ampliar o ensino. Visto que disponho de liberdade, vou, portanto, dizer-vos, o mais laconicamente possível, quais as causas determinantes da minha última existência.

"Faz muitos séculos, vivia eu com o título de rei, ou, pelo menos, de príncipe soberano. Dentro da esfera do meu poder relativamente limitado, em confronto com os atuais Estados, era eu, no entanto, absoluto senhor dos meus vassalos, como dos seus destinos, e governava-os tiranicamente, ou antes — digamos o próprio termo — como algoz.

"Dotado de caráter impetuoso, violento, além de avaro e sensual, podeis avaliar qual deveria ter sido a sorte dos pobres seres sujeitos ao meu domínio. Além de abusar do poder para oprimir o fraco, eu subordinava empregos, trabalhos e dores ao serviço das próprias paixões. Assim, impunha uma dízima ao produto da mendicidade, e ninguém poderia acumular sem que eu antecipadamente lhe tomasse uma cota avultada, dessas sobras que a piedade humana deixava resvalar para as sacolas da miséria. E mais ainda: a fim de que não decrescesse o número de mendigos entre os meus vassalos, proibia aos infelizes darem aos amigos, parentes e fâmulos necessitados a parte insignificante do que ainda lhes restava. Em uma palavra, fui tudo quanto se pode imaginar de mais cruel, em relação ao sofrimento e à miséria alheia. No meio de sofrimentos horrorosos, acabei por perder isso a que chamais — vida, tanto que minha morte era apontada como exemplo aterrador a quantos como eu, posto que em menor escala, tinham o mesmo modo de pensar.

"Como Espírito, permaneci na erraticidade durante três séculos e meio, e, quando ao fim desse tempo compreendi que a razão de ser da reencarnação era inteiramente outra que não a seguida por meus grosseiros sentidos, obtive à força de preces, de resignação e de pesares a permissão de suportar materialmente os mesmos sofrimentos que infligira, e mais profundamente sensíveis que os por mim ocasionados. Obtida a permissão, Deus concedeu que por meu livre-arbítrio aumentasse os sofrimentos físicos e morais. Graças à assistência dos bons Espíritos, persisti na prática do bem, e sou-lhes agradecido por me terem impedido de sucumbir sob o fardo que tomara. Finalmente, preenchi uma existência de abnegação e caridade, que por si resgatou as faltas de outra, cruel e injusta. Nascido de pais pobres e cedo orfanado, aprendi a ganhar o pão numa idade em que muitos consideram incapaz o raciocínio.

"Vivi sozinho, sem amor, sem afeições, e desde o princípio suportei as brutalidades que para com outros havia exercido.

"Dizem que as somas por mim esmoladas foram todas destinadas ao alívio dos meus semelhantes: É um fato inconcusso, ao qual, sem orgulho nem ênfase, devo acrescentar que — muitíssimas vezes, com sacrifício de privações relativamente imperiosas, aumentava o benefício que me permitiam fazer à caridade pública. Desencarnei calmamente, confiando no valor da minha reparação, e sou premiado muito mais do que poderiam ter cogitado as minhas secretas aspirações. Hoje sou feliz, felicíssimo, podendo afirmar-vos que todos quantos se elevam serão humilhados, como elevados serão todos quantos se humilharem."

— P. Tende a bondade de dizer-nos em que consistiu a vossa expiação no mundo espiritual, e quanto tempo durou, a contar da vossa morte até o momento da atenuação por efeito do arrependimento e das boas resoluções. Dizei-nos também o que foi que provocou a mudança das vossas ideias, no estado espiritual.

— R. Essa pergunta desperta-me muitas recordações dolorosas! Quanto sofri eu... Mas não que me não lamente: apenas recordo!...

Quereis saber a natureza da minha expiação? Pois ei-la na sua terrível hediondez:

"Carrasco que fui de todos os bons sentimentos, fiquei por muito, por longo tempo preso pelo perispírito ao corpo em decomposição. Até que esta se completasse, vi-me corroído pelos vermes — o que muito me torturava! E quando me vi liberto das peias que me prendiam ao instrumento do suplício, mais cruel suplício me esperava!... Depois do sofrimento físico, o sofrimento moral muito mais longo. Fui colocado em presença de todas as minhas vítimas. Periodicamente, constrangido por uma força superior, era eu levado a rever o quadro vivo dos meus crimes. E via física e moralmente todas as dores que a outrem fizera sofrer! Ah! Meus amigos, que terrível é a visão constante daqueles a quem fizemos mal! Entre vós, tendes apenas um fraco exemplo no confronto do acusado com a sua vítima. Aí tendes, em resumo, o que sofri durante três séculos e meio, até que Deus, compadecido da minha dor e tocado pelo meu arrependimento, solicitado pelos que me assistiam, permitisse a vida de expiação que conheceis."

— P. Algum motivo particular vos induziu à escolha da última existência, subordinada à religião israelita?

— R. Não escolhi por mim só, mas ouvi o conselho dos meus guias. A religião de Israel era uma pequena humilhação a mais na minha prova, visto como em certos países a maioria dos encarnados menosprezam os judeus, e principalmente os judeus mendicantes.

— P. Na Terra, com que idade começastes a vossa obra de expiação? Como vos ocorreu o pensamento de vos desobrigar das resoluções previamente tomadas? Ao exercerdes tão abnegadamente a caridade, teríeis a intuição das causas que a isso vos predispunham?

— R. Meus pais eram pobres, porém inteligentes e avaros. Moço ainda, eu fui privado da afeição e carinhos de minha mãe. A perda desta me causou tanto maior e fundo pesar, quanto meu pai, dominado pela avidez de ganhos, me abandonava por completo. Quanto aos meus irmãos, todos mais velhos do que eu, não pareciam aperceber-se das minhas mágoas. Foi um outro judeu quem, movido por sentimento mais egoístico do que caritativo, me recolheu em sua casa e me ensinou a trabalhar. O que isso lhe custara era largamente compensado pelo meu trabalho, aliás excedente muitas vezes às minhas forças. Mais tarde, liberto desse jugo, trabalhei por minha conta; mas em toda parte, no trabalho como no repouso, perseguia-me a saudade de minha mãe, e, à medida que avançava em anos, a lembrança desse ser mais fundamente se me gravara na memória, lamentando em demasia a perda do seu amor e do seu zelo. Não tardou fosse eu o único dos meus, pois a morte em breve, dentro de meses, ceifou-me toda a família. Então, principiou a manifestar-se-me o modo pelo qual havia de passar o resto da vida. Dois dos meus irmãos deixaram órfãos, e eu, comovido pela recordação do que como órfão sofrera, quis preservar os pobrezinhos de uma juventude igual à minha.

"Não produzindo o meu trabalho o suficiente para sustentá-los a todos, comecei a pedir esmola, não para mim, mas para outros. A Deus não aprazia visse eu o resultado, a consolação dos meus esforços, e assim foi que também os pobrezinhos me deixaram para sempre.

"Eu bem via o que lhes faltava — era a mãe. Resolvi, pois, pedir para as viúvas infelizes que, sem poderem trabalhar para si e seus filhinhos, se impunham privações fatais, que acabavam por matá-las, legando ao mundo pobres órfãos abandonados e votados aos tormentos que eu mesmo suportara.

"A esse tempo contava eu 30 anos, e nessa idade, saudável e vigoroso, viram-me pedir para a viúva e para o órfão. Penosos me foram os primeiros passos, a suportar mais de um epíteto deprimente; quando, porém, se certificaram de que eu realmente distribuía pelos pobres o que recebia; quando souberam que a essa distribuição ainda ajuntava as sobras do meu trabalho; então, adquiri certo conceito que não deixava de me ser grato.

"Durante os 60 e alguns anos de encarnado, jamais deixei de atender à tarefa que me impusera. Também jamais a consciência me fez sentir que causas anteriores à existência fossem o móbil do meu proceder. Um dia somente, e antes de começar a pedir, ouvi estas palavras: 'Não façais a outrem o que não quiserdes que vos façam.'

"Surpreendido pelos princípios gerais de moralidade contidos nessas poucas palavras, muitas vezes parecia-me ouvi-las acrescidas com estas outras: 'Mas fazei, ao contrário, o que quiserdes que vos façam.' Tendo por auxiliares a lembrança de minha mãe e dos meus próprios sofrimentos, continuei a trilhar uma senda que a minha consciência dizia ser boa. "Vou terminar esta longa comunicação, dizendo: — Obrigado!

"Imperfeito ainda, sei, contudo, que o mal só acarreta o mal, e de novo, como já o fiz, dedicar-me-ei ao bem para alcançar a felicidade."

Szymel Slizgol

Julienne-Marie, a mendiga

Na comuna de Villate, perto de Nozai (Loire-Inferior), havia uma pobre mulher de nome Julienne-Marie, velha, enferma, vivendo da caridade pública. Um dia caiu num poço, do qual foi tirada por um conterrâneo, A..., que habitualmente a socorria. Transportada para casa, aí desencarnou pouco tempo depois, vítima desse acidente. Era voz geral que Julienne tentara suicidar-se. Logo no dia do seu enterro, a pessoa que lhe acudira, e que era espírita e médium, sentiu como que um leve contato de pessoa que estivesse próxima, sem que procurasse explicar-se a causa desse fenômeno. Ao ter ciência do trespasse de Julienne-Marie, veio-lhe ao pensamento a visita possível do seu Espírito. A conselho dum seu amigo da Sociedade de Paris, a quem tinha informado da ocorrência, fez a evocação com o fito de ser útil ao Espírito, não sem que pedisse previamente o conselho dos seus protetores, que lhe deram a seguinte comunicação:

"Poderás fazê-lo e com isso lhe darás prazer, conquanto se torne desnecessário o benefício que tens em mente prestar-lhe.

Ela é feliz e inteiramente devotada aos que se lhe mostraram compassivos. Tu és um dos seus bons amigos; ela quase que te não deixa e contigo se comunica muitas vezes, sem que o saibas. Cedo ou tarde os serviços são recompensados, e, quando o não sejam pelo próprio beneficiado, sê-lo-ão pelos que por ele se interessam, antes e depois da morte. Se acaso o Espírito do beneficiado não tiver ainda reconhecido a sua nova situação, outros Espíritos, a ele simpáticos, vêm dar o testemunho de sua gratidão.

Eis aí o que te pode explicar a sensação que tiveste no dia mesmo da passagem de Julienne-Marie.

Agora, será ela a auxiliar-te na prática do bem. Lembra-te do que disse Jesus: *Aquele que se humilhar será exaltado*. Tu verás o serviço que esse Espírito poderá prestar-te, desde que lhe peças assistência com o intuito de ser útil ao próximo."

Evocação: — Boa Julienne-Marie, sei que sois feliz e é tudo quanto desejava saber; isso não impede, porém, que de vós me lembre muitas vezes, bem como de não vos esquecer nas minhas preces.

— R. Tem confiança em Deus, procura inspirar aos teus doentes uma fé sincera, porque assim alcançarás sempre o que desejares. Não te preocupes jamais com a recompensa, porque ela será sempre superior ao que podes esperar. Deus sabe recompensar justamente a quem se dedique ao alívio dos seus irmãos, *inspirado por absoluto desinteresse*. A não ser assim, tudo é ilusão, é quimera. É preciso ter fé antes de tudo, pois de outro modo nada se conseguirá. Lembra-te desta máxima e ficarás admirado dos seus resultados. Os dois doentes que curaste são a prova do que te afirmo, pois, no estado em que estavam, só com remédios nada terias conseguido. Quando implorares permissão a Deus para que os bons Espíritos te transmitam fluidos benéficos, se não sentires um estremecimento involuntário, é que a tua prece não foi bastante fervorosa para ser ouvida. É só nestas condições que a prece pode tornar-se valiosa. Nem outra coisa resulta de dizer: "Deus Todo-Poderoso, Pai de bondade e misericórdia infinita, permiti que os bons Espíritos me assistam na cura de... Tende piedade dele, Senhor; restituí-lhe a saúde, porque, sem vós, eu nada posso fazer. Seja feita a vossa vontade." Tens feito bem em não desdenhar os humildes; a voz daquele que sofreu resignadamente as misérias desse mundo, é sempre ouvida, e nenhum serviço deixa jamais de ser recompensado. Agora, uma palavra a meu respeito, confirmativa do que acima te disse: O Espiritismo te explica a minha linguagem de Espírito, sem que aliás me seja preciso entrar em minúcias a tal respeito. Outrossim, julgo inútil falar-te da minha existência anterior. A situação em que me conheceste na Terra far-te-á compreender e julgar as precedentes encarnações, nem sempre isentas de mácula. Condenada a uma existência miserável, enferma, inválida, mendiguei em toda a minha vida. Não acumulei dinheiro, e na velhice as parcas economias não passavam de uma centena de francos, reservados para a hipótese de ficar chumbada no leito, entrevada.

"Deus, julgando suficiente a expiação e a prova, deu-lhes um termo, libertou-me da vida terrestre sem sofrimentos, porquanto não me suicidei, como a princípio julgaram.

"Desencarnei subitamente à borda do poço, quando a Deus enviara da Terra a minha última prece. Depois, pela declividade do terreno, meu corpo resvalou naturalmente.

"Não sofri ao dar-se o meu trespasse, e sou feliz por ter cumprido a minha missão sem vacilações, resignadamente. Tornei-me útil na medida das minhas forças, evitando sempre prejudicar os meus semelhantes. Hoje recebo o prêmio e dou graças a Deus, ao nosso divino Mestre, que mitiga o travo das provações, fazendo-nos esquecer, quando encarnados, as faltas do passado, ao mesmo tempo que nos põe sobre o caminho almas caridosas, outros tantos auxiliares que atenuam o peso, o fardo das nossas culpas anteriores. Persevera tu também, que, como eu, serás recompensado. Agradeço-te as boas preces e o serviço que me prestaste. Jamais o esquecerei. Um dia nos tornaremos a ver e muitas coisas te serão explicadas, coisas cuja explicação hoje seria extemporânea. Fica certo somente da minha dedicação, de que estarei ao teu lado sempre que de mim precisares para aliviar os que sofrem.

"A mendiga velhinha."
Julienne-Marie

Evocado a 10 de junho de 1864, na Sociedade de Paris, o Espírito Julienne ditou a mensagem seguinte:

"Caro presidente: obrigada por quererdes admitir-me ao vosso centro. Previstes, sob o ponto de vista social, a superioridade das minhas antecedentes encarnações, pois, se voltei à Terra com a prova da pobreza, foi para punir-me do vão orgulho com o qual repelia os pobres, os miseráveis. Assim, passei pela pena de talião, fazendo-me a mais horrenda mendiga deste país; mas, ainda assim, como que para certificar-me da bondade de Deus, nem por todos fui repelida: e esse era todo o meu temor. Também foi sem queixumes que suportei a provação, pressentindo uma vida melhor, da qual não mais tornaria ao mundo do exílio e da calamidade. Que ventura a desse dia em que a nossa alma rejuvenescida pode franquear a vida espiritual para aí rever os seres amados! Sim, porque também amei e considero-me feliz pelo encontro dos que me precederam.

Obrigada a A..., esse bom amigo que me facultou a expressão do reconhecimento. Sem a sua mediunidade eu não lhe poderia provar, agradecida, que minha alma não se esquece das benéficas influências de um coração bondoso, qual o seu, recomendando-lhe que procure progredir em sua divina crença. Já que ele tem por missão regenerar as almas transviadas, que fique bem certo do meu auxílio. E eu posso retribuir-lhe pelo cêntuplo o que por mim fez, instruindo-o na senda que percorreis. Agradecei ao Senhor o permitir que os bons Espíritos vos orientem, a fim de animardes o pobre nas suas mágoas, e deterdes o rico em seu orgulho. Capacitai-vos de quanto é vergonhosa a repulsa para com os infelizes, servindo-vos o meu exemplo, a fim de evitardes o retorno à Terra, em expiação de faltas, nas dolorosas posições sociais que vos coloquem tão baixo a ponto de serdes considerado escória da sociedade."

Julienne-Marie

Transmitida a A... esta comunicação, ele por sua vez obteve a que se segue, o que é aliás uma confirmação:

— P. Boa Julienne, uma vez que é vosso desejo auxiliar-me com os vossos conselhos, a fim de que me adiante em nossa santa Doutrina, vinde comunicar-vos comigo, certa de que me esforçarei por aproveitar-vos os ensinamentos.

— R. Lembra-te da recomendação que vou fazer e não te afastes dela jamais. Procura sempre ser caridoso na medida de tuas forças; compreendes a caridade tal como deve ser praticada em todos os atos da vida. Não tenho necessidade, por conseguinte, de aconselhar-te uma coisa da qual podes tu mesmo ser o juiz; todavia, dir-te-ei que sigas a voz da consciência, a qual jamais te enganará, desde que a consultes sinceramente. Não te iludas com as missões a cumprir; pequenos e grandes, cada qual tem a sua missão. Penosa foi a minha, porém, eu fazia jus a tal punição, em consequência das precedentes existências, como confessei ao bom presidente da Sociedade-máter, de Paris, que um dia vos há de congregar a todos. Esse dia vem menos longe do que supões, pois o Espiritismo caminha a passos largos, apesar de todos os óbices que se lhe antepõem. Segui, pois, sem temores, fervorosos adeptos; segui, que os vossos esforços serão coroados por outros tantos êxitos. Que vos importa o que de vós possam dizer? Colocai-vos acima da crítica irrisória, a qual recairá sobre os próprios adversários do Espiritismo.

"Ah! Os orgulhosos! Julgam-se fortes pensando poder aniquilar-vos, mas... bons amigos, tranquilizai-vos e não receeis enfrentá-los, porque são menos invencíveis do que porventura possais supor. Dentre eles, há muitos receosos de que a verdade lhes venha deslumbrar os olhos. Esperai, que acabarão por vir auxiliar a coroação da obra."

Julienne-Marie

Aqui está um fato repleto de ensinamentos. Quem se dignar meditar sobre estas três comunicações, nelas encontrará condensados todos os grandes princípios do Espiritismo.

Logo na primeira comunicação, o Espírito manifesta a sua superioridade pela linguagem; qual gênio benfazejo e como que metamorfoseada, esta mulher radiante vem proteger aqueles mesmos que a desprezaram sob os andrajos da miséria.

É a aplicação destas máximas evangélicas: "Os grandes serão rebaixados e os pequenos serão exaltados; felizes os humildes, felizes os aflitos, porque serão consolados; não desprezeis os pequenos, porque aquele que vos parece pequeno neste mundo, pode ser bem maior do que julgais."

Max, o mendigo

Em 1850, numa vila da Baviera, morreu um velho quase centenário, conhecido por pai Max. Por não possuir família, ninguém lhe determinava a origem. Havia cerca de meio século que se invalidara para ganhar a vida, sem outro recurso além da mendicidade, que ele dissimulava, procurando vender, pelas herdades e castelos, almanaques e outras miudezas. Deram-lhe a alcunha de conde Max, e as crianças o chamavam somente pelo título — circunstância esta que o fazia rir sem agastamento. Por que esse título? Ninguém saberia dizê-lo. O hábito o sancionara. Talvez tivesse provindo da sua fisionomia, das suas maneiras, cuja distinção fazia contraste com a miserabilidade dos andrajos.

Muitos anos depois da morte, Max apareceu em sonho à filha do proprietário de um castelo em cuja estrebaria era outrora hospedado, porque não possuía domicílio próprio. Nessa aparição, disse ele:

"Agradeço o terdes lembrado do pobre Max nas vossas preces, porque o Senhor as ouviu. Alma caritativa, que vos interessastes pelo pobre mendigo, já que quereis saber quem sou, vou satisfazer-vos, ministrando, ao mesmo tempo e a todos, um grande ensinamento.

Há cerca de século e meio era eu um dos ricos e poderosos senhores desta região, porém orgulhoso da minha nobreza. A fortuna imensa, além de só me servir aos prazeres, mal chegava para o jogo, para o deboche, para as orgias, que eram a minha única preocupação na vida.

Quanto aos vassalos, porque os julgasse animais de trabalho destinados a servir-me, eram espezinhados e oprimidos, para proverem às minhas dissipações. Surdo aos seus queixumes, como em regra também o era com todos os infelizes, julgava eu que eles ainda se deveriam ter por honrados em satisfazer-me os caprichos. Morri cedo, exausto pelos excessos, mas sem ter, de fato, experimentado qualquer desgraça real. Ao contrário, tudo parecia sorrir-me, a ponto de passar por um dos seres mais ditosos do mundo. Tive funerais suntuosos e os boêmios lamentavam a perda do ricaço, mas a verdade é que sobre o meu túmulo nenhuma lágrima se derramou, nenhuma prece por mim se fez a Deus, de coração, enquanto minha memória era amaldiçoada por todos aqueles para cuja miséria contribuíra. Ah! E como é terrível a maldição dos que prejudicamos! Pois essa maldição não deixou de ressoar-me aos ouvidos durante longos anos que me pareceram uma eternidade. Depois, por morte de cada uma das vítimas, era um novo espectro ameaçador ou sarcástico que se erguia diante de mim, a perseguir-me sem tréguas, sem que eu pudesse encontrar um vão esconso onde me furtasse às suas vistas! Nem um olhar amigo!

Os antigos companheiros de devassidão, infelizes como eu, fugiram, parecendo dizer-me desdenhosos: 'Tu não podes mais custear os nossos prazeres.' Oh! Então, quanto daria eu por um instante de repouso, por um copo d'água para saciar a sede ardente que me devorava! Entretanto eu nada mais possuía, e *todo o ouro a jorros derramado sobre a Terra não produzia uma só bênção, uma só que fosse... ouviste, minha filha?!*

Cansado por fim, opresso, qual viajor que não lobriga o termo da jornada, exclamei: 'Meu Deus, tende compaixão de mim! Quando terminará esta situação horrível?' Então uma voz — primeira que ouvi depois de haver deixado a Terra — disse: 'Quando quiseres.' Que será preciso fazer, grande Deus? — repliquei. — Dizei-o, que a tudo me sujeitarei. 'É preciso o arrependimento, é preciso *te humilhares perante os mesmos a quem humilhastes*; pedir-lhes que intercedam por ti, porque *a prece do ofendido que perdoa é sempre agradável ao Senhor*.' E eu me humilhei, e eu pedi aos meus vassalos e servidores que ali estavam diante de mim, e cujos semblantes, pouco a pouco mais benévolos, acabaram por desaparecer. Isso foi para mim como que uma nova vida; o desespero dava lugar à esperança, enquanto eu agradecia a Deus com todas as forças de minha alma.

A voz acrescentou: 'Príncipe!' ao que respondi: 'Não há aqui outro príncipe senão Deus, o Deus Onipotente que humilha os soberbos.

Perdoai-me, Senhor, porque pequei; e se tal for da vossa vontade, fazei-me servo dos meus servos.'

Alguns anos depois reencarnei numa família de burgueses pobres. Ainda criança perdi meus pais e fiquei só no mundo, desamparado. Ganhei a vida como pude, ora como operário, ora como trabalhador de campo, mas sempre honestamente, porque já cria em Deus. Mas aos 40 anos fiquei totalmente paralítico, sendo-me preciso daí por diante mendigar por mais de 50 anos por essas mesmas terras de que fora o absoluto senhor. Nas herdades que me haviam pertencido, recebia uma migalha de pão, feliz quando por abrigo me davam o teto de uma estrebaria. Ainda por uma acerba ironia do destino, apelidaram-me Sr. Conde... Durante o sono, aprazia-me percorrer esse mesmo castelo onde reinei despoticamente, revendo-me no fausto da minha antiga fortuna! Ao despertar, sentia de tais visões uma impressão de amargura e tristeza, mas nunca uma só queixa se me escapou dos lábios; e quando a Deus aprouve chamar-me, exaltei a sua glória por me haver sustentado com firmeza e resignação numa tão penosa prova, da qual hoje recebo a recompensa. Quanto a vós, minha filha, eu vos bendigo por terdes orado por mim."

> Para este fato pedimos a atenção de todos quantos pretendem que, sem a perspectiva das penas eternas, os homens deixariam de ter um freio às suas paixões. Um castigo como este do pai Max será porventura menos profícuo do que essas penas sem-fim, nas quais hoje ninguém acredita?

História de um criado

Servindo a uma família de alta posição, era um moço cujos traços fisionômicos, cujo ar inteligente, surpreendiam por sua distinção. Em suas maneiras nada havia de rústico ou plebeu, e, ao mesmo tempo que diligenciava bem servir seus patrões, estava longe de ostentar quaisquer servilismos, aliás muito próprios das pessoas de sua condição. Voltando, de uma feita, a casa dessa família, onde o conhecêramos, e porque não o víssemos, perguntamos se o haviam despedido. Disseram-nos que tinha ido passar alguns dias na sua terra natal, e que lá falecera.

Disseram-nos, mais, que muito lamentavam a perda de tão excelente moço, possuidor de sentimentos *assaz elevados para a sua posição*. E acrescentaram que ele lhes era muito dedicado, dando provas de grande afeição.

Mais tarde, veio-nos a ideia de evocar esse rapaz, e eis o que nos disse ele:

"Na penúltima encarnação, havia eu nascido de muito boa família, como se diz na Terra, mas cujos bens estavam arruinados pelas prodigalidades de meu pai. Órfão muito criança, um amigo deste recolheu-me e mandou educar-me excelentemente como um filho, educação essa que me suscitou tal ou qual vaidade. Meu protetor, de então, é hoje o Sr. G..., ao serviço do qual me conhecestes. É que eu quis expiar o orgulho, na última existência, sob a condição de servo, provando ao mesmo tempo a dedicação devida ao meu benfeitor. Cheguei mesmo a salvar-lhe a vida sem que ele o soubesse. Isso constituiu também uma provação da qual saí vitorioso e bastante confortado para me não deixar corromper num meio vicioso. Conservando-me impoluto, a despeito dos maus exemplos, agradeço a Deus a recompensa, na felicidade que hoje gozo." — P. Em que circunstâncias salvastes a vida de G...?

— R. Evitando que fosse esmagado por um grande tronco, em passeio a cavalo. Eu que o seguia, só, percebi a iminência do perigo, e com um grito lancinante fi-lo voltar rápido, enquanto o tronco se abateu. G..., a quem referimos o fato, dele se lembrou perfeitamente.

— P. Por que desencarnastes tão jovem?

— R. Porque Deus julgou suficiente a prova.

— P. Como pudestes aproveitar essa provação quando não tínheis noção da sua causa anterior?

— R. Na humildade da minha condição ainda me restava um instinto daquele orgulho; fui feliz por tê-lo domado, tornando proveitosa a provação que, a não ser assim, eu teria de recomeçar. Nos seus momentos de liberdade, o meu Espírito lembrava-se do que fora e ao despertar invadia-lhe um desejo intuitivo de resistir às más tendências. Tive mais mérito lutando assim, do que se tivesse a lembrança do passado. Com essa lembrança o orgulho de outros tempos se teria exaltado, perturbando-me, ao passo que deste modo apenas tive que combater as influências nocivas da minha nova condição.

— P. De que serviu terdes recebido uma brilhante educação, uma vez que na última encarnação não vos era possível lembrar os conhecimentos adquiridos?

— R. Tais conhecimentos, dada a minha ulterior condição, seriam supérfluos; por isso ficaram num estado latente para que hoje eu os reencontrasse. Mas tais conhecimentos não me foram de todo inúteis, visto como, desenvolvendo-me a inteligência, me incutiram predileção instintiva pelas coisas elevadas e repugnância pelos baixos e ignóbeis exemplos que tinha à vista. Sem aquela educação, *eu não passaria de um criado*.

— P. A abnegação dos criados para com os patrões terá por ascendente o fato de relações anteriores?

— R. Sem dúvida, e ao menos é esse o caso comum. Às vezes tais criados são membros da mesma família, ou, como no meu caso, escravos do reconhecimento e que procuram saldar uma dívida, ao mesmo tempo concorrendo para que progridam por sua dedicação. Vós não compreendeis todos os efeitos da simpatia que a anterioridade de relações produz aí no mundo. A morte em absoluto não interrompe essas relações, que podem perpetuar-se por séculos e séculos.

— P. Por que são hoje tão raros esses exemplos de dedicação?

— R. Acusai a feição egoística e orgulhosa do vosso século, agravada ainda pela incredulidade das ideias materialistas. À verdadeira fé antepõe-se presentemente a cobiça, a avidez do ganho, em detrimento da abnegação. Induzindo os homens à verdade, o Espiritismo fará reviver igualmente as virtudes esquecidas.

> Nada melhor do que este exemplo para evidenciar o benefício do esquecimento em relação às existências anteriores.
>
> Se G... tivesse ciência do que havia dito o seu criado, ficaria para com ele numa posição embaraçosa, e não o conservaria como tal, obstando, por conseguinte, uma provação proveitosa para ambos.

Antonio B...

(Enterrado vivo — A pena de talião.)

Antonio B..., escritor de estimadíssimo merecimento, que exercera com distinção e integridade muitos cargos públicos na Lombardia, pelo ano de 1850 caiu aparentemente morto de um ataque apoplético.

Como algumas vezes sucede em casos tais, a sua morte foi considerada real, concorrendo ainda mais para o engano os vestígios da decomposição assinalados no corpo.

Quinze dias depois do enterro, uma circunstância fortuita determinou a exumação, a pedido da família. Tratava-se de um medalhão por acaso esquecido no caixão.

Qual não foi, porém, o espanto dos assistentes quando, ao abrir este, notaram que o corpo havia mudado de posição, voltando-se de bruços e — coisa horrível — que uma das mãos havia sido comida em parte pelo defunto.

Ficou então patente que o infeliz Antonio B... fora enterrado vivo, e deveria ter sucumbido sob a ação do desespero e da fome.

Evocado na Sociedade de Paris, em agosto de 1861, a pedido de parentes, deu as seguintes explicações:

1. EVOCAÇÃO.

— R. Que quereis?

2. A pedido de um vosso parente, nós vos evocamos com prazer e seremos felizes se quiserdes responder-nos.

— R. Sim, desejo fazê-lo.

3. Lembrai-vos dos incidentes da vossa morte?

— R. Ah! Certamente que me lembro. Mas por que avivar essa lembrança do castigo?

4. Efetivamente fostes enterrado por descuido?

— R. Assim deveria ser, visto revestir-se a morte aparente de todos os caracteres da morte real: eu estava quase exangue.[70]

"Não se deve, porém, imputar a ninguém um acontecimento que me estava predestinado desde que nasci."

5. Incomodam-vos estas perguntas? Será mister lhes demos fim?

— R. Não, podeis continuar.

6. Por que deixastes a reputação de um homem de bem, esperamos fôsseis feliz.

— R. Eu vos agradeço, pois sei que haveis de interceder por mim. Vou fazer o possível para vos responder, e, se não puder fazê-lo, fá-lo-á um dos vossos guias por mim.

---

[70] Nota de Allan Kardec: Privado de circulação do sangue. Descoloração da pele pela privação do sangue.

7.   Podeis descrever-nos as vossas sensações daquele momento?

— R. Que dolorosa provação sentir-me encerrado entre quatro tábuas, tolhido, absolutamente tolhido! Gritar! Impossível!

"A voz, por falta de ar, não tinha eco! Ah! Que tortura a do infeliz que em vão se esforça para respirar num ambiente limitado! Eu era qual condenado à boca de um forno, abstração feita do calor. A ninguém desejo um fim rematado por semelhantes torturas. Não, não desejo a ninguém um tal fim! Oh! Cruel punição de uma cruel e feroz existência! Não saberia dizer no que então pensava; apenas revendo o passado, vagamente entrevia o futuro."

8.   Dissestes: cruel punição de uma feroz existência... Como se pode conciliar esta afirmativa com a vossa reputação ilibada?

— R. Que vale uma existência diante da eternidade?! Certo, procurei ser honesto e bom na minha última encarnação, mas eu aceitara um tal epílogo previamente, isto é, antes de encarnar. Ah!... Por que interrogar-me sobre esse passado doloroso que só eu e os bons Espíritos enviados do Senhor conhecíamos? Mas, visto que assim é preciso, dir-vos-ei que numa existência anterior eu enterrara viva uma mulher — a minha mulher! Plena de vida e presa numa adega! A pena de talião devia ser-me aplicada. Olho por olho, dente por dente.

9.   Agradecemos essas respostas e pedimos a Deus vos perdoe o passado, em atenção ao mérito da vossa última encarnação.

— R. Voltarei mais tarde, mas, não obstante, o Espírito Erasto completará esta minha comunicação.

INSTRUÇÕES DO GUIA DO MÉDIUM — Por essa comunicação podeis inferir a correlatividade e dependência imediata das vossas existências entre si; as tribulações, as vicissitudes, as dificuldades e dores humanas são sempre as consequências de uma vida anterior, culposa ou mal aproveitada. Devo todavia dizer-vos que desfechos como este de Antonio B... são raros, visto como, se de tal modo terminou uma existência correta, foi por tê-lo solicitado ele próprio, com o fito de abreviar a sua erraticidade e atingir mais rápido as esferas superiores. Efetivamente, depois de um período de perturbação e sofrimento moral, inerente à expiação do hediondo crime, ser-lhe-á perdoado este, e ele se alçará a um mundo melhor, onde o espera a vítima que há muito lho perdoou. Aproveitai este exemplo cruel, queridos espíritas, a fim de suportardes, com paciência, os sofrimentos morais e físicos, todas as pequenas misérias da Terra.

— P. Que proveito pode a humanidade auferir de semelhantes punições?

— R. As penas não existem para desenvolver a humanidade, porém para punição dos que erram. De fato, a humanidade não pode ter interesse algum no sofrimento de um dos seus membros. Neste caso, a punição foi apropriada à falta. Por que há loucos, idiotas, paralíticos?

"Por que morrem estes queimados, enquanto que aqueles padecem as torturas de longa agonia entre a vida e a morte?

"Ah! Crede-me; respeitai a soberana vontade e não procureis sondar a razão dos decretos da Providência! Deus é justo e só faz o bem."

Erasto

Este fato não encerra um ensinamento terrível? A Justiça de Deus, às vezes tardia, nem por isso deixa de atingir o culpado, prosseguindo em seu aviso. É altamente moralizador o saber-se que, se grandes culpados acabam pacificamente na abundância de bens terrenos, nem por isso deixará de soar cedo ou tarde, para eles, a hora da expiação. Penas tais são compreensíveis, não só por estarem mais ou menos ao alcance das nossas vistas, como por serem lógicas. Cremos, porque a razão admite. Uma existência honrosa não exclui, portanto, as provações da vida, que são escolhidas e aceitas como complemento de expiação — o restante do pagamento de uma dívida saldada antes de receber o preço do progresso realizado.

Considerando quanto nos séculos passados eram frequentes, mesmo nas classes mais elevadas e esclarecidas, os atos de barbaria que hoje repugnam; quantos assassínios cometidos nesses tempos de menosprezo pela vida de outrem, esmagado o fraco pelos poderosos sem escrúpulo; então compreenderemos que muitos dos nossos contemporâneos têm de expungir máculas passadas, e tampouco nos admiraremos do número considerável de pessoas que sucumbem vitimadas por acidentes isolados ou por catástrofes coletivas.

O despotismo, o fanatismo, a ignorância e os prejuízos da Idade Média e dos séculos que se seguiram, legaram às gerações futuras uma dívida enorme, que ainda não está saldada.

Muitas desgraças nos parecem imerecidas, somente porque apenas vemos o presente.

Letil

Este industrial, que residiu nos arredores de Paris, morreu em abril de 1864, de modo horroroso. Incendiando-se uma caldeira de verniz fervente, foi num abrir e fechar de olhos que o seu corpo se cobriu de matéria candente, pelo que logo compreendeu ele que estava perdido. Achando-se na oficina apenas com um rapaz aprendiz, ainda teve ânimo de dirigir-se ao seu domicílio, à distância de mais de 200 metros.

Quando se lhe pôde prestar os primeiros socorros, já as carnes dilaceradas caíam aos pedaços, desnudos os ossos de uma parte do corpo e da face. Ainda assim, sobreviveu doze horas a cruciantes sofrimentos, mas conservando toda a presença de espírito até o último momento, predispondo os seus negócios com perfeita lucidez.

Em toda esta cruel agonia não se lhe ouviu um só gemido, um só queixume, morreu orando a Deus. Era um homem honradíssimo, de caráter meigo e afetuoso, amado, prezado de quantos o conheciam. Também acatara com entusiasmo, porém pouco refletidamente, as ideias espíritas, e assim foi que, médium, não lhe faltaram inúmeras mistificações, as quais, seja dito, em nada lhe abalaram a crença.

A confiança no que os Espíritos lhe diziam, em certas circunstâncias, ia até a ingenuidade.

Evocado na Sociedade de Paris, a 29 de abril de 1864, poucos dias após a morte e ainda sob a impressão da cena terrível que o vitimou, deu a seguinte comunicação:

"Profunda tristeza me acabrunha! Aterrado ainda pela minha trágica morte, julgo-me sob os ferros de um algoz.

Quanto sofri!... oh! Quanto sofri! Estou trêmulo, como que sentindo o cheiro nauseante de carnes queimadas. Agonia de 12 horas essa que padeceste, ó Espírito culpado! Mas ele a sofreu sem murmurações e por isso vai receber de Deus o seu perdão.

Ó minha bem-amada, não chores, que em breve estas dores se acalmarão. Eu não mais sofro na realidade, porém a lembrança neste caso vale pela realidade. Auxilia-me muito a noção do Espiritismo, e agora vejo que, sem essa consoladora crença, teria permanecido no delírio da morte horrível que padeci.

Há, porém, um Espírito consolador que me não deixa, desde que exalei o último suspiro. Eu ainda falava e já o tinha a meu lado... Parecia-me ser um reflexo das minhas dores a produzir em mim vertigens, que me fizessem ver fantasmas... Mas não; era o meu anjo de guarda que, silencioso e mudo, me consolava pelo coração. Logo que me despedi da Terra, disse-me ele: 'Vem, meu filho, torna a ver o dia.' Então respirei mais livremente, julgando-me livre de medonho pesadelo; perguntei pela esposa amada, pelo filho corajoso que por mim se sacrificara, e ele me disse: 'Estão todos na Terra, e tu, filho, estás entre nós.' Eu procurava o lar, onde, sempre em companhia do anjo, vi todos banhados de pranto. A tristeza e o luto haviam invadido aquela habitação outrora pacífica. Não pude por mais tempo tolerar o espetáculo, e, comovidíssimo, disse ao meu guia: 'Ó meu bom anjo, saiamos daqui.' 'Sim, saiamos', respondeu-me, 'e procuremos repouso.' Daí para cá tenho sofrido menos, e, se não houvera visto inconsoláveis a esposa e os filhos e tristes os amigos, seria quase feliz.

O meu bom guia fez-me ver a causa da morte horrível que tive, e eu, a fim de vos instruir, vou confessá-la:

Há cerca de dois séculos, mandei queimar uma rapariga, inocente como se pode ser na sua idade — 12 a 14 anos. Qual a acusação que lhe pesava? A cumplicidade em uma conspiração contra a política clerical. Eu era então italiano e juiz inquisidor; como os algozes não ousassem tocar o corpo da pobre criança, fui eu mesmo o juiz e o carrasco.

Oh! Quanto és grande, Justiça divina! A ti submetido, prometi a mim mesmo não vacilar no dia do combate, e ainda bem que tive força para manter o compromisso. Não murmurei, e vós me perdoastes, ó Deus! Quando, porém, se me apagará da memória a lembrança da pobre vítima inocente? Essa lembrança é que me faz sofrer! É mister, portanto, que ela me perdoe.

Ó vós, adeptos da nova doutrina, que frequentemente dizeis não poder evitar os males pela insciência do passado! Ó irmãos meus! Bendizei antes o Pai, porque se tal lembrança vos acompanhasse à Terra, não mais haveria aí repouso em vossos corações. Como poderíeis vós, constantemente assediados pela vergonha, pelo remorso, fruir um só momento de paz? O esquecimento aí é um benefício, porque a lembrança aqui é uma tortura. Mais alguns dias, e, como recompensa à resignação com que suportei as minhas dores, Deus me concederá o esquecimento da falta. Eis a promessa que acaba de fazer-me o meu bom anjo."

O caráter do Sr. Letil, na última encarnação, prova quanto o seu Espírito se aperfeiçoou. A conduta que teve seria o resultado do arrependimento como das boas resoluções previamente tomadas, mas isso por si só não bastava: era preciso coroar essas resoluções com uma grande expiação; era mister que suportasse como homem o suplício a outrem infligido e mais ainda: a resignação que, felizmente, não o abandonou nessa terrível contingência. Certo, o conhecimento do Espiritismo contribuiu grandemente para sustentar-lhe a fé, a coragem oriunda da esperança de um futuro. Ciente de que as dores físicas são provas e expiações, submeteu-se a elas resignado, dizendo: "Deus é justo; logo, é que eu as mereci."

Um sábio ambicioso

Posto nunca tivesse provado as cruciantes angústias da miséria, a Sra. B..., de Bordeaux, teve uma vida de martírios físicos, em consequência de inumerável série de moléstias mais ou menos graves, a contar da idade de cinco meses. Vivendo 70 anos, quase que anualmente batia às portas do túmulo. Três vezes envenenada pela terapêutica de uma ciência experimental e duvidosa, em ensaios feitos sobre o seu organismo e temperamento, arruinada, ademais, pelos remédios tanto quanto pela doença, assim viveu entregue a sofrimentos intoleráveis, que nada podia atenuar. Uma sua filha, espírita cristã e médium, pedia sempre a Deus para suavizar-lhe as cruéis provações. Foi porém aconselhada pelo seu guia a pedir simplesmente a fortaleza, a calma, a resignação para as suportar, fazendo acompanhar esse conselho das seguintes instruções:

"Nessa vida tudo tem sua razão de ser: *não há um só dos vossos sofrimentos, que não corresponda aos sofrimentos por vós causados*; não há um só dos vossos excessos que não tenha por consequência uma privação; não há uma só lágrima a destilar dos olhos, que não seja destinada a lavar uma falta, um crime qualquer.

Suportai, portanto, com paciência e resignação as dores físicas e morais, por mais cruéis que elas se vos afigurem. Imaginai o trabalhador que, amortecidos os membros pela fadiga, prossegue no trabalho, porque tem diante de si a dourada espiga, outros tantos frutos da sua perseverança. Assim, a sorte do infeliz que sofre nesse mundo; a aspiração da felicidade, que deve constituir-se em fruto de sua paciência, torná-lo-á resistente às dores efêmeras da humanidade. Eis o que se dá com tua mãe. Cada uma das suas dores acolhida como expiatória, corresponde à extinção de uma nódoa do passado; e quanto mais cedo as nódoas todas se extinguirem, tanto mais breve ela será feliz.

A falta de resignação esteriliza o sofrimento, que, por isso mesmo, teria de ser recomeçado. Convém-lhe, pois, a coragem e a resignação, e o que se faz preciso é pedir a Deus e aos bons Espíritos que lha concedam. Tua mãe foi outrora um bom médico, vivendo num meio em que fácil se lhe tornava o bem-estar, e no qual lhe não faltaram dons nem homenagens. Sem ser filantrópico, e, por conseguinte, sem visar o alívio dos seus irmãos, mas cioso de glória e fortuna quis atingir o apogeu da Ciência, para aumentar a reputação e a clientela. E na consecução de tal propósito não havia consideração que o detivesse.

Porque previa um estudo nas convulsões que investigava, sua mãe era martirizada no leito de sofrimentos, enquanto o filho se submetia a experiências que deveriam explicar uns tantos fenômenos; aos velhos abreviava os dias e aos homens vigorosos enfraquecia com ensaios tendentes a comprovar a ação de tal ou qual medicamento. E todas essas experiências eram tentadas sem que o infeliz paciente delas soubesse ou sequer desconfiasse. A satisfação da cupidez e do orgulho, a sede de ouro e de renome, foram os móveis de tal conduta. Foram precisos séculos de provações terríveis para domar esse Espírito ambicioso e cheio de orgulho, até que o arrependimento iniciasse a obra de regeneração. Agora termina a reparação, visto como as provas dessa última encarnação podem dizer-se suaves relativamente às que já suportou. Coragem, pois, porque se o castigo foi longo e cruel, grande será a recompensa à resignação, à paciência, à humildade.

Coragem, a todos vós que sofreis; considerai a brevidade da existência material, pensai nas alegrias eternas.

Invocai a esperança, a dedicada amiga dos sofredores; a fé, sua irmã, que vos mostra o Céu, onde com aquela podeis penetrar antecipadamente. Atraí também a vós esses amigos que o Senhor vos faculta, amigos que vos cercam, que vos sustentam e amam, e cuja solicitude constante vos reconduz para junto daquele a quem haveis ofendido, transgredindo as suas leis."

> Depois de haver desencarnado, a Sra. B... veio dar, tanto por sua filha como na Sociedade de Paris, muitas comunicações, nas quais se refletem as qualidades mais elevadas, confirmando os seus antecedentes.

Charles de Saint-G..., idiota
(Sociedade Espírita de Paris, 1860.)

Este era um rapaz de 13 anos, ainda encarnado, cujas faculdades intelectuais eram nulas a ponto de não reconhecer os próprios pais, mal podendo tomar por si mesmo o alimento. Dava-se nele a completa suspensão de desenvolvimento em todo o sistema orgânico.

1. (A São Luís.) Poderemos evocar o Espírito deste menino?

— R. Sim, é como se o fizésseis ao Espírito de um desencarnado.

2. Essa resposta faz-nos supor que a evocação se pode fazer a qualquer hora...

— R. Sim, visto como presa ao corpo por laços materiais, que não espirituais, a sua alma pode desligar-se a qualquer hora.

3. Evocação de Charles.

— R. Sou um pobre Espírito preso à Terra por um pé, qual um passarinho.

4. Presentemente, isto é, como Espírito, tendes consciência de vossa nulidade neste mundo?

— R. Decerto que sinto o cativeiro.

5. Quando o corpo adormece e o vosso Espírito se desprende, tendes as ideias tão lúcidas como se estivésseis em estado normal?

— R. Quando o corpo infeliz repousa, fico um pouco mais livre para alçar-me ao céu a que aspiro.

6. Experimentais no estado espiritual qualquer sensação dolorosa oriunda do vosso estado corpóreo?

— R. Sim, por isso que é uma punição.

7. Lembrai-vos da precedente encarnação?

— R. Oh! Sim, e ela é a causa do meu exílio atual.

8. Que existência era essa?

— R. A de um jovem libertino no reinado de Henrique III.

9. Dizeis ser uma punição a vossa condição atual... acaso não a escolhestes?

— R. Não.

10. Como pode vossa atual existência servir ao vosso adiantamento no estado de nulidade em que vos achais?

— R. Para mim não há nulidade, pois foi Deus quem me impôs esta contingência.

11. Podeis prever o tempo de duração da existência atual?

— R. Não, porém, mais ano menos ano, reentrarei na minha pátria.

12. Durante o tempo que mediou entre a vossa última desencarnação e a encarnação atual, que fizestes?

— R. Deus encarcerou-me; logo, era eu um Espírito leviano.

13. Tendes, quando acordado, a consciência do que se passa, apesar da imperfeição dos vossos órgãos?

— R. Vejo e ouço, mas meu corpo nada vê nem percebe.

14. Poderemos fazer algo de proveitoso por vós?

— R. Nada.

15. (A São Luís.) Tratando-se de Espírito encarnado, as preces têm a mesma eficácia para os desencarnados?

— R. As preces, além de sempre úteis, agradam a Deus. No caso deste Espírito, elas de nada lhe servem imediatamente, porém mais tarde Deus lhas levará em conta.

> Esta evocação ratifica o que sempre se disse dos idiotas. A nulidade moral não importa nulidade do Espírito, que, abstração feita dos órgãos, goza de todas as suas faculdades. A imperfeição dos órgãos é apenas um *obstáculo* à livre manifestação dos pensamentos. É, pois, o caso de um homem vigoroso que fosse momentaneamente manietado.

INSTRUÇÃO DE UM ESPÍRITO SOBRE
OS IDIOTAS E OS CRETINOS, DADA NA SOCIEDADE DE PARIS

Os idiotas são os seres castigados pelo mau uso de poderosas faculdades; almas encarceradas em corpos cujos órgãos impotentes não podem exprimir seus pensamentos. Esse mutismo moral e físico constitui uma das mais cruéis punições terrenas, muitas vezes escolhidas por Espíritos arrependidos e desejosos de resgatar suas faltas. A provação nem por isso é improfícua, porque o Espírito não fica estacionário na prisão carnal; esses olhos estúpidos veem, esses cérebros deprimidos concebem, conquanto nada possam traduzir pela palavra e pelo olhar. Excetuada a mobilidade, o seu estado é o de letárgicos ou catalépticos, que veem e ouvem sem, contudo, poderem exprimir-se. Quando tendes esses horríveis pesadelos, durante os quais procurais fugir de um perigo, gritando, clamando, não obstante a imobilidade do vosso corpo como da vossa língua; quando tal sucede, dizemos, a vossa sensação é idêntica à dos idiotas. *É a paralisia do corpo ligada à vida do Espírito.*

Assim se explicam quase todas as enfermidades, pois nada ocorre sem causa, e o que chamais injustiça da sorte é apenas a aplicação da mais alta justiça. A loucura também é punição ao abuso das mais elevadas faculdades; o louco tem duas personalidades — a que delira e a que tem consciência dos seus atos sem poder guiá-los.

Quanto aos idiotas, a vida contemplativa, isolada, da sua alma sem os prazeres e gozos do corpo, pode igualmente tornar-se agitada pelos acontecimentos, como qualquer das existências mais complicadas; revoltam-se alguns contra o suplício voluntário e, lamentando a escolha feita, sentem violento desejo de tornar à outra vida, desejo que lhes faz esquecer a resignação do presente e o remorso do passado, do qual têm a consciência, visto como, embora idiotas e loucos, sabem mais que vós, ocultando sob a impotência física uma potência moral de que não tendes ideia alguma. Os atos de fúria, como de imbecilidade a que se entregam, são no íntimo julgados pelo seu ser, que deles sofre e se vexa. Eis que, escarnecê-los, injuriá-los, mesmo maltratá-los, como por vezes se faz, é aumentar-lhes o sofrimento, fazendo-lhes sentir mais cruamente a sua fraqueza e abjeção. Pudessem eles, e acusariam de covardia os que assim procedem, sabendo que a vítima não pode defender-se.

A loucura não é das Leis divinas, pois resultando materialmente da ignorância, da sordidez e da miséria, pode o homem debelá-la. Os modernos recursos da higiene, que a Ciência hoje executa e a todos faculta, tende a destruí-la. Sendo o progresso condição expressa da humanidade, as provações tendem a modificar-se, acompanhando a evolução dos séculos. Dia virá em que as provações devam ser todas morais; e quando a Terra, nova ainda, houver preenchido todas as fases da sua existência, então se transformará em morada de felicidade, como se dá com os planetas mais adiantados.

Pierre Jouty, pai do médium

Houve tempo em que se punha em dúvida a existência da alma dos idiotas, chegando-se a perguntar se realmente eles pertenciam à espécie humana. O modo pelo qual o Espiritismo encara os fatos não é realmente muito moralizador e instrutivo? Considerando que esses corpos encerram almas que já teriam brilhado na Terra; almas tão presentes e lúcidas como as nossas a despeito do pesado invólucro que lhes abafa as manifestações; considerando que o mesmo pode acontecer conosco se abusarmos das faculdades que a Providência nos concedeu; considerando tudo isso, não teremos assunto para sérias reflexões? Sem admitirmos a pluralidade de existências, como poderemos conciliar a imbecilidade com a Justiça e a bondade de Deus? Se a alma não viveu anteriormente, então é que foi criada ao mesmo tempo que o corpo, e, nesse caso, como explicar a criação de almas tão precárias da parte de um Deus justo e bom? É bem de ver que aqui não se trata da loucura, por exemplo, que se pode prevenir ou curar. Os idiotas nascem e morrem como tais, sem a noção do bem e do mal. Qual, portanto, a sua sorte na vida eterna? Serão felizes ao lado dos homens inteligentes e laboriosos? Mas por que tal favoritismo se nada fizeram de bom? Ficarão no que chamam limbo, isto é, um estado misto que não é feliz nem infeliz? Mas por que essa eterna inferioridade? Terão eles a culpa de serem por Deus criados idiotas? Desafiamos a todos quantos negam a reencarnação, para que saiam deste embaraço.

Pela reencarnação, ao contrário, o que se afigura injustiça torna-se admiravelmente justo, o que parece inexplicável, racionalmente se explica.

Ademais, sabemos que os nossos antagonistas, que os adversários desta Doutrina não têm argumentos para combatê-la, além daqueles oriundos do receio de retornarem à Terra. Respondemos-lhes: para que volteis não se vos pede a vossa permissão, pois o juiz não consulta a vontade do réu para enviá-lo ao cárcere. Todos têm a possibilidade de não reencarnar, desde que se aperfeiçoem bastante para se alçarem a uma esfera mais elevada. O egoísmo e o orgulho não se compadecem, porém, com essas esferas felizes, e daí a necessidade de todos se despojarem dessas enfermidades morais, graduando-se pelo trabalho e pelo próprio esforço.

Sabemos que em certos países, longe de serem objeto de desprezo, os idiotas são assistidos de benéficos cuidados. Tal comiseração não se filiará numa intuição do verdadeiro estado desses infelizes, tanto mais dignos de atenção quanto, por se verem repudiados na sociedade, seus Espíritos compreendem tal contingência? Considera-se mesmo como favor e verdadeira bênção a presença de um desses seres no seio da família.

Será isso superstição? Talvez, porque nos ignorantes a superstição se confunde com as ideias mais santas, por lhe não apreenderem o alcance. Mas, seja como for, aos parentes se oferece ocasião de exercerem a caridade, tanto mais meritória quanto mais pesado lhes seja esse encargo, de nenhuma compensação material. Há maior mérito na cuidadosa assistência de um filho desgraçado, do que na de um filho cujas qualidades ofereçam qualquer compensação. Sendo a caridade desinteressada uma das virtudes mais agradáveis a Deus, atrai sempre a sua bênção sobre os que a praticam. Esse sentimento inato e espontâneo vale por esta prece: "Obrigado, meu Deus, por nos terdes dado um ser fraco a sustentar, um aflito a consolar."

Adélaïde-Marguerite Gosse

Era uma humilde e pobre criada, de Harfleur, Normandia. Aos 11 anos entrou para o serviço de uns horticultores ricos, da sua terra. Um ano depois, uma inundação do Sena arrebatava-lhes, afogando-os, todos os animais! Ainda por outras desgraças supervenientes, os patrões da rapariga caíram na miséria! Adélaïde reuniu-se-lhes no infortúnio, abafou a voz do egoísmo e, só ouvindo o generoso coração, obrigou-os a aceitarem quinhentos francos de suas economias, continuando a servi-los independentemente de salário. Depois da morte dos patrões, passou a dedicar-se a uma filha que deixaram, viúva e sem recursos. Mourejava pelos campos, recolhia o produto, e, casando-se, reuniu os seus esforços aos do marido, para manterem juntos a pobre mulher, a quem continuou a chamar sua patroa! Cerca de meio século durou esta abnegação sublime. A Sociedade de emulação de Rouen não deixou no esquecimento essa mulher digna de tanto respeito e admiração, porquanto lhe decretou uma medalha de honra e uma recompensa em dinheiro; a este testemunho associaram-se as lojas maçônicas do Havre, oferecendo-lhe uma pequena soma destinada ao seu bem-estar.

Finalmente, a administração local também se interessou por ela, delicadamente, de modo a não lhe ferir a suscetibilidade. Este anjo de bondade foi arrebatado da Terra, instantânea e suavemente, em consequência de um ataque de paralisia. Singelas, porém decentes, foram as últimas homenagens prestadas à sua memória. O secretário da municipalidade foi à frente do cortejo fúnebre.

(Sociedade de Paris – 27 de dezembro de 1861.)

EVOCAÇÃO. — Ao Deus Onipotente rogamos nos permita a comunicação do Espírito Marguerite Gosse.

— P. Felizes nos consideramos em poder testemunhar-vos a nossa admiração pela vossa conduta na Terra, e esperamos que tanta abnegação tenha recebido a sua recompensa.

— R. Sim, Deus foi bom e misericordioso para com a sua serva. Tudo quanto fiz, e louvável vos parece, era natural.

— P. Podereis dizer-nos, para edificação nossa, qual a causa da humildade de vossa condição terrena?

— R. Em duas encarnações sucessivas ocupei posição assaz elevada, sendo-me fácil a prática do bem, que fazia sem sacrifício, sendo, como era, rica. Pareceu-me, porém, que me adiantava lentamente, e por isso pedi para voltar em condições mesquinhas, nas quais houvesse mesmo de lutar com as privações. Para isso me preparei durante longo tempo, e Deus manteve-me a coragem, de modo a poder atingir o fim a que me propusera.

— P. Já tornastes a ver os antigos patrões? Dizei-nos qual a vossa posição perante eles, e se ainda vos considerais deles subalterna?

— R. Vi-os, pois, quando cheguei a este mundo, já aqui estavam. Humildemente vos confesso que me consideram como lhes sendo superior.

— P. Tínheis qualquer motivo de afeição para com eles, de preferência a outros quaisquer?

— R. Obrigatório, nenhum, visto que em qualquer parte conseguiria o meu objetivo. Escolhi-os, no entanto, para retribuir uma dívida de reconhecimento. É que outrora haviam sido benévolos para comigo, prestando-me serviços.

— P. Que futuro julgais que vos aguarda?

— R. Espero a reencarnação em um mundo onde se não conheçam dores. Talvez me julgueis muito presunçosa, porém eu vos falo com a vivacidade própria do meu caráter. Além disso, submeto-me à vontade de Deus.

— P. Gratos à vossa presença, não duvidamos que Deus vos cumule de benefícios.

— R. Obrigada. Assim Deus vos abençoe a todos, para que possais, quando desencarnados, gozar das puras alegrias que a mim foram concedidas.

Clara Rivier

Era uma menina dos seus 10 anos, filha de uma família de camponeses do sul da França. Havia já 4 anos que se achava profundamente enferma. Durante a vida nunca se lhe ouviu um queixume, um sinal de impaciência, e, conquanto desprovida de instrução, consolava a família nas suas aflições, comentando a vida futura e a felicidade que da mesma deveria decorrer. Desencarnou em setembro de 1862, após 4 dias de convulsivas torturas, durante as quais não cessava de orar. "Não temo a morte", dizia, "por isso que depois dela me está reservada uma vida feliz." A seu pai, que chorava, dizia: "Consola-te, porque virei visitar-te; sinto que a hora se aproxima, mas, quando ela chegar, saberei preveni-te." E, efetivamente, quando era iminente o momento fatal, chamou por todos os seus e disse-lhes: "Tenho apenas cinco minutos de vida; deem-me as mãos." E expirou como previra.

Daí por diante, um Espírito batedor principiou a visitar a casa dos Rivier: quebra tudo, bate na mesa, agita as roupas, as cortinas, a louça... Sob a forma de Clara ele aparece à irmã mais nova, que conta apenas 5 anos.

Segundo afirma essa criança, a irmã lhe aparece frequentemente, e tais aparições lhe provocam exclamações de alegria como esta: "Mas vejam como Clara é bonita!"

1. Evocação.

— R. Aqui estou, disposta a responder-vos.

2. Tão jovem quando encarnada, donde vos vinham as elevadas ideias sobre a vida futura, manifestadas neste mundo?

— R. Do pouco tempo que me cumpria passar no vosso planeta e da minha precedente encarnação. Eu era médium tanto ao deixar como ao voltar à Terra; predestinada, sentia e via o que dizia.

3.	Como se explica que uma criança da vossa idade não desse um só gemido durante quatro anos de sofrimento?

— R. Porque esse sofrimento físico era dominado por maior potência — a do meu guia, continuamente visível ao meu lado. Ele, ao mesmo tempo que me aliviava, sabia incutir-me uma força de vontade superior aos sofrimentos.

4.	Como vos apercebestes do momento decisivo da morte?

— R. Por influxo do meu anjo de guarda, que jamais me iludiu.

5.	Dissestes a vosso pai que se resignasse porque viríeis visitá-lo. Como se explica, pois, que, animada de tão bons sentimentos para com vossos pais, viésseis perturbá-los depois com arruídos em sua casa?

— R. É que eu tenho indubitavelmente uma provação, ou antes uma missão a realizar. Acreditais que venha ver meus pais sem fito algum? Esses rumores, essas lutas derivadas da minha presença são um aviso. Nisso sou também auxiliada por outros Espíritos cuja turbulência tem sua razão de ser, como razão de ser tem a minha aparição à irmãzinha... Graças a nós, muitas convicções vão despontar. Meus pais haviam de passar por uma provação. Bem cedo isso passará, mas não antes de terem convencido uma multidão de espíritos.

6.	Então não sois vós, individualmente, o autor desses rumores?

— R. Sou, porém, ajudada por Espíritos ao serviço da provação reservada aos meus genitores.

7.	Como se explica, então, que a irmãzinha só vos reconhecesse, não sendo vós a autora exclusiva de tais manifestações?

— R. É que ela apenas me viu a mim. Agora dispõe de vista dupla, e ainda terei de confortá-la muitas vezes com a minha presença.

8.	Qual a razão dos vossos sofrimentos mortificantes numa idade tão infantil?

— R. Faltas anteriores, expiação. Na precedente existência eu abusara da saúde, como da posição brilhante que ocupara. Eis por que Deus me disse: "Gozaste demasiada e desmesuradamente, portanto, pagarás a diferença; eras orgulhosa, logo, serás humilde; vaidosa da tua beleza, importa que dela decaias, esforçando-te antes por adquirir a caridade e a bondade." Procedi consoante a vontade divina e o meu guia me auxiliou.

9.	Quereis que digamos algo aos vossos pais?

— R. A pedido de um médium, eles já tiveram ensejo de praticar a caridade, de não orarem só com os lábios, e fizeram bem, porque cumpre fazê-lo também na prática, pelo coração. Socorrer os que sofrem é orar, é ser espírita. A todas as almas Deus concedeu livre-arbítrio, isto é, faculdade de progresso, como lhes deu a todas a mesma aspiração, e, por isso, *mais do que geralmente se pensa, o avental roça pela toga bordada.* Aproximai as distâncias pela caridade, dai guarida ao pobre em vossa casa, reanimai-o, não o humilheis. Se esta grande lei da consciência fosse geralmente praticada, o mundo não assistiria periodicamente a essas grandes penúrias que desonram a civilização dos povos, e que por Deus são enviadas para castigá-los e abrir-lhes os olhos. Queridos pais, orai. Amai-vos, praticai a lei do Cristo: Não façais a outrem o que não quiserdes que vos façam. Apelai para o Deus que vos experimenta, mostrando que a sua bondade é santa e infinita como Ele. Como previsão do futuro, armai-vos de coragem e perseverança, visto que sois chamados a sofrer ainda. Cumpre fazer jus à boa posição em mundo melhor, onde a compreensão da Justiça divina se torna a punição dos maus Espíritos.

Queridos pais, estarei sempre perto de vós. Adeus, ou, antes, até a vista. Tende resignação, caridade, amor por vossos semelhantes, e um dia sereis felizes.

Clara

"Mais do que geralmente se pensa, o avental roça pela toga bordada..." Esta imagem belíssima é alusão aos Espíritos que, de uma a outra existência, passam de brilhantes a humílimas condições, expiando muitas vezes o abuso em relação aos dons que Deus lhes concedeu.

É uma justiça essa que está ao alcance de todos.

Profundo pensamento é também esse que atribui as calamidades coletivas à infração das Leis divinas, porque Deus castiga os povos tanto quanto os indivíduos. Realmente, pela prática da caridade, as guerras e as misérias acabariam por ser eliminadas. Pois bem, a prática dessa lei conduz ao Espiritismo e, quem sabe, será essa a razão de ter ele tantos e tão acérrimos inimigos? As exortações desta filha, aos pais, serão acaso as de um demônio?

Françoise Vernhes

Esta era cega de nascimento e filha de um rendeiro das cercanias de Toulouse. Faleceu em 1855, aos 45 anos.

Ocupava-se constantemente com o ensino do catecismo aos meninos, preparando-os para a primeira comunhão.

Mudado o catecismo, nenhuma dificuldade lhe sobreveio em ensinar o novo, por conhecê-los ambos de cor. De regresso de longa excursão em tarde invernosa, na companhia de uma tia, era-lhe preciso atravessar sombria floresta por caminhos lamacentos. Fazia-se mister a maior precaução para que as duas mulheres se não despenhassem nos fossos. Nesta contingência, querendo a tia dar-lhe a mão, ela disse: "Não vos incomodeis comigo, não corro risco algum, visto como tenho aos ombros uma luz que me guia. Segui-me, pois, que serei eu a conduzir-vos." Assim terminaram a jornada sem acidente, conduzindo a cega a tia que tinha bons olhos.

(Evocação em Paris, em maio de 1865.)

— P. Quereis dizer-nos que luz seria essa a guiar-vos naquela noite trevosa e só vista por vós?

— R. Quê! Pois as pessoas como vós, em contínuas relações com os Espíritos, têm necessidade de explicação sobre tal fato? Era o meu anjo de guarda quem me guiava.

— P. Essa era também a nossa opinião, mas desejávamos vê-la confirmada. Mas sabíeis naquela ocasião que era o vosso anjo de guarda quem vos conduzia?

— R. Confesso que não, posto acreditasse numa intervenção do Céu. Eu orara por tanto tempo para que o Pai celestial se apiedasse de mim... É tão cruel a cegueira... Sim, ela é bem cruel, mas também reconheço ser justa.

"Aqueles que pecam pelos olhos, por eles devem ser punidos; e assim deve suceder quanto a todas as outras faculdades do homem, que o levam ao abuso. Não procureis, portanto, nos inúmeros sofrimentos humanos, outra causa que lhes não seja a própria e natural, a expiação.

"Esta, contudo, só é meritória quando suportada com humildade, podendo ser suavizada por meio da prece, pela atração de influências espirituais que, protegendo os réus da *penitenciária humana*, lhes infundam esperança e conforto."

— P. Dedicada ao ensino das crianças pobres, tivestes dificuldade em adquirir os conhecimentos do catecismo quando o mudaram?

— R. Ordinariamente, os cegos têm outros sentidos duplos, se assim se pode dizer. A observação não é uma das menores faculdades da sua natureza.

"A memória lhes é qual armário onde se colocam coordenados, e para sempre, os ensinos referentes às suas aptidões e tendências. E porque nada do exterior pode perturbar esta faculdade, o seu desenvolvimento pode ser notável, pela educação. Quanto a mim, agradeço a Deus o haver-me concedido que tal faculdade me permitisse preencher a missão que levava, junto dessas crianças, e que constituía também uma reparação do mau exemplo que lhes dera em anterior existência. Tudo é assunto sério para os espíritas; basta, para afirmá-lo, olhar ao derredor deles. Os meus ensinos lhes seriam porventura mais úteis do que se se deixassem levar pelas sutilezas filosóficas de certos Espíritos, que se divertem com lisonjear-lhes o orgulho em frases tão bombásticas quão vazias de sentido."

— P. Pela vossa conduta terrena, tivemos uma prova do vosso adiantamento moral, e agora, pela vossa linguagem, temos a de que esse adiantamento também é intelectual.

— R. Muito me resta por adquirir; há, porém, muita gente que na Terra passa por ignorante, só porque tem a inteligência embotada pela expiação. Com a morte se rasga o véu, e frequentemente os ignorantes são mais instruídos do que os desdenhosos da sua ignorância. Crede que o orgulho é a pedra de toque para o conhecimento dos homens.

"Todos os que possuírem coração acessível à lisonja, demasiado confiantes na sua ciência, estão no mau caminho; em geral são hipócritas e, portanto, desconfiai deles.

"Sede humildes qual o foi o Cristo e, como ele, com amor carregai a vossa cruz, a fim de subirdes ao reino dos Céus."

Françoise Vernhes

Anna Bitter

A perda de um filho adorado é motivo de acerbo pesar; ver, porém, o filho único, alvo de todas as esperanças, depositário de *todas* as afeições, definhar a olhos vistos e sem sofrimentos, por causas desconhecidas, por um desses caprichos da natureza que zombam da Ciência e, depois de esgotar todos os recursos, não haver por compensação uma esperança sequer; suportar essa angústia de todos os momentos, por longos anos, sem lhe prever o termo, é um suplício cruel que a fortuna agrava em vez de suavizar, dada a impossibilidade de vê-la fruída pelo ente adorado.

Esta era a situação do pai de Anna Bitter, que por isso se entregou a um íntimo desespero. O caráter se lhe exasperava ante tal espetáculo a cortar-lhe o coração, e cujas consequências não poderiam deixar de ser fatais, ainda que indeterminadas. Um amigo da família, adepto do Espiritismo, julgou dever interrogar a respeito o seu protetor espiritual, e obteve a seguinte resposta:

"Muito desejo explicar-te o caso que ora te preocupa, mesmo porque sei que a mim não recorres por curiosidade indiscreta, mas pelo interesse que te merece aquela pobre criança, e ainda porque, crente na Justiça divina, tu só terás a ganhar com isso. Todos os que acarretam sobre si a justiça do Senhor devem curvar a fronte sem maldições nem revoltas, porque não há castigo sem causa. A pobre criança, cuja sentença de morte fora suspensa por Deus, em breve deverá regressar ao nosso meio, visto como mereceu a divina compaixão; quanto ao seu pai, esse homem infeliz, tem de ser punido na sua única afeição mundana, visto haver zombado da confiança e dos sentimentos de quantos o rodeiam. Por momentos o seu arrependimento tocou o Onipotente e a morte sustou o golpe sobre o ente que lhe é tão caro; mas para logo veio a revolta, e o castigo sempre acompanha a revolta. Em tais condições, é felicidade ainda o ser punido nesse mundo! Meus amigos, orai por essa pobre criança, cuja juventude vai dificultar-lhe os últimos momentos. Nesse ser a seiva é tão abundante, que, apesar do seu depauperamento orgânico, a alma terá dificuldade em se lhe desprender. Oh! Orai... Mais tarde ela também vos auxiliará e consolará, visto que o seu Espírito é mais adiantado do que os que a rodeiam. Para que o seu desprendimento seja auxiliado, coube-me, como graça especial do Senhor, o poder orientar-vos a respeito."

Depois de haver expiado o insulamento, morreu o pai de Anna Bitter. A seguir, damos de uma e outro as primeiras comunicações imediatas às respectivas desencarnações:

Da filha. — Obrigada, meu amigo, à vossa intercessão por esta criança, bem como por terdes seguido os conselhos do vosso bom guia. Sim. Graças às vossas preces, mais fácil me foi deixar o invólucro terrestre, porque meu pai... Ah! Esse não orava, maldizia! Entretanto, não lhe quero mal por isso — consequência da grande ternura que me votava. A Deus rogo que lhe conceda luzes antes de morrer; e, quanto a mim, o incito e animo, porque me assiste a missão de lhe suavizar os últimos momentos. Vezes há nas quais parece que um raio de luz divina baixa até ele e o comove; contudo, isso não passa de fugaz clarão, que para logo o deixa entregue às primitivas ideias. Ele tem consigo um gérmen de fé, mas tão sufocada pelos mundanos interesses, que só poderá vingar por meio de novas e mais cruéis provações. Pelo que me diz respeito, apenas cumpria suportar um resto de prova, de expiação, e assim é que ela não foi nem muito dolorosa nem muito difícil. A minha singular enfermidade não acarretava sofrimentos; eu era como que instrumento da provação de meu pai, o qual, por me ver em tal estado, sofria mais do que eu mesma. Além disso, eu tinha resignação e ele não. Hoje sou recompensada. Deus, graciosamente, abreviou-me a estada na Terra — o que aliás lhe agradeço. Feliz entre os bons Espíritos que me cercam, todos cumprimos satisfeitos as nossas obrigações, mesmo porque a inatividade seria um cruel suplício.

O Pai (um mês depois da morte.) — Evocando-vos, temos por fim nos informarmos da vossa situação no mundo dos Espíritos e servos úteis na medida das nossas forças.

— R. O mundo dos Espíritos? Não o vejo... O que vejo são homens conhecidos, que comigo não se preocupam e tampouco me deploram a sorte, antes parecendo-me contentes de se verem livres de mim.

— P. Mas fazeis uma ideia exata da vossa condição?

— R. Perfeitamente: por algum tempo julguei-me ainda no vosso mundo, mas hoje sei muito bem que não mais lhe pertenço.

— P. Por que, então, não podeis divisar outros Espíritos que vos rodeiam?

— R. Ignoro-o, conquanto tudo esteja bem claro em torno de mim.

— P. Ainda não vistes a vossa filha?

— R. Não, ela está morta; procuro-a, chamo por ela inutilmente. Que vácuo horrível que a sua morte me deixou na Terra! Morrendo, julgava encontrá-la, mas nada! O insulamento sempre e sempre! Ninguém que me dirija uma palavra de consolação e de esperança. Adeus, vou procurar minha filha.

O guia do médium. — Este homem não era ateu nem materialista, mas daqueles que creem vagamente, sem se preocuparem de Deus e do futuro, empolgados como são pelos interesses terrenos. Profundamente egoísta, tudo sacrificaria para salvar a filha, mas também sem o mínimo escrúpulo sacrificaria os interesses de terceiros em seu proveito pessoal.

Por ninguém se interessava, além da sua filha. Deus o puniu da forma como o vistes, arrebatando-lhe da Terra a consolação única; e como ele se não arrependesse, o sequestro subsiste no mundo espiritual. Não se interessando por ninguém aí, também aqui ninguém por ele se interessa. Permanece só, insulado, abandonado, e nisso consiste a sua punição. Mas que faz ele em tais conjunturas? Dirige-se a Deus? Arrepende-se? Não: murmura sempre, blasfema até, faz, em uma palavra, o que fazia na Terra. Ajudai-o, pois, pela prece como pelo conselho, a desanuviar-se da sua cegueira.

Joseph Maître, o cego

Pertencia à classe mediana da sociedade e gozava de modesta abastança, ao abrigo de quaisquer privações. Os pais o destinavam à indústria e deram-lhe boa educação, porém, aos 20 anos, ele perdia a visão. Com perto de 50, veio finalmente a falecer, isto em 1845. Dez anos antes, fora acometido por outra enfermidade que o deixou surdo, de modo que só pelo tato mantinha relações com o mundo dos encarnados. Ora, não ver, já é um suplício; não ver e não ouvir é duplicado suplício, principalmente para quem depois de fruir as faculdades de tais sentidos tiver de suportar essa dupla privação. Qual a causa de sorte tão cruel? Certo não era a sua última existência, sempre moldada numa conduta exemplar. Assim é que sempre foi bom filho, possuidor de caráter meigo e benévolo, e, quando por cúmulo de infelicidade se viu privado da audição, aceitou resignado, sem um queixume, esta prova. Pela sua conversação, pressentia-se na lucidez do seu Espírito uma inteligência pouco comum. Pessoa que o conhecera, na presunção de que poderia receber instruções úteis, evocou-lhe o Espírito e obteve a seguinte mensagem, em resposta às perguntas que lhe dirigira:

(Paris – 1863.)

"Agradeço, meus amigos, o terdes lembrado de mim. Pode ser que tal se não desse independente da suposição de proveito da minha comunicação, mas, ainda assim, estou certo de que motivos sérios vos animam e eis por que com prazer atendo ao chamado, uma vez que, por feliz, me é permitido orientar-vos. Assim possa o meu exemplo avolumar as provas assaz numerosas que os Espíritos vos dão da Justiça de Deus. Cego e surdo me conhecestes, e para logo vos propusestes saber a causa de tal destino.

Eu vo-lo digo: Antes de tudo, importa dizer que era a segunda vez que eu expiava a privação da vista. Na minha precedente existência, em princípios do último século, fiquei cego aos 30 anos, em decorrência de excessos de todo o gênero que, arruinando-me a saúde, me enfraqueceram o organismo. Note-se que era já isso uma punição por abuso dos dons providenciais de que fora largamente cumulado. Em vez, porém, de me atribuir a causa original dessa enfermidade, entendi de acusar a Providência, na qual, aliás, pouco cria. Anatematizei Deus, reneguei-o, acusei-o, acrescentando que, se acaso existisse, devia ser injusto e mau, por deixar assim penar as criaturas. Entretanto, eu deveria dar-me ainda por feliz, isento como estava de mendigar o pão, à feição de tantos outros míseros cegos como eu. Mas é que eu só pensava em mim, na privação de gozos que me impunham. Influenciado por ideias tais, que o ceticismo mais exaltava, tornei-me frenético, exigente, numa palavra, insuportável aos que comigo privavam. Além disso, a vida era-me um moto-contínuo, pois que eu não pensava no futuro — uma quimera. Depois de esgotar baldamente os recursos da Ciência e reputada impossível a cura, resolvi antecipar a morte: suicidei-me.

Que despertar, então, que foi o meu, imerso nas mesmas trevas da vida! Contudo, não tardou muito o reconhecimento da minha situação, da minha transferência para o mundo espiritual. Era um Espírito, sim, porém, cego. A vida de além-túmulo tornava-se-me, pois, a realidade! Procurei fugir-lhe, mas em vão... Envolvia-me o vácuo.

Pelo que ouvia dizer, essa vida deveria ser eterna, e com ela a minha situação. Ideia horrenda! Eu não sofria, mas impossível é descrever as angústias e tormentos espirituais experimentados. Quanto teriam eles durado? Ignoro-o... Mas quão longo me pareceu este tempo! Extenuado, fatigado, pude finalmente analisar-me a mim mesmo, e compreendi o ascendente de um poder superior, que sobre mim atuava, e considerei que se essa potência podia oprimir-me, também poderia aliviar-me. E implorei piedade. À proporção que orava e o fervor se me aumentava, alguém me dizia que a minha situação teria um termo. Por fim se fez a luz e extremo foi o meu arroubo de alegria ao entrever as claridades celestes, distinguindo os Espíritos que me rodeavam, sorrindo, benévolos, bem como os que, radiosos, flutuavam no Espaço. Ao querer seguir-lhes os passos, força invisível me reteve. Foi então que um deles me disse: "O Deus que negaste teve comiseração do teu arrependimento e permitiu-nos te déssemos a luz, mas tu só cedeste pelo sofrimento, pelo cansaço. Se queres participar desta felicidade aqui fruída, forçoso é provares a sinceridade do teu arrependimento, as boas disposições, recomeçando a prova terrestre *em condições que te predisponham às mesmas faltas*, porque esta nova provação deverá ser mais rude que a outra." Aceitei pressuroso, prometendo não mais falir. Assim voltei à Terra nas condições que sabeis. Não me foi difícil compreender a situação, porque eu não era mau por índole; revoltara-me contra Deus, e Deus me puniu. Reencarnei *trazendo a fé inata*, razão por que não murmurei, antes aceitei a dupla enfermidade resignado, como expiação que era, oriunda da soberana justiça. O insulamento dos meus derradeiros anos nada tinha de desesperador, porquanto me bafejava a fé no futuro e na misericórdia de Deus. Ademais, esse insulamento me foi proveitoso, porque durante a longa noite silenciosa a minha alma mais livremente se alçava ao Eterno, entrevendo o infinito pelo pensamento. Quando, por fim, terminou o exílio, o mundo espiritual só me proporcionou esplendores, inefáveis gozos. O retrospecto ao passado faz que me julgue muito feliz, relativamente, pelo que dou graças a Deus; quando, porém, olho para o futuro, vejo a grande distância que ainda me separa da completa felicidade.

 Tendo já expiado, *ainda me faltava reparar. A última encarnação só a mim aproveitou*, pelo que espero recomeçar brevemente por existência que me permita ser útil ao próximo, reparando por esse meio a inutilidade anterior. E só assim me adiantarei na boa senda, sempre franqueada aos Espíritos possuídos de boa vontade.

    Amigos, eis aí a minha história; e se o meu exemplo puder esclarecer quaisquer dos meus irmãos encarnados, de modo a evitarem a má ação que pratiquei, terei por principiado o resgate da minha dívida."

Joseph

Nota explicativa[71]

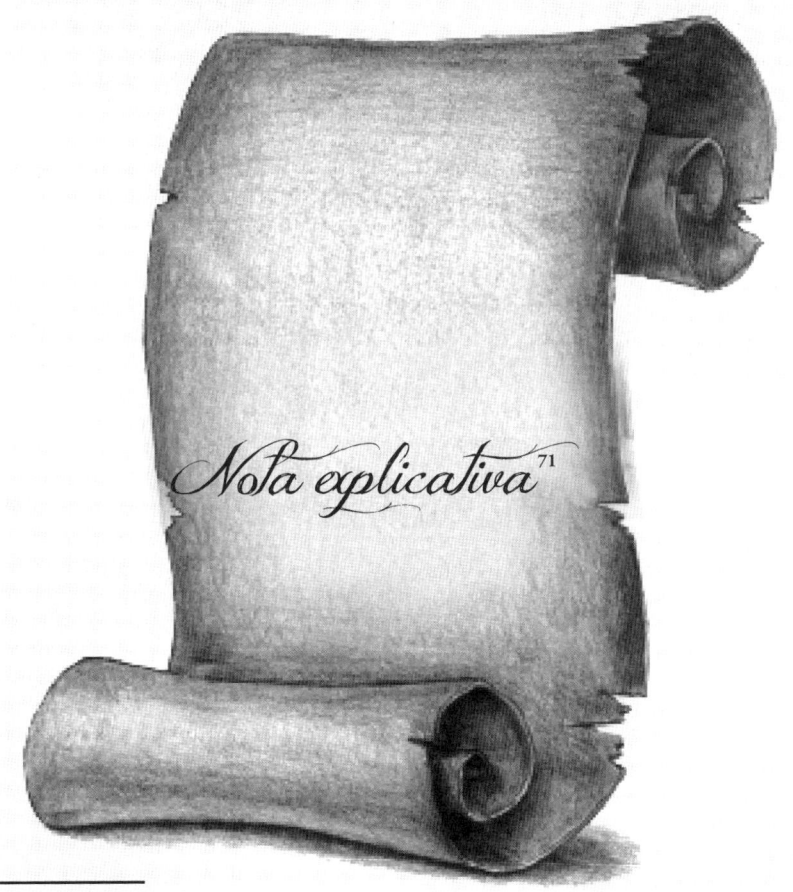

[71] N.E.: Esta *Nota Explicativa*, publicada em face de acordo com o Ministério Público Federal, tem por objetivo demonstrar a ausência de qualquer discriminação ou preconceito em alguns trechos das obras de Allan Kardec, caracterizadas, todas, pela sustentação dos princípios de fraternidade e solidariedade cristãs, contidos na Doutrina Espírita.

Hoje creem e sua fé é inabalável, porque assentada na evidência e na demonstração, e porque satisfaz à razão. [...]. Tal é a fé dos espíritas, e a prova de sua força é que se esforçam por se tornarem melhores, domarem suas inclinações más e porem em prática as máximas do Cristo, olhando todos os homens como irmãos, sem acepção de raças, de castas, nem de seitas, perdoando aos seus inimigos, retribuindo o mal com o bem, a exemplo do divino modelo. (KARDEC, Allan. *Revista Espírita* de 1868. 1. Ed. Rio de Janeiro: FEB, 2005. p. 28, janeiro de 1868.)

A investigação rigorosamente racional e científica de fatos que revelavam a comunicação dos homens com os Espíritos, realizada por Allan Kardec, resultou na estruturação da Doutrina Espírita, sistematizada sob os aspectos científico, filosófico e religioso.

A partir de 1854 até seu falecimento, em 1869, seu trabalho foi constituído de cinco obras básicas: *O Livro dos Espíritos* (1857), *O Livro dos Médiuns* (1861), *O Evangelho segundo o Espiritismo* (1864), *O Céu e o Inferno* (1865), *A Gênese* (1868), além da obra *O Que é o Espiritismo* (1859), de uma série de opúsculos e 136 edições da *Revista Espírita* (de janeiro de 1858 a abril de 1869). Após sua morte, foi editado o livro *Obras Póstumas* (1890).

O estudo meticuloso e isento dessas obras permite-nos extrair conclusões básicas: a) todos os seres humanos são Espíritos imortais criados por Deus em igualdade de condições, sujeitos às mesmas leis naturais de progresso que levam todos, gradativamente, à perfeição; b) o progresso ocorre através de sucessivas experiências, em inúmeras reencarnações, vivenciando necessariamente todos os segmentos sociais, única forma de o Espírito acumular o aprendizado necessário ao seu desenvolvimento; c) no período entre as reencarnações o Espírito permanece no Mundo Espiritual, podendo comunicar-se com os homens; d) o progresso obedece às leis morais ensinadas e vivenciadas por Jesus, nosso guia e modelo, referência para todos os homens que desejam desenvolver-se de forma consciente e voluntária.

Em diversos pontos de sua obra, o Codificador se refere aos Espíritos encarnados em tribos incultas e selvagens, então existentes em algumas regiões do planeta, e que, em contato com outros polos de civilização, vinham sofrendo inúmeras transformações, muitas com evidente benefício para os seus membros, decorrentes do progresso geral ao qual estão sujeitas todas as etnias, independentemente da coloração de sua pele.

Na época de Allan Kardec, as ideias frenológicas de Gall, e as da fisiognomonia de Lavater, eram aceitas por eminentes homens de Ciência, assim como provocou enorme agitação nos meios de comunicação e junto à intelectualidade e à população em geral, a publicação, em 1859 — dois anos depois do lançamento de *O Livro dos Espíritos* — do livro sobre a *Evolução das Espécies*, de Charles Darwin, com as naturais incorreções e incompreensões que toda ciência nova apresenta. Ademais, a crença de que os traços da fisionomia revelam o caráter da pessoa é muito antiga, pretendendo-se haver aparentes relações entre o físico e o aspecto moral.

O Codificador não concordava com diversos aspectos apresentados por essas assim chamadas ciências. Desse modo, procurou avaliar as conclusões desses eminentes pesquisadores à luz da revelação dos Espíritos, trazendo ao debate o elemento espiritual como fator decisivo no equacionamento das questões da diversidade e desigualdade humanas.

Allan Kardec encontrou, nos princípios da Doutrina Espírita, explicações que apontam para leis sábias e supremas, razão pela qual afirmou que o Espiritismo permite "resolver os milhares de problemas históricos, arqueológicos, antropológicos, teológicos, psicológicos, morais, sociais etc." (*Revista Espírita*, 1862, p. 401). De fato, as leis universais do amor, da caridade, da imortalidade da alma, da reencarnação, da evolução constituem novos parâmetros para a compreensão do desenvolvimento dos grupos humanos, nas diversas regiões do Orbe.

Essa compreensão das Leis divinas permite a Allan Kardec afirmar que:

> O corpo deriva do corpo, mas o Espírito não procede do Espírito. Entre os descendentes das raças apenas há consanguinidade. (*O Livro dos Espíritos*, item 207, p. 176.)

> [...] o Espiritismo, restituindo ao Espírito o seu verdadeiro papel na Criação, constatando a superioridade da inteligência sobre a matéria, faz com que desapareçam, naturalmente, todas as distinções estabelecidas entre os homens, conforme as vantagens corporais e mundanas, sobre as quais só o orgulho fundou as castas e os estúpidos preconceitos de cor. (*Revista Espírita*, 1861, p. 432.)

> Os privilégios de raças têm sua origem na abstração que os homens geralmente fazem do princípio espiritual, para considerar apenas o ser material exterior. Da força ou da fraqueza constitu-

cional de uns, de uma diferença de cor em outros, do nascimento na opulência ou na miséria, da filiação consanguínea nobre ou plebeia, concluíram por uma superioridade ou uma inferioridade natural. Foi sobre este dado que estabeleceram suas leis sociais e os privilégios de raças. Deste ponto de vista circunscrito, são consequentes consigo mesmos, porquanto, não considerando senão a vida material, certas classes parecem pertencer, e realmente pertencem, a raças diferentes. Mas se se tomar seu ponto de vista do ser espiritual, do ser essencial e progressivo, numa palavra, do Espírito, preexistente e sobrevivente a tudo, cujo corpo não passa de um invólucro temporário, variando, como a roupa, de forma e de cor; se, além disso, do estudo dos seres espirituais ressalta a prova de que esses seres são de natureza e de origem idênticas, que seu destino é o mesmo, que todos partem do mesmo ponto e tendem para o mesmo objetivo; que a vida corporal não passa de um incidente, uma das fases da vida do Espírito, necessária ao seu adiantamento intelectual e moral; que em vista desse avanço o Espírito pode sucessivamente revestir envoltórios diversos, nascer em posições diferentes, chega-se à consequência capital da igualdade de natureza e, a partir daí, à igualdade dos direitos sociais de todas as criaturas humanas e à abolição dos privilégios de raças. Eis o que ensina o Espiritismo. Vós que negais a existência do Espírito para considerar apenas o homem corporal, a perpetuidade do ser inteligente para só encarar a vida presente, repudiais o único princípio sobre o qual é fundada, com razão, a igualdade de direitos que reclamais para vós mesmos e para os vossos semelhantes. (*Revista Espírita*, 1867, p. 231.)

Com a reencarnação, desaparecem os preconceitos de raças e de castas, pois o mesmo Espírito pode tornar a nascer rico ou pobre, capitalista ou proletário, chefe ou subordinado, livre ou escravo, homem ou mulher. De todos os argumentos invocados contra a injustiça da servidão e da escravidão, contra a sujeição da mulher à lei do mais forte, nenhum há que prime, em lógica, ao fato material da reencarnação. Se, pois, a reencarnação funda numa Lei da natureza o princípio da fraternidade universal, também funda na mesma lei o da igualdade dos direitos sociais e, por conseguinte, o da liberdade. (*A Gênese*, cap. I, item 36, p. 42-43. Vide também *Revista Espírita*, 1867, p. 373.)

Na época, Allan Kardec sabia apenas o que vários autores contavam a respeito dos selvagens africanos, sempre reduzidos ao embrutecimento quase total, quando não escravizados impiedosamente.

É baseado nesses informes "científicos" da época que o Codificador repete, com outras palavras, o que os pesquisadores europeus descreviam quando de volta das viagens que faziam à África negra. Todavia, é peremptório ao abordar a questão do preconceito racial:

> Nós trabalhamos para dar a fé aos que em nada creem; para espalhar uma crença que os torna melhores uns para os outros, que lhes ensina a perdoar aos inimigos, a se olharem como irmãos, sem distinção de raça, casta, seita, cor, opinião política ou religiosa; numa palavra, uma crença que faz nascer o verdadeiro sentimento de caridade, de fraternidade e deveres sociais. (KARDEC, Allan. *Revista Espírita* de 1863 – 1. Ed. Rio de Janeiro: FEB, 2005. – Janeiro de 1863.)

> O homem de bem é bom, humano e benevolente para com todos, sem distinção de raças nem de crenças, porque em todos os homens vê irmãos seus. (*O Evangelho segundo o Espiritismo*, cap. XVII, item 3, p. 348.)

É importante compreender, também, que os textos publicados por Allan Kardec na *Revista Espírita* tinham por finalidade submeter à avaliação geral as comunicações recebidas dos Espíritos, bem como aferir a correspondência desses ensinos com teorias e sistemas de pensamento vigentes à época. Em Nota ao capítulo XI, item 43, do livro *A Gênese*, o Codificador explica essa metodologia:

> Quando, na *Revista Espírita* de janeiro de 1862, publicamos um artigo sobre a "interpretação da doutrina dos anjos decaídos", apresentamos essa teoria como simples hipótese, sem outra autoridade afora a de uma opinião pessoal controversível, porque nos faltavam então elementos bastantes para uma afirmação peremptória. Expusemo-la a título de ensaio, tendo em vista provocar o exame da questão, decidido, porém, a abandoná-la ou modificá-la, se fosse preciso. Presentemente, essa teoria já passou pela prova do controle universal. Não só foi bem aceita pela maioria dos espíritas, como a mais racional e a mais concorde com a soberana justiça de Deus, mas também foi confirmada pela generalidade das instruções que os Espíritos deram sobre o assunto. O mesmo se verificou com a que concerne à origem da raça adâmica. (*A Gênese*, cap. XI, item 43, Nota, p. 292.)

Por fim, urge reconhecer que o escopo principal da Doutrina Espírita reside no aperfeiçoamento moral do ser humano, motivo pelo qual as indagações e perquirições científicas e/ou filosóficas ocupam posição secundária, conquanto importantes, haja vista o seu caráter provisório decorrente do progresso e do aperfeiçoamento geral. Nesse sentido, é justa a advertência do Codificador:

> É verdade que esta e outras questões se afastam do ponto de vista moral, que é a meta essencial do Espiritismo. Eis por que seria um equívoco fazê-las objeto de preocupações constantes. Sabemos, aliás, no que respeita ao princípio das coisas, que os Espíritos, por não saberem tudo, só dizem o que sabem ou o que pensam saber. Mas como há pessoas que poderiam tirar da divergência desses sistemas uma indução contra a unidade do Espiritismo, precisamente porque são formulados pelos Espíritos, é útil poder comparar as razões pró e contra, no interesse da própria doutrina, e apoiar no assentimento da maioria o julgamento que se pode fazer do valor de certas comunicações. (*Revista Espírita*, 1862, p. 38.)

Feitas essas considerações, é lícito concluir que na Doutrina Espírita vigora o mais absoluto respeito à diversidade humana, cabendo ao espírita o dever de cooperar para o progresso da humanidade, exercendo a caridade no seu sentido mais abrangente ("benevolência para com todos, indulgência para as imperfeições dos outros e perdão das ofensas"), tal como a entendia Jesus, nosso Guia e Modelo, sem preconceitos de nenhuma espécie: de cor, etnia, sexo, crença ou condição econômica, social ou moral.

A Editora

Índice geral[72]

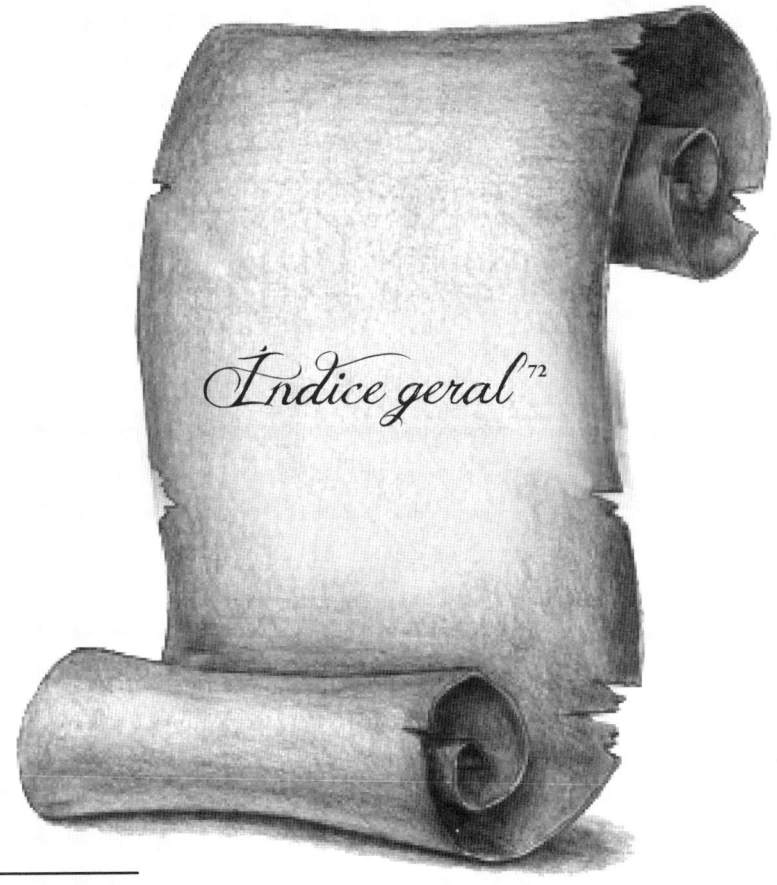

---
[72] N.E.: Remete ao número da página.

A

A..., médium espírita
evocação de Julienne-Marie e – 345
Abadon
demônio do homicídio e – 52
Agostinho, Santo
Marcel, o menino do no 4, e – 338, Nota
sofrimentos físicos e – 49
Alexandre
crença dos gauleses ao tempo de – 323
Alma
abstração da – 21
arrependimento da * e felicidade – 71
atuação da * sobre o corpo – 152
concepção de * para o espírito – 24
corpo, instrumento da – 101
criação da – 102
desprendimento da – 98
destino da * após a morte – 14
efeitos da decomposição do corpo e – 152
Espiritismo e estado da * depois da morte – 23
extinção da vida orgânica e separação da – 152
falibilidade da – 102
felicidade ou infelicidade da * após a morte – 16
fonte da vida e – 20
gênero de morte e sensações da – 154
imortalidade da * e felicidade eterna – 71
impossibilidade de rever a * no inferno – 23
infância, adolescência e virilidade da – 106
inteligências ocultas e – 122
laço fluídico que une a * ao corpo – 151
livre-arbítrio e – 16
lógica da individualidade da – 16
natureza da – 94
Panteísmo e individualidade da – 15
perfectibilidade da – 71
perispírito, envoltório da – 152
princípio inteligente e – 14
progresso da * depois da morte – 73
progresso da * e impossibilidade das penas – 72
progresso da * na vida espiritual e – 234
purgatório e – 40
qualidades intelectuais e morais da – 15
reentrada da * no Todo Universal – 15
repercussão da desagregação material na – 151
sensação dolorosa da * após a morte – 152
sensações de dor e prazer e – 151
separação da * e do corpo – 147
sorte futura e – 18
suicida e repercussão do perispírito na – 155

união da * com o corpo – 101
veículo das sensações físicas da – 152
Amenti
considerações sobre – 51, Nota
Angèle, Espírito endurecido
instruções do guia do médium – 328
Monod, guia do médium, e – 329
origem do mal e – 328
temor do futuro e – 327
Anjo(s)
admissão da falibilidade dos – 113
categorias de * segundo a Igreja – 124
causa da rebelião dos – 111, Nota
causa do erro e instrumento do castigo e – 114
conceito espírita de – 102
considerações sobre – 93, Nota
egoísmo e – 134
Espiritismo e – 102, 118
Espírito puro e – 102, 130
forma tangível e palpável do – 95
herança dos hebreus e – 108
hierarquia dos * segundo a Igreja – 96
Igreja e – 93
intermediário entre Deus e os homens e – 93
ocupação dos – 114
precipitação dos * no abismo – 113
primeira hierarquia dos – 96
refutação e – 97
segunda hierarquia dos – 96
ser superior à humanidade e – 93
socorro dos * às almas transviadas – 134
sorte dos – 113
terceira hierarquia dos – 96
Anjos da guarda
guia e – 86
insinuação dos * pela consciência – 134
insinuação dos * pela inspiração – 134
poder dos – 135
terceira hierarquia dos – 96
Arcanjos
terceira hierarquia dos anjos e – 96
Arimane
considerações sobre – 107
Arrependimento
calma de espírito e – 88
dependência da vontade humana e – 89
Espiritismo e inspiração do – 157, Nota
inutilidade do – 241
libertação do Espírito e – 241
mágoa de ter ofendido a Deus e – 241
penas irrevogáveis e ineficácia do – 66
prelúdio do perdão e – 320
primeiro passo para a regeneração e – 85
tempo de – 85
travos da expiação e – 85
Astronomia
descobrimento das leis que regem o universo e – 34

Avental roça pela toga bordada, O
  simbologia da expressão – 370

B

B..., Antonio, escritor
  caracteres da morte real e – 355
  enterrado vivo – 354
  instruções de Erasto, guia do médium, e – 356
  legado de dívidas às gerações futuras e – 356
  pedido de exumação e – 354
  pena de talião e – 355
  punição de uma feroz existência e – 355
B., Sr., suicida, e – 272
B..., Sra., de Bordeaux
  final da reparação e – 361
  médico em vida passada e – 360
  sábio ambicioso e – 359
  satisfação da cupidez e do orgulho e – 360
  vida de martírios físicos e – 359
Balzac
  considerações sobre – 285, Nota
Batismo
  criança falecida em tenra idade e – 22
  selvagem ignorante e – 22, 41
Belerofonte
  considerações sobre – 45
Belfegor
  demônio da luxúria e – 52
Bell, Antoine, suicida
  arrependimento e – 290
  assassinato de rival e – 289
  Espírito obsessor e vingativo e – 289
  visão perseverante da vítima e – 289
Belleville, Anna, Sra., Espírito
  em condição mediana apego à matéria e – 231
  crença na imortalidade da alma e – 229
  desprezo ao sofrimento alheio e – 232
  evocação e – 229
  perturbação breve e – 234
  progresso da alma na vida espiritual e – 234
  resposta de São Luís, Espírito, e – 233
  valor da prece e – 231
  vida corporal, prática do progresso e – 234
Belzebu
  demônio dos desejos impuros e – 52
Bem
  anulação do * por si mesmo – 29
  duplo princípio do * e do mal – 107
  homem e nuanças do * e do mal – 63
  livre-arbítrio e prática do – 87
Benoist, criminoso arrependido
  abuso do poder e – 299
  arrependimento pelo sofrimento e – 299

  Paulin, guia do médium, e – 302
Bernardin, Espírito feliz
  evocação de – 197
  missão de – 197
Bertin, Ferdinand, Espírito sofredor
  omentário de São Luís, Espírito, e – 251
  condições fluídicas e – 249
  esperança, perdão e – 249
  visão do corpo e – 248
Bertin, François, Espírito sofredor
  isão do corpo e – 249, Nota
Betume
  fogo de – 39, nota
Bíblia
  justificação da eternidade das penas e – 76
Bitter, Anna
  comunicação de *, Espírito – 373
  comunicação do pai de – 373
  desespero do pai de – 372
  desprendimento e – 373
  guia do médium de – 374
  instrumento de provação do pai e – 374
  punição do pai na única afeição mundana e – 373
Bré, Joseph, Espírito em
  condição mediana evocação de – 219
  honestidade aos olhos de Deus e – 219
Bruxaria
  santos milagres e – 131

C

C., Benjamin
  filho da Sra. C., suicida, e – 270
C., Sra., suicida
  arrependimento e – 271
  castigo e – 272
  coragem, resignação e – 270
  injustiça divina e – 270
  mãe de Benjamin C., e – 270
  motivo do suicídio da – 269
  punição de – 271
  valor do amor materno e – 270
Callet, Augusto
  inferno, O, obra, e – 48, Nota
Cardon, Sr., médico, Espírito
  em condição mediana consolo da prece e – 226
  evocação e – 224
  imortalidade da alma e – 225
  indicação de prece e – 227
  morte aparente e – 226
  morte, libertação, caridade e – 224
  óbolo do pobre e – 227
Caridade
  conceito de – 383
  finalidade e razão de ser da – 20
  grande lei da consciência e – 369

Carne fraca, A
  considerações sobre – 79, Nota
Caronte
  considerações sobre – 42, Nota
Castelnaudary, O Espírito de
  contagem do tempo para os Espíritos e – 304
  D..., Sr., assassinado pelo irmão, e – 302
  ineficácia da prece e – 305
  Luís, São, Espírito, e – 302
  obsessão, oração e – 302
  origem do Espírito antes desta encarnação – 304
  remorso e – 306
Castigo
  eternidade do – 85, Nota
  natureza e duração do – 84 e 85
  término do – 60
Cérbero
  considerações sobre – 45
Cérebro
  causa do desenvolvimento do – 79
Ceticismo
  estacionamento da Religião e – 68
Céu
  almas felizes e – 83
  caminho para o * e mundos felizes – 118
  conceito de – 25, 112
  crença dos antigos e – 25
  degraus da bem-aventurança e – 25
  dinheiro e portas do – 75
  localização do – 33
  muçulmanos e – 25, Nota
  origem da palavra – 25
  seitas cristãs e – 40
Charlatanismo
  sã doutrina e – 133
Charles de Saint-G..., idiota
  debilidade do sistema orgânico e – 361
  desprendimento e – 362
  evocação e – 361
  imperfeição dos órgãos e – 363
  instrução de um Espírito sobre os idiotas e – 363
  Luís, São, Espírito, e – 361
  mutismo moral e físico e – 363
  sensação dolorosa e – 362
Ciclopes
  considerações sobre – 46
Ciência
  revelação das forças vivas da natureza e – 34
Circuncisão
  conservação da – 142
Claire, Espírito sofredor
  comentário de Georges, guia do médium e – 256
  comentário de São Luís, Espírito, e – 254, 260

diferença entre moral divina e moral humana e – 255
estudo sobre as comunicações de – 257
Félix, marido de – 256
Georges, guia do médium, e – 256
orgulho, egoísmo e – 253
propriedade luminosa do Espírito e – 259
remorso do tempo perdido e – 254
resignação, esperança e – 253
trevas para o Espírito e – 259
Código penal da vida futura
  princípios do – 91
Comunicação de além-túmulo
  interdição da – 147
Consciência
  gravação da lei na – 90
  revolta contra a voz da consciência e – 317
  voz de Deus e – 34
  voz íntima da – 34
Conscrito, O pai e o, suicida
  abreviação da pena e – 266
  confiança em Deus e – 267
  direito de dispor da vida e – 267
  guia do médium e – 269
  Luís, São, Espírito, e – 266
  motivo do suicídio e – 265
Convulsão
  indício da luta do Espírito e – 154
Corpo
  alma e efeitos da decomposição do – 152
  características do – 27
  causa da afinidade entre * e perispírito – 154
  decomposição do – 265
  instrumento da alma e – 101
  insuficiência da unicidade da existência do – 29
  morte do – 27
  união entre a alma e – 101
Corpo espiritual *ver* **Perispírito**
Corpo fluídico *ver* **Perispírito**
Costeau, Antoine, Espírito feliz
  alocução do Sr. Canu e – 205, Nota
  evocação de – 205
Crença
  formação da base de todas as religiões e – 16
  origem da diversidade de – 17
Crença em o nada ver também **Niilismo**
  pensamento na vida presente e – 11
  pensamento no egoísmo e – 12
Criação
  plano divino na obra da – 93, Nota
  sentido alegórico dos seis dias da – 34
Cristianismo
  cismas no seio do – 136
  considerações sobre – 136, Nota

Cristo *ver* **Jesus**
Crítica
    erro da – 134
Cura
    ação meritória do diabo e – 130, Nota
    Espiritismo e – 130
    influência espiritual sobre o organismo e – 81

D
D., Sr.
    marido da Sra. D. – 272
D., Sra., suicida
    arrependimento e – 274
    auxílio da prece e – 274
    circunstâncias atenuantes e – 274
    sensação da * ao despertar no outro mundo – 273
Danaides, tonel de
    inferno pagão e – 38, Nota
Deísmo
    estacionamento da Religião e – 68
Dejanira, túnica de
    considerações sobre – 54, Nota
Demeure, Dr., Espírito feliz
    Cura D'Ars da Medicina e – 181
    espírita e – 181
    Espírito de Verdade e – 183
    Espírito muito adiantado e – 185
    evocação de – 181
    G., Sra., médium sonambúlica, e – 183 a 185
    homicídio voluntário e – 183
    médico homeopata – 181
    necessidade da atividade espiritual e – 186
    prova de identidade e – 185
Demônio(s)
    agentes provocadores e – 115
    anjos da virtude e – 117
    causa do erro e instrumento do castigo e – 114
    concepção do * segundo a Igreja – 108
    crença em Deus pela intercessão do – 135
    denominações de – 52
    doutrina da Igreja e – 119
    doutrina dos – 109, Nota; 121
    Espiritismo e – 118
    Espíritos imperfeitos e – 119
    Espíritos propensos ao mal e – 119
    faculdades transcendentes dos – 125
    formas do – 51 e 52
    herança dos hebreus e – 108
    hipocrisia e mentira, armas preferidas do – 116
    impossibilidade da reabilitação do – 117
    inacessibilidade às leis que regem o universo e – 116
    inteligência igual à dos anjos e – 132
    intervenção dos * nas manifestações espíritas – 122, Nota
    intervenção dos * nas modernas manifestações – 121
    inveja contra a humildade e – 115
    mal praticado na Terra e – 51, Nota
    objeções à doutrina dos – 110
    objetivo dos – 125
    ocupação dos – 114
    ódio contra Jesus e – 115
    orgulho perante Deus e – 115
    origem da crença no – 105, 108
    remorso e – 117
    Satanás, chefe dos – 108
    súdito dócil e – 52, Nota
Desprendimento
    afinidade entre corpo e perispírito e – 153
    causa principal da maior ou menor facilidade de – 153
    Espiritismo e facilitação do – 157
    estado do Espírito diante da morte e – 156
    homem materializado e sensual e – 154
    lentidão e dificuldade do – 154
    morte natural e – 154
    morte violenta e – 155
Destino
    dúvida depois da morte a respeito do – 235
Destruição
    pensamento de * absoluta – 11
Deus
    atributos de – 68, 108
    caminho da redenção e – 89
    compreensão do poder espiritual de – 64
    criação da humanidade e – 103
    criação e habitação dos mundos e – 26
    ensinamentos de Jesus e compreensão da essência de – 108
    Espírito, matéria e – 15
    honestidade aos olhos de – 219
    Igreja e falibilidade de – 111, Nota
    Panteísmo e – 15
    permissão de * para manifestação dos Espíritos – 132
    protesto cotidiano do Pai-nosso e – 66
    ressurreição dos corpos, primeiro milagre de – 52
    revelação limitada da verdade e – 34
    segundo milagre de – 52
    voz de – 34
Deuses
    gênios entre os pagãos e – 107
Diabo
    ação meritória do * na cura – 130
Dominações
    segunda hierarquia dos anjos e – 96

Doutrina da absorção no Todo Universal
consequências da – 14
fonte universal de inteligência e – 15
materialismo propriamente dito e – 14
princípio inteligente e – 14
puro materialismo e – 14
Doutrina Espírita ver Espiritismo
Doutrina niilista
propagação da – 13, Nota
Duplo suicídio, por amor e por dever
B., Sr., e – 272
D., Sra., e – 272
Durst, Van, Espírito feliz
evocação de – 177
iniciação na vida espiritual e – 178

E
Educação
modificação das qualidades da alma e – 15
Educação moral
Espíritos desencarnados e encarnados e – 260
Luís, São, Espírito, e – 260
Egoísmo
anjos privilegiados e – 134
poderoso estímulo ao – 12
reinado do * na Terra – 34
Emma, Srta.
evocação de – 208, Nota
fé católica e – 208
perturbação e – 208
Empíreo
origem da palavra – 25, Nota
Encarnação
necessidade da – 28 e 29
objetivo da – 29
passo a frente do caminho do progresso e – 29, Nota
purgação das imperfeições e – 58
Erasto, guia espiritual – 325, 356
Erraticidade
progresso do Espírito no estado de – 30
Escala espiritual
fase da felicidade e desgraça dos Espíritos e – 23
Espírita
concepção de alma para o – 24
desaparecimento do temor da morte e – 24
Espiritismo
abreviação da perturbação pelo – 157
acolhimento pressuroso do – 17
anjos segundo o – 102, 118
causa das terrenas misérias da vida e – 58
condenação de tudo que motivou a proibição de Moisés – 142
demônios segundo o – 118
descobertas de tesouros e – 129
escopo principal do – 383
estado da alma depois da morte e – 23
eterna condenação e – 60
facilitação do desprendimento pelo – 157
fé inabalável e – 156
finalidade da evocação no – 142
fortalecimento da esperança e – 279
grandeza do poder e da bondade de Deus e – 34
igualdade de direitos e – 381
inferno e – 60
inspiração do arrependimento e – 157, Nota
lógica do raciocínio, sanção dos fatos e – 17
magia e – 126, 130
milagres e – 129 e 130
mistificações e – 129
obras básicas do – 379
penalidade futura e – 60
preces pelos mortos e – 60
princípios do – 380
purgatório e – 60
respeito à diversidade humana e – 383
revivescência das virtudes e – 354
união da alma com o corpo e – 101
unidade de crença e – 18
valor da prece e – 60
verdadeiro destino do homem e – 27
Espírito(s)
ação da matéria sobre os – 127
anjo e * puro – 102, 130
apresentação espontânea dos – 143
atribuições dos – 31
carne fraca, * fraco – 81
comunicação dos – 379
criação do – 27, 102, 379
demônio, * imperfeito – 119
desenvolvimento do cérebro e atividade do – 79
disposições para evocação dos – 127
encarnação, progresso moral e intelectual do – 28
estado corporal e espiritual do – 30
evidência da ação do * sobre o corpo – 80
evocação de * superior – 127
fórmulas sacramentais para evocação dos – 127
indestrutibilidade do – 27
indícios da inferioridade do – 131
Justiça divina e igualdade na criação do – 90
livre-arbítrio e – 27
mensageiros de Deus e – 135
missões dos – 32
natureza das faltas cometidas e – 84
objetivo da evocação do – 126

origem e destino dos – 381
perturbação do * de consciência pura
   – 88
progresso no – 28, 379
propriedade luminosa do – 259
reconhecimento da categoria dos – 131
responsabilidade e desenvolvimento
   intelectual do – 81
sensibilidade e felicidade do – 28
separação do corpo e do * depois da
   morte – 130
ser pensante, vontade própria e – 81
ser principal, racional e inteligente e
   – 27
situação do * no mundo espiritual – 89
temperamento e natureza do – 80
transtorno do sangue e disposições
   morais do – 80
trevas para o – 259
tribos incultas e selvagens e – 380
vida, inteligência e – 27
**Espírito aborrecido, Um, Espírito
endurecido**
   anotações do guia do médium e – 331
   ociosidade no mundo espiritual e –
   331
   preguiça, ignorância e – 331
   tédio e – 330
Espírito atrasado
   prevalência da vida material sobre a
      espiritual e – 20
Espírito batedor
   manifestações físicas e – 132
Espírito bem-aventurado
   felicidade do – 31
Espírito desmaterializado
   situação do * diante da morte – 155
Espírito feliz
   atividades do – 33
   Sanson e – 159
Espírito imperfeito
   demônio e – 119
   Espíritos batedores e – 132
   exclusão dos mundos felizes e – 86
   manifestações físicas e – 132
   mundos inferiores e – 86
Espírito mau
   sofrimento do – 235
Espírito perfeito *ver* **Espírito puro**
Espírito puro
   anjo e – 102, 130
   atribuições do – 31
   eternidade e – 103
   suprema felicidade e – 28
Espírito sofredor
   Auguste Michel e – 238
   Claire e – 253
   Ferdinand Bertin e – 248
   François Bertin e – 249, Nota
   François Riquier, e – 252

Georges e – 235
Lisbeth e – 241
Novel e – 237
Ouran, príncipe russo, e – 244
Pascal Lavic e – 247
Espírito superior
   evocação de – 127
   ocupações de – 132
Estado corporal
   progresso do Espírito no – 30
   transitoriedade do – 30
Estado espiritual
   estado definitivo do Espírito – 29
   progresso do Espírito no – 30
Estige
   considerações sobre – 43, Nota
Eterno
   considerações sobre o termo – 85, Nota
Eumênides
   considerações sobre – 317, Nota
Evangelho
   predição tácita da mediunidade e –
   126
   purgatório e – 57
Evocação
   abuso da – 133
   acusações da Igreja contra a – 133
   Adélaïde-Marguerite Gosse e – 366
   Anna Belleville, Sra., Espírito feliz, e
   – 229
   Anaïs Gourdon, Espírito feliz, e – 214
   Antoine Bell, suicida, e – 288
   Antoine Costeau, Espírito feliz, e –
   205
   Antonio B..., e – 354
   Auguste Michel, Espírito sofredor, e
   – 238
   Benjamin C., e – 270
   Bernardin, Espírito feliz, e – 197
   C., Sra., e – 270
   Cardon, Dr., médico, Espírito feliz,
   e – 224
   Charles de Saint-G..., idiota, e – 361
   Clara Rivier e – 368
   conscrito, O pai e o, e – 265
   consequências da * caritativa – 147
   D., Sra., e – 273
   Demeure, Dr., Espírito feliz, e – 181
   disposições para * dos Espíritos – 127,
   129
   Emma, Srta., Espírito feliz, e – 208,
   Nota
   Eric Stanislas, Espírito feliz, e – 228
   Félicien, e – 285
   finalidade da * no Espiritismo – 142
   finalidades da * no passado – 142
   fórmulas sacramentais para * dos Es-
   píritos – 127
   Foulon, viúva, Espírito feliz, e – 186
   Françoise Vernhes, e – 371

G., Luís, sapateiro, e – 276
Hélène Michel e – 220
irmão do Sr. J.-B. D., ateu, e – 280
Jean Reynaud e – 201
Jesus e evocação dos motos – 144
Jobard, Espírito feliz, e – 168
Joseph Bré, Espírito feliz, e – 219
Julienne-Marie, a mendiga, e – 346
Lemaire, criminoso arrependido, e – 293
Letil, industrial, e – 358
Lisbeth e – 241
magia e * espírita – 126
Marcel, o menino do no 4, e – 338, Nota
Maurice Gontran, Espírito feliz, e – 215
morte do justo, A, e – 167
Ouran, príncipe russo e – 244
Paula, condessa, Espírito feliz, e – 199
proibição de Moisés e * dos mortos – 139
recusa na * do Espírito – 133
Saint-Paul, marquês de, Espírito feliz, e – 222
Samaritana, O suicida da, e – 263
Samuel Philippe, Espírito feliz, e – 173
Sanson, Espírito feliz, e – 159
Sixdeniers, Espírito feliz, e – 178
Sr. J.-B. D., ateu, e – 278
Szymel Slizgol, mendigo, e – 340
um médico russo, Espírito feliz, e – 193
utilidade ou inutilidade da – 132
Van Durst, Espírito feliz, e – 177
Verger, criminoso arrependido, e – 293
Victor Lebufle, Espírito feliz, e – 212
Vignal, Dr., Espírito feliz, e – 209

Evolução das espécies, livro
Charles Darwin e – 380

Exangue
significado do termo – 355, Nota

Expiação
complemento do trabalho efetivo e – 59
natureza e gravidade da falta e – 84
prazo da – 60
sofrimentos físicos e morais e – 85

Exprobração de um boêmio, Espírito sofredor
grilhões das paixões humanas e – 240
instruções do guia do médium e – 240
sacrifício dos instintos brutos e – 240
utilização sóbria dos bens e – 240

Êxtase
Livro dos espíritos, O, e – 55, Nota
visão de um pagão fanático e – 55

Ezequiel, profeta
conversão do ímpio e – 77
negação das penas eternas e – 76

palavras de – 113
pecado original e – 76

F

Fariseus
frutos de Jesus e – 136
linguagem dos * ao tempo de Jesus – 136

Fatalidade
livre-arbítrio e – 16
responsabilidade e – 16

Fé cega
submissão do homem à – 115

Felicidade
característica da suprema – 31, 37
dependência da * futura – 22
Espírito puro e suprema – 28
ideia de * no outro mundo – 22
imortalidade da alma e * eterna – 71
prêmio pelo trabalho e – 90
promoção da * pelas próprias obras – 75
sensibilidade e * do Espírito – 28

Félicien, suicida
covardia e – 286
esboço de costumes espíritas e – 285
evocação e – 285
fatalidade e – 286
orgulho e – 286
sociedade promíscua e – 285

Félix
marido de Claire, Espírito sofredor – 256

Fénelon
Aventuras de Telêmaco, obra, e – 41

Filho
sofrimento pela iniquidade do pai e – 77

Filósofo
abandono da Religião e – 17

Fluido perispirítico
desprendimento do – 152
penetração do * no corpo – 152
prece e desagregação do – 157
veículo das sensações físicas da alma e – 152

Fluidos
propriedades dos – 129

Fogo eterno
freio às paixões humanas e – 66
Jesus e a figura do – 65, 114

Foulon, viúva, Espírito feliz
evocação de – 186
motores de poderosa atração e – 191

Fraternidade
finalidade e razão de ser da – 20
mundos superiores e verdadeira – 30

Fúrias, As
considerações sobre – 45, Nota
espelho e – 45

Futuro
 boa ou má direção do presente e – 20
 homem e crença instintiva no – 17
 homem e sentimento inato do – 19
 revelação do – 128

G

G., Luís, sapateiro, suicida
 amor, paixão, e – 276
 perturbação e – 278
 R., Victorine, noiva, e – 275

Gall
 ideias frenológicas de – 380

Geena
 significado do termo – 65

Geologia
 comprovação da formação da Terra e – 34

Georges
 Félix, marido de Claire, e – 256
 guia do médium de Claire, Espírito sofredor – 256

Georges, Espírito
 a morte do justo e – 167 e 168, Nota

Georges, Espírito sofredor
 castigo e – 235
 dúvida depois da morte a respeito do destino e – 235
 sofrimento do mau Espírito e – 235

Gontran, Maurice, Espírito feliz
 desespero e – 216
 diminuição do sofrimento e – 217
 evocação de – 215
 morte precoce e – 216

Gosse, Adélaïde-Marguerite
 evocação e – 366
 posições elevadas em encarnações sucessivas e – 367
 retribuição de uma dívida e – 367
 Sociedade de emulação de Rouen e – 366

Gourdon, Anaïs, Sra., Espírito feliz
 asas brancas e – 214
 Espírito delicado em meio rústico e – 215
 evocação de – 214
 término das provações e – 214

H

Hércules
 considerações sobre – 45

Hidra de Lerna
 considerações sobre – 45

História de um criado
 aproveitamento da provação e – 353
 conhecimentos em estado latente e – 353
 Espiritismo e revivescência das virtudes e – 354
 evocação e – 352

G..., Sr., protetor, e – 352
lembrança do Espírito e – 353

Homem
 alternativas do – 16
 causa da imperfeição do – 58
 causa das vicissitudes do – 58
 certeza da vida futura e – 19
 composição do – 27
 crença da imortalidade e – 19
 crença instintiva no futuro e – 17
 desenvolvimento do senso moral e – 64
 desprendimento no * materializado e sensual – 154
 diminuição do temor da morte e – 19
 Espiritismo e verdadeiro destino do – 27
 nuanças do bem e do mal e – 63
 obreiro do seu próprio destino e – 59
 perda da individualidade e – 14
 racionalidade do materialismo e do panteísmo e – 17
 repúdio ao materialismo e ao panteísmo e – 17
 sentimento inato do futuro e – 19
 solidariedade entre vivos e mortos e – 20
 submissão do * à fé cega – 115
 valor relativo das atenuantes e agravantes e – 63
 vida além do corpo e – 20

Homem de bem
 caracteres do – 382

Homero, poeta
 descrição do inferno pagão e – 41

Honestidade
 conceito de – 219

Humanidade
 Deus e criação da – 103

I

Igreja
 admissão do purgatório pela – 57, 61
 anjos segundo a – 93
 causa da rebelião dos anjos e – 111, Nota
 causa do temor das manifestações e – 147
 demônio segundo a – 108
 erros sistemáticos da – 122
 falibilidade de Deus e – 111, Nota
 impossibilidade de qualquer comunicação e – 23
 invocação dos santos e – 146
 progresso da Ciência e – 112

Imortalidade
 homem e crença da – 19
 temor da morte e crença da – 19

Imperfeição
 causa da – 83
 consequências da – 83

Incredulidade
  causa da – 21
  oposição à difusão da – 13
Incrédulo
  conclusão do – 12
  Espíritos fortes e – 12
  origem do – 17
Indulgência
  preces pagas e – 57, Nota
Inferno
  artigo de fé, crença no * material – 54
  fogo do – 326
  ideia de castigo eterno e material e – 59
  impossibilidade de rever a alma no – 23
  localização do – 48
  nomes dos príncipes do – 52
  opinião de teólogos sobre – 49
  símbolo dos maiores sofrimentos e – 60
Inferno, O, obra
  Augusto Callet e – 48, Nota
  demônio, puros Espíritos e – 48
  juízo final e – 48
  opinião dos teólogos sobre o – 48
Inferno cristão
  caldeiras ferventes e – 38, Nota
  esboço do – 48
  inferno pagão e – 38
Inferno pagão
  Campos Elíseos e – 39
  inferno cristão e – 38
  Olimpo e – 39
  perpetuação das ideias do – 40
  quadro do – 41
  rochedo de Sísifo e – 38, Nota
  roda de Íxion e – 38, Nota
  Tártaro e – 39
  tonel de Danaides e – 38, Nota
Instinto
  Espírito, qualidades da carne e – 81
  penas e recompensas e * predominante – 37
Instrução de um espírito sobre
  os idiotas e os cretinos atos de fúria e de imbecilidade e – 364
  caridade desinteressada e – 365
  Ciência e destruição da loucura e – 364
  imbecilidade e Justiça divina – 364
  mutismo moral e físico e – 363
  paralisia do corpo ligada à vida do Espírito e – 363
  Pierre Jouty, pai do médium, e – 364
  reencarnação e – 365
  sorte dos idiotas na vida eterna e – 364
  tradução pela palavra e pelo olhar e – 363
Inteligência
  origem da * precoce – 14

  sentimentos morais e progresso da – 106
Irmão do Sr. J.-B. D., ateu
  confirmação da identidade e – 282
  evocação de – 280
  orgulho e reconhecimento dos erros – 281
  premissa da humildade e – 282
  remorso pelo esquecimento de Deus e – 281
Isaías
  vermes de – 49, Nota
Íxion, roda de
  inferno pagão e – 38, Nota
J
Jeová
  base da crença entre os hebreus e – 107
  deus guerreiro entre os hebreus e – 67
Jesus
  castigos, suplícios corporais e – 40
  compreensão da essência de Deus e ensinamentos de – 108
  confirmação da palavra de – 136
  emprego da palavra purgatório e – 61
  enfraquecimento do temor pelo castigo e – 65
  evocação dos mortos e – 144
  fogo eterno e – 65, 114
  Geena e – 65
  há muitas moradas na casa de meu Pai e – 40, Nota
  origem das almas ao tempo de – 65
  palavra de * e Religião inabalável – 137
  promessa do reino dos Céus e – 65
  utilização da palavra inferno e – 61
Jobard, Espírito feliz
  caridade e – 172
  evocação de – 168
  lembrança do nascimento, juventude, e – 169
  opinião sobre a formação da Terra e – 171
  prazer sem o peso do corpo e – 16
  recordação das existências anteriores e – 17
  simpatia e transmissão do pensamento e – 171
  teoria sobre a catalepsia e – 171
Julienne-Marie, a mendiga
  A..., médium espírita, e – 345
  caridade e – 348
  evocação e – 346
  pena de talião e – 347
  prova da pobreza e – 347
  superioridade da linguagem e – 348
  teoria de suicídio e – 347
Justiça divina
  felicidade ou infelicidade futura e – 71
  igualdade na criação dos Espíritos e – 90

incompatibilidade dos privilégios com a – 74
lei da – 91

K
Kardec, Allan
compreensão das Leis divinas e – 381
conclusões básicas extraídas das obras de – 379
fisiognomonia de Lavater e – 380
ideias frenológicas de Gall e – 380

L
Laço fluídico *ver* **Perispírito**
Lapommeray, Espírito endurecido
erraticidade e – 323
perturbação e – 321
progresso moral e intelectual e – 322
Latour, Jacques, criminoso arrependido
arrependimento e – 308, 317
consequências do mal e – 310
estudo sobre o Espírito Jacques Latour – 316
expiação das faltas e – 313
gérmen dos bons sentimentos e – 319
guia do médium – 315
luz que tortura o Espírito e – 325
observação de Erasto e – 324
observação de Jean Reynaud – 326
observação de Lamennais e – 323
observação do médium e – 313
prece e – 311
revolta contra a voz da consciência e – 317
sofrimento e – 310
temor dos gauleses e – 323, Nota
Latrão, Concílio de
anjos, puros Espíritos, e – 95
distinção entre anjos e homens e – 95
formação das criaturas e – 98
proposição do – 98
refutação – 97
Lavater
fisiognomonia de – 380
Lavic, Pascal, pescador, Espírito sofredor
desprendimento e – 247
perturbação e – 247
Lebufle, Victor, Espírito feliz
evocação de – 212
guia do médium e – 213
Lei do progresso
Lei da natureza e – 73
Lemaire, criminoso arrependido
crença num Deus vingativo e – 298
decapitação e – 297
dor moral, dor física e – 297
remorso e – 297
vergonha e – 296

Letil, industrial
anjo da guarda e – 358
arrependimento, expiação, resignação e – 359
causa da morte e – 358
evocação e – 358
médium espírita e – 357
morto em uma caldeira e – 357
Liberdade
sabedoria, bondade e Justiça de Deus e – 59
Limbos
crianças falecidas em tenra idade e – 40
selvagem e – 41
Linguagem
reconhecimento da categoria dos Espíritos pela – 131
Lisbeth, Espírito sofredor
arrependimento profícuo e – 241
compreensão do mal e – 243
inutilidade do arrependimento e – 241
libertação do Espírito e arrependimento e – 241
orgulho, hidra de cem cabeças e – 242, Nota
Saint Paulin, guia do médium, e – 243
Livre-arbítrio
alma e – 16
Espírito e – 27
fatalidade e – 16
prática do bem e do mal e – 87
Livro dos espíritos, O
êxtase e – 55, Nota
penas futuras e – 82, Nota
Louvet, François-Simon, suicida
sofrimento e – 268
Lúcifer, arcanjo
chefe dos demônios no Céu – 52
palavras atribuídas a – 111
Luís e a pespontadeira de botinas
G., Luís, sapateiro, e – 275
Luís, São, Espírito, e – 276
R., Victorine, e – 275
Luís, São, Espírito
conscrito, O pai e o, e – 266
egoísmo, caridade e – 255
estudo sobre as comunicações de Claire – 258, 260
gozos mundanos e – 255
humildade e – 251
prolongamento da existência corporal e – 233
purificação pelo sofrimento e – 251
Samaritana, O suicida da, e – 264
suplemento do fluido vital e – 233

M
Magia
evocação dos Espíritos e – 133
evocações espíritas e – 126

Maître, Joseph, o cego
  causa de sorte tão cruel – 375
  esplendores do mundo espiritual e – 377
  fé inata e – 377
  perda da visão e – 375
  reparação e – 377
  sinceridade do arrependimento e – 377
  suicídio e – 376
  surdez e – 375
  vida de além-túmulo e – 376
Mal
  compreensão do estado transitório do – 107
  criação do – 102
  estímulo a perseverança no – 87
  livre-arbítrio e prática do – 87
  origem do – 328
  preservação do * pelo isolamento – 29
  punição do – 84
  realização do *, dívida contraída – 84
  sensibilidade do homem ao – 106
Mamon
  demônio da avareza – 52
Marcel, o menino do no 4
  Agostinho, Santo, Espírito, e – 338 a 340
  arrependimento e – 339
  causa dos sofrimentos e – 338
  deformidade inata e – 337
  esperança e coragem e – 339
  evocação do Espírito – 338, Nota
  exemplificação do sofrimento e – 339
  expiação no mundo espiritual e na Terra e – 339
  grandeza da alma de – 338
  instruções do guia do médium e – 339
  martírio, casca de fruto deleitável, e – 338
  missão de – 339
  oito longos anos de enfermidade e – 337
  pluralidade das existências e – 338
  preexistência da alma e – 338
  resignação e – 339
  sentimentos inatos e – 338
  últimos pensamentos de – 338
Materialismo
  consequências do – 14
  doutrina da absorção no Todo Universal e – 14
  negação da vida espiritual e – 93
Max, o mendigo
  aparição em sonho e – 350
  Conde, Sr., apelido de – 351
  orgulho da nobreza em existência anterior e – 350
  prece do ofendido que perdoa e – 351
Mediunidade
  predição tácita da – 126

Medo
  interrupção dos efeitos fisiológicos do – 81
Mercúrio
  considerações sobre – 42, Nota
Michel, Auguste, Espírito sofredor
  esprezo pelos gozos da alma e – 239
  eficiência da prece e – 240
  ligação com o corpo e – 238
  pedido de prece no túmulo e – 239
  perturbação e – 238
  solicitação da graça do perdão e – 239
Michel, Hélène, Espírito em
  condição mediana desprendimento lento e – 221
  evocação e – 220
  perturbação e – 221
  sentimento de dualidade e – 221
Milagre
  aparição da Virgem aos homens e – 146
  ressurreição dos corpos e – 52
Miséria
  explicação para a * mundana – 90
Mitologia, fábulas da
  crença nos anjos e – 94
Moisés
  censura a legislação draconiana de – 64
  Espiritismo e proibição de – 142
  inaplicabilidade da lei de * ao Espiritismo – 143
  motivo da proibição de – 140
  partes distintas da lei de – 143
  proibição de evocação dos mortos e – 139
  revisão da lei de – 143
Monod
  guia do médium de Angèle – 329
Morada dos anjos
  localização da – 39
Moral divina
  diferença entre * e moral humana – 255
Moribundo
  clarividência no – 223
Morte
  agravamento da angústia na – 155
  causa do sofrimento que acompanha a – 153
  causas do temor da – 19 e 20
  cerimônias lúgubres e – 22
  consequências do temor da – 19
  continuação da perturbação após a – 155
  desprendimento na * natural – 154
  desprendimento na * violenta – 155
  diminuição do temor da – 19
  dúvida da – 265
  espírita e temor da – 23 e 24
  estado do Espírito diante da – 156

gênero de * e sensações da alma – 154
incentivo ao temor da – 23
libertação do temor da – 20
necessidade do temor da – 19
progresso da alma depois da – 73
sensação dolorosa da alma após a – 152
sensações no momento da – 147
separação do corpo e do Espírito depois da – 130
sono de transição e – 22
temor da – 151

Morte do justo, A
Georges, Espírito, e – 167 e 168, Nota

Mundo
características da população de cada – 32

Mundo corporal
características do – 27
expiação no mundo espiritual e no – 59
identificação entre mundo espiritual e – 24
sofrimento do Espírito no – 84
solidariedade entre o mundo espiritual e o – 32

Mundo de expiação
lugar circunscrito de castigo e – 86

Mundo espiritual
características do – 27
compreensão do – 38
Espíritos inferiores e – 28
Espíritos purificados e – 28
esplendores do – 28
expiação no mundo corporal e no – 59
intuição do – 279
penetração pelo pensamento no – 20
situação do Espírito no – 89
sofrimento do Espírito no – 84
solidariedade entre o mundo corporal e o – 32

Mundo inferior
Espíritos imperfeitos e – 86
estabilidade da população do – 33

Mundo invisível ver **Mundo espiritual**

Mundo superior
característica da vida no – 30
verdadeira fraternidade e – 30

N

Nabofarzan
rei da Babilônia e – 41

Niilismo ver também **Crença em o nada**
consequências da doutrina do – 12
doutrina insensata e antissocial e – 12

Nota explicativa – 379, nota
comunicação dos homens com os Espíritos e – 379
estruturação do Espiritismo – 379

fé dos espíritas e – 379
obras básicas do Espiritismo e – 379
princípios do Espiritismo e – 379

Nova Revelação ver **Espiritismo**

Novel, Espírito sofredor
desprendimento do corpo e – 237

O

Obras básicas do Espiritismo
Céu e o inferno, O, e – 379
Evangelho segundo o espiritismo, O, e – 379
Gênese, A, e – 379
Livro dos espíritos, O, e – 379
Livro dos médiuns, O, e – 379

Obras póstumas
Allan Kardec e – 379

Orgulho
castas e – 381
fonte dos sofrimentos e – 244
hidra de cem cabeças e – 242, Nota
inimigo da felicidade e – 246
pedra de toque para o conhecimento humano – 372
sentimento moral depois da morte e – 245

Oromaze
considerações sobre – 107

Ouran, príncipe russo, Espírito sofredor
guia do médium e – 246
orgulho, fonte dos sofrimentos, e – 244
orgulho, inimigo da felicidade, e – 246

P

Pai
conscrito, O * e o, suicida – 265
sofrimento pela iniquidade do filho e – 77

Palmyre, jovem
futura Sra., D., e – 272

Panteísmo
características do – 15
consequências do – 16
estacionamento da Igreja e – 68
objeções ao – 15

Paraíso
Ciência e nulidade das doutrinas do – 26
erros das doutrinas relativas ao – 26

Paula, condessa, Espírito feliz
deveres para com a sociedade e – 199, Nota
evocação de – 199
ocupações sem fadiga e – 200

Paulin, Saint
guia do médium de Lisbeth – 243
resposta à evocação – 199, Nota

Pecado original
Ezequiel e – 76

Penas eternas
   argumentos a favor das – 68
   compreensão do poder moral e crença nas – 74
   dogma das * e progresso – 57
   Ezequiel e negação das – 76
   freio para os homens e – 63, 71
   impossibilidade material das – 72
   incompatibilidade do progresso da alma e – 73
   origem da doutrina das – 63
   refutação ao dogma das – 68, 71

Penas futuras
   intuição das – 37
   Livro dos espíritos, O, e – 82, Nota
   princípios da Doutrina Espírita sobre as – 82

Pensamento
   valor da prece e – 60

Perdão
   condição absoluta para o – 66

Perfectibilidade
   romagem para – 90, Nota

Perfeição
   fonte de gozo e atenuante de sofrimentos – 83

Perispírito
   características do – 152
   causa da afinidade entre * e corpo – 154
   envoltório da alma e – 152
   estado do – 29
   laço fluídico que une a alma ao corpo e – 151
   suicida e repercussão do * na alma – 155

Perturbação
   desprendimento por morte natural e – 154
   duração do estado de – 88
   Espiritismo e abreviação da – 157
   inconsciência da alma na morte e – 153
   indeterminação do tempo da – 153
   torpor da alma e – 153

Philippe, Samuel, Espírito feliz
   evocação e – 173
   visão do corpo físico e – 175

Plutão
   missão de – 39

Politeísmo
   crença nos anjos e – 94

Positivismo
   preferência ao * da vida terrestre – 21

Potências
   segunda hierarquia dos anjos e – 96

Povos primitivos
   apego à vida corporal e – 19
   intuição do futuro e – 19

Prece
   ação da – 60, Nota

   desagregação do fluido perispiritual e – 157
   valor da – 60

Principados
   terceira hierarquia dos anjos e – 96

Princípio inteligente
   alma e – 14
   doutrina da absorção no Todo Universal e – 14

Progresso
   ação meritória, começo de – 84
   dogma das penas eternas e – 57

Progresso intelectual
   progresso moral e – 28

Provação
   percepção do termo da – 85

Ptolomeu, astrônomo
   considerações sobre – 25, Nota
   Empíreo e – 25, Nota

Purgatório
   Evangelho e – 57
   ideia de lugar circunscrito e – 60
   Igreja e dogma do – 57
   localização do – 58
   posição intermediária e passageira da alma – 40
   princípio do – 57
   realidade material do – 58

Q

Qualidade inata
   origem da – 14

Que é o espiritismo, O
   Allan Kardec e – 379

Querubins
   primeira hierarquia dos anjos e – 96

Quimera
   considerações sobre – 45

R

R., Victorine, noiva
   G., Luís, sapateiro, suicida, e – 275
   responsabilidade de – 276

Raças
   consanguinidade e descendentes das – 381
   origem de privilégios de – 381

Rainha de Oude, A, Espírito endurecido
   honras fúnebres e – 332
   Luís, São, Espírito, e – 334
   Religião e – 332

Ranger de dentes
   expressão dos evangelistas e – 49, Nota; 323
   significado da expressão – 323

Reencarnação
   fraternidade universal e – 382
   injustiça da servidão e escravidão e – 382
   oportunidade de * em outros mundos – 30
   preconceitos de raças e castas e – 382

Regeneração
  condições necessárias para – 85
Religião(ões)
  abandono da – 17
  deuses guerreiros e * primitivas – 67
  diferença essencial entre as – 16
  dissolução da – 13
  esboço da vida futura e – 21
  felicidade ou infelicidade da alma após a morte e – 16
  fórmulas exteriores e – 17
  selvagem e luzes da – 41
  suicídio da – 135
  sustação da incredulidade e – 13
  traços dos usos bárbaros e * atual – 67
Remorso
  precursor imediato do arrependimento e – 117
Reparação
  anulação do efeito da – 85, 89
  dependência da vontade humana e – 89
  necessidade da – 85, Nota
  prática do bem e – 85
Responsabilidade
  desenvolvimento intelectual do Espírito e – 81
Ressurreição dos corpos
  milagre de Deus e – 53
Revista espírita
  Allan Kardec e – 379
  doutrina dos anjos decaídos e – 382
Reynaud, Jean, Espírito feliz
  compreensão da erraticidade e – 204
  corpo, estorvo às faculdades espirituais e – 203
  estreitamento da simpatia pelo pensamento e – 203
  evocação de – 201
  perturbação espiritual e – 203
  regeneração da espécie humana e – 203
Riquier, François, Espírito sofredor
  arrependimento e – 253
  usurário e – 252
Rivier, Clara
  anjo da guarda e – 368
  calamidades coletivas e – 370
  caridade, grande lei da consciência e – 369
  causa dos sofrimentos e – 369
  destemor da morte e – 367
  domínio do sofrimento físico e – 368
  evocação e – 368
  ideias da vida futura e – 368
  missão e – 369
  provação dos pais e – 369
  visita de um Espírito batedor e – 368

S

Sábio ambicioso, Um
  B..., Sra., de Bordeaux, e – 359

Sacerdote
  proibição da partilha de qualquer herança e – 142
  proibição da posse de bens terrenos e – 142
Saint-Paul, marquês de, Espírito em condição mediana
  erraticidade e – 222
  evocação e – 222
  moribundo clarividente e – 223
  perturbação e – 222
Salvação
  obtenção da – 22
Samaritana, O suicida da
  decomposição do corpo e – 265
  dúvida da morte e – 265
  fuga do sofrimento e – 264
  ideia do futuro e – 264
  ideia do sono e – 265
  Luís, São, Espírito, e – 264
  morte natural, morte acidental e – 264
  motivo do suicídio e – 264
Sangue
  disposições morais do Espírito e transtorno do – 80
Sanson, Espírito feliz
  causa da descrença e – 163
  clarividência do Espírito e – 164
  descrição do momento da transição e – 160
  escolha da nova encarnação e – 159
  evocação de – 159
  forma humana e – 165
  inexistência da fealdade e – 165
  lei de reprodução das espécies e – 166
  leitura do pensamento e – 167
  pedido de evocação do próprio Espírito e – 159
  sensação dolorosa e – 163
  sexo do Espírito e – 166
  sofrimento moral e – 163
Satã
  base da crença entre os hebreus e – 107
  rei do inferno cristão – 39
Satanás
  chefe dos demônios no inferno – 52, 108
  entidade real segundo a Igreja e – 108
Seita cristã
  artigo de fé da – 40
  purgatório e – 40
  situações extremas da – 40
Sensibilidade
  condicionamento do organismo e – 80, Nota
Serafins
  primeira hierarquia dos anjos e – 96
Sísifo, rochedo de
  inferno pagão e – 38, Nota

Sixdeniers, Espírito feliz
  evocação de – 178
  falta de fé e – 179
  felicidade da vida depois da morte e – 179
  guia de Espírito inferior e – 180
  visão do pensamento e – 179
Slizgol, Szymel, mendigo
  aplicação do livre-arbítrio e – 342
  dízima da mendicidade e – 341
  erraticidade e – 342
  escolha da religião israelita e – 343
  evocação de – 340
  expiação no mundo espiritual e – 342
  expiação no mundo material e – 343
  posição espiritual de – 340
  pressão moral pela prática do bem e – 341
  razão da reencarnação e – 342
  rei tirânico e – 341
  sofrimento físico e – 343
  sofrimento moral e – 343
Sociedade
  incredulidade e dissolução da – 13
  semeadura dos germens de perturbação na – 14
Sociedade de emulação de Rouen
  Adélaïde-Marguerite Gosse e – 366
Sociedade de Paris ver Sociedade
  Espírita de Paris
Sociedade Espírita de Paris
  Antoine Costeau, e – 205, Nota
  Jobard, Sr., presidente honorário da – 168
Sanson, Espírito, membro da – 155
  Vignal, Dr., antigo membro da – 209
Sofrimento
  causa do * nesta vida – 59
  causa do * que acompanha a morte – 153
  faltas de resignação esteriliza o – 359
  imperfeição, fonte de – 83
  impotência de previsão do término do – 59
  mal, causa do – 83
Sr. J.-B. D., ateu, suicida
  confirmação da identidade e – 282
  fonte das ideias materialistas e – 279
  intuição do mundo espiritual e – 279
  motivo do suicídio e – 279
Stanislas, Eric, Espírito em
  condição mediana evocação e – 228
Suicida
  Antoine Bell, e – 288
  B., Sr., e – 272
  C., Sra., e – 270
  D., Sra., e – 272
  Félicien, e – 284
  François-Simon Louvet e – 268
  G., Luís, sapateiro, e – 276
  pai e o conscrito, O, e – 265
  punição do – 87
  repercussão do perispírito na alma e – 155
  Samaritana, O * da – 263
  Sr. J.-B. D., e – 278
Suicídio
  sacrifício meritório e – 268
  severidade na punição do – 267

T

Talismã
  virtude do – 127
Tártaro
  suplício do – 38, Nota, 54
Telêmaco
  considerações sobre – 41, Nota, 42 a 48
Temor da morte
  causas do – 19 e 20
  consequências do – 19
  diminuição do – 19
  espírita e – 23 e 24
  incentivo ao – 23
  libertação do – 20
  necessidade do – 19
Temperamento
  efeito e não causa e – 81
  natureza do Espírito e – 80
Teologia cristã
  céu e – 25
Teoria
  condição para aceitação da * verdadeira – 15
Teresa, Santa
  visão de * sobre o inferno – 49, 50, Nota, 55
Terra
  centro da *, lugar dos suplícios – 39
  elevação da * na hierarquia dos mundos – 60
  felicidade relativa e – 30
  Geologia e comprovação da formação da – 34
  predomínio do mal e – 30
  purificação de Espíritos imperfeitos e – 30
  reino do egoísmo na – 34
Tofel
  considerações sobre – 49, Nota
Tolerância religiosa
  unificação relativamente à sorte futura das almas e – 18
Tronos
  primeira hierarquia dos anjos e – 96

U

  Um médico russo, Espírito feliz evocação e – 193
  habitante do espaço e – 194
  perdão das ofensas e – 196

V

Verdade
revelação mais completa da – 34

Verger, padre, criminoso arrependido
arrependimento e – 295
inveja, orgulho e – 295
obstinação no mal e – 296
pedido de perdão a Deus e – 295
Sibour, monsenhor, e – 295

Vernhes, Françoise
adiantamento moral e intelectual e – 372
anjo da guarda e – 371
causa dos sofrimentos e – 371
cega de nascimento e – 370
orgulho, pedra de toque – 372
reparação de existência anterior e – 372

Vicissitude
explicação para a * mundana – 90
origem da * da vida – 107

Vida
anúncio da * por toda parte – 26
causa das terrenas misérias da – 58
direito de dispor da – 267

Vida corporal
amesquinhamento da * diante da vida espiritual – 156
correção das imperfeições da alma na – 82
penas do Espírito na vida espiritual e na – 89
prática do progresso e – 234
reparação de existência anteriores e – 89 e 90
uma das fases da vida do Espírito e – 381

Vida espiritual
atividade da – 31
consequências das imperfeições da alma na – 82
felicidade e infelicidade na – 157, Nota
penas do Espírito na vida corporal e na – 89
prêmio pela vitória do homem e – 58
sofrimento primeiro do homem culpado e – 59
traço de união entre a vida material e a – 151
vida futura e incompreensão da – 37

Vida futura
descrição da – 37, Nota
ensino da * e apego às coisas terrenas – 21
felicidade ou infelicidade da – 37
incompreensão da vida espiritual e – 37
iniciação nos mistérios da – 82
religião e esboço da – 21

Vida material
traço de união entre a vida espiritual e a – 151

Vida orgânica
extinção da * e separação da alma – 152

Vida social
pedra de toque das qualidades – 28

Vida terrestre
paciência e coragem para suportar as fadigas da – 20

Vignal, Dr., Espírito feliz
diferença de desprendimento e – 211
estudo a respeito do – 211, Nota
evocação de – 209

Virgílio, poeta
descrição do inferno pagão e – 41

Virtudes
segunda hierarquia dos anjos e – 96

Vulcano
considerações sobre – 46

X

Xumène, Espírito endurecido
arrependimento, prece e – 334
guia do médium e – 335
tormentos do inferno e – 334

EDUCANDÁRIO SOCIAL LAR DE FREI LUIZ
2015